HOBBY JAPAN
軍事選書

PUTIN'S WAR'S

プーチンの戦争

チェチェンからウクライナへ

マーク・ガレオッティ 著
竹内規矩夫 訳

Hobby JAPAN

クレムリンのプロパガンダをあざ笑い、クレムリンの弾圧に抵抗し、
ウクライナへの侵攻に対し抗議した、何千ものロシア人すべてに捧げる。

目次

第四部　ロシアの再軍備

第五部　ロシアの未来

著者覚え書

キリル文字の翻訳は常に困難が伴なう。本書では、名称は発音そのままに音訳で書き直し、原文にある発音記号の「ソフト」（弱勢）「ハード」（強勢）も無視することにした。唯一の例外は、英語でも一般的な表現として受け入れられている名称だ。例えば、発音として正しい「ゴルバチョフ」ではなく、綴りの通りに「ゴルバチェフ」と表記する。また現地での慣例に従い、キエフと呼ばれていた地域はキーウに変更するが、ドンバス地域のロシア語を話すウクライナ人による名称はロシア式に表記する。（※訳注：和訳ではウクライナ表記を基準としつつ、ロシア表記も適宜併記している）
なお、地図上でクリミア半島をロシアの一部としているのは、ただ単にロシア軍の配置を示すためであり、決してモスクワの主張する領有権を認めるものではない。

［地図・図表一覧］

■地図

■図表

■略語集

APC	装甲兵員輸送車
AV-MF	Aviatsiya Voyenno-Morskovo Flota、海軍艦隊航空隊
BF	Baltiisky Flot、バルト艦隊
BMP	Boyevaya Mashina Pyekhoty、歩兵戦闘車
BTG	大隊戦術群。旅団から編成された 700 ～ 900 人の兵士からなる自己完結型のモジュラー機動部隊
CFE	ヨーロッパ通常戦力条約（1990 年）
ChF	Chyornomorsky Flot、黒海艦隊
CIS	独立国家共同体
DA	Dalnaya Aviatsiya、遠距離航空軍
FA	Frontovaya Aviatsiya、前線空軍（戦術空軍）
FSB	Federalnaya Sluzhba Bezopasnosti、連邦保安庁。主要な国内治安および防諜機関
FSK	Federalnaya Sluzhba Kontrrazvedki、連邦防諜庁。FSB の前身、1995 年に閉庁
GBU	Gruppa Boyevovo Upravleniya、戦闘管理グループ。国家防衛管理センターの一部
GOU	Glavnoye Operativnoye Upravleniye、（参謀本部）作戦総局
GOZ	Gosudarstvenny Oboronny Zakaz、国家防衛令
GPV	Gosudarstvennaya Programma Vooruzheniya、国家軍備計画
GRU	Glavnoye Razvedyvatelnyoe Upravlenie、（参謀本部）情報総局。軍事諜報機関（後に GU 内に編入）
GU	Glavnoye Upravleniye、参謀本部総局。軍事諜報機関（2010 年以降。依然として GRU とも呼ばれる）
GVS	Gruppirovka Voisk v Sirii、シリア方面軍集団
ICBM	シリア方面軍集団
IFV	歩兵戦闘車
INF	中距離核戦力全廃条約（1987 年）
KF	Kaspiiskaya Flotilya、カスピ小艦隊

KGB	Komitet Gosudarstvennoi Bezopasnosti、ソ連国家保安委員会。ソ連の諜報・治安機関
KSSO	Komandovaniye Sil Spetsialnalnykh Operatsii、特殊作戦軍指揮部
KV	Kosmicheskiye Voiska、宇宙軍
MChS	Ministerstvo po Chrezvychainym Situatsiyam、ロシア非常事態省（ロシア民間防衛問題・非常事態・自然災害復旧省）
MLRS	多連装ロケットシステム
MP	Morskaya Pyekhota、海軍歩兵
MRAU	Massirovanny Raketno-Aviatsionny Udar、大量ミサイル空中攻撃
MRL	多連装ロケット砲
MVD	Ministerstvo Vnutrennykh Del、内務省
NTsUO	Natsionalny Tsentr Upravleniya Oboronoi、国家防衛管理センター
OGFV	Obedinennaya Gruppa Federalnykh Voisk、連邦軍統合軍集団（チェチェン）
OMON	Otryad Militsii Osobennovo Naznacheniya、特別任務民警支隊。その後 Otryad Mobilny Osobennovo Naznacheniya、特別任務機動隊。治安維持警察
OMRPSN	Otdelny Morskoy Razvedyvatelny Punkt Spetsialnovo Naznacheniya、独立海上偵察所、海軍スペツナズ旅団
OOSN	Otdelny Otryad Spetsialnovo Naznacheniya、独立特別指定分遣隊（スペツナズ）
OSCE	欧州安全保障協力機構
OSK	Operativnoye Strategicheskoye Komandavaniye、作戦・戦略司令部
OSKVKO	Obedinyonnoye Strategicheskoye Komandovaniye Vozdushno-Kosmicheskoi Oborony、航空宇宙防衛作戦・戦略司令部
OSpN PDSS	Otryad Spetsialnovo Naznacheniya Borby s Podvodnymi Diversionnymi Silami i Sredstvami、独立対抗水中展開部隊（海軍スペツナズ）
PVO-PRO	Voiska Protivovozdushnoy i Protivoraketnoy Oborony、航空・ミサイル防衛軍

RPG	携帯式対戦車グレネードランチャー
RVSN	Raketniye Voiska Strategicheskovo Naznacheniya、戦略ロケット軍
SAM	地対空ミサイル
SF	Severny Flot、北方艦隊
SKVO	Severo-Kavkazsky Voyenny Okrug、北カフカス軍管区
SPG	自走砲
SV	Sukhoputnye Voiska、陸軍（地上軍）
SVR	Sluzhba Vneshnei Razvedky、対外情報庁
TF	Tikhoökeansky Flot、太平洋艦隊
TsVO	Tsentralny Voyenny Okrug、中央軍管区
VDV	Vozdushno-Desantniye Voiska、空挺軍
VKS	Vozdushno-Kosmicheskiye Sily、航空宇宙軍
VO	Voyenny Okrug、軍管区
VP	Voyennaya Politsiya、憲兵隊
VTA	Voyenno-Transportnaya Aviatsiya、軍事輸送航空軍
VV	Vnutrenniye Voiska、内務省国内軍
VVKO	Voiska Vozdushno-Kosmicheskoye Oborony、航空宇宙防衛軍
VVO	Vostochny Voyenny Okrug、東部軍管区
YuVO	Yuzhny Voyenny Okrug、南部軍管区
ZATO	Zakrytoye Administrativno-Territorialnoye Obrazovaniye、閉鎖行政地域組織（閉鎖都市）
ZVO	Zapadny Voyenny Okrug、西部軍管区

■階級

Lt.	Lieutenant
Maj.	Major
Lt. Col.	Lieutenant Colonel
Col.	Colonel
Maj. Gen.	Major General
Lt. Gen.	Lieutenant General
Col. Gen.	Colonel General
Gen.	General
R. Adm.	Rear Admiral
Adm.	Admiral

■登場人物

イワノフ・セルゲイ
KGBの対外諜報部員。プーチンの国防相、副首相、参謀総長を経て、後継者と目されたが、2014年に長男が亡くなり、優先順位を見直された(環境・エコロジー・運輸担当大統領特別代表に就任し、その功績の中でアムールトラを絶滅から救ったことを最も誇りに思っているとされる)。

エリツィン・ボリス
共産党幹部から反共産党の急進派となり、ゴルバチョフにソ連邦の解体を迫った人物。1999年にプーチンに政権を譲るまで、酒に溺れながら無政府状態に近い10年間を送った。

カディロフ・ラムザン
チェチェン共和国を個人の領地として支配する、不安定で権威主義的な軍事指導者。プーチンへの不滅の忠誠を誓っている。

ギルキン・イーゴリ
イゴール・ガーキン、「ストレルコフ」、「シューター」という名で知られる、国家主義者の元FSB将校で、2014年にドンバス戦争の引き金となる重要な役割を果たした軍隊リエナクター(歴史再現者)。

グラチョフ上級大将・パーヴェル
紛れもなく勇敢な空挺隊員でアフガン戦争の経験者。エリツィン政権の初代国防相(1992~96年)として手腕を発揮し、特に第一次チェチェン紛争の無策ぶりが批判を浴びた。

クリュチコフ・ヴィクトル
邪悪だが賢明な、KGBの最後の責任者。ゴルバチョフが旧ソ連と共産党一党独裁国家の維持ではなく改革を選んだときに反旗を翻したが、クーデターを実行するほどは愚かではなかった。

ゲラシモフ上級大将・ヴァレリー
2012年から参謀総長を務め、ソ連時代から最も長く参謀総長を務めた。タフな戦車将校で、ショイグ大臣の右腕として有能な制服を着ている。

ゴルバチョフ・ミハイル
ソヴィエト連邦共産党の最後の書記長（1985〜91年）、最初で最後の選挙によるソヴィエト連邦大統領（1988〜91年）。ソヴィエト連邦の改革を望みながら、その解散に至った人物。

ショイグ・セルゲイ
ロシア政界で最も人気と実力のある人物の一人で、前非常事態担当大臣兼モスクワ州知事。2012年に国防相に就任し、軍備の近代化と前例のない活動を続けてきたが、2022年のウクライナ侵攻でその勢いに終止符が打たれる可能性がある。

セルゲイエフ上級大将・イーゴリ
元戦略ロケット軍司令官で、1997〜2001年に国防相を務めたが、その在任期間は率直に言って記憶に残らない。

セルジュコフ・アナトリー
「家具のセールスマン」と呼ばれる元税務局長で、2007年から12年にかけて国防相に就任し、この最も保守的な組織に必要だが難しい改革を強要したため、最高司令部から大不評を買った。

ゾロトフ上級大将・ヴィクトル
「プーチンのドーベルマン」と呼ばれる元ＫＧＢのボディガードで、大統領警護庁長官（２０００〜１３年）、国家親衛隊初代局長（２０１６年〜）となり、合法性よりもボスへの忠誠心を優先する人物とされる。

ドゥダエフ・ジョハル
チェチェン共和国の空軍大将。チェチェン共和国の独立宣言（１９８１〜８６年）後、初代大統領となり、事実上のギャングによる乗っ取りとモスクワとの血なまぐさい戦争を指揮し、ロシアのミサイルで殺された。

パトルシェフ・ニコライ
ＫＧＢの退役軍人であり、プーチン側近の中でおそらく最もタカ派な人物。２００８年から安全保障会議の書記を務めるパトルシェフは、実質的に国家安全保障顧問であり、２０１４年以前から主要な外交政策の決定において重要な役割を担ってきている。

プーゴ・ボリス
ラトビア出身の強硬派内務大臣で、１９９１年の８月クーデターで重要な役割を果たし、失敗した際に拳銃自殺した。

プーチン・ウラジーミル
大統領府のスラングで「ザ・ボディ」。究極の決定者であると同時に、部下にアイデアを出させて承認させたり拒否させたりするのが好きな人物でもあり、大統領職に居座り（理論上２０３６年までとどまる）ロシアを再び大国にするためのキャンペーンを展開している。

ボートニコフ・アレクサンドル
２００８年から連邦保安庁長官。プーチンの忠実な支持者であり、パトルシェフの信奉者。

マカロフ上級大将・ニコライ
２００７〜１２年の参謀総長で、その後のショイグ、ゲラシモフによる軍事改革の立役者である。

マスカドフ・アスラン

チェチェン共和国の優秀な反乱軍司令官だったが、文民の指導者としては失敗。まっとうな人物だが、ロシアの反体制派と国内のジハード主義者の間で窮地に立たされた。

ミシュスチン・ミハイル

メドヴェージェフの後継首相で、中央集権化、自動化、ビッグデータによって、ロシアの効率的な行政が可能になると信じるテクノクラート的経営者である。

メドヴェージェフ・ドミトリー

プーチンがサンクトペテルブルク市長のサプチャークと組んで政権に迎え入れたチームの一員。メドヴェージェフはプーチンの首席補佐官を務め、プーチンが首相の椅子から事実上支配していた2008〜12年まで大統領の代理を務め、その後、プーチンの下で2020年に安全保障理事会の副議長に任命されるまでは首相を務めていた。一般にリベラルで軽薄と見なされている。

ヤゾフ上級大将・ドミトリー

ソ連国防相（1987〜91年）。アフガニスタンと中欧からのソ連軍撤退を指揮したが、ソ連邦改革に難色を示し、1991年の8月クーデターに参加、その後解任され投獄された。

ラヴロフ・セルゲイ

ロシアで長く在任する（2004年から）外務大臣で、かつては外交界の伝説的存在であったが、2014年から次第に脇役に追いやられ、弁護できないものを弁護し、他人が作った外交上の混乱を片付けるという惨めな仕事に追いやられつつある。

ルツコイ・アレクサンドル

パイロット出身でアフガン戦争の英雄であり、1993年にエリツィンと劇的に決裂するまで副大統領を務めた。

レベジ上級大将・アレクサンドル

エリツィン政権の警備部長となったしゃがれ声の元空挺隊員。沈黙を守るタイミングを知らないため、すぐに彼と仲たがいした。

（上）アーミー・ゲームズ2018の競技「戦車バイアスロン」の決勝戦。手前のT-72B3戦車には製造元のウラルヴァゴンザヴォード社（UVZ）のロゴが描かれている。（Mark Galeotti）／（下）1993年の「10月政変」の際、ホワイト・ハウス付近に潜むボリス・エリツィンと彼に付き従う護衛の兵士たち。（HECTOR MATA/AFP via Getty Images）

(上)ソヴィエト時代のA-90オルリョーノク(「若鷲」)エクラノプランの現存機のひとつ。水面上を飛行する革新的な水上機(地面効果翼機)である。(Mark Galeotti)/(中)第一次チェチェン戦争の前夜、北オセチアに召集されたMVD内務部隊。(MICHAEL EVSTAFIEV/AFP via Getty Images)/(下)無誘導ロケット弾を斉射するMi-24。(RMOD)

（上）1999年6月、プリシュティナ空港を制圧し、民間車両の通行を遮断するロシア空挺部隊員。（MLADEN ANTONOV/AFP via Getty Images）／（中）チェチェン国家警備隊員（いわゆる「カディロフツィ」の一員）。APCにはアフマド・カディロフ前大統領の肖像画が貼ってある。（ALEXANDER NEMENOV/AFP via Getty Images）／（下）ロケット弾ポッドを懸吊し、GSh-30-2K二連装自動機関砲を側面に装備したMi-24PハインドFガンシップ。（RMOD）

（上）2008年、南オセチアを横断するロシア軍。（DMITRY KOSTYUKOV/AFP via Getty Images）／
（下）シベリアでBMP-2に牽引されるスキー部隊。（RMOD）

(上)爆弾処理キットで身を固めた戦闘工兵。(RMOD)／(中)シンフェロポリ空港でラトニックを着用した「リトル・グリーンメン」(ロシア人にとっては「礼儀正しい人」)。支持者と記念撮影をしている。(Ilya Varlamov, CC BY-SA 4.0)／(下)ドンバスの親ロシア派反乱軍。政府軍から鹵獲した戦車とBM-21ロケット砲で武装している。(写真：Pierre Crom/Getty Images)

（上）2022年初頭、シリアのフメイミム航空基地を視察するセルゲイ・ショイグ国防相。（RMOD）／（中）シリア駐留からロシアへ帰国するスホーイSu-25のパイロット。（TASS / Alamy Stock Photo）／（下）2019年、モスクワでパレード中のT-14アルマータ。（Mark Galeotti）

（上）発射準備を完了したオルラン-10ドローン。手前の兵士は敵ドローンの制御信号を妨害するREX-1対ドローンライフルを握りしめている。（TASS / Alamy Stock Photo）／（下）2S19ムスタ-S 152mm自走榴弾砲。（Mark Galeotti）

（上）西部軍管区の2機のMi-28ガンシップ。（RMOD）／（中）より多くのコントラクトニキを集めるため、軍では女性の採用を増やしている。GAZティーグル・ジープで通信システムを設定している第38旅団のVDV少尉。（TASS / Alamy Stock Photo）／（下）発射態勢を取ったS-300V SAMシステム。（RMOD）

（上）シリア上空でKAB-500S爆弾を投下するSu-34。（RMOD）／（中）テスト航海中の空母「アドミラル・クズネツォフ」。（RMOD）／（下）「スラヴァ」級ミサイル巡洋艦「マーシャル・ウスティノフ」。P-500バザーリト（SS-N-12サンドボックス）対艦ミサイルの巨大な発射機がよく見える。（Royal Navy, OGL v1.0）。

（上）2017年、地中海からシリアのイスラム国の標的に向けてカリブル巡航ミサイルを発射する「クリヴァク」IV級フリゲート艦「アドミラル・エッセン」と「アドミラル・グリゴロヴィチ」。（TASS / Alamy Stock Photo）／（中）セヴァストポリを出港する黒海艦隊旗艦のミサイル巡洋艦「モスクワ」。その後同艦は2022年4月にウクライナのミサイルによって撃沈された。（ZUMA / Alamy Stock Photo）／（下）高速で移動する「ラプトル」級哨戒艇。（Nikolay Vinokurov / Alamy Stock Photo）

(上)戦闘機の護衛を従えたツポレフTu-95戦略爆撃機。(Photo by Elizaveta Becker/ullstein bild via Getty Images)／(中)第54親衛ミサイル師団のRS-24ヤール道路移動型大陸間弾道ミサイル。(TASS / Alamy Stock Photo)／(下)第106親衛空挺師団の新兵の宣誓式。(RMOD)

（上）2022年、カザフスタンへ向かうIL-76に搭載中のBMD-2空挺IFV。（RMOD）／（中）海軍歩兵の上陸のため海岸に移動中の「ズーブル」級ホバークラフト「モルドーヴィヤ」。（TASS / Alamy Stock Photo）／（下）VSSヴィントレス消音狙撃銃を構えるスペツナズ。（RMOD）

(上)ロシアの新しい砂漠用迷彩服を着用しているフメイニムの憲兵隊。(RMOD)／(中)シリアのイドリブ近郊でトルコ軍と合同パトロール中のKamAZタイフーンK兵員輸送車に乗った憲兵隊。(Photo by TURKEY'S NATIONAL DEFENCE MINISTRY / HANDOUT/Anadolu Agency via Getty Images)／(下)タジキスタンの第201基地に到着した新しいT-72B3の隊列。(RMOD)

（上）「Z」の文字はロシアのウクライナ侵攻のシンボルのようなものとなっている。マリウポリから出発する戦車にも「Z」の文字がふんだんにあしらわれている。（SOPA Images / Alamy Stock Photo）／（下）市街戦訓練中の第1親衛工兵旅団の兵士たち。

スピリチュアル・パワーと核兵器との融和：イヴァノヴォ州テイコヴォでヤールICBMを祝福する司祭。（TASS / Alamy Stock Photo）

モスクワのズナメンカ通りにある参謀本部ビル周囲の柵に取り付けられている軍の紋章。1800年当時のロシア皇帝の紋章に敬意を表し、1997年に採用された。(Mark Galeotti)

第1章　序

毎年恒例の赤の広場での戦勝記念日のパレードは、クレムリンとロシア国民の両者が戦争と軍隊をどのように見ているかをよく表わしている。「大祖国戦争」（第二次世界大戦）と呼ばれる戦争で亡くなった2700万人のソヴィエト連邦人民（うち1400万人はロシア人）を追悼するこのパレードには、厳粛さと内省の場でもあるが、パレードそれ自体は勝利と軍事力を堂々と讃えるものである。何千人もの兵士が隊列を組んで、伝統的な「ウラー！」という歓声を上げ、最新の軍事装備が石畳の上を轟々と走り回り、「勝利の旗」（あるいは第150狙撃師団がベルリンで掲げたオリジナルの赤い旗を忠実にコピーしたもの）を、モスクワ警備連隊儀仗隊の旗衛兵が直立歩調で「聖なる戦い」の調べに乗って、赤の広場の端から端まで行進する。

立ち上がれ、力強い祖国よ、
聖なる戦いのために立ち上がれ。
邪悪なファシストの大軍を打ち砕くために、

団結し敵を追い返せ。

観衆として外国の高官や大使が、戦時中の同盟国から現在の地政学的な仲間まで招かれているのが通例だ。しかし彼らは参加するだけではなく、証人となるために臨席する。なぜならこの20年間のほとんどは、ウラジーミル・プーチンのショーだったからだ。彼は大学時代に最小限の予備兵役教育を受けただけで、KGB（ソヴィエト連邦の治安・諜報機関）に入省し国家公務員の義務を免除されたにもかかわらず、自国の軍人らしい栄誉を連想させることは何でもしてきた。ジェット機のコクピットに潜り込んだり、新品の銃を手にしたり、戦車を走らせたりするプーチンの場面写真は、もはや陳腐なものとなっている（また多岐に渡る媚びへつらったカレンダーの題材となっている）。そして「デェーニ・ポベーディ」（戦勝記念日）を執り行なうことは、第二次大戦の勝利だけではなく、特にロシアの勝利とプーチン自身を結びつけるための絶好の機会となっているのだ。

ロシアの大祖国戦争は、ナチスのソヴィエト連邦侵攻から始まる1941年から45年までで、1939年のポーランド侵攻（スターリンも同時にこの宿敵の分け前を得た）も、またフランス占領も関係ない。また、他の国のように5月8日ではなく、5月9日に祝われる。これはよく言われるようなつむじ曲がりの独立宣言ではなく、単に時差によるものだ。最終的な平和条約が結ばれた時には、モスクワはすでに翌日の朝になっていたのである。

しかし、戦勝記念日にはもっと特別なことがある。この日は今でも純粋に国家的なイベントであるということだ。空はたいていいつも快晴で（前日にロシア空軍が降雨しそうな雲にドライアイスを撒いて雨を降らせておいたおかげで）、街中のラウドスピーカーからは愛国的な音楽が流れている。カップルがお揃いで赤軍の特徴であるカーキ色のギャリソンキャップ「ピロトカ」をかぶって街を歩き、子供たちが花を手渡している退役軍人たちの胸には、古い勲章が縫い付けられキラキラと光っている。もちろん、クレムリンはこのノスタルジックな愛国心の感情を刺激し奮い立たせるために、歴代の将軍を讃える巨大な壁画から、戦死した家族の白黒写真を持った人々が行進する「不滅の連隊」運動の引き継ぎと継続に至るまで、あらゆることを行なっている。しかし、これは国が命令した中味のない単なる儀式ではない。人々がロシアの軍事的成功のシンボルである黒とオレンジの聖ゲオルギー・リボンを車のリアミラーに結ぶのは、プーチンに言われたからではなく、自分たちがそうしたいからである。

軍国主義的な愛国Tシャツも同様だ。街中のキオスクで手に入るし、もっと高級志向ならノヴィンスキー大通りのアメリカ大使館前にあるような、小売店をバカにしているとしか思えない高値のミリタリーショップでも手に入る（私のお気に入りは、表がセルゲイ・ラヴロフ外相、裏がセルゲイ・ショイグ国防相の写真のシャツで、「ラヴロフと話したくなければ、……ショイグと交渉すればいい」というキャプションがついているものだ)。シニカルなプロパガンダと純粋な民衆の熱狂が、国家の軍隊とその戦争に収斂されていく様子はまさに印象的で、独特で、時に不穏な空気を漂わせている。

■アーミー・ゲームズ

私も多くの人と同じように、武装した兵士による一糸乱れぬ行進や、鋼板の塊である現代のウォー・マシンが轟々と走り回る姿を見て喜ぶ、9歳児の心を失ってはいない。その理由の大部分は、おそらく私たちがそれらに戦争で直面したことがないからだろう。走行する車両をこっそり見物するなら、モスクワの大通りのひとつであるトゥヴェルスカヤ通り沿いに陣取って、実際のパレードの前週に行なわれるリハーサルのひとつ「レピチチャ」に立ち会うのがベストだろう。無人砲塔を持つ最新型戦車T‐14アルマータ、ミサイルポッドと自動機関砲を装備したBMPTターミネーター戦車支援戦闘車、薄いグレーの国家親衛隊カラーをまとった角張った形のウラル・タイフーン兵員輸送車など、各種ハードウェアの展示を充分に堪能できる。これらの多様な展示物と同様に、それを見る観衆の姿も多彩だ。夜の街に出かけるためにドレスアップした若い女性たちが、バーに向かう前に自走砲の前で自撮りしている。年金受給者の老人たちは、警察が道路に設置した金属製バリケードに寄りかかり、BMP‐2歩兵戦闘車が整列するのを温かく見守っている。ピンクのジャケットを着た小学生の女の子たちも、男の子たちに負けず劣らず熱心にハードウェアを眺めている。ご家族みんなで楽しめるイベントなのだろうか？

同様に、戦争と兵士がいまだにロシア国民の心に近い存在であることを思い知らされたのは、HBOスポーツの好意により、2018年のインターナショナル・アーミー・ゲームズ（国際陸軍競技大会）の戦車バイアスロン決勝を取材した時だった。「軍事オリンピック」と銘打たれたこの大会は、ロシアが2015年に立ち上げ、ドローン飛行から軍用犬調教まで、陸海空の30以上の競技に30ヵ国以上が参加するまでに成長した。当時私が書いたように、「ロシアはスポーツ、戦争、ソフトパワー、スペクタクルをうまく融合させ、ハイオク・エンターテインメントを実現した」（※原注1）。例えば、バイアスロンの決勝戦では、ロシア、中国、ベラルーシ、カザフスタンのチームがT‐72B3戦車（ただし中国のみ同クラスの96式戦車を持ち込んだ）でコースを走り、水を張った堀を渡り、125ミリ砲で目標を撃破していくものだった。興奮したコメンテイターが白熱の実況を行ない、遠方での動向も観客は客席の前に設置された大型スクリーンのクローズアップで見ることができる。特にロシア戦車には、レーシングカーのスポンサーのように、製造メーカーであるウラルヴァゴンザヴォード社のロゴマークが鮮やかに描かれている。

国家という立場からすれば、インドからイスラエルまで、かつての同盟国と将来の同盟国となりうる国々が一堂に会する、軍事的ソフトパワーの演習である。また本格的な武器取引に先立つショールームのようなものでもある。しかしけっきょくのところ、これは軍事PR活動の大演習である。耳をつんざくような戦車のエンジン音を除けば、イベントの期間中、アラビノ陸軍試験場は軍事テーマパークのようなものに改装される。戦車によじ登ったり、展示を見たりするだけではない。子供たちはAK‐74アサルトライフルを撃つチャンスを求めて列をなし、その両親は祖父に送る自慢の子供の写真を撮っている。ミリタリーショップ「ヴォエントルク」の出店でお土産を買って、その後は家族みんなでオリーブドラブに塗られた大きな食堂テントに入る。ロシア軍の「カーシャ」(そば粉粥)やシチューを妥当なお値段でお腹いっぱい食べることができる数少ない機会であることは確かだろう。

■ロシアと戦争

けっきょくのところ、どの国もある程度は戦争によって形成されたものだ。単に戦うことだけでなく、その消費を賄う税制も構築されてきた。しかし、ヨーロッパとアジアの十字路に位置し、自然の国境を持たない国、ロシアにおいては特にそのことが当てはまっている。後にロシアとなる国の起源は、まさに侵略にあった。9世紀にヴァイキング（「ヴァリャーグ」）の征服者が現れて以来、13世紀のモンゴルとドイツ騎士団、17世紀のポーランド、18世紀のスウェーデン、19世紀のナポレオン、20世紀のヒトラーなど、この国の人々は各時代に勃興した軍事大国の標的になってきた。しかしロシアはただ守備を固めるだけにはとどまらなかった。国家の境界線は、時代によってモスクワ大公国、ロシア帝国、ソヴィエト連邦、そして現在のロシア連邦とさまざまな形をなしてきたが、その大部分は戦争によってもたらされたものであり、ロシアの可能性と拡大への欲望、そして近隣諸国の抵抗の意志と強さのバランスの産物であった。

戦争はまた、ロシアの神話、つまりロシア自身についての物語を形成してきた。1380年、モスクワ大公ドミートリーI世がタタール＝モンゴル族のキプチャク・ハン国（ジョチ・ウルス）をクリコヴォで破った戦いはみごとな軍事的勝利であったが、後に主張されるような転機にはなりえなかった。その2年後、キプチャク・ハン国の軍隊がモスクワを占領・略奪し、ドミートリーにハーンへの再度の忠誠を誓わせ、ロシアがいわゆる「モンゴルのくびき」から解放されるまで、さらに1世紀を要することになったのである。しかし、ドミートリーはこれを勝利と言いくるめ、その後ウラジーミル・プーチンが後に奉ずることになる根本思想の証明として神話化された。すなわち

「ロシア人は分裂していると餌食になるが、団結すれば無敵である」（※原注2）。

1612年にポーランド・リトアニア共和国軍をロシアから追い出した「人民民兵」の成功を、新ロマノフ王朝は愛国的な信用に箔を付けるために利用した（彼らは侵略者と相応の協力をしていたにもかかわらず、である）。1812年のフランス軍の敗北（ロシア人はナポレオン戦争ではなく「愛国戦争」と呼ぶ）は、縦深防御の価値を示す事例となっただけでなく、その後の50年間、自国の改革を避けるための口実となった（※原注3）。クリミアでの敗北により政権は改革の始まりを迫られたが（※原注4）、1904～5年の日露戦争でのもうひとつの敗北は、帝国に広がる後ろ向きな沈滞感と無能さの象徴として、ツァーリズムを揺るがすことになった（※原注5）。第一次世界大戦がロシアにもたらした災厄は、3世紀にわたって続いた王朝をついに崩壊させた。逆に、大祖国戦争での忍耐から勝利への勇壮な物語は、ソヴィエト連邦の超大国としての地位を確固たるものにし、それまでは避けてきた残忍なスターリン主義の警察国家についても正当性を喧伝するようになった。

深みにはまっていくしかない、今にして思えば、ソヴィエト連邦が選んだコースはまさにそれであった。確かに、ソヴィエト連邦は新たな帝国領内での平和的な抗議を弾圧することができた。1953年の東ドイツ、1956年のハンガリー、1968年のチェコスロヴァキアなどである。しかし鼻先を突き合わせた対立がどんなに恐ろしく見えたとしても、冷戦時代のヨーロッパでは１９７９年までのことだ。赤軍が最も戦争に近づいたのは、１９６９年の中国との７ヵ月間にわたる宣戦布告のない国境紛争であり、そのほとんどは国境警備隊が戦ったものだった。１９７９年、ソヴィエト連邦はすでに末期的な衰退に陥り、アレキサンダー大王と大英帝国の足跡をたどるかのようにアフガニスタンへと向かった（後にアメリカが明らかに証明したとおり、これは抵抗しがたく無分別な支配への誘惑なのだろう）。教科書通りの奇襲作戦により首都カブールを制圧し、アフガニスタンの不安定な独裁者ハフィーズッラー・アミーンを退陣させた（※原注６）が、これは苦痛と困難に満ちた戦争の始まりであることが判明する。ソヴィエト軍は戦場では不敗だったが、それでも反乱軍に勝利することはできなかった（※原注７）。10年後、ソヴィエト連邦の新しいリーダー、ミハイル・ゴルバチョフが敗北を認め、兵士たちを帰還させた。

アフガニスタンでの敗北（どちらかといえば限定戦争であり、その残虐性にもかかわらず、10年間で戦死したソヴィエト兵の総数約1万５０００人は、国内の路上での死者数より少なかった（※））は、ソヴィエトの自壊を促しただけでなく、その没落の背後にある理由を象徴する事例となった。西側諸国に比べて経済的に遅れをとっている国、自国はおろか国外の状況にも疎い老人たちが支配する国、汚職、冷笑主義、アルコール中毒、無気力によって空洞化しつつある国。かつて戦争から帰還して1年も経たないウクライナの「アフガネット」（戦争におけるベテラン兵士の一人）と話したことがある。彼はいろいろな話を列挙してくれた。ただ略奪するためにアフガニスタンの村への襲撃を命じた将校、ハシシ欲しさに銃を売る兵士、昼間は合法的な政府をアメリカから支援された傭兵どもから守るために来たと説教しながら、夜には酒を回してクレムリンの指導者を他の兵士と同様に激しく罵倒する政治将校。そしてその「アフガネット」が帰国すると、食料配給の行列、空約束だった新しいアパート、ソヴィエトの勝利を幸せなアフガニスタン人民が讃える凱旋のテレビニュースという日常が待っていた。彼が幻滅から民族主義運動に傾倒し、反ソヴィエトの活動家としてウクライナの独立を支援するようになったのも不思議ではない。

その後、鉱山労働者のストライキや民族間の緊張、強硬派クーデターの頓挫、ソヴィエト社会主義共和国連邦の構成国の多くからの独立宣言があり、1991年の年の瀬、ゴルバチョフ大統領は彼の最後の法令、連邦の解体に署名した。ロシアは家主でありながら崩れかけた家に住み、近隣も荒れ果てていた。第一部で後述する通り、1990年代は大部分が混沌とした危機の時代であった。ソヴィエト崩壊後のユーラシアは、国境紛争、共同体内の暴力、経済の暴落に直面していた。ロシア軍は、無規律、犯罪、士気の低下に囚われており、人口がロシア連邦の約100分の1程度しかない北カフカス地方のチェチェンで起こった反乱を鎮圧することさえできなかった（※原注8）。

国際的には、かつての大国は厄介者と見なされ、タガが外れた核兵器や初代大統領ボリス・エリツィンの不安定な外交政策を除けば、時代遅れの疎外された存在となった。
（※1980年代、ソヴィエトでの交通事故による直接的あるいは間接的な死者数は毎年約4万人だった。）

■プーチン

エリツィンからプーチンに代わった時、これらすべてを何とかしようと彼が決意していたのは当然かもしれない。第二部で後述する通り、彼はすぐに軍の再建に着手、第二次チェチェン紛争に投入し、過剰な火力と忠実なチェチェン人の支持により、最終的に反乱軍を鎮圧したと見なされた。ただし、西側諸国との実務的な関係改善への希望（ロシアをNATOに加盟させるという構想さえあった）は、すぐに挫折した（第三部を参照）。次第にプーチンは、軍事力が自国の安全を保証するだけでなく、ロシアを信頼に足る国際的な大国へ再興するために必要なものだと考えるようになっていった。そこでプーチンは、石油とガスからの潤沢な収入を背景に、ロシアの軍事力を復活させるためのキャンペーンを強化した（第四部を参照）。

けれどもクレムリンは、たとえ再強化したところでロシアの軍事力はNATOに及ばないこと、そして表立っての紛争は、いかなる場合でも失敗を招き自滅に陥ることを、充分に承知していた。それゆえ、第五部で詳述するように、新しい形態の戦争、しばしば秘密裏に間接的に行なわれる、サイバー攻撃、偽情報、暗殺、傭兵による戦いが重視されるようになる。ロシアが関与してきたさまざまな紛争において、多かれ少なかれ、こうした戦争が展開されてきたのである。２００８年のジョージア（グルジア）での5日間戦争（※訳注：南オセチア紛争）から、２０１４年のクリミア併合、シリアへの介入、そして２０２２年のウクライナ侵攻に至るまで。

ただし、プーチン政権下のロシア（そしていつか誰かに交代するプーチンの後継者も）は、依然として深刻な課題に直面している。第28章で考察するように、ほぼ不可避と見られる北カフカスでの紛争再燃から、ロシアが「近外国」（旧ソ連邦構成国）と見なし支配力の範囲内にある国々同士の対立激化まで、さまざまな問題がある。とりわけ中国の台頭は、これまでは同盟国として歓迎されてきたが、新たな脅威となっていくのだろうか？　いや、実際は「いつ」そうなるかだろう。いずれにせよプーチンは、歴史における自己の立ち位置を明確に意識している人物であり、以前の多くの大公やツァーリのように、軍事力と戦闘を、世界における自国独立の再主張だけでなく、自尊、栄光、成功の国家神話を再構築するための重要な手段と見なしている。彼は、ロシアの数世紀にわたる進化の物語を、自分の指向に合った教訓を補強するために積極的に作り直している。曰く、世界は危険に満ちている、ロシア人は結束し規律を保つ必要がある、弱さを見せれば侵略を招く、皇帝アレクサンドルIII世が強く主張したように「ロシアにはふたりの味方がいる。陸軍と海軍だ」。

しかし世論調査によればロシア人自身は納得していないようだ。彼らはクリミアのロシア支配への復帰を祝っても、その後の2022年の侵攻（※原注9）に続くウクライナのドンバスでの宣戦布告のない戦争には懐疑的だった。いくら国営メディアが現代の「テクノウォー」の成功例として声高に喧伝しても、シリアへの軍事介入は本格的ではないと感じていた。単純にほとんどの人は、クレムリンのプロパガンダ・マシンが西側の陰謀や迫り来る危険についてあらゆる種類のショッキングな主張を浴びせたところで、ロシアが軍事的脅威の下にあるとは思っていない。軍隊は国家のプライドとパワーの象徴であり、プーチンの戦争は勝利ばかりとは言えないが、プーチンの下で平和主義に転じる可能性はなさそうだ。そしておそらく、誰が後継者になろうとも同じことだろう。

この考えは、2022年2月にプーチンがウクライナへ全面的な侵攻を開始した時、はっきりと白日の下にさらされた。その時点で本書の原稿は完成していたが、プーチンの好戦性と大胆さが異常にエスカレートしたこの事態を無視することは不可能だった。これを受けて原稿を全体的に少し修正し、2022年6月時点の状況を反映した新章も追加した。

第一部

プーチン以前

第2章　カオスからの誕生

　私は、こじんまりとした小さな台所に座って話を聞いていた。その中尉は、モスクワのチェルタノヴォ南部近郊の貧困地区にある過密な高層アパートにいた。１９９０年のことで、厳しい戦争が終わりアフガニスタンから部隊が撤退、タジキスタンで1年間過ごした後に帰国したばかりだった。体調はよさそうではなかった。地雷を踏んで燃え盛るBTR兵員輸送車からあやうく脱出に失敗する悪夢から醒めていなかった。帽子の赤い星のバッジを執拗にいじり、大量のウォッカを、いかにもロシア人らしく飲んでいた。彼は怒りっぽく悩みをかかえていたが、決して愚かではなく、厳しい時代が来ることを確信していた。「すべてが崩壊するんだよ。そうなったら、そこらじゅうから俺たちを苦しめようとする。いつもそうだ。俺たちが弱ると、奴らはやってくる。いつもそうだ」。彼は一口あおって続けた。「そして、そうなる前に、他の〝ヴォスト〟（ボス）が必要なんだよ」。

　そのような想定をしていたのは彼だけではない。ロシアの安全保障に対する根深い歴史的恐怖を考慮し、１９８０年代後半から１９９０年代初頭にかけての出来事を見れば、なぜモスクワにこのような懸念を抱かせ、ボリス・エリツィンに代わる強者を必要とするエリート内の合意が形成され、国境紛争、民族間対立、歴史的遺恨、外国からの干渉の可能性に満ちたユーラシア大陸での地域の覇権を再び確立しようとしたかが、容易に理解できるだろう（※原注1）。

■ソヴィエトの解体

けっきょく、ソ連の崩壊は、オーストリア＝ハンガリー帝国や、1990年代のユーゴスラビアなどのような他の多くの多民族国家の崩壊と比べると、ある意味では、流血沙汰のない秩序ある特別なケースだった。バルト三国（エストニア、ラトヴィア、リトアニア）は1940年に併合されたが、そろって1990年に初めて独立を宣言し、翌年には本当に実現した。ソ連を構成する他の12の共和国では、ソヴィエト共産党に反対する民族主義運動が高まっていたが、彼らが本当に連邦の急速な解体を期待していたか、あるいは独立実現を望んでいたかどうかは疑問である。もちろん、1980年代は閉塞感に満ちていた。経済は混乱し、店は空っぽ、ミハイル・ゴルバチョフによる構造改革の企図はかえって事態を悪化させているようだった。「グラスノスチ」（「開放」あるいは「情報公開」）運動により、スターリンの殺人的な粛清から、1986年のチェルノブイリ原発事故（ウクライナの発電所の事故でロシアとヨーロッパに放射性物質の放出をもたらした）の背後にある無能ぶりまで、近い過去の闇のエピソードがすべて暴かれてしまったのである。

ゴルバチョフは、共産党とその政治体制による鉄の支配が、改革を阻む大きな問題であると考えるようになり、体制の限定的な民主化を開始した。この結果、ゴルバチョフや共産党を支持しないどころか、出身の共和国にさらなる自由（そして完全な独立）を求める新しい世代の政治指導者が出現し、力を発揮するようになった。そしてこのことが仇となったケースもあった。トルコ系のアゼルバイジャンとキリスト教系のアルメニアは、長きにわたる対立と不寛容の歴史を持ち、アゼルバイジャンの都市に住むアルメニア人が付け狙われたり、追い出されたり、リンチされたりする事件が頻々と発生していた。そして1990年1月、その後の暴力の前兆として、アゼルバイジャンの首都バクーで7日間にわたる暴動が発生、アルメニア人約50名が死亡、数千人が被害を受けた。モスクワは戒厳令を発令して軍隊による流血で制圧したが、さらに約150名の犠牲者が出た。

ゴルバチョフは必死になって、迫り来る混沌を何とか封じ込めようとした。1990〜91年の冬には、経済改革を円滑に行なうためには、政治的秩序を、必要であれば力づくでも取り戻さねばならない、と考える強硬派とも協力するようになっていった。強硬派は、これをモスクワとバルト三国の民族主義的指導者の間の対立を打開するために利用し、1991年1月、リトアニア（KGB特殊部隊と第76親衛空挺師団の空挺隊員が中央テレビ塔を制圧し14人の市民が死亡）とラトヴィア（首都リガに数十万の人々が集まり、防衛を誓う）の両方で、激しい衝突が引き起こされたのである。

ここに至りゴルバチョフは、この結果はさらに多くの共和国を分離独立に追い込むだけだと気づき、自分の変心を後悔していた。1991年3月、政府は国民投票を行ない、「ソヴィエト社会主義共和国連邦は、対等な主権を持つ共和国による新連邦での存続を必要と考えるか」を問うた。大多数の77・85％が賛成票を投じたものの、急進的な共和国（アルメニア、エストニア、ジョージア〈グルジア〉、ラトヴィア、リトアニア、モルドヴァ）では投票をボイコットした。ソ連国民の大多数はある種の連邦国家の存続をまだ望んでいたが、すでに手遅れであったことはほぼ間違いない。これを機にゴルバチョフは各共和国の指導者と交渉を開始し、夏までにソ連を実質的な帝国から、純粋な連合体に転換させるための合意を取りまとめた。各共和国は、希望すればこの新しい「ソヴィエト主権共和国連邦」から自由に脱退することができ、ほとんどの権限も各共和国に委ねられ、中央政府は外交、防衛、通信などの主要な役割を担うだけとなる。共産党支配の時代は終わり、巨大な赤軍はスリム化され、政治統制、国家治安維持、対外諜報を一手に引き受けていた恐るべきKGBは、より御しやすい部局へと分割されることになった。強硬派であった国防大臣ドミトリー・ヤゾフ、内務大臣ボリス・プーゴ、KGB議長ヴィクトル・クリュチコフらは、全員引退を余儀なくされるだろう。

しかしゴルバチョフにとって不運だったのは、彼ら強硬派との協力を解消した結果、クリュチコフの常時監視下に置かれてしまったことだ。一挙手一投足、会話まで記録されていたが、この監視はばかばかしいレベルにまで達しており、ある記録簿の記載は「18：30。111は入浴中」であった（※原注2）。ゴルバチョフは「対象110」、妻のライサは「111」だった。だがクリュチコフらは今後起こることに備え、機先を制することを決めていたのだから驚くには当たらない。

■8月クーデター

8月初めには、モスクワ郊外のノボオガリョボ公邸での長時間の交渉の末に、新連邦条約の最終草案がまとめられた。ゴルバチョフ大統領と、この改革国家に留まることを選択した各共和国の首脳は、8月20日にこの条約に調印することになった。厳しかった交渉に疲れ果てたゴルバチョフは、8月4日、クリミア半島フォロスの別荘に向かい、2週間の休養をとった後、正式な調印のためにモスクワに戻ることにした。だがそれは実現しなかった。

強硬派にとっては、ここが国家反逆にも等しい企てを回避する最後のチャンスであることはわかっていたが、クリュチコフは静かにクーデターの準備に取りかかった。信頼のおけるKGB幹部の夏期休暇を取り消し、25万組の手錠を追加発注し、ゴルバチョフの職務を精神衛生上の理由で解任する書類まで作成させた。8月17日には、モスクワ南西郊外のテプロスタンスキー通りにあるKG

Bの隠れ家に、志を同じくするタカ派たちと合同した。ここで、実行の最終決定が行なわれた。代表団がクリミアに飛び、ゴルバチョフに新連邦条約の棚上げ、国家非常事態の宣言、強硬派のやり方での「秩序回復」を要求し、でなければ身を引き、ゲンナジー・ヤナーエフ副大統領を大統領代理として引き継がせろという最後通牒を突きつけた。

彼らは、ゴルバチョフが一も二もなく降参し、自分たちの冒険的な企てを承認してくれるものと楽観していたようだ。ゴルバチョフが自分たちを非難し追い出すと、彼らは目に見えて動揺したが、もう賽は投げられたのだ。フォロス邸の通信系統をすべて統制下に置いていたKGBは、すぐに彼の通信を遮断した。同じくKGB職員であったゴルバチョフの身辺警護チームはなおも忠誠を貫いたが、その他のKGB武装職員らは別荘を封鎖した。

8月19日の朝に目覚めたソ連国民は、ゴルバチョフが「体調不良のため一時退陣」し「非常事態国家委員会」が代行する、というニュースで目覚めた。テレビやラジオの通常番組がバレエ「白鳥の湖」の放送に変更される中、第106親衛空挺師団の空挺隊員、第2親衛タマンスカヤ自動車化狙撃師団と第4親衛カンテミロフスカヤ戦車師団（両部隊ともエリートの「近衛」部隊）の軍勢、合わせて約4000人がモスクワになだれ込んで来た。このクーデターは、実にお粗末なものだった。8人の国家委員（クリュチコフ、ヤゾフ、プーゴ、それに取るに足らない名目上の長であるヤナーエフら）は、ゴルバチョフの改革がどれほど新たな抵抗の精神を燃え立たせたのかに気づいておらず、大衆を従わせて1980年代初頭まで時を戻すには、厳粛な記者会見と路上の戦車の姿だけで充分だと本気で思っていたようだ。

彼らは間違っていた。自信過剰なのか、計画不足なのか、ロシア共和国の大統領に選出されていたボリス・エリツィンを拘束しなかったのだ。モスクワ川河岸にあるロシアの国会議事堂「ホワイト・ハウス」から、エリツィンはクーデター反対を表明し、ゼネストを呼びかけた。ホワイト・ハウスの周りには人が集まり始めたが、初日はまだ誰もが事の成り行きを待ちかまえていただけだった。もしいわゆる「8人組」が、迅速かつ冷酷な攻撃を行なう意思と能力があったならば、勝利を収めることができただろう。例えば警察では、警官たちがどちらの陣営にも加担しないよう病欠と称して休んだため、記録的な欠勤状況に直面していた。

もっとも、首謀者たちに現実的な戦略などないことが次第に明らかになっていった。テレビに映るヤナーエフは、おどおどと震え、興奮していた。カンテミール師団の戦車10両の乗員は武装を放棄するなど、モスクワの兵士たちも公然と群衆に味方し始めた。ボリス・エリツィンはホワイト・ハウスの前で装甲車に乗り込んで支持者に演説を行なったが、この時の模様はその後何年にもわたり彼のイメージとして定着した。ソ連のテレビ、ラジオでは無視されたが国際メディアはこれを報道し、ソ連全土で人々がラジオを囲んでこれを聴いていた。

翌日、緊張が高まった。その夜、モスクワ軍管区司令官ニコライ・カリーニン大将は外出禁止令を発令、その間にKGB対テロ特殊部隊のアルファ部隊隊長と、アフガニスタンで活躍した手堅いベテランで空挺部隊副司令官のアレクサンドル・レベジ上級大将が防衛側の立場となって、国会議事堂制圧の方法を検討した。彼らの結論は、群衆はますます増え意志も固く、流血の事態は避けられないということだった。

それでも「8人組」は、いわゆる「グロム（雷）作戦」の決行を決めた。アルファ部隊と同時にヴィンペル特殊部隊も投入、また戦車3個中隊、空挺部隊、対暴動警察隊「特別任務民警支隊」（OMON:Otryad Militsii Osobennovo Naznacheniya）、ロシア内務省の準軍事治安部隊「ロシア内務省国内軍」が参加し、民間人の死者は少なくとも500人、あるいはそれ以上とも予想されていた。クリュチコフのような人物は納得していたが、大勢はそうではなかった。レベジや、空挺軍（VDV:Vozdushno-Desantniye Voiska）の長であるパーヴェル・グラチョフ上級大将はヤゾフに抗議し、アルファ部隊やヴィンペル部隊の隊員たちもホワイト・ハウスへの攻撃拒否を表明していた。

21日午前0時過ぎ、バスや清掃車を動かしてバリケードを作っていた守備隊とタマン師団の小隊が衝突し、パニックになった兵士の発砲で民間人3人が死亡した。これにはヤゾフもショックを受け、軍事行動を承認しないようになったが、単に命令拒否のリスクを負いたくなかっただけかもしれない。いずれにせよ、部隊は引き揚げられ、クーデターの崩壊が始まった。

首謀者らの代表団はフォロスに飛び、ゴルバチョフとの関係を修復しようとした。しかし彼は面会を拒否した。ゴルバチョフがモスクワに戻ると、栄冠は彼ではなくエリツィンのものとなっていた。エリツィンはゴルバチョフに対して深い遺恨があった。1985年に自分をモスクワ市の党第一書記に抜擢したにもかかわらず、敵が増えすぎると1987年には解任していたのだ。エリツィンが新連邦条約に合意したのは、強硬派が何をしでかすかわからないという恐怖心からだった。しかし強硬派が起こした行動が失敗した今、ゴルバチョフを支持し続ける理由はなくなっていた。

象徴的だったのは、ボリシェヴィキの秘密警察の創設者フェリックス・ジェルジンスキーの像が、KGB本部前の場所から倒されたことだった。国家の権力と統制を行なう古い制度は、今や破綻に瀕していた。エリツィンは冷酷に権力を拡大し、ゴルバチョフを公然と侮辱し、ロシア共産党の活動を停止させ、連邦条約に署名する意志がないことを明らかにした。数ヵ月にわたり不毛な論争が続いたが、特にベラルーシとウクライナの指導者がエリツィンに同調したことで、ゴルバチョフは屈するより他はなかった。1991年12月25日、彼はソ連大統領としての最後の行動としてその地位を辞任し、そしてソ連を解体する政令に署名した。

ソ連の崩壊は、ロシアをはじめとするソヴィエト後のユーラシアにおける安全保障に大きな影響を与えた。平和的ながら予想外の分割が突然に行なわれ、解決を迫られていたあらゆる課題が依然として残されたままだった。かつて一元的だった軍事機構は分裂し、部隊、兵器、そして何よりも核兵器が地域を超えて散在することになった。防衛産業のサプライチェーンも崩壊した。少数民族の共同体は「祖国」の域外に置かれ、将来の紛争の基盤を作ることになった。これまでボリス・エリツィンは、基本的に国内政治と反対運動が売り物の人物だったが、核で武装しながらも危機に瀕した超大国の残党を支配する権力者に一気に成り上がり、既存の前提条件や権力関係が見直される時代に突入したのであった。

■ボリス・エリツィン：無計画な男

皮肉なことに、ソ連崩壊後のロシアの初代大統領ボリス・エリツィンは、倒すべき敵がいるときには冷酷で集中力を発揮したが、自分が勝った後にどんな国を作りたいかという実際的なヴィジョンはほとんど持ち合わせていなかった。政治的には民主主義を信奉していたが、それは自分に都合のいい時だけであった。1993年、彼は最高会議を相手に窮地に陥っていた。最高会議は199

0年の大統領選出時に彼が継承した議会で、共産主義者と国家主義者で構成されていた。彼は、1991年には以前実力行使を阻止した時と同じ部隊を送り込み、ホワイト・ハウスを砲撃し占領することで解決した。これは憲法違反であったが、国民投票で憲法を遡及的に改正し、自分を無罪とした。その上、大量の貧困と失業に対する国民の不満が高まり、1996年の大統領選挙でロシア共産党が勝利しそうになると、エリツィンは、実業家、投資家、大手マスコミからなる、いわゆる「7人の銀行家」と取引を行なった。彼らは賄賂、デマ、あからさまな不正投票などのキャンペーンに資金と力を注ぎ、エリツィンの再選へと転換させたのだ。

結局のところ、彼らにとっては現状維持のための投資だったのである。ロシア経済はひどい状態にあり、1992年から96年にかけて行なわれた大規模な民営化運動は、資産を国家の手から引き離し、非効率な産業を打ち切るために必要だったのかもしれないが、大量の富を比較的少数の手に独占させる結果となった。銀行、汚職官僚、そしてコネのある起業家のみが、バーゲンベースの価格で資産を手に入れることができた。

このような事態を、西側諸国ではある程度まで見て見ぬふりを決め込んだ。彼らもまた、ロシアが共産主義者や超国家主義者の手に落ちるのを見たくなかったからだ。しかし実際は、1993年に行なわれた新議会の国家院選挙で、自由主義でも民主主義でもなく、狂信的な国家主義者でしかないロシア自由民主党（LDPR）が最大の得票を獲得したのである。また西側にとっては、ソ連崩壊後の地域の安定が最大の関心を寄せる理由で、特にソ連が貯蔵してきた約4万5000発の核兵器や、国家や非国家集団が大量破壊兵器を開発できるような資材やノウハウがどうなるかということだった。

この問題をさらに難しくしたのは、ロシア軍のみならず、その指揮系統である。ソヴィエト最高司令部には8月クーデターにはっきりと同調する者も少なくなかった。ヤゾフ国防相は国家非常事態委員会の一員であり、厳格で有能な国防副大臣兼陸軍司令官ヴァレンティン・ヴァレンニコフ上級大将も彼の重要な味方の1人であった。前参謀総長セルゲイ・アフロメーエフも同世代の大物であったが、8月クーデターの失敗後、「わが祖国が死に絶え、わが人生の意義とつねに考えてきたものすべてが破壊された今、生き続けることはできない」（※原注3）という遺書を残して自決している。何とはなしに（公平に見れば、何らかの理由はあるのだが）最高司令部を信用できなかったエリツィンは、当初はロシアの国防大臣を自称していた。なによりこの仕事を任せられる信任者がいなかったからである。しかし彼は1992年5月、8月クーデターへの支持を決然と拒否し、エリツィンの副官として動いていた空挺部隊司令官、パーヴェル・グラチョフを国防大臣に選任した。

第4章で述べるように、これは政治的には理にかなった決断であったが、軍部にとっては大失敗であった。グラチョフは勇敢で精力的な軍人で、アフガニスタンに2度派遣され、その功績でソ連最高の栄誉であるソ連邦英雄を受章しており、大臣就任と同時に、国軍最年少の44歳で陸軍上級大将に昇進した。しかし、特に危機と削減の時代にあっては、彼の力不足は痛々しくもすぐに明らかになった。彼には同僚たちへの権威がなく、その時代における戦略的なニーズをすくい取る広い視野にも欠けていた。グラチョフが昇進した時、私は彼がアフガニスタンで統率した第106親衛空挺師団に配属されていた隊員と飲む機会があった。私は彼らに、彼が大臣になったことについてどう思うかと尋ねた。少し気まずい沈黙が流れた後、1人が申し訳なさそうに「モロデッツ」、つまり「いいやつ」という意味の言葉を口にした。これは有望な新兵を評するものであって、国防大臣を評する言葉ではない。自軍の「ブルーベレー」でさえ不安を抱いていたのだから、よい船出とは言えない。

実際にこのことは、統治から撤退しロシア軍を広範囲に広がった基地から呼び戻すという、政治的に避けられないが兵站の上では悪夢のような任務で明白になった。これはソ連崩壊前から行なわれていたが、新しい国々が自国の安全保障に関心を持ち始めただけでなく、新旧の紛争を解決し、国内の現況を精算するために、赤軍の一部を利用し始めていたことで、すべてがもっと複雑になっていたのである。強制されたうわべだけのソヴィエト式友愛主義から解放された結果、地政学的な復讐が旧ソヴィエト連邦に回帰し、ロシアは最大の後継国家として、また実質的にソ連を崩壊させた国として、この問題に巻き込まれざるを得なかった。

ソ連崩壊後の軍編制がほとんど考慮されていなかったのは理解できる。混とんの最後の数ヵ月間まで、ソ連の崩壊を真剣に想像していた者はほとんどいなかったのだから。皮肉なことに、ある程度このことを考慮していたのはソ連参謀本部だけで、1990年から、戦術核兵器と戦略軍のインフラの一部を他の共和国からロシアに静かに移動させていた。しかしそれ以上の計画はほとんどなく、合意も得られていない。1991年にロシア、ウクライナ、ベラルーシの指導者によるベロヴェーシ合意により、独立国家共同体（CIS）というゆるやかな新しい連合体が形成され、当初はアルメニア、ベラルーシ、カザフスタン、キルギス、ロシア、ウズベキスタンで構成されたが、この時点でも同様だった。CISは、8月クーデターの支援を拒否したソ連軍司令部の一人であるエフゲニー・シャポシニコフ航空元帥を最高司令官に据え、CIS諸国との統合軍を暫定的に指揮することになった。ただし実際には、急激なソヴィエト連邦崩壊の影響で、各地における軍備や資産の管理は、新しく創立された各共和国に事実上委譲されていた。

ゴルバチョフはエリツィンに「チェゲット」（「核のスーツケース」、ミサイル発射のアクセス権と、関連する暗号）を引き渡したが、国家としてのロシアは、まだ軍隊というものが存在していなかった。当初エリツィンは、シャポシニコフを総司令官とする10万人規模の国家警備隊を組織し、安全保障はＣＩＳ諸国との統合軍に委ねると発表した。しかし１９９２年３月、旧ソ連国防省がロシア連邦国防省に改称され、シャポシニコフの指揮権に災難の前兆が現れた。とどのつまり、単なる間に合わせの状態でしかなかったのだ。実際に統合軍を備えるには、その役割や規模、誰が費用を負担し、誰が兵役につくかなどの合意が必要である。このような茨の道に対する共通の基盤が得られなかったというより、どの加盟国も実際にやってみようともせず、見込みも薄いことを認識したのであろう。やがて建前も崩れ、１９９３年９月、ＣＩＳの指導部はシャポシニコフの役職を廃止した。これ以後、ＣＩＳの安全保障上の役割は、加盟国間の協力関係の支援だけになった。その代わり、旧ソ連軍の大部分、２００万人以上の兵士はモスクワの統率下に置かれることになった。この軍隊みたいな何かは、果たして資産なのか、負債なのか？

第3章　危機的状況に陥った軍部

1994年、調査報道記者のドミトリー・ホロドフはこう書いた。「わがロシア軍は組織犯罪の世界に滑り落ちている」（※原注1）。彼はさまざまな話の中から、エリート部隊である第16スペツナズ旅団の特殊部隊員がマフィアの殺し屋として働いている、あるいはその殺し屋の訓練プログラムを運営しているという主張を掘り起こしていた。だが彼は、グラチョフ国防相が軍の資金の巨額横領に関与していたという、もっと大きな問題も追求していたのだ。その直後、情報を持っているという人物から連絡があり、モスクワ駅の遺失物コーナーにあるブリーフケースを指示された。それに書類が詰まっていると言われていた彼は、急いで自分の新聞社「モスコフスキー・コムソモーレツ」の事務所に持ち帰った。それを開けた瞬間、爆弾が爆発し、彼は即死した。

新聞は公然と殺人の黒幕であるグラチョフを非難した。彼はあらゆる関係を否定したが、数年後、6人（うち4人は現役軍人）がこの殺人の罪で裁判にかけられた時、グラチョフはホロドフを「内部の敵」と呼び、空挺部隊の情報部長パベル・ポポフスキフ大佐に彼の「始末」を任せたことを認めた。また「足を折れ」と言っただけで「部下の一部が私の言葉を誤解した」（※原注2）という不誠実な言い訳をした。が、これがグラチョフ自身が訴追される理由にならなかったのが当時の風潮を表している。いずれにせよ、世間を大きく騒がせ、検察庁の怒りに直面したが、この六人は2回の裁判でも無罪となり、事件は現在も未解決のままである。

■悪に染まった軍隊

1990年代、ロシアの軍隊は安全保障上の資産というよりも、むしろ負債と見なされていた。兵士は空腹で、ろくな訓練も受けておらず、規律もなっていない。これには歴史的な理由もある。ソヴィエト軍は、「デドフシナ」あるいは「祖父主義」という名で知られる、慣習化したいじめ文化に非常に悩まされていた。どんな軍隊でも弱いもののいじめや虐待はあるものだが、下士官（NCO）のような職業軍人がいないことと、春と秋の召集サイクルがあるため、徴兵者は2年間の勤務の間に半年ごとに4つの集団に分けられることの両者が合わさり、この状況を悪化させていったのである。彼らは、非公式ではあるが、誰もが認める軍隊生活の一連の段階を経て進んでいく。新人の「モロドイ」（「若造」）は、兵役の半分以上を終えた「デディ」（「おじいさん」）や除隊までの1000日間を過ごす「デンベリ」（「復員者」）に絶対服従することを要求される。これは、下品ないたずらから、食料（特に家から送られてきたもの）の上納、上級兵士の雑用まで、ありとあらゆることを意味する。ほとんどの場合はデンベリに「配属」され、「100日間」の儀式、例えば服務終了まで毎晩枕元にタバコを置くことなどを強いられる。

デドフシナに反抗することは過酷な報復を招き、殴打や、冬の野外でコートなしで働かされるなどの他の処罰の影響で、毎年数百人の徴兵者が死亡していた。公式には禁止されていても、このシステムが実際に根強く残っているのは、粗暴だが規律を強制する効果的な方法として広く受け入れられていたからである。ベテラン下士官の不在はロシアの軍隊の弱点の一つで、軍曹や「スターシナ」(西側でいう「曹長」とほぼ同じ)は、特に有望な徴兵に高等訓練を施すだけである。1971年には、すでに兵役を終えた志願兵のために「プラポルシチク」(准士官。海軍では「ミヒマン」)を再導入したが、数が少なすぎて(そしてしばしば質が低すぎて)、期待した影響はほとんどなかった。

新任の中尉は、おそらくは配下の徴兵者の多くとほとんど年齢が変わらないのに、どうやったら自分の権威をふるうことができるのだろうか? あまりにも多くのケースで現実的な答えは、「デディ」に頼って兵士を従わせ、その代わりに彼らのいじめを大目に見るということだった。平時ではこの独特の暴力的なやり方は、どうにか機能していた。しかし、部隊が団結しなければならない戦時には、しばしば深刻な問題となった。実際、ソ連時代のアフガニスタン戦争のベテラン兵士たちは、戦場ではデドフシナは姿を消し、特にいじめた側は思いも寄らないようなひどい目に遭うことがよくあったという。いずれにせよ、兵役はきわめて魅力のないものとなり、徴兵逃れの多発にもつながった。「人生は一冊の本、兵役はその中の2ページを切り取ったもの」というのがロシアの諺である。賄賂、ソ連特有の「ブラット」、贈り物の交換を使える者は兵役に就かず、できない者が兵役に就いた。

ソ連が崩壊すると、給与の滞納、宿舎の不足、食料配給の不足など、軍隊を長く苦しめてきたさまざまな問題が慢性化した。さらに1990年代に入ると、慢性化から危機へと変わった。将校の家族は暖房のない戦車格納庫に住むことを余儀なくされ、兵士には腐った食事が与えられ、給与は5ヵ月も滞納することさえよくあった。将校や兵士がしばしば犯罪に走ったのも不思議ではない。タクシー運転手から殺し屋までのアルバイト、あるいは単純にそこらのものの窃盗。しかし、そのほとんどは小規模で場当たり的なものであった。例えば、兵士が兵舎の電球や車の部品を盗んで闇市で売り飛ばしたりすることが日常茶飯事だった時代である。ただ、それが致命的な結果となることも少なくなかった。チェチェンでは、飢えた兵士たちは武器を食料と交換した。たとえその銃が後で自分や仲間に向けられるとわかっていてもだ。他のケースでは、総合的な犯罪ビジネスの帝国を形成し、将校が兵士を労働者として違法に働かせ、軍隊の輸送機や輸送車を利用し（警察や税関の検査が免除されるため)、中央アジアからのヘロインやヨーロッパからの盗難車の密輸を行なっていた。

兵役の維持はどんどん厳しいものになっていき、1993年、エリツィンは徴兵制を2年から18ヵ月に短縮することでソフト化を図ったが、そのイメージはほとんど良くならなかったばかりか、兵士の戦闘力も大幅に低下した。部隊では訓練場を畑にして作物を育てたり、地元の森でキノコや木の実を採ったりして食事の足しにしたり、部下を安価な労働力として地方自治体や企業に貸し出さなければならなくなった。報酬の一部は将校のポケットマネーとなり、残りは光熱費に使われた。1994年、グラチョフはドゥーマ(国家会議)で「世界でロシアほど悲惨な状態にある軍隊はない」と警告したのも道理だった(※原注3)。(ご存知の通り、2022年にウクライナでロシア軍が予想外に精彩を欠いたパフォーマンスを見せた理由の一部は、28年が経過してもほとんど変化がなかったことを示唆している。)

■核兵器の流出？

何よりも悪いことに、戦略ロケット軍(RVSN:Raketniye Voiska Strategicheskovo Naznacheniya)の存在は、絶え間ない悩みの種となっていた。核攻撃の探知や対応の能力には疑問があるが、幸い国外からの差し迫った脅威はなかった。本当の危険は内部にあった。旧ソ連邦各地に、老朽化し防護も不充分なまま保管されている4万発以上の核兵器と約150万キロのプルトニウム、高濃縮ウランの安全保障が懸念されていた。特にウクライナ、ベラルーシ、カザフスタンが、どう考えても使用には至らない核兵器の引き渡しに合意したことで、これらがロシア国内へ集約されつつあったのだ。この懸念はまったく根拠のないものではなかった。1993年、ムルマンスク郊外のセブモルプーチ海軍造船所で、不満を持つ海軍士官2人が潜水艦の原子炉で使用するウラン燃料棒3本を盗んだ。ゲート前の2人の歩哨の横を歩き過ぎ、周りのフェンスに穴を開け、燃料庫のドアに付いている錆びた南京錠をノコギリで切るという、決して巧妙とは言えない手段が使われたが、皮肉なことに、燃料棒をどうしたらいいか分からず、半年後に買い手を探そうとして捕まったのだ。

もちろん本当の悪夢は、ギャングやならず者国家、テロリストによる核弾頭の盗難や売却であった。1993年には、ロシア極東にある備蓄基地から実際に弾頭が消え失せ、パニックを引き起こした。この事件は単純な数え間違いと判明したが、この恐怖は、西側諸国が核施設の安全確保に資源を提供し、核弾頭の廃棄計画を加速させ、仕事を失ったはずの原子力科学者や技術者、その家族へも支援を提供することになった。

いわゆる「スーツケース型核爆弾」の脅威だけは、１９９０年代後半まで西側の安全保障機関を悩ませ続けたが、それはほとんど架空のものであったように思われる。１９９７年、エリツィン配下の元警備部長アレクサンドル・レベジは、ソ連が西側に秘密裏に仕掛ける最終兵器として製造したスーツケースサイズの核爆弾84個が行方不明になっており、その口封じのためにエリツィンに解任されたと主張した。９月になると彼は、ソ連が保有する２５０個のうち１００個以上が持ち出されたと広言するようになった。レベジはそれぞれが10万人以上を殺傷できると主張したのだから、当然のことながらアメリカを中心に大騒ぎとなった。たまらずモスクワは、そんな兵器は存在しないと主張した。しかしこれは、核地雷から、重さわずか25キロで1キロトンの威力を持つＲＹａ－６「バックパック型核爆弾」まで、さまざまな兵器の開発に携わった専門家が名乗りを上げたために、信憑性を失ってしまった。ＧＲＵの亡命者スタニスラフ・ルネフも、アメリカにＲＡ－１１５核地雷が隠されていると発言したが、彼の挙げた場所のいずれからも何の痕跡も見つからなかった。１９９８年半ば、最終的にモスクワはこのような計画があったことは認めたが、特別委員会が残存するすべての保管物を調査した結果、紛失したものはなかったと発表した。西側の専門家の間でも、彼らが正しくレベジが間違っていたというのが一致した見解となった。幸運だった。

兵器が行方不明になることは映画以外ではあり得なかったが、その理由は、核兵器があまりにも恐ろしいものであったため、取引の気配があっただけでも、イスラエルへの脅威を常に警戒しているモサドなど、世界中の諜報機関の容赦ない注目を浴びる可能性が高かったからである。

■故郷に帰還する兵士たち

ソ連が崩壊する以前から、赤軍は縮小を開始していた。この共産党の強力な右腕は、1953年に東ベルリン、1958年にハンガリーの動乱を鎮圧し、1968年にはチェコスロヴァキアで「人間の顔をした社会主義」への希望を打ち砕き、1981~83年にはポーランドの戒厳令を後押しするなど、ワルシャワ条約機構の同盟国各地に派遣されていた。この「同盟」は、実際には中部ヨーロッパにおける合法的なソヴィエト帝国という薄いベールに過ぎなかったが、この帝国は、生き残りをかけてモスクワから軍事、政治、そして何よりも経済的支援を必要としていたのである。このためゴルバチョフの在任中にやむを得ない決断がなされた。ソ連はもはや、ますます不安定になるこれらの国々を支配下に置いておく余裕はない、と。1988年12月7日、ゴルバチョフは国連で重要演説を行ない、赤軍の撤退開始を発表した。ソ連の経済援助と軍事支援がなくなった結果、1989年から1991年にかけて、傀儡政権が民衆の蜂起によって一掃されたり、あるいは自壊の道をたどったりと劇的な変化を遂げた。1991年2月25日、ワルシャワ条約機構は正式に廃止された。

帰還する兵士たち、約60万人の将校と兵士とその家族たち15万人以上は、どこへ行けばいいのだろう？　旧支配国では、いずれも必要以上のソ連軍の駐留を望まなかったが、モスクワでは、新しい基地や兵舎、アパートを建設する時間を確保するため、ゆっくりとした撤退を望んでいた。それに、その費用はどこから調達するのだろう？　西ドイツは、ソ連軍をドイツから帰国させるために資金提供を行なったが、それも1994年までのことだった。他の新しい国々は、援助する資源もなければ、その気もないことも多い。中欧の新政府は、自国の経済が混乱していたため、他に優先すべき事項があった。1990年半ばの時点で、28万世帯の軍人家族に住居がなかったという。

■空虚な夢

1993年11月、ロシアは新しい軍事ドクトリンを採択した。ソ連、そしてロシアの慣行では、これは非常に重要な基本文書であり、ロシアがいつ、どのように戦争をし、どのように戦うか、そのために何が必要かを記述したものである。ドクトリンは、新しい装備の調達から軍の規模に至るまで、ほぼすべてを動かすものだ。しかしこれは、絵空事の計画を実行することとなってしまった。ドクトリンでは、ロシアがグローバルパワーではなくリージョナルパワーであることを認め、そのために軍隊の近代化と専門化を構想するものだった。良い考えではあるが、国庫が空っぽで、実行への政治的意思もないような状況下では、美辞麗句の羅列に過ぎなかった。

軍隊の実質的な改革は滞っていた。エリツィンの軍隊は、組織、文化、役割の大部分においてソ連軍そのもので、さらに小さく貧弱であった。1996年当時、67万人の将校および兵士がおり、8つの軍管区（VO：Voyenny Okrug）と独立した空挺軍（VDV：Vozdushno-Desantniye Voiska）に分かれていた。師団は85個あったが、人員不足と、将校に重きを置いた配分（3人に1人以上の29万人が将校）と考えると、大部分は書類上の存在に過ぎない。よく言えば、国家総動員に備えて予備役を受け入れる体制であり、悪く言えば、職業軍人が何かしら為すことを見つけるためだけに置かれた幽霊部隊であった。

急速展開部隊の創設や、より小規模で専門的な軍隊の創設も話題に上がったが、こうした話は夢のまま終わった。それよりも、社会的混乱、経済危機、政治不安の10年間となった1990年代のほとんどを、軍隊はただ生き残るための絶望的な闘いに消耗しなければならなかった。1995年、国防省の報道官は「すぐに根本的な決断が下されなければ、ロシア軍は飢餓の危機に瀕することになるかもしれない」と警告した（※原注4）。シベリアの一部では、新兵に動物のえさを与え、モスクワ軍管区の兵士でさえ、生きるために物乞いをしなければならないという報告もあった中、1

996年、ヤロスラブリ出身のミーシャ・クバルスキーという新兵の話が報道されると、より身近な問題と認識されるようになった。彼は3ヵ月の兵役で餓死してしまったのだ。疲労を訴えたので体重を測ると12キロも痩せており、軍の病院に送られたが、その途上で死亡した。その後、医学委員会がその部隊を抜き打ち検査したところ、連隊の半数以上の兵がBMI不足であることが判明したが、まともな食料が手に入らなかったことを考えれば当然のことと言えた。。この一週間、兵站部ではキャベツ以外の食料を入手できなかったのだ。

もちろん、空挺部隊、海軍歩兵、スペツナズなどの特別なエリート部隊にはまだプロフェッショナリズムが残っており、戦える部隊もいくつかはあった。しかしその数は、ロシアが目指しているものと比べると、あまりにも少なかった。グラチョフ国防相は、空挺部隊を核とした10万人規模の機動部隊を、対外行動から国内治安に至るまで、あらゆる事態に対応できるようにしたい、という浅はかな希望を抱いていた。この夢は壮大であると同時に達成不可能なものであったが、兵士たちが国防省の電気代未払いで暖房を切られた兵舎で生活している時に、この夢を実現しようとして無駄に費やした時間とエネルギーは、軍幹部がいかに現実を直視できなかったか、あるいはしようとしなかったかを物語るものであった。

■「パシャ・メルセデス」

グラチョフの悲劇は、彼が戦う将軍の典型であったことだ。勇敢な魂をもち、攻撃精神の塊のような将校だったが、当時の彼の役目は縮小していく軍の管理であり、情熱ではなく、巧みな政治手腕、公正な人柄、細部までの徹底した気配りを求められていた。不幸なことに、彼はそんな性格ではなかった。

1948年、地方の村に生まれた彼は、学校を卒業するとすぐに陸軍に入隊した。肉体的にタフで、勤勉で、彼のキャリアを長く知る将校の一人が言うように、「充分に賢い、しかし、賢すぎない」人物であった。彼はVDVに有望株として引き抜かれた。空挺隊員は、配属先によって優先順位は異なるが、RVSNのインテリやKGB部隊の政治的狂信者ほどの地位ではなくとも、一般の陸軍兵よりは上の立場だ。彼はリャザンの高等空挺士官学校に進学した。彼は優秀で、「空挺部隊小隊長」と「ドイツ語翻訳助手」という二つの専門分野で金賞を受賞して卒業した。後者の功績により、彼はVDV偵察部隊への道へと進む。一般にはスペツナズより一段下とみなされているが、それでもエリート中のエリートである。彼は第7親衛空挺師団の偵察中隊指揮官となり、さらに空挺隊員訓練大隊を指揮するまでになった。そして、将校の出世コースであるM.V.フルンゼ軍事大学に進学し、1981年に卒業した。この頃、アフガン戦争が本格化し、VDVに重い負担がかかっていた。彼は1回目（1981～83年）に第345独立親衛空挺連隊の副司令と連隊長、2回目（1985～88年）に第103親衛空挺師団の少将と師団長として従軍した。戦争の間は第7親衛空挺師団に参謀長として復帰している。グラチョフは戦争で才能を存分にふるい、1988年、ソ連邦英雄を受章、参謀本部士官学校に入校した。1990年に卒業すると、空挺軍の第一副司令、そして司令官となった。

8月クーデターでは、第106親衛空挺師団を率いてモスクワ入りし、市内の要所を確保するなど、当初は国家非常事態委員会に忠誠を誓ったように見えた。しかしすぐにクーデターから手を引いたシャポシニコフ元帥などの士官たちと合流し、ホワイト・ハウスを武力で奪取するいかなる計画にも反対した。この報償としてゴルバチョフは彼を大将に昇進させ、国防省第一副大臣に任命した（上層部を粛清する必要性もあった）。しかしその後、エリツィンの新しい国家防衛委員会へ事実上の抜擢を受けた。その後、CIS統合軍第一副司令を経て、エリツィン政権下でロシア国防省第一副大臣に就任した。しかしすぐにエリツィンは彼を大臣に登用した。グラチョフ自身の説明によれば、彼はエリツィンとの短い電話会談でこのことを知ったが、エリツィンは「もう大臣をやるのはうんざりだ！　だから君を任命する法令にサインしたんだ」と言ったという（※原注5）。

彼に政治的な力量が不足してることはすぐに判明した。彼は加速していく国外のロシア軍撤退に抵抗しようとしたが、徒労に終わった。1992年、彼は対処する方法がないという理由で、非占領地域に保管されていた兵器の半分を正式にチェチェンに引き渡してしまった。これらの兵器はいずれロシア兵に向けられるというのに。彼は軍の政治問題化を避けようとしたが、1993年にエリツィンが自国の議会と激しい憲法闘争に巻き込まれた時、議会から人々を追い払う羽目になった。エリツィンはソ連時代の議会、すなわち人民代議員大会と、そこから選出される小規模の最高会議を引き継いだ。これは、共産主義者で固められた投票制度の産物であったが、当然のことながら、大統領と議会の対立は激化し、1993年9月21日、エリツィンは両議会の解散を決定した。憲法違反は明らかだが、エリツィンは世論を味方につけていたつもりだった。確かに彼はモスクワの治安維持部隊を従えていた。最高会議はエリツィンを弾劾し、アフガン戦争の英雄アレクサンドル・ルツコイを大統領代行に指名、ホワイト・ハウスとして知られる国会議事堂を防衛する志願者を募った。10月3日、親議会派の群衆が市長の官邸を占拠し、テレビ塔を奪おうとした。これは政治的大失敗で、エリツィンに軍隊を呼ぶ口実を与え、彼を公序良俗の擁護者として演出させることになってしまった。グラチョフは適切に行動し、翌日の夜明けまでに、第2親衛タマンスカヤ自動車化狙撃師団の戦車5両をホワイト・ハウス脇のノボアルバツキー橋に、その反対側の運動場にも5両を配備した。彼らは国会への砲撃を開始した。対戦車榴弾は建物の正面入口を簡単に撃ち抜き、建物の内部を焼き尽くすほどの火災を引き起こした。その後、対テロ部隊アルファとヴィンペルの兵員と特殊部隊隊員が突入し、午後までに抵抗が終わった。結果は25人の兵士と警官、122人の民間人が死亡し、1917年の革命以来、モスクワで最悪の市街戦となったのである。またエリツィンは自分のしたことを合法化するために、憲法を遡及的に改正した。どう見ても道徳的にも法的にも明らかに怪しい行為だが、彼はこうして自分の持つ権力を誇示したのだ。

グラチョフの欠点の大分は、こんなエリツィンに対してノーと言えないことだった。執行部は彼を昇進しすぎた成り上がり者と見なし、グラチョフ自身も大統領の全面的なバックアップがなければ、自分は何者でもないことを知っていた。この結果、1994年に悲惨な結果を招くことになった。驕りと歓心を買う願望が相まって、彼はエリツィンに、チェチェンの反乱は簡単に鎮圧でき、チェチェンの首都グロズヌイは「1個空挺連隊で2時間以内に占領できる」と軽く請け負った。（※原注6）

その後の流血の戦争は、ロシアの敗北と解釈するより他なく（第4章を参照）、事実上、彼の出世の終わりを告げるものであった。1996年、エリツィンとグラチョフのかつての部下の1人だったアレクサンドル・レベジとの間の政治的取引の一部として、彼は解任された。それでもなお、グラチョフの立場は悪くはならなかった。噂によれば、地位を利用した個人的な利益を得ていたと言われ、実際にドイツからの撤退に充てる資金でドイツ製の高級車を購入したことで、「パシャ・メルセデス」というあだ名が付けられた。またエリツィンも、グラチョフからの忠誠心を忘れたわけではなかった。グラチョフを解任後、彼を国営兵器輸出会社ロスボルジェニエの顧問という気楽な名誉職に就けた。

彼はまぎれもなく勇敢な男であり、戦術に秀でた指揮官であった。合計647回のパラシュート降下を行ない、戦場で負傷しながらも前線指揮を行なった。しかし、彼は時代にそぐわない人物でもあった。アフガニスタンでの第40軍司令官で、1996〜97年の短期間だけ国防大臣を務めたイーゴリ・ロジオノフは、愚か者やならず者を容赦するような男ではなかった。彼の厳正な見解によれば、「私の第40軍でのグラチョフは、空挺師団司令官としては優秀だった。だがそれ以上のレベルには達しなかった。大臣になれたのは、タイミングよくエリツィン側に寝返ったからに過ぎない」(※原注7)というものだった。これが最もふさわしい墓碑銘だろう。

第4章　第一次チェチェン紛争

ロシア軍の没落の深さ、そしてパーヴェル・グラチョフの政治家および指揮官としての失態は、1994年から96年にかけての第一次チェチェン戦争で如実に、そして血をもって証明された。常習的に反乱を起こしてきた南部のチェチェン共和国は、人口120万人、モスクワの7分の1ほどの大きさにもかかわらず、グラチョフの軍勢は辛くも引き分けに持ち込むのが精一杯だった。これは屈辱であり、軍の士気をさらに低下させたが、ロシア国家の衰退に対する反動として、ウラジーミル・プーチンの台頭をも招くことになったのである。（※原注1）

■抵抗と敵意

独立心が強く、頑健で知られるチェチェン人は、自分たちがオオカミに例えられることを誇りに思いながら、長きにわたりロシアの悩みの種となってきた。19世紀、ロシア帝国は北カフカス地方の支配を強め、特に南面の確保のためチェチェンを征服したが、彼らは決して屈服することはなかった。チェチェン人とその近縁のイングーシ人は、反逆者あるいは盗賊として、名目上の支配者に挑戦し続けた。例えば1944年、スターリンは「チェチェヴィツァ（レンズ豆）作戦」を開始し、チェチェン人とイングーシ人がナチスへの協力を計画したという口実のもと、全住民を中央アジアに大量に国外追放した。約50万人の男女や子供が銃を突きつけられて家を追われ、少なくとも4分の1が追放の途上や初期の数年で死亡した。スターリンが死に、彼らが帰還を許されたのはの13年後だったが、その時にも、古くからの家はロシアの移民に占有され、先祖の墓石は壁や舗装に使われているような状態だった。チェチェン人の心の中に、モスクワに対する激しい憤りが燃え続けているのも無理はない。

1990年、まだソヴィエト権力に反対するキャンペーンを行なっていた頃のボリス・エリツィンは、地域のリーダーたちに「飲み込めるだけの自治権を手に入れろ！」と扇動していた。チェチェン人は彼の言葉通りに信じた。1991年の8月クーデター直後の余波を受け、チェチェンでは共産党政権を追い出し、元空軍上級将校ジョハル・ドゥダエフを擁立し、独立を宣言した。エリツィンはただちに治安部隊をチェチェンの首都グロズヌイに派遣し、彼を拘束しようとしたが、部隊が空港で包囲されると、対立から手を引き、部隊を撤退させた。だがこれは小休止に過ぎなかった。エリツィンは野党時代には地方自治を擁護していたが、ロシアがソ連からうまく分離独立したような流れで、同様にチェチェンがロシア連邦から独立するのを許すつもりはなかったのである。

ドゥダエフの統治は、熱意、未熟さ、犯罪行為の混在が特徴だった。軍閥、ギャング、腐敗した役人は金持ちになったが、新しい学校や病院は一つも建設されなかった。1992年3月、ドゥダエフのライバルたちが彼を失脚させようとしたが、力で制圧された。翌年、チェチェン議会が不信任案を出そうと見るや、彼は議会を解散させ、大統領による直接統治を続けた。

しかしこの際、ドゥダエフ政権が合法で有能かどうかは大きな問題ではなかった。エリツィンにしてみれば、勝手に独立を宣言した国家の存続はもちろん、その繁栄や、その他の地域の分離独立も許すことはできなかった。8月、エリツィンは「武力による介入は許されないし、してはならない……流血の事態は誰も望んでいない」と発言したにもかかわらず、彼は現在では「ハイブリッド戦争」と呼ばれるような作戦を開始した（※原注2）。モスクワは、ドゥダエフに対立する、あるいは単に報酬のために彼と戦う意志を持つ数百人のチェチェン人とイングーシ人を組織し武装させた。1994年10月、彼らはロシアの戦車と航空戦力に支援され、グロズヌイへの攻撃を開始した。この攻撃はドゥダエフ支持派たちによって撃退され、11月の大規模な攻撃もその二の舞となった。さらにモスクワを困らせたのは、20人のロシア兵が捕虜となり、彼らが軍の指揮系統から外れ、ソ連時代のKGBの後継組織である連邦防諜庁（FSK：Federalnaya Sluzhba Kontrrazvedki）の命令を受けていたことが発覚したことだった。つまり、迅速かつ静粛、関与を否認できる代理クーデターのつもりが、公然の恥さらし行為に変わってしまったのである。いつもの通り、エリツィンはさらに失敗を重ねた。彼はチェチェンに降伏するよう命じ、彼らが拒否すると、「憲法上の秩序を回復する」ため、正式にロシア軍を進出させた。この時は、グラチョフや他の多くの顧問は、この戦いは楽勝だとエリツィンに太鼓判を押していた。伝えられるところによれば、グラチョフは11月28日の安全保障会議の秘密会合で「無血の電撃戦」になると言ったという。同様に、ニコライ・エゴロフ民族問題担当大臣は、人口の70％はロシア軍を歓迎し、残りの30％は中立を保つと断言した（※原注3）。そんなことがあるわけがない。

■大きな期待とあっけない敗北

その日、ロシア空軍は作戦を開始し、地上にいるチェチェンの小規模な空軍を爆撃（彼らが保有しているわずかな訓練機は飛行不能ということではあったが）、カリノフスカヤとハンカラの二ヵ所の航空基地の滑走路を穴だらけにして封鎖した。12月6日、ドゥダエフとグラチョフは「これ以上の武力行使を避ける」ことで合意した。もちろんこれは空手形で、チェチェン軍はモスクワへ撤退させて面目を潰そうとし、ロシア軍は反乱の鎮圧に努めた。どちらも成功しなかった。両者がお決まりの言い争いをしている間にも、チェチェン軍はグロズヌイ郊外に陣地を構築し、北カフカス軍管区（SKVO:Severo-Kavkazsky Voyenny Okrug）司令官アレクセイ・ミチューキン大将の下ではチェチェンへの侵攻軍が編成されていた。

連邦軍統合集団（OGFV:Obedinennaya Gruppa Federalnykh Voisk）は、作戦に投入される航空戦力を含む他の部隊と合わせ、約2万3700人の兵員に戦車80両が装備されていたが、率直に言って寄せ集めの軍であった。参謀本部は侵攻の直前まで、（おおむね）移動可能な車両と（おおむね）必要な補給物資を持つ、編成時の戦力に近い部隊の展開を求めていた。しかし攻撃に参加したある将校の回想によれば、「正直なところ、我々が移動できたことさえ不思議だった。持てる限りのトラックを走らせるために、最終的には約3分の1を共食い修理の犠牲にしなければならなかった」という。

これは、ロシア軍の機能における大きな失敗が反映されたもので、混乱し危険な近接戦闘で部下を指揮する自信と訓練を欠いた下級将校から、ただ一つの戦争のために訓練し、他の形式の戦争を受け入れないように見える最高司令部まではびこっていた。例えば、航空戦力の適切な使用について上級指揮官が示した理解レベルは、どう見てもお粗末なものであった。国立航空システム科学研究所（GosNIIAS）所長のエフゲニー・フェドソフは、作戦の実質的な責任者たちであるオレグ・ソスコヴェッツ副首相、グラチョフ国防相、セルゲイ・ステパーシンFSK長官、ヴィクトル・エリン内務相、アンドレイ・ニコラエフ国境軍司令官の5人からなる参謀会議に召喚されたときのことを回想している。彼らは、グロズヌイの大統領官邸の下にあるドゥダエフの地下壕をピンポイント攻撃する方法を知りたがっていた。フェドソフは、最新の戦術攻撃機Su－24MとSu－25Tなら、地下壕の内部を吹き飛ばせる兵器による高精度の攻撃が可能であると説明した。しかし、戦争に投入された第4航空軍には「スマート」爆弾を搭載可能な航空機がほとんどなく、配備されているSu－24Mのパイロットも「スマート」兵器を使った戦闘経験がまったくないことが判明した。この時、グラチョフの無理解が明らかになったとフェドソフは言う。

肘掛け椅子にもたれながら彼は堂々と言い放った。「わが空軍の戦い方を教えてやろう。ハンカラの飛行場を爆撃した時は、Tu－22M爆撃機の1個連隊でチェチェン航空部隊を完全に殲滅し、そのうちの1個の爆弾はドゥダエフ専用機のヘリコプターに直撃したんだ」。（※原注4）

フェドソフは、本来無防備な飛行場の攻撃のため、爆撃機20機に爆弾各20トンを積んで絨毯爆撃に送り込むのは、まさに無駄な勇み足（本来は1個中隊で充分だった）で、さらに今回とはまったく違う種類の任務だと説明すると、不満の声が上がった。結局、全国から経験豊富なパイロットを集め、Ｓｕ‐24Ｍの特別部隊を編成することになった。しかし、その時にはすでにＳｕ‐25攻撃機が通常爆弾で大統領官邸を破壊しており、いずれにしてもドゥダエフはそこにいなかった。

■攻撃計画

攻撃は3つの軸で行なわれることになった。最大兵力の第一軍は、ウラジーミル・チリンディン中将の配下にあり、チェチェンの北西に位置する北オセチアのモズドクから行動を開始した。総勢6500名の兵士は、第131独立自動車化狙撃旅団、内務省軍（MVD:Ministerstvo Vnutrennykh Del）独立治安部隊の9個大隊、第22独立「スペッナズ」旅団から抽出されていた。

グロズヌイの西に位置するウラジカフカスから攻撃を開始する第二軍は、空挺部隊の副司令であるアレクサンドル・チンダロフ中将が率いる4000名で、第76空挺師団の1個連隊、第21独立空挺旅団の1個大隊に加えて、第19自動車化狙撃師団の機械化歩兵、内務省軍の5個大隊も含まれていた。レフ・ロフリン中将率いる第3軍は、チェチェンの北東にあるダゲスタンのキズリャーに集結した。ロフリンはアフガン戦争で勲章を受けた退役軍人で、後にチェチェン作戦の遂行を率直に批判するようになるのだが、第20自動車化狙撃師団を中心とする4000名以上の部隊と、内務省軍の6個大隊を指揮した。

内務省軍（VV:Vnutrenniye voiska）の存在は、首都を奪取すれば、チェチェンの抵抗はすぐに解消されるというグロズヌイ奪取に焦点を当てた作戦計画を反映したものであった。ロフリンらアフガンツィ（アフガン戦争従軍者）は、「1979年のアフガニスタン侵攻の時も、同じような作戦をとってうまくいかなかった」と穏やかながら苦言を呈したが、グラチョフは「これは迅速な勝利が必要な案件だ」と断固として譲らなかった。彼は、この作戦を12月20日までに完了すると、エリツィンに約束していたのだ。3つの部隊が六つの進路に沿って進攻し、市街を包囲する。VVがチェチェンを封鎖し、グロズヌイへの増援を阻止する間に、陸軍がグロズヌイを包囲し、必要なら奪取するのである。しかし、MVDが加わったことで、さらに弱点が生じた。MVDは混成部隊である。特にモスクワの精鋭部隊である「ジェルジンスキー師団」（正式には第1独立作戦任務師団）は、実に優秀だった。しかし、ほとんどは、クレムリンの汚れ仕事を喜んでやるという理由で選ばれた志願兵で構成された部隊だった。彼らの多くは、チェチェンの民間人に対する残忍な虐待に関与していた。それは、反政府勢力を服従させる唯一の方法であるという誤った認識による場合も多かったが、彼らは本来は施設警備や捕虜護送の部隊であり、タフで勇敢な敵に対する反乱鎮圧作戦への訓練が不十分だったため、ここで直面した純粋な恐怖に駆られた行動によるものがほとんどであった。

計画では12月7日に侵攻することになっていたが、部隊はまだ準備が整っていなかった。12月11日に国境を越え、グロズヌイに向かった。しかし思いもよらず作戦は遅々として進まなかった。チェチェン北部の平原は南部の山々に比べれば比較的穏やかだが、それでも慎重な指揮官が偵察と近接航空支援に期待していたヘリコプターが悪天候でしばしば着陸せざるを得ず、車両は恥ずかしいほど頻繁に故障し、チェチェンの小さな戦闘員のグループが先遣隊を狙撃して待ち伏せし、前進のペースを次第に遅くしていたのである。

グロズヌイを中心とする「鋼鉄の環」が閉じられたのは12月26日のことで、反乱軍は民間人を避難させる充分な時間を得たが、何よりも南から援軍と物資を運び、ロシア軍を温かく迎える準備を強化することができた。彼らは200年にわたる圧政とジェノサイド（大量虐殺）の報復をしなければならなかったのだ。

■グロズヌイ攻略

チェチェン人は準備を整えた。ドゥダエフの国は、多くの点で盗賊の王国と化しており、陸軍、国境警備隊、内務省の部隊からなる3000人の「軍隊」は、書類上での見かけほど大規模ではなかった。陸軍唯一の自動車化狙撃旅団は、実際には200人ほどの中隊にすぎず、可動する戦車がたった15両（主にT‐72）のシャリ戦車連隊と同じ規模であった。軽機動化されたコマンド旅団は、主にトラックとジープを装備していたとはいえ、もう少し規模が大きく、砲兵連隊はわずか30門の軽・中火器とBM‐21多連装ロケット砲を数基持っていただけである。内務省連隊も200人の軽機動部隊であった。国家警備隊はチェチェン軍の大部分を占め、指導者の個人的な従者から地元の氏族民兵まで、さまざまなユニットが無作為に組み合わされていた。アブハズ大隊やムスリム猟兵連隊のような、壮大さを絵に描いたような名前（どちらも中隊以上の兵力はない）は、非力であったかもしれないが、チェチェン人がロシアの文学や歴史の中で実際よりはるかに強大な脅威として長く存在してきたことには理由がある。

チェチェンの若者は、10代のうちから射撃の練習を始めることが多く、また彼らの伝説的な強さは、ソヴィエトの特殊部隊や空挺部隊に不釣り合いなほど多くの者が入隊していることでも証明されている。実際、チェチェンは内陸に位置するにもかかわらず、チェチェン人は、他のどの国籍の人々よりも、海軍歩兵の海兵隊に入る可能性が2倍もあった。祖国を防衛していた彼らは経験豊富で、ソ連、ひいては1990年代のロシア軍の戦い方を知っていたのである。また、グロズヌイに兵力を集中させることができ、志願兵を含めると約9000人の守備隊員がいた。さらに、アスラン・マスハドフ参謀長という異例の有能な作戦指揮官にも恵まれたのである。彼は、1951年に家族が強制的に移住させられたカザフスタンで生まれた。多くのチェチェン人と同様、彼は軍隊に入り、砲兵将校として勤務し、1992年に大佐の地位で退役した。帰国後、彼は「独立」したチェチェン軍に加わり、すぐに参謀長に任命された。彼は、反乱軍にとって思いがけない戦力となった。綿密な計画を立てる一方で、大胆な賭けに出るタイミングを見極める直感も持っていた。

都市部の環境は攻撃側にとっては困難なもので、最良の状況下でも、約6000人のロシア軍の初期攻撃部隊は、準備万端で陣地を構築した9000人の守備隊に苦杯をなめさせられていた。にもかかわらず、モスクワは政治的なスケジュールに従って行動しており、最高司令部は反乱軍の寄せ集めの非正規兵が計画の変更を要求するほどの難題であることを受け入れようとはしなかった。この計画では、伝統的な準備爆撃と砲撃に続いて、挟撃作戦を行なうことになっていた。122ミリと152ミリの榴弾砲で市民生活に与える危険を顧みず市街を砲撃し、Su-4とTu-22M爆撃機が空から市街を攻撃した。

そして、大晦日の夜、進攻が始まった。北からはコンスタンチン・プリコフスキー少将が第81および第276自動車化狙撃連隊と第131独立自動車化狙撃旅団の1個大隊からなる機械化部隊を率いた。西側からは、ワレリー・ペトルーク元帥が、2個連隊と2個大隊の空挺部隊の支援を受けた第19自動車化狙撃師団を率いて線路沿いに中央駅を占拠し、大統領官邸に進撃した。東側からはニコライ・スタスコフ中将率いる第129独立自動車化狙撃連隊と第98、104空挺師団の各1個大隊が同様に線路沿いに市街中心部のレーニン広場まで突進し、そこからスンジャ川にかかる橋を奪取する。北東部からは、ロフリン自身が第255、33自動車化狙撃連隊と第66偵察大隊を率いて中央病院群を奪取し、第76、106空挺師団はレーニンおよびシェリポフ製油工場と化学工場を確保し、反乱軍がこれらの重要な経済資産を破壊するのを防ごうとした。

机上では、赤軍の優れた伝統に則った明快で果断な計画であった。しかし、マスハドフには別の考えがあった。彼は都市を囲むように3つの同心円状の防衛リングを組織し、中心部は要塞化された臨時陣地と化していた。建物は土嚢で補強され射撃地点となり、屋根の上には狙撃用陣地が作られ、チェチェン軍が保有していた戦車と大砲はスンジャ川にかかる橋と、装甲車の襲撃に充分な幅の道路を見渡せる場所に配置された。ペトルークの進撃はすぐに行き詰まった。スタスコフの部隊はスンジャ川を横断中にまず攻撃され、その後地雷原と要塞の迷路に入り込み、パニックと混乱により、しばしばチェチェンの攻撃と同じくらい致命的な味方同士の発砲事故が発生した。プリコフスキーの部隊は、一緒に訓練する機会のない部隊を寄せ集めた結果、何度も交通渋滞に巻き込まれたが、なんとか大統領官邸にたどり着いた。

しかし、そこで機関銃やロケットの集中砲火を受け、危険なまでに孤立してしまった。第131

独立自動車化狙撃旅団の1個大隊が、ペトルークの行き詰まった攻撃の代わりに中央駅を確保するために派遣されたが、広場のあちこちの建物に適切に配置されたチェチェン軍の待ち伏せに遭遇した。BMP‐1やBTR‐80などの兵員輸送車は重機関銃の銃火にさらされ、RPG‐7ロケット弾で撃破され、生存者が逃げ込んだ駅舎には火を付けられた。撤退しようとすると、チェチェン軍は高い建物から手榴弾や火炎瓶を投下し、気がつくと曲がる隙間もない狭い路地に追い詰められていた。ロフリンはこう回想した。「まず、隊列の先頭と最後尾の車両が焼かれ、その後で中央部に攻撃が加えられた。これで装甲車は動きが取れなくなった。そして、ロウソクのように燃えた」（※原注5）。

大隊は半数以上の兵員とほとんどすべての車両を失い、事実上、部隊として存続することができなくなった。第66偵察大隊は第131独立自動車化狙撃旅団を救援しようとして大打撃を受けたが、ロフリンの指揮だけはほぼ問題なく行なわれた。これは彼の任務がそれほど野心的でなかったことと、彼がグロズヌイの攻略が困難であることを充分に理解していたためであった。彼の部隊は中央病院を占領し、そこに陣地を構築した。それでも1月3日までには、ロシア軍の攻撃は事実上撃退された。

この攻撃では、T‐80BとT‐80BVという戦車の評判を落とすことにもなった。1976年に初めて部隊配備されたT‐80は、チェチェンで初めて実戦の洗礼を受けた。ガスタービン・エンジンを搭載しているため、軽快な走りができる反面、燃料消費が激しく、経験の浅い搭乗員が不用意にエンジンを空吹かしして燃料タンクを空にしてしまうことも珍しくなかった。当初は戦車狩りの名手として活躍した。T‐80は少なくとも6両の反乱軍戦車を破壊し、1両は125ミリ砲の3発の被弾に耐え、なお戦い続けた。しかし、第3および第133戦車大隊のT‐80は、グロズヌイに無防備に展開されると、市街地における戦車特有の脆弱性、設計上の弱点（上からの攻撃に弱い）、適切な準備の欠如（多くは携帯対戦車グレネードランチャー（RPG）を防御するはずだった反応装甲に爆薬を挿入せずに出動）による犠牲となった。戦車を掩護すべき歩兵は装甲車の中で息をひそめて待機していることが多く、路上に出ても、敵の弱点を熟知しているチェチェン軍は、狙撃銃や機関銃で敵を分散させ、地下室や屋根の上からRPG、無反動砲、手榴弾でT‐80を攻撃した。その結果、血の海が広がった。T‐80は、配備された80両のうち18両が失われた。戦車の擁護者は、古いT‐72にも同様の消耗を指摘しているが、それでもT‐80はグロズヌイの汚名をぬぐうことはできないだろう。

しかし、モスクワも負けてはいない。航空攻撃と砲撃が倍加され、ミチューキンと最高司令部は早期勝利の望みを捨て、より慎重な作戦を採用した。グロズヌイに援軍が送られ、ロシア軍はグロズヌイを破壊しながら整然と前進した。1月19日、ロシア軍はついに大統領官邸、あるいは、重さ1トン半のBETAB-500地中貫通爆弾によって破壊されたその痕跡を占領した。グロズヌイ中心部に再びロシア国旗が翻ったが、街は廃墟と化していた。掃討作戦はVVの手で何週間も続けられ、銃撃戦に巻き込まれた民間人の遺体の収集と処理には数ヵ月を要することになった。欧州安全保障協力機構（OSCE）が「想像を絶する大惨事」と表現したこの大虐殺で、最大3万5000人が死亡した可能性がある。しかし、この不運な都市にとって、これが最後の戦いとはならなかったのだ。

■グロズヌイの再失陥

ロシア連邦軍が武装勢力の抵抗を押し切って国土制圧を進めるなか、エリツィンは内務副大臣で内務省国内軍トップのアナトリー・クリコフ上級大将に総指揮権を与え、軍をけん制すると同時に、この作戦を単なる警察行動に移行させようとした。しかし実際にはそうはならなかった。それどころか、より多くの優秀な部隊を戦争に投入するために必死で補強が行なわれた。OGFVは3月までに5万5000人に拡大され、スペツナズやMVDの対テロコマンド部隊「ヴィチャズ」（急場凌ぎで形だけの軽歩兵として投入されることが多かった）、陸軍のエリート第506自動車化狙撃連隊、さらには海軍歩兵までが加わった。

3月にはグデルメスとアルグンが陥落したが、5月になってもグロズヌイは夜間外出禁止令下にあり、OGFVの現場指揮官代理のミハイル・エゴロフ大将は、国土の少なくとも5分の1はまだ反乱軍の手にあると認めていた。日ごとにモスクワは勝利を収めているように見えたが、この迅速かつ容易と思われた電撃作戦は、もどかしくなるほど時間がかかるものであった。特に、ロシア軍はアフガン戦争と同じように、都市を支配すれば地方も支配できるという誤解に陥っていた。むしろ、その逆であった。昼間は陸軍とMVDが平地を巡回し、空はMi‐24ヘリが飛び回り、支配の幻想を保っていたが、山地や夜間では反乱軍がまだ燃えさかっていたのである。

戦争は新たな段階、すなわちテロリストの段階に移行していた。反乱軍司令官の1人、シャミル・バサエフは195人の戦闘員を従え、賄賂とハッタリでロシア国内の110キロメートルまで入り込み、ブデンノフスクの市街に入り、まず市庁舎と警察署を、続いて地元の病院を占拠した。そこで彼は1800人の人質を取ったが、そのほとんどは一般市民で、150人ほどの子供も含まれていた。モスクワにチェチェンからの撤退を要求したバサエフは、最終的にヴィクトル・チェルノムイルジン首相と直接交渉し、彼と彼の部下が安全に帰国できるような措置をとった。政府はチェチェンから撤退はしなかったが、勝利目前という虚勢はまんまと打ち砕かれてしまった。

ＦＳＫ長官セルゲイ・ステパーシンと内務大臣ヴィクトル・エリンが危機管理の不手際から辞任に追い込まれたが、これが新しい戦争のモデルとなった。チェチェン人は、戦場で連邦軍に勝つことはできないが、あらゆる交戦の場所、時間、条件を決定することができるようになったのである。例えば、１９９５年12月、サルマン・ラドゥエフ率いる６００人の反乱軍は、チェチェン第二の都市であるグデルメスの大部分を占領した。彼らは２週間、連邦政府の大規模な攻撃からここを守り、その後、停戦に合意し、同様に自由な退去が許可された。そして、１９９６年１月９日、ラドゥエフは隣国ダゲスタン共和国のキズリャル航空基地を攻撃し、連邦軍が応戦すると、病院と１０００人以上の人質を取り、再び安全な通行との交換条件とした（この時、ロシア軍は合意を破り、反乱軍が保持していた１５０人の人間の盾に関係なく、退去時に攻撃した）。テロ戦は連邦軍を破ることはできないが、ロシア軍も反乱軍を見つけて殲滅することはできない。

この膠着状態を打破したのは、皮肉にもロシアの諜報機関の活躍であった。ドゥダエフはカリスマ的な指導者ではあったが、戦略家ではなかった。政府による３度の暗殺計画は失敗していた。しかし１９９６年４月21日、彼が衛星電話で通話している最中に、特殊改造を受けたＡ‐50「メインステイ」早期警戒管制機に乗ったロシアの電子戦担当者が、彼の位置を三角測量で割り出すことに成功したのである。そして、Ｓｕ‐24爆撃機２機が緊急発進して彼の居場所を攻撃し、彼は致命傷を負った。副大統領のゼリムハン・ヤンダルビエフが後を継いだが、実権はマスハドフに移った。彼は、モスクワに真剣な交渉を迫るには、単なるテロ作戦ではなく、政治的な計算を変化させるような劇的な何かが必要だと考えていた。グロズヌイを奪還する必要があったのだ。

ゲリラ攻撃のテンポは緩み始め、モスクワは、ドゥダエフの死が何らかの形で流れを変えたと、自分たちの勝利を信じることができるようになった。5月末、エリツィンはグロズヌイを訪れ、集まった部隊に「戦争は終わった、君たちの勝ちだ」と告げた。これを反映して、徴兵が多い部隊を帰国させ、OGFVはピーク時の5万5000人から4万1000人強に縮小された。内訳は正規軍1万9000人、警察とVVの2万2000人である。エリツィンはまた、タフな元空挺隊員でアフガン戦争経験者であるアレクサンドル・レベジと選挙前に取引を行ない、汚職と無能で評判の高く、無能が政治的有用性を上回るようになっていたグラチョフを解任した。グラチョフは国防省にとって大きな損失ではなかったが、重要な時期にまず臨時の大臣（参謀総長ミハイル・コレスニコフ上級大将）、次に新大臣（イーゴリ・ロジオノフ上級大将）へ移行することを意味した。そのため、現場の状況には注意が払われなかった。エリツィン大統領は、戦争の完全終了を国民にアピールするために、政治的な判断で軍師作戦を決定した。この計画では、年末までにチェチェンに残るのはVVの1個旅団と陸軍の第205自動車化狙撃旅団だけだった。残りの部隊の多くは南部に移駐され、反乱軍の残存拠点を殲滅するための最後のひと押しと見なされていた。

しかし、マスハドフにも彼なりの計画があった。8月5・6日の夜、選挙でエリツィンが大統領に再選され就任する前日に、1500人の反乱軍が25人編成の部隊に分かれてグロズヌイに静かに潜入していた。ロシア軍が日没後に滅多に立ち入らない検問所や警備所を簡単に迂回することができた。午前5時50分、彼らは奇襲攻撃を開始し、3時間後には街のほとんどを手中に収めていた。連邦軍は中心部とハンカラ航空基地で持ちこたえたが、7000人の陸軍とMVD守備隊の大部分は逃げ出すか、守備隊と身を潜めたため、反乱軍は急いで地雷と射撃陣地を周辺に設置した。

数日後、マスハドフ軍は志願兵や増援により約6000人に膨れ上がったが、それでもロシア側には圧倒的な打撃となった。奪還に躍起になったプリコフスキーは、隊列をバラバラに市内に送り込んだため、細々と敗走することになった。8月11日、第276自動車化狙撃連隊が中心部を守る守備隊を突破したが、反乱軍がグロズヌイを保持し、連邦軍約3000〜4000人を包囲しているという現場の現実は変わらなかった。これに激怒したプリコフスキーは8月19日、反乱軍の降伏を要求し、最後通告が切れる前に大量の空爆と砲撃を開始した。すでにボロボロだった街はさらに破壊され始め、8月21日までに推定22万人がグロズヌイから脱出し、戦前40万人が住んでいた街には7万人の民間人が残っているに過ぎなかった。

最終的に連邦軍が軍事的に勝利することは間違いなかったが、マスハドフは、すべての戦争は最終的には政治的行為である、という現実を正しく理解していた。ロシア軍が、公には敗れたと軽視していた反乱軍に都市を奪われ、しかもエリツィンの栄光の日を奪ったという光景は、政治的な大反発を招いたのである。この時点でエリツィン政権の安全保障会議書記を務めていたレベジは、以前からこの戦争に懐疑的であった。彼はチェチェンに飛んで行き、プリコフスキーに軍の停止を命じた。エリツィン大統領は、この問題を解決するために、レベジにマスハドフとの直接会談を許可した。

8月30日、ともに赤軍出身のベテラン兵士2人は「ハサヴユルト協定」を結んだ。しかし、この合意は永続的な和平の基礎とはなりえなかった。チェチェンの憲法上の地位という根本的な問題は棚上げされ、代わりにチェチェンの自治が認められたが、その隙間にあるあらゆる茨の道が未解決のまま残されたのだ。事実上、チェチェンがロシアの一部であるかのように装う限り、モスクワはチェチェンに対する支配権を主張することはなかったが、これは一時的な給紙に過ぎず、1999年、チェチェンには再び戦争が起こることになる。ゲリラの優秀な指揮官が国の指導者として必ずしも幸運で有能であるとは限らないのはよくあることで、マスハドフも第二次紛争への転落を防ぐことはできなかった。しかし、とりあえず連邦軍は撤退し、チェチェン人は荒廃した国の再建に取りかかることができ、エリツィンは懸案の危機をひとつ減らすことができたのである。こうして第一次チェチェン紛争は終わった。

1990年代の戦争
1. 1992年：南オセチアおよびアブハジアでの平和維持活動
2. 1992年：タジキスタン内戦に第201自動車化狙撃師団を派遣
3. 1992年：トランスニストリア戦争に第14軍を派遣
4. 1992年：ユーゴスラビア紛争に介入。
1999年：「プリシュティナ・ダッシュ」
5. 1993年：8月クーデター
6. 1994～96年：第一次チェチェン紛争
ロシア
バルト海
タリン
エストニア
リガ
ラトビア
リトアニア
ヴィルニュス
ロシア
ミンスク
ベラルーシ
モスクワ
キーウ
ウクライナ
キシナウ
モルドヴァ
黒海
ジョージア（グルジア）
トビリシ
エレヴァン
アルメニア
バクー
アゼルバイジャン
カスピ海
カザフスタン
バルハシ湖
アラル海
ウズベキスタン
タシュケント
ビシュケク
アルマトゥイ
キルギス
トルクメニスタン
アシガバート
ドゥシャンベ
タジキスタン
N
250 miles
250km

第5章　戦争に固執するロシア

第一次チェチェン紛争は、ロシア軍にとって大失敗だった。ゲリラ軍に都市を奪われるなど、裏をかかれ、劣勢に立たされた。不器用で残忍な戦争だった。軍隊の非効率性、残忍性、腐敗は、その失敗を記録した批判的なメディアによって、公に晒されることになった。また、軍隊に対する国民の反発を招き、徴兵逃れがさらに増加した。ロシア軍の運命と信頼、そして士気は、まさに最悪の状態に陥った。チェチェンで実際に活躍した数少ない指揮官であるロフリン上級大将は、こう言ってロシア連邦英雄の受章を拒否した。「チェチェンでの戦争はロシアの栄光ではなく、不幸だ」（※原注1）。

エリツィン首相はスケープゴートを見逃さない人物だったため、グラチョフをクビにし、FSKの保安部長セルゲイ・ステパーシンと内務大臣ヴィクトル・エリンも辞任に追い込んだ。グラチョフの後任、厳格なロジオノフも長くは続かなかった。彼は政府が軍に適切な予算を提供しないことに不満を抱いていた（1997年に行なわれた軍事ジャーナリスト、パベル・フェルゲンハウエルとのレセプションで、「○○○○改革がなんだって？　我々は飢えているんだ！」と爆発した）（※

原注2)。そして、新しい（そして短命に終わった）国防会議とその書記、ユーリ・バトゥーリンが意図的に軍を過小評価していると感じていた。就任から1年も経たない1997年5月、ロジオノフは解任され、代わりに戦略ロケット軍トップのイーゴリ・セルゲーエフ上級大将が就任した。彼の昇進の代償として、セルゲーエフは発言力を弱め、軍全体のことよりも、古巣の保護に力を注ぐようになった。つまり、1990年代の大半は、ロシア軍に対して首尾一貫したビジョンを示すよりも、自分たちの地位を守り、エリツィンをなだめることを重視する政治家たちが、ロシア軍を率いていたのである。その結果、ロシア軍の改革はほとんど進まず、ただ規模が小さくなっただけで10年を終えた。

しかし同時に、軍隊はますます多くの地域で祖国の利益を守ることを求められるようになった。チェチェン紛争にとどまらず、近隣のポスト・ソヴィエト諸国にも、平和維持軍として、あるいは為政者の用心棒として派遣され、ユーゴスラビアを引き裂いた内戦では、アメリカ軍との軍事的対峙を促す形で派遣された。この10年間は、モスクワが大国として、少なくとも地域的な大国の役割を果たそうとする一方で、兵士たちは低賃金、低栄養、低評価、低訓練に甘んじていた危険な時代であった。ただし、彼らができる限りのことを為していたという事実は、いろいろな意味で印象に残ることであった。

■ポスト・ソヴィエトでのモルドヴァの危機

なぜ、いまだにモルドヴァ共和国の一部にロシアの権益が法的に残っており、ロシア語が公用語であり、レーニン像が主要な広場にそびえ立っているのだろうか。クレムリンには、ロシアが（旧ソ連邦構成国を指す）「近外国」と呼ばれるソヴィエト連邦後の国々の覇権を握っているという思い込みがまだ存在していた。1995年当時、あるロシア人外交官は、「我々は近外国の主権と独立に異論はないが、これらの国々は外国とは言い難い。ロシアは一家の大黒柱であり、これらの国々の自由は、モスクワの権威に挑戦しない限りにおいてのみ存在できる」と言っていた。ロシアは、領土問題、歴史的不満、民族間の対立を利用し、特にロシア人である地元の少数民族が政府と争うのを支援することで、近隣諸国を強制的に従わせようとしていたのである。ロシア人が征服した領土に移住することを奨励したり、強制したりすることは、まずツァーリによって行なわれ、その後、ソヴィエトによってさらに意図的に行なわれた手段であった。ソ連が解体された時、ロシア連邦の外には2000万人以上のロシア系民族が住んでいた。このことをプーチンは後に「今世紀の地政学上の大災難」と呼ぶことになる（※原注3）。多くの人々が新しい国籍に順応し、単純に馴染んでいったが、疎外感や差別を感じる人々もいて、これらはモスクワの干渉の味方や口実となった。

これは、ウクライナとルーマニアに挟まれた小共和国の一つであるモルドヴァ共和国で特に顕著であった。国民の約4分の3がルーマニアの血を引き、基本的にルーマニア語を話す。15%弱がロシアなどのスラブ系民族で、ドニエストル川の東岸にあるわずかな土地に偏って集中している。他の地域と同様に、モルドヴァでも党の支配が弱まると、それに呼応するように民族主義が台頭した。1989年、地方政府はモルドヴァ語を主要な国語と決め、ロシア語を副言語としてキリル文字も使用しないようにした。後にトランスニストリア、正式には沿ドニエストル・モルドヴァ共和国（PMR）となる地域のロシア人たちは、次第に警戒を強めていった。ソ連が解体されることを望まず、ソ連がモルドヴァ人に対する保護と考える者も少なくなかった。1990年8月、モスクワもキシナウのモルドヴァ当局もあまり関心を示さなかったが、彼らは実際に独立を宣言した。

1991~92年の冬、トランスニストリアの武装勢力はモルドヴァの警察と散発的に衝突していた。これに対し、モルドヴァ政府はまず国家警備隊を編成し、その後、国防省と軍隊を設置した。この軍隊は、モルドヴァ西部に駐留していたソ連の第14警備隊をベースに、志願兵、予備兵、徴兵を加えたものであった。

皮肉なことに、ドニエストル川の東に位置するティラスポリに司令部を置く第14警備隊は、PMRの重要な支援者にもなった。モスクワは公式には中立の立場をとっていたが、同軍の将校や兵士の多くはこの地域の出身か、反乱軍に同調していた。軍司令官のゲンナジー・ヤコヴレフ中将は反体制派への支持を公言し、12月には事実上の国防大臣であるＰＭＲの議長を引き受けた。クレムリンの立場は曖昧であった。シャポシニコフは、ヤコヴレフはＰＭＲ大臣とロシア軍司令官を兼務できないと判断し、第14警備隊司令に、より中立的なユーリ・ネトカチョフ中将を据えた。しかし、第14警備隊の武器庫からは武器が流出し続け、１９９２年4月5日にはルツコイ副大統領がティラスポリを訪れ、トランスニストリアに独立を目指すように勧めた。

3月から4月にかけて、ドニエストル川の東岸で散発的な小競り合いがあったが、最も深刻な戦闘は戦略的な都市ベンデルで発生した。ロシア語圏の住民が多いが、実は西岸にあり、キシナウからティラスポリへの幹線道路沿いにある。政府による支配が及ばないため、常に不安定な状態にあり、警察が第14警備隊のロシア人少佐を反政府勢力に協力した疑いで逮捕したことが、激しい対立の引き金になった。ベンデルの街には双方が軍隊を送り込み、ＰＭＲの共和国防衛隊は第14警備隊のＴ‐64戦車に支援された。少なくとも2両はモルドヴァのＴ‐12 １００ミリ対戦車砲で撃破され、路上に取り残された。モスクワは、自国軍はこの友好的な争いに関与していないと主張していたが、その主張とは裏腹に、ロシア軍のマークが描かれていた。

モルドヴァ軍が前進し、ドニエストルに架かる橋を奪おうとする中、ティラスポリはロシアとウクライナ東部からの武装コサック義勇軍を含む全軍をベンデルに投入した。家一戸一戸を奪い合う激しい戦闘の中、徐々にベンデルの市内に押し戻されていった。この戦闘で第14警備隊は脇役に過ぎなかったようだが、キシナウは共和国防衛隊が撤退しないのはロシア軍が直接関与しているからだと確信していた。第14警備隊が侵攻を準備していると考えたキシナウは、モルドヴァのわずかな飛行可能なＭｉＧ‐29戦闘機（ソ連第86親衛戦闘航空連隊から継承）2機を派遣し、ベンデル橋の破壊を試みた。ＯＦＡＢ‐２５０爆弾を6発投下したが、１発も命中しなかった。しかし、これは第14警備隊が防衛行動を開始するのに充分であった。紛争はエスカレートしていた。

エリツィンは、内紛がロシアとモルドヴァの戦争に発展することを恐れ、国家安全保障顧問の元空挺隊員、アレクサンドル・レベジをティラスポリに派遣した。レベジの任務は、何としても戦闘を阻止することであり、レベジらしい乱暴な方法を行使した。第14警備隊司令部に到着すると、彼はネトカチョフを解任し、自ら指揮を執った。7月3日早朝、陸軍の第4砲兵連隊は、ＢＭ‐27ウラガンの無誘導２２０ミリロケット弾、Ｄ‐30榴弾砲の１２２ミリ砲弾、２Ａ36ギアツィント カノン砲数基の１５２ミリ弾を集中的に発射し、ベンデル周辺のモルドヴァ軍の陣地を粉々に打ち砕いた。

レベジはどちらの側にも同情していなかった。後に彼が語ったというエピソードによれば「ティラスポリのフーリガンとキシナウのファシストにこう伝えた。『殺し合いをやめろ、さもなければお前たち全員を射殺する』」（※原注4）とのことだった。しかし、彼は平和を実現するため、そして忠実に、優れた火力によってそれを成し遂げようとしていた。第14警備隊は、この段階では1個師団にも満たない規模の1万4000人ほどの兵力であった。しかし武装は充分であり、この砲撃で政府のベンデルへの侵攻を事実上食い止めただけでなく、PMRの民兵、義勇兵、ロシア軍の連合軍が、まだ編成途中のモルドヴァ軍を圧倒する数の集団となる見通しが立った。同時にレベジは、ロシアの保護と引き換えに和平交渉を行なうことをPMR指導部に明言し、7月21日、エリツィンはモルドヴァ側のミルチャ・スネグルと停戦協定に調印した。モルドヴァ軍3個大隊、PMR軍2個大隊、第14警備隊5個大隊からなる平和維持軍がこれを保障することになった。

その後、散発的な衝突はあったが、第14警備隊が睨みを利かせて取引は成立し、現在に至っている。モルドヴァは事実上ドニエストル川の東岸を失い、民間人、戦闘員合わせて1000人が死亡した。1995年、第14警備隊はトランスニストリアにおけるロシア軍の作戦グループとなり、2022年現在、2個の独立平和維持自動車化狙撃大隊に所属する1500人ほどの兵員で構成されている。しかし、この部隊が存在するのは、モスクワがPMRの維持に継続的に取り組んでいることを示すためであり、現在ではますます非合法化が進み、ほとんどソヴィエトに近い傀儡国家となっている。むしろ、「近外国」のロシア民族の利益を（都合のいい時に）守ろうとするクレムリンの意志の象徴であり、この地域の政治的悪事を働くための便利な拠点でもあるのだ。レベジが打ち立てた前例、すなわち都合のよい反政府勢力を支援し、モスクワがポスト・ソヴィエト近隣諸国における足場を保持することを許す「凍結された紛争」を作り出すための武力行使は、今後も繰り返し用いられるだろうし、ロシアの軍隊がいかに外交政策の重要な道具となり、今もその役割を果たしているかを示すのに一役買っている。

■中央アジア：タジキスタン駐留軍

同様に、中央アジアでも、別の部隊がロシアの権力の道具となった。1979年のソ連によるアフガニスタン侵攻に参加した第201ガチン2回赤旗勲章自動車化狙撃師団は、当時タジキスタンの首都ドゥシャンベに司令部を置いていた。1992年9月にロシアに一時帰国する予定だったが、タジキスタンで内戦が勃発した。反乱軍に武器や物資を奪われ、現地で徴兵された多くの兵士が脱走した。しかし、少数民族の反乱軍やアフガニスタンからの過激派を含むイスラム過激派に対して、ソ連時代の権威主義的な政府を支えるために、モスクワは部隊の活動状況を維持し、ロシア人幹部が部隊をまとめ、スペツナズで補強したのである。

公式にはCIS平和維持軍の一部に過ぎないが、実際には第201師団はタジキスタンにおけるモスクワの主要なエージェントとなった。１９９２年末にドゥシャンベが反乱軍に陥落すると、12月の奪還に重要な役割を果たし、親政府治安部隊と、タジキスタンの新指導者エモマリ・ラフモンの主要な支援地であるクリャープ地方の民兵に重火器による火力支援を提供したのだ。１９９３年、第２０１師団はＭｉ‐24を装備した第41分遣ヘリコプター飛行隊、ウラガンＭＬＲＳを装備した第２分遣ロケット砲兵大隊、ドゥシャンベ空港を拠点とする航空隊で強化された。これは、軍務の幅が広がったことを反映している。反乱軍との直接対決やタジキスタン・アフガニスタン国境の通過阻止だけでなく、食料、医薬品、軍事物資を地方都市に運ぶ重要な輸送隊を護衛するようになったのである。アフガニスタンに派遣された経験のある第２０１師団の将校は、１９９２年当時、「反乱軍がいないだけで、アフガニスタンに似ている。今のところは」と評した。その言葉通り、第２０１師団は次第に戦闘に巻き込まれていった。１９９３年7月、２５０人ものタジク人とアフガン人の戦闘員が、タジキスタン駐在の国境部隊の第12前線基地を襲撃しようとした。前線基地には国境警備隊47名と民間人1名がいたが、11時間にわたって武装勢力を食い止めた。ロシア人25人と武装勢力70人の死者を出したこの攻撃は、第２０１自動車化狙撃師団の第１４９親衛自動車化狙撃連隊の到着によって終了した。

内戦は１９９７年まで続き、その間に第２０１師団は、ロシア人将校の下で働くタジク人を再び採用することで師団の戦力を増強し、多くの襲撃と小競り合いに巻き込まれることになる。最終的にはワシントンとモスクワの仲介で和平が成立したが、銃声が消えた後も、ロシアはこの国で重要な役割を担っていた。ラフモンは、一連の怪しげな選挙によって維持される腐敗した強権的な政権の頂点に君臨し、この文章を書いている時点でも継続中である。

1994年に第201軍事基地と改称されたが、同部隊はドゥシャンベの政府を支え続け、ひいては中央アジアにおけるモスクワの権威を維持し続けている。2012年、基地の賃貸契約は2042年まで延長され、現在、主な戦闘部隊は第92および第149親衛自動車化狙撃連隊、第2分遣ロケット砲兵大隊、ドゥシャンベの偵察大隊、クルガン＝チュベの第191自動車化狙撃連隊である。また、ドゥシャンベにはヘリコプター分遣隊と航空団がある。第201軍事基地は現在、ロシアの最高水準の装備を備えた約7000人の職業軍人で構成されており、タジキスタンの全軍が9500人と報告されていることを考慮すると、地域の安全保障においてモスクワがかなりの役割を担っているといえる。ここでも海外への軍事配備は影響力に変換され、この場合は友好的な政権、少なくともロシアの味方であり続けることが得策であることを知っている政権が支援されるということだ。

■バルカン・ダッシュ

　ユーゴスラビアは、社会主義国家でありながら、ソ連の覇権主義に屈しない国として、冷戦時代からモスクワにとって厄介な存在であった。しかしこの多民族国家は、共産党の日和見局員スロボダン・ミロシェヴィッチがセルビア民族主義の指導者に生まれ変わると、ソ連と同時期に一気に本質的な崩壊を起こしてしまったのである。抗議行動やストライキ、民族間の衝突が起こる中、国中で民族主義者が台頭し、1991～92年に内戦が勃発した。

　これはモスクワには関係ないことだったという見方もできる。ロシアはこの地域、特に正教会のセルビア人と歴史的、文化的に深いつながりがあるが、それでも当初はバルカン半島にほとんど関心を持たなかった。というのも、当時は自国のことで精一杯だったのだ。しかし1993年になると、その状況は一変する。自由民主党（よく指摘されるように、自由主義でも民主主義でもない）の党首ウラジーミル・ジリノフスキーのような極端な国家主義政治家はこの状況を利用し、エリツィン政権は弱腰で西側に媚びるために従来の同盟国を裏切ることも辞さない、というイメージを植え付けようとした。さらに、クレムリン自身も西側諸国から見放されたと感じ始めており、ここで自分たちが影響力を喪失したいにしえの勢力ではないことを示す機会を得たのである。

　ロシアは、1992～95年に、ボスニア・ヘルツェゴビナとクロアチアで、民族浄化と隣人同士の悪質な争いの中で、微妙な和平を実現しようとしたＵＮＰＲＯＦＯＲ（国際連合保護軍）の中で役割を果たすことになる。当初９００人だった部隊は、やがて和平履行部隊（ＩＦＯＲ）の空挺旅団１５００人のに増強され、１９９６年には平和安定化部隊（ＳＦＯＲ）へ取って代わった。非ＮＡＴＯ勢力としては最大の部隊であるロシアのＰＫＯ要員は、現地で有益な役割を果たすだけでなく、ロシアはどんな問題を抱えていても、依然として重要なグローバル・プレイヤーと見なすべきであることを示す上でも有効であった。ＩＦＯＲとＳＦＯＲの結成時には、ＮＡＴＯの欧州連合国遠征軍最高司令官（ＳＡＣＥＵＲ）の特別補佐官にロシア軍将官を招聘し、指揮統制上の問題解決と、ＮＡＴＯとロシアの関係緊密化の象徴となることを期待したのである。

しかし、１９９０年代に入ると、ロシアはその待遇に不満を募らせ、欧米が自らを世界の覇権主義者、銀行家、警察官と一体化した存在と見なすようになったことを憂慮するようになった。特に、ＮＡＴＯの拡大は、依然として本質的に反ロシア的な同盟と見なされており、批判の的となった。１９９５年５月、クリントン米大統領がモスクワを訪問した際、エリツィン大統領は、これはロシアにとって「屈辱以外の何ものでもない」と述べ、「ＮＡＴＯの国境がロシアに向かって拡大することに私が同意することは、ロシア国民に対する私の裏切り行為になるだろう」ときっぱり否定している（※原注５）。しかしＮＡＴＯは依然として拡大していき、１９９９年にポーランド、ハンガリー、チェコを加盟させ、さらに九ヵ国に対して同盟への道筋を示す加盟への行動計画を提示した。しかし、ロシアの疑念が本格化したのは、1998～99年のコソボ紛争である。ユーゴスラビア（当時はセルビアとモンテネグロ）に残されたこのアルバニア系民族の地域は、次第に反抗的になり、コソボ解放軍によるテロ攻撃は、セルビアの強硬な対応を促したが、これは正当な対ゲリラ戦と明白な民族浄化の間の一線を越えていたのである。

和平交渉が決裂すると、NATOは1999年3月から6月にかけて「セルビア人を追い出し、平和維持軍を受け入れ、難民を帰還させる」ことを目的に、大規模な空爆作戦を開始した。約1000機の航空機が3万8000回以上の戦闘任務をこなし、218発のトマホーク巡航ミサイルが発射された。まずユーゴスラビアの防空と重要軍事目標を狙い、次に軍部隊と司令部施設を狙った。ベオグラードの中国大使館への爆撃をはじめ、民間人の犠牲や誤爆は避けられなかったが、最終的にミロシェヴィッチは、コソボからの軍撤退と多国籍平和維持軍の派遣を含むNATOの条件を受け入れざるを得なくなった。

ミロシェヴィッチの譲歩に尽力したロシアは、この部隊に参加することを主張した。ロシア側は、他の主要参加国と同様、自国の平和維持部門を割り当てられると踏んでいた。NATOはセルビア人の支配地域ができることを恐れてこれを拒否し、モスクワは、現地で自分たちの事実を作り上げることにした。和平初日の1999年6月11日、ヴィクトル・ザヴァルジン大将率いる250人のロシア空挺部隊は、ボスニアのSFOR基地から駆けつけ、まずコソボの首都にあるプリシュティナ国際空港を占拠した。NATOが編成したコソボ部隊であるKFORがプリシュティナに到着した時には、ロシア軍は配置を完了していた。

KFOR司令官であるイギリスのマイク・ジャクソン中将が空港ターミナル跡でザヴァルジンに会い、ウィスキーを酌み交わすと、緊張した膠着状態が緩和された。バーミンガム大学でロシア学を学んだジャクソンは、「これは橋頭堡に過ぎず、ロシアの占領が始まっただけだ」というSACEUR司令長官ウェスレイ・クラーク大将の考えを受け入れなかった。クラークは、ロシアを信用せず、空港の滑走路を占拠・封鎖することを求めたが、ジャクソンは最終的に「あなたのために第三次世界大戦を始めるつもりはありません」と返答したと伝えられている（※原注6）。

警戒態勢にある他のロシア軍もいたものの、ジャクソンの言う通り、さらなる広範な侵攻計画はなかった。待機中のVDVの3個大隊は、NATOがロシア軍を武力で撃退しようとした場合にのみ投入されるはずだった。結局クラークの意見はアメリカ統合参謀本部議長のヒュー・シェルトン大将に却下され、特定の区域を受け持たないがNATOの指揮系統外となるロシアの平和維持軍をコソボ全域に展開することで、両者の面目を保つことになった。結局のところ、これはモスクワが国内外に広く政治的主張を行なうために、軍を利用したことに他ならなかった。「プリシュティナ・ダッシュ」は、朗報に飢えていたロシアの国民と軍を勇気づけた。またこの事件は、威勢の良さ、奇襲性、意図的なはったりを当てにした、その後のロシアの介入の基調となるものだった。1999年、首相に就任したばかりのプーチンは、まさにこのような特性に魅力を感じていたのである。

第二部

プーチンの登場

第6章　プーチンの優先順位

２０００年5月7日、大統領連隊の儀仗兵の間を、やや白髪交じりで背の低い男が通り過ぎた。彼のダークスーツは、鮮やかなブルーのチュニックと赤い縁飾りの礼服と、鮮烈なコントラストをなしている。ウラジーミル・プーチンの新大統領就任式の様子だ。数年前まではほとんどのロシア人に知られていなかったが、第1回投票で53・４％の得票率を得て、直近のライバルだった共産党のゲンナジー・ジュガーノフ（29・５％）を大きく引き離して圧勝し、新大統領に選ばれたのである（※原注1）。

彼の就任演説は、すべての人に何かを提供するようなものだった。ロシア史上初めて、投票による平和的な政権交代が実現したことを祝した（その後、政権にしがみつこうとする彼の努力を考えると矛盾しているが）。彼は、民主主義を守り、拡大することを約束した（これも皮肉だ）。しかし、その一方で、次のような警告も発している。

我々は何も忘れてはならない。我々は歴史を知り、それが何であるかを知り、そこから教訓を得る必要がある。そして、ロシア国家を建国し、その尊厳を守り、偉大で強力で強大な国家にした人々を、決して忘れてはならない（※原注2）。

当時は、これは政治的なレトリックのように聞こえたかもしれない。たとえ22年後、このセリフの意図が、彼がロシアの「尊厳」に挑戦していると感じたウクライナに降りかかることになったとしてもだ。結局のところ、プーチンの本当の姿を知っている人は誰もいないようで、誰もが彼を評論したがった。プーチンの出身地であるサンクトペテルブルクのリベラル派の政治家たちは、「自分たちの男」がこの国の最高位に登りつめたと満足げに宣言していた。また、プーチンのKGBでの経歴を指して「第一に国家主義者、民主主義は二の次」と指摘する者もいた。結果的には、後者が正しかったということになるだろう。

■ウラジーミル・プーチンの素性

1990年代後半になると、ボリス・エリツィンの統治能力のなさは次第に明らかになりつつあった。エリツィンは、敵がいるときには集中し、効果的に行動することができたが、ロシアに対する真のヴィジョンがないことは明らかであった。彼は、共産党、ゴルバチョフ、ソ連国家に反対する候補者として権力の座に就いた。しかし、彼が何に賛成しているのかは、あまりに頻繁にアルコールを飲み、時には処方された薬を飲み干すことを除けば、決して明らかではなかった。1994年、ワシントンDCを公式訪問した際、ペンシルベニア通りで下着姿で酔っ払って、ピザを求めて徘徊しているところをシークレットサービスに発見されたのは記憶に新しい。1997年にストックホルムを訪れた際には、スウェーデンのミートボールはテニスのスター、ビョルン・ボルグの顔を思い起こさせると、突然だが明らかに中傷的な口調で言い放った。また彼は心臓発作に何度も見舞われ、1996年11月には緊急で5ヵ所の心臓バイパス手術を施していた。そのため、この頃には「ファミリー」と呼ばれる彼の親しい協力者や後援者が、安全で忠実な後継者を探し始めていたのは当然かもしれない。

プーチンは、大統領に就任するまでは、皆の忠実な側近のように思われていた人物である。プーチンは幼い頃からソ連の諜報・治安機関であるKGBへの入局を希望していたことはよく知られている。サンクトペテルブルク（当時はまだレニングラードと呼ばれていた）にあるKGB本部「ボリショイ・ドム」を子供の頃から訪れていたのは有名な話である。ボリショイ・ドム、つまり「大きな家」と呼ばれるこの場所は、1930年代の旧スターリン時代の秘密警察の時代から悪名高い場所だった。そこで彼は、困惑した将校に入局方法を尋ねると、「このまま走っていって、大学を卒業したら戻ってきなさい」と言われた。彼はそれに従い、1975年に入局した。

彼は貧しい家庭で生まれた向こう気の強い子供で、戦後のレニングラードの廃墟の中で幼少期を過ごした。レニングラードは、1941〜44年の872日間、ナチスに包囲され、飢えと苦しみを味わった都市である。彼がKGBの説明にあるような「共産党の剣と盾」として入局したという証拠はない。むしろ、ソ連のスパイ映画やテレビドラマのヒーローに倣い、出世するチャンスを与えてくれるからであった。熱意は確かにあったが、決して野心家ではなかった。KGBの防諜部門である第2総局でキャリアをスタートさせ、流暢なドイツ語のおかげでエリートの対外諜報機関である第1総局に移ったが、世界中のどこかの大使館で潜入任務を行なう作戦要員としてのキャリアには進んでいない。その代わりにドレスデンに転勤し、東ドイツのKGBにあたるシュタージとの連絡係になった。西側でテロリストを操り、極悪非道な秘密工作に彼が関与していたという主張には、まったく根拠がないようだ。それどころか、モスクワに報告書を提出したり、シュタージの連絡先に書類を送ったり、秘密警察の日常的な事務処理に明け暮れる日々であった。

彼がまさに緊迫した状況に直面したのは、東ドイツの政権が崩壊した1989年、KGBの同僚が事務所内で必死にソ連軍駐屯地に連絡を取ろうとしている間に、事務所に押し寄せたデモ隊の群れに立ち向かった時だった。ドイツにいたKGB局員はほどなく帰国を余儀なくされ、彼はすぐに

ＫＧＢの職を辞したが、予備役として籍を残していたかどうかは不明である。崩壊しつつある国で、彼は仕事を探し回り、おそらくはＫＧＢ時代のコネのおかげで、まずレニングラード国立大学に就職、次いで新任のアナトリー・サプチャーク市長の顧問になった。

この仕事を通じて、彼は自身の黒幕としての才能を見出した。サプチャーク市長の国際問題担当長から副市長となり、外資系企業からマフィアまで、あらゆる相手と交渉し、便宜を図った。彼は成功したが、サプチャークへの恩義は忘れなかった。サプチャークが１９９６年の再選に失敗すると、プーチンはモスクワに移ったが、１９９７年にサプチャークの金銭問題の調査が開始されると、逮捕状が出る前にフランスに飛ぶように手配したのはプーチンであった。モスクワでは、大統領府財産管理局（大統領府の中でも最も悪名高い腐敗部門のひとつ）の局長補佐から、大統領府副長官に就任した。慎重で、効率的で、忠実で、真面目な彼のあらゆる性格は、ファミリーに気に入られた。

ここまでは、いつもその時々のパトロンの後ろに控えめに立っている姿しか見せていなかったが、１９９８年、エリツィンは彼を連邦保安庁（FSB：Federalnaya Sluzhba Bezopasnosti）長官に任命し、ついに日の目を見ることになった。ＫＧＢの中堅幹部として熱心に働いていた彼にとって、これはキャリアの一里塚となった。モスクワ中心部のルビャンカ・ビルにある事務所に長居はできず、1年後には、3人の第一副首相のうちの1人となり、そしてその日のうちに首相に任命された。この段階で、ファミリーから抜擢されたことは明らかだった。

ロシアの制度では、首相は行政の最高責任者であるが、実質的な行政権は大統領にある。しかし、憲法上、首相には特別な役割が与えられている。大統領が能力を失った時、あるいは退陣した時、首相は大統領代理になるのだ。1999年12月31日、プーチンが首相の地位について5ヵ月も経たないうちに、エリツィンは正式に辞任した。大統領臨時代理が最初に署名した大統領令は、エリツィンとその親族に将来の汚職容疑を免除することを明文化したものだった。プーチンは自分のパトロンの面倒を見る術を心得ていた。エリツィンの辞任は、早期の大統領選挙の引き金となり、プーチンのライバルたちの意表をつくことになった。プーチンは3月の大統領選挙で、現職であることと、クレムリン・マシンの全権とを背景に、あっさりと勝利を収めた。ついにプーチンは、代役でも黒幕でもなく、ボスに成り上がった。権力を手中に収めた彼は、いったい何を始めるのだろうか?

■プーチンの政策

プーチンは、国内での国家権力と国外でのロシアの権力を、どんな手段を使ってでも回復させるつもりであることが、すぐに明らかになった。最も裕福な億万長者の「オリガルヒ」（1990年代の新興財閥）ミハイル・ホドルコフスキーが逮捕・投獄されたことで、エリツィン政権時代にロシアを裏で操っていたオリガルヒたちは、自分たちが政治に関与できる時代が終ったことをようやく気付かされたのである。プーチンは、誰かの手先や道具になるつもりはなかった。

しかし、当面の焦点はチェチェンであり、これは新秩序のテストケースのようなものであった。1999年9月に、モスクワ、北カフカス地方のダゲスタン共和国ブイナクスク、南部ロストフ地方のヴォルゴドンスクで、計4棟のアパートが爆発した。300人以上の市民が死亡し、1000人以上が負傷した。チェチェン共和国のジハード（※訳注：異教徒との聖戦）主義者が直ちに非難された。国民の反応は予想通り恐怖と怒りが入り混じり、この国に対して強く厳しい手だてが必要だという国民的コンセンサスを確認するのに役立った。この爆弾テロ事件については、プーチンが知っているか知らないかにかかわらず、プーチンの後ろ盾である治安維持団体が実際に組織したのではないかと疑うに足る理由があり、論争が続いている。というのも、チェチェンの将軍シャミル・バサエフが、サウジアラビア生まれのジハード主義者サーミル・サーレハ・アブドゥッラー（通称ハッターブ）とともに、ダゲスタンへの軍事侵攻を開始したのである。それは1ヵ月の散発的な戦闘で撃退されたが、これはマスハドフがチェチェンの過激派を制御できないか、あるいは制御するつもりがないことのさらなる証拠と思われた。

10月には、次章で述べるように、ロシアは第二次チェチェン紛争を開始したが、すぐに彼らがその準備をしていたことが明らかになった。第一次紛争のクレムリンの戦い方が無様で、しばしば中途半端だったのと比べると、クレムリンは適切で強力な軍事力を構築しただけでなく、自国向けの物語作りを完全に掌握していたのである。ダゲスタンへの侵攻とアパート爆破事件は、行動するための強力な根拠となり、その結果、プーチンが首相の時に開始され、大統領就任中に戦った侵攻は、彼の支配における基調となった。ロシア国家の復活だ。国内でも国境でも反抗を許さず、外の世界がどう思おうとも、自国の安全保障上の利益を主張するのだ。

プーチンは、確信犯的なロシア国家主義者であった。大統領になる前からこう明言していた。「ロシアは何世紀にもわたって大国であったし、今もそうである。そして、今も正当な利害関係を持っている……。この点で警戒を緩めてはならないし、我々の意見を無視することも許されない」（※原注3）。しかし当初は、西側諸国と何らかの協力関係を結べば、それが実現できると純粋に考えていたようだ。実際、2000年には、いつかロシアがNATOに加盟できるとさえ考えていたようである（※原注4）。プーチンは、2001年の9・11テロ事件の後、世界の指導者として初めてジョージ・W・ブッシュ大統領に電話し、「世界テロとの戦い」での協力に非常に意欲的であるように見えた。セルゲイ・イワノフ国防相（当時）によると、同年末にアメリカとNATO軍がアフガニスタンに侵攻した際、タジク＝アフガン国境で、イスラム主義勢力タリバンの幹部が実際にロシアの国境警備隊に交渉を持ちかけてきたという。彼らはモスクワに反米同盟を申し入れるというメッセージを持っていた。イワノフが言うには、「我々は、世界的に有名な英語圏のジェスチャーである『Fxxx off』でそれを拒否した」（※原注5）。

問題は、プーチンと西側諸国の間で、関係のとらえ方に当初から明らかな断絶があったことだ。プーチンは、ロシアのチェチェン紛争を世界的な闘争の最前線と考え、西側で現地での人権侵害が批判されると憤慨した。一方、ロシアにはソ連崩壊後の後継国に対する覇権の絶対的な権利があると考え、NATOが東方へ拡大しないという約束（西側は否定している）があると信じていた。2004年、ワルシャワ条約の上だけではなくソヴィエト連邦の一部と信じていたバルト三国を含む7ヵ国が、反ロシア的なクラブに入ることを許された時、彼は激怒した。2006年までには、ロシアは利用され、騙され、疎外されていると感じるようになっていた。2007年2月、ミュンヘンでの基調講演で、アメリカは「一極集中」の世界を作ろうとしていると指摘し、「一つの主、一つの主権者が存在する」世界を、「国際関係においてほとんど抑制されない武力の過度の使用、世界を永久に紛争の奈落に突き落とす力」によって作ろうとしている、と述べたのである。「ロシアは1000年以上の歴史を持つ国であり、実質的に常に独立した外交政策を行う特権を行使してきた」という言葉で締めくくられ、モスクワが再び自らを大国とみなし、西側諸国に気兼ねすることなく主張していくことを明らかにしたのであった（※原注6）。

■プーチンの閣僚たち

プーチンは、すべてを自分で行なうことはできなかったし、そうしなかった。後の章では、具体的な実務能力と、各国防大臣に関連する性格や改革について詳述する。とはいうものの、ロシアのニーズに合わせたプーチン自身の進化を反映した明確な軌跡をたどることができるだろう、また大規模でプライドが高く、しばしば利己的な組織に変化をもたらすことに関連する課題も見え隠れす

プーチン政権の国防相

時期	国防大臣	経歴
1997〜2001年	イーゴリ・セルゲーエフ上級大将	軍人
2001〜07年	セルゲイ・イワノフ	KGB／FSB
2007〜12年	アナトリー・セルジュコフ	連邦税務局長
2012年〜	セルゲイ・ショイグ	緊急事態相、モスクワ州知事

る。

セルゲーエフ上級大将は、戦略ロケット軍司令官として組織再編と近代化を図っており、プーチンはこれを受け継いだ。セルゲーエフは効率化のためにさまざまな軍事教育施設を閉鎖し、シベリア軍管区とバイカル軍管区を統合しようとした。一部の師団は形式的に「常備軍」の地位を与えられた。これは、完全な装備を整え、設立時の戦力の80％以上を維持することを意味するが、これが実際にどの程度達成されたかは疑問である。

プーチンは当初からロシアの軍事力再建に関心を抱いており、すぐにセルゲーエフを交代させ、後任に最も親しい同盟者であるセルゲイ・イワノフを任命した。イワノフはプーチンと同世代で、レニングラード出身、KGBに入局しており、そこで知り合った。しかし、プーチンのKGBでのキャリアが乏しいのに対し、イワノフはエリート中のエリートで、対外スパイ部門である第1総局に入り、後にソ連崩壊後の連邦保安庁に移った。当初、軍が使える余力は限られており、その余力は第二次チェチェン紛争に大きく飲み込まれた。しかし、この戦争は実質的に勝利したとはいえ、ロシアが特に優れた能力を発揮したというよりは、第一次紛争の失敗を回避することができたという意味合いが強かった。

これはイワノフの任務であったが、当初から彼の軍事的専門知識の乏しさと将軍たちの抵抗に阻まれることになった。また、長年にわたる怠慢と不始末の尻拭いをさせられる、途方もない仕事であったが、徴兵制への依存度を下げるなどの一定の成果は上がっている。2007年、兵役は24ヵ月から18ヵ月に、さらに2008年には12ヵ月に短縮された。上層部の多くは、これに抵抗した。ロシアは大規模な戦争に備え、数百万人の元兵士の予備役が必要であり、12ヵ月は論外、18ヵ月でも適切な訓練を施し、数ヵ月以上の軍務に就くのに不充分だと考えたからである。しかしイワノフは、部隊の規模はやや小さくなるが、長期契約で働く「コントラクトニキ」(契約軍人、職業軍人)による志願兵の割合を増加することを約束し、プーチンも、そのような軍隊がより効果的であるという主張と、それが国内政治的にも支持されるという事実の両方によって、それを勝ち取ったのである。

しかし、イワノフの最大の問題は、彼が替えの効かない存在であったことだ。プーチンの安全保障と外交の重要なアドバイザーであり、2005年には防衛産業担当の副首相にもなっている。もう一つの問題は、彼が軍人でもなければ、財政家でもなかったことだ。彼は将軍たちの助言に依存していたが、彼らは何でもかんでももっとやれと主張することが多い。お金はどんどん使われるが、変革のための明確な青写真や最高司令部の賛同がないため、矛盾した、あるいは余計な公共事業で多くが浪費された。

　２００７年、イワノフは第一副首相に昇格した。この時プーチンは、財政家で制度改革の実績があり、最高司令部を疎外しても特に問題のない人物を選んだ。アナトリー・セルジュコフである。彼を中傷する多くの者たちは、セルジュコフがかつて家庭用品メーカーに勤めていたことから「家具セールスマン」と呼んでいたが、実際のキャリアは、機能不全に陥っていたロシア連邦税務局を改革した人物である。セルジュコフは、参謀総長ニコライ・マカロフ、２００８年の南オセチア紛争、そして将軍たちが自分をどう思っているかを気にしないという3つの大きな強みによって、軍の改革を想像以上の成功に導くことになる。マカロフ上級大将は真面目で尊敬に値する軍人で、何が必要かをよく理解していた。ジョージア（グルジア）での軍の圧倒的なパフォーマンスは、セルジュコフとマカロフに、保守的な最高司令部に対して本格的な改革を受け入れさせる根拠を与えた。プーチンの支持さえあればいいというセルジュコフは、将軍たちの不興を買うことをいとわず、軍の伝統や軍への忠誠心とは無縁のアウトサイダーであり、それらを証明するかのように、組織的かつ冷酷な一連の改革に着手することができたのである。

　２００８年10月、彼は第二次世界大戦後で最も急激な変化と称する計画を発表した。本格的な戦争から地域外への介入まで、いつでもどこでも対応できる近代的で柔軟な軍隊の創設を目指したものである。軍の総兵力は今後4年間で20万人まで削減され、職業軍人の割合がさらに増加する予定であった。陸上部隊は、師団を中心としたものから、より小規模で柔軟な旅団へと移行し、そのうちの20％にとどまらず、すべての部隊が即戦力となる。これらの旅団は持続的な近代化を進め、2020年までに全兵器システムの70％を最新世代にする予定であった。

同時にセルジュコフは、「真ん中が膨らんだ卵を連想させる。大佐や中佐の数が下士官の数より多い」と、将校団に目を向けた（※原注7）。20万5000人の将校が、特に上級将校が大幅に削減され、200人の将官が解任された。その一方、職業軍人の下士官を採用し、技量を訓練・維持するための新しいプログラムが開始された。下士官の不足は、ロシア軍の伝統的な弱点であった。

セルジュコフが、いわゆる「アルバト軍管区」（モスクワの有名な通りの近くにある国防省や参謀本部の建物で働く上級将校たち）からひどく嫌われていたのも無理はないだろう。しかし実際に彼の失脚を招いたのは、政治色の強いセックス・スキャンダルであった。その頃、改革計画は進行中だったが、将兵の怒りと憤りは明らかだった。プーチンは、共同体をまとめ上げる術を知り、かつ制度改革を成功させた実績を持つ人物が必要となり、その最有力候補がセルゲイ・ショイグだった。ロシアの政治は悪質で派閥的なことで有名だが、ショイグはプーチンより前に国家的な舞台で最も長く活躍した人物の一人であるにもかかわらず、血を血で洗う敵を作らずに大きく出世したという特異な性質を持っている。１９９０年代には、腐敗し非効率的だった省庁を緊急事態省（MChS:Ministerstvo po Chrezvychainym Situatsiyam）としてまとめ上げ、国内でも最も効率的で経営が良い省庁のひとつになった。プーチンが急ぎ新しい国防相を必要とした時、彼はモスクワ州知事の職についたばかりだったが、文句も言わずに新しい仕事を引き受けた。

ショイグがいつまでも大臣を続けることはないだろう。２０２２年のウクライナ侵攻とロシア軍の不振で、彼の評判は明らかに悪化しているが、その地位が空席になれば、シベリア総督、首相、そしていつの日か大統領になるとの話も出ている。しかし、ショイグと強硬派の参謀総長ワレリー・ゲラシモフは、少なくとも本当に試されるまでは、プーチンに国内外での大きな権限を与える装置を作り上げることに努めていた。チェチェン、クリミア、ドンバス、シリア、そしてウクライナと、この数年間は戦争に明け暮れた。これらの戦争の中には、軍全体にとって貴重な学習機会となったものもあるが、２０２２年のウクライナ侵攻では、軍にまだ多くの改革が必要であることを露呈した。プーチン自身もまた、軍部の躍進を目の当たりにして、まさに過信に陥っていたのかもしれない。

第7章　第二次チェチェン紛争

　1997年、チェチェン共和国の反乱軍司令官アスラン・マスハドフは地滑り的勝利で大統領に選ばれたが、ロシア軍に勝つことよりも、自国民を統制し、1996年のハサヴユルト協定の後の不安定な平和を成功させるほうが困難であることが証明された（※原注1）。結局のところ戦争には勝ったが、平和は勝ち取れなかった。チェチェンは荒廃し、第一次紛争で台頭した軍閥はなかなか手を引こうとしない。さらに悪いことに、ジハード主義者が台頭してきた。チェチェン人の多くは、マスハドフと同じくムスリム（イスラム教徒）であったが、比較的穏健な信仰を奉じていた。しかし第一次紛争中、地元の過激派は、アルカイダ・テロリストにつながる外国人ジハード主義者と共通した考えを持つようになっていた。

　最も悪名高いのは、サウジアラビア生まれのサーミル・サーレハ・アブドゥッラー・アッ＝スワイレムで、彼は「アミール・ハッターブ」の通名で知られるようになった。アフガニスタンでソヴィエトと戦い、そこでオサマ・ビン・ラディンと出会い、アルカイダの調停人として、タジキスタン、アゼルバイジャン、旧ユーゴスラビアで活動した。1995年、ジャーナリストを装ってチェチェンに入り、チェチェン人を訓練し、アルカイダから提供された資金や武器を配給し始めた。彼は地元同盟者のネットワークを構築したが、その中にはおそらく最も有名なチェチェンの野戦司令官であるシャミル・バサエフも含まれていた。ハッタープは、チェチェン独立のためではなく、北カフカス全域で大聖戦を行ない、キリスト教国のロシアを追い出し、イスラムのカリフ（領地）を作ることを目的としていた。しかし、穏健派のマスハドフは、新たな闘争を行なうよりも和平を成功させようとする姿勢であったため、ハッタープの敵になったのである。マスハドフの暗殺未遂の背後には彼の存在があったと思われるが、彼の真の影響力は、近隣のロシア地域への国境を越えた襲撃を奨励することであった。１９９９年８月、ハッタープとバサエフは、チェチェン人、ダゲスタン人、アラブ人の戦闘員約１５００人の混合部隊を率いて、国境を越えてダゲスタンに侵入した。彼らは「国際イスラム平和維持旅団」と名乗り、「ダゲスタン・イスラム国」を宣言し、最も近い町ボトリフに進出した。

彼らは解放者として歓迎されると思っていたようだが、それは間違いだった。連邦軍が対応する前に、重武装した地元の人々が彼らの陣地に集結した。さらにＭＶＤの第１０２内務省国内軍旅団、ダゲスタン警察、ロシア軍スペツナズの連合軍が航空支援を得てこれを撃退し、９月には２度目の侵攻にも対抗した。これは、先の敗北に対する復讐の口実を待っていたロシア政府の思う壺だった。

マスハドフはこの攻撃を否定・非難したが、それでもロシア軍の爆撃機は、まず国際イスラム平和維持旅団が集結していた国境の村々に、次いでグロズヌイに懲罰的な作戦を開始した。一方、当時まだ首相であったプーチンは、自らの決意とロシアを立て直す手腕を示すチャンスとばかりに、将軍たちに招集をかけるよう指示した。北カフカス軍管区（SKVO:Severo-Kavkazsky Voyenny Okrug）は、他の軍管区と同様、予算危機と徴兵制の結果として削減されていたが、その司令官であるヴィクトル・カザンツェフ中将には、戦闘能力強化の権限が明確に移譲されていた。カザンツェフ中将の友人でSKVOの前任だったアナトリー・クワシュニン上級大将は、1994年のグロズヌイ攻撃の責任者であったが、その失敗を償おうと決心していた。1997年に参謀総長となった彼は、この地域に展開できる資源は必ず投入すると決めていた。例えば、1998年の初めには、コントラクトニキの志願兵がSKVOの20〜30％を占め、この種の部隊としては比較的高い数字になった。また、1992年に閉鎖されていた北オセチア近郊のダリエル山岳戦訓練センターが再開された。彼らは新たな紛争に備えて訓練を行っており、1998年7月には北カフカス全域で大規模な演習を行ない、陸軍とMVDの部隊1万5000人が「テロリスト」と戦う訓練を実習していた。

■第2ラウンド

前章で述べた9月のアパート爆破事件とダゲスタン侵攻は、ロシア国民に不安と怒りを与え、プーチンに攻撃の機会を与えることになった。結局、プーチンはジャーナリストに対して、壊滅の犯罪的スラングである「soaked」（落とし前をつける）を使って次のように述べ、優先順位を明確にしたのである。

我々はあらゆる場所でテロリストを狩る……。尾籠な話、トイレで捕まえたら、トイレで落とし前をつけてやりますよ、それが必要ならね。最終的にはすべて解決する」（※原注2）

10月1日、プーチンはマスハドフとチェチェン政府の非合法性を正式に宣言し、この件に関するロシア連邦の包括的な権限を再主張した。連邦軍統合軍集団（OGFV:Obedinennaya Gruppa Federalnykh Voisk）が新編され、スペツナズ、第2、第3、第20、第27、第34自動車化狙撃師団から各連隊、第4親衛戦車師団、第205独立自動車化狙撃旅団に加え、MVD内務省国内軍の3個独立作戦任務旅団（第21、第22、第33）、第7VV特殊部隊分遣隊「ロシッチ」、OMON警察機動隊が参加した。

全体的な指揮はカザンツェフ中将がとり、第一次紛争のような無謀な直接攻撃ではなく、段階的で容赦のない方法論で作戦計画を立てた。第一段階として、チェチェンの国境を可能な限り封鎖し、その間に部隊を集結させた。その数は、正規軍の約5万人に加え、MVD VVとOMON警察機動隊が約4万人で、1994年の侵攻作戦の約3倍であった。マスハドフがモスクワに和平交渉を持ちかけようとして失敗している間に、OGFVはまずチェチェン北部の国境沿いの安全地帯を占領し、次にテレク川まで前進して国土の北3分の1を占拠した。正規軍が前進する間、MVD部隊が後方を固めていた。

専門の警察機動隊OMONは、もともと特別任務警察隊（Otryad Militsii Osobennovo Naznacheniya）を意味し、ウクライナでも同様に、ロシアの軍事作戦の特徴となっている。1989年に創設され、ソ連崩壊期には国家の手荒な突撃隊員というイメージが作り上げられていた。1990年代には、組織犯罪の隠れ家への突入など危険度の高い取り締まりにも使われるようになったが、第一次チェチェン紛争で戦闘可能な部隊として急遽動員されたため、青い虎模様の都市迷彩と黒いベレー帽が特徴的なOMONが広く使われるようになった。彼らは軽歩兵として扱われ、特に村や地区を包囲して一軒一軒を捜索する「ザキストカ」（清掃）と呼ばれる作戦で活躍した。第二次チェチェン紛争でも、特に後方地域の警備と都市作戦に投入されることになる。隊員はロシア全土から現地採用されたため、その訓練、技能、規律はまちまちであり、深刻な人権侵害で告発されるような隊員も出てきた。また、しばしば協調に支障をきたすという結果にもなった。これは重大な同士撃ち事件をいくつか引き起こし、2000年3月にグロズヌイで起きたケースはその最悪のものだった。ポドリスクのOMONが、応援に来たセルギエフ・ポサドのOMONの車列を反乱軍とみなして待ち伏せしたのだ。その後の銃撃戦で、24名のOMON隊員が死亡した。その後、2016年に改めて国家親衛隊に編入された（引き続き「OMON」と呼ばれているが、現在はOtryad Mobilnyy Osobovo Naznacheniya、「特別任務機動隊」の略称となっている）。約3万人の隊員は、全員が専門家でほとんどが軍務経験者であり、通常の公安任務だけでなく、北カフカス全域での治安維持のために今日でも日常的に派遣されている。

チェチェンの抵抗は散発的かつ局地的であったが、ロシア軍にはもはや待ち伏せの効き目がないことが明らかになり、多くのチェチェン人戦闘員がグロズヌイに引き下がったこともその一因であった。偵察機とヘリコプターが事前に進路を偵察し、待ち伏せの可能性がある場所には事前砲撃を行ない、戦車部隊にはスクリーニングの歩兵が付き従った。町や村を占領するとくまなく捜索され、ロシア軍後方の安全確保のためにMVD部隊が守備隊として残された。10月12日、OGFVはテレク川を越えて、3つの軸に分かれてグロズヌイに向かって進軍した。西部集団はナドチェレチニ地区を通過してグロズヌイ西郊に達し、北部集団はチェルヴレンナヤからテレク川を超えて南下し、東部集団はグデルメスを越えて同様にグロズヌイの東側から側面攻撃するように移動した。

マスハドフが戒厳令を発令して戦備を整える間、ロシア軍はゆっくりとグロズヌイ市街を包囲した。通常弾頭を搭載したOTR‐21トーチカ短距離弾道ミサイルなどを含め、散発的ではあるが激しい砲撃を加えている間、カザンツェフは機械化部隊をグロズヌイの街路に送り込む前に慎重にことを進め、徐々に支配地域を拡大し、現地の同盟軍を増強していった。結局のところ、チェチェンでの長年の内紛とジハード主義者の台頭によって彼らの結束は損なわれており、多くの有力者や氏族がモスクワと手を組むことになった。例えば、グデルメス市は、ベノイ一部族の地元有力者ヤマダエフ家の寝返りにより、離反の度を強めた。GRU（Glavnoye Razvedyvatelnyoe Upravlenie、参謀本部情報総局）は彼らを傘下に収め、彼らの私兵がボストーク（東部）大隊の基礎となった。同様に、第一次紛争でドゥダエフの支援者だったアフマド・カディロフも、数百人だった信奉者が2003年には3000人にまで膨れ上がり、鞍替えを果たした。

■グロズヌイの奪還

降伏しない町は、北カフカスの厳しい冬の中、包囲と砲撃にさらされた。12月初めにはアルグンが、次いでウルス・マルタンが陥落した。もちろん、この作戦は反乱軍にも準備の猶予を与えていた。彼らは第一次紛争の教訓を生かし、塹壕を掘り、地雷を敷き、建物の中に要塞を築き、残った建物にはブービートラップを仕掛けてグロズヌイを要塞化した。しかしロシア軍もまた、教訓を学んでいた。まず、市街地上空で高高度偵察飛行を行ない、確認された反乱軍の拠点には、航空機や大砲、さらにスカッド長距離ミサイルやOTR-21で攻撃を加えた。ピーク時には1日4000発もの砲弾やロケット弾を市内に撃ち込んでいた。TOS-1「ブラチノ」が発射するサーモバリックロケット弾は、エアロゾル化した爆薬の雲を放出して点火し、1発でアパートの建物全体を破壊できる（多少は焼け残るかもしれないが）ため、特に恐れられていた。

12月初めには、1989年当時はその10倍もいた市民が、たった4万人ほどに減っていた。反乱軍は約2500人で、カザンツェフは連邦軍5000人、MVDとOMON約2000人、それにベスラン・ガンテミロフが指揮するほぼ同数の民兵から親モスクワ（少なくとも反・反乱軍派）のチェチェン人戦闘員も投入されていた。ベスラン・ガンテミロフは、横領犯として有罪判決を受けたが、恩赦の見返りとして、ボランティア、愛国者、傭兵、日和見主義者、犯罪者を集めた義勇兵部隊を募った。モスクワは彼らをほとんど信用していなかった（MVDは彼らに予備在庫から時代遅れのAKM-47を支給しただけだった）が、彼らはモスクワを熟知しており、マスハドフの部下と同様に獰猛で順応性があった。

12月12日、カザンツェフは攻撃を開始した。まず、偵察部隊とスペツナズのパトロールが空爆と砲撃観測のために侵入し、次に主力の第５０６自動車化狙撃連隊とＭＶＤ ＶＶの２個旅団が押し寄せた。まずハンカラ航空基地を占領し、次に中心部に探りを入れた。北部集団司令ミハイル・マロフェエフ少将を殺害したようなチェチェン軍の待ち伏せは避けようがない。しかし、ＯＧＦＶはより慎重で、新型のＴ‐90戦車は旧型のＴ‐80に比べＲＰＧに強く、７発の命中弾に耐えるものもあった。部隊は、地下室や屋根に隠れている反乱軍を確かめ、支援部隊から遠く離れて前進する部隊がないことを確認しながら、規則正しく前進していった。兵士たちは識別用の腕章をつけて味方からの発砲の危険を減らし、陸軍、ＯＭＯＮ、ＶＶの間でも密な連絡が確立されていた。戦闘は激しかったが、カザンツェフには予備の部隊に入れ替える余裕があった。一週間の近接戦闘の後、兵士の約４分の１が死傷した第５０６連隊を撤退させ、代わりに活きのいい第４２３親衛自動車化狙撃連隊を投入した。

１月末になると、反乱軍司令官は、兵士、後背地、弾薬が不足したため市街地を放棄し、グロズヌイの南西にあるアルカン・カラ村で再編成し、第一次紛争と同じ経緯をたどることを期待して高地へ向かうことを選択した。しかしグロズヌイ郊外でＯＭＯＮに捕まったり、スペツナズに追い詰められ、アルカン・カラ郊外の地雷原にはまるなど、たどり着けなかった者も多かった。

2月6日、ロシア軍はグロズヌイの「解放」を正式に宣言した。しかし、街は廃墟と化し、OMONとガンテミロフの民兵が市内に残る少数の残留兵を掃討するのに1ヵ月、戦闘で出た遺体をすべて発見し埋葬するまでには1年を要した。グロズヌイを確保したロシア軍は第一次紛争の時とは異なり、それを手放すことはなかった。連邦軍とチェチェン共和国の兵士が市内に押し寄せ、陸と空からパトロール隊が郊外を監視し、新たな侵入を防いだ。1996年の時は、反乱軍はエリツィンの大統領再選後の就任に合わせてグロズヌイを奪還した。しかし2000年5月7日には、プーチンの大統領就任式が行なわれている間に、戦争の重要な局面に勝利していたのだった。

■ウルフハント作戦

グロズヌイを包囲している間、連邦軍は「ウルフハント（狼狩り）作戦」と称して、グロズヌイから逃亡した反乱軍、そして残った残留兵を追って北部と中部の支配を固めた。MVDは、独自の強靭なネットワークと内務部隊およびOMONの駐屯地を確保するだけでなく、反乱軍、武器庫、隠れ家を突き止めるために積極的なパトロールと捜索活動を開始した。グロズヌイから北に逃げようとする反乱軍は、パトロール隊が阻止、迎撃、排除した。

しかし、次の優先課題は、過去に反政府勢力の隠れ家となっていた、手に負えない南部高地の奪取だった。2000年4月、OGFVのトップにゲンナジー・トロシェフ大将が任命された。第一次紛争で指揮を執った、硬派でタフな強気の戦車隊長で、グロズヌイを廃墟にして他国への戒めとする、反乱軍は公開処刑すべきだ、などと公言して悪評を買った。「私ならこうする。広場にみんなを集めて、盗賊を吊るして絞首刑に処し、みんなに見せてやるんだ！」（※原注3）。ただし彼は第一次紛争の経験から、チェチェンを征服することと平和にすることは同じではないこと、そしてこれは長い道のりになるであろうことを理解していた。

ロシア側は、反乱軍は多く見積もって約2000～2500人残っていると推定していたが、分散しているので深刻な問題を引き起こすことはないと安易に考えていた。それは間違いであった。反乱軍はまだ数百の単位でまとまっており、ロシアに深刻な犠牲を強いるような作戦をとることも可能だった。例えば、この戦争最後の大規模な戦闘は、3月にグロズヌイの南にあるコムソモリスコエという、ルスラン・ゲラエフ将軍の故郷の村で行なわれた。ロシアのヤロスラヴリ地方から来たOMON部隊が、アルグン渓谷を突破しようと準備していたゲラエフらと最初に遭遇した。人数は500～1000人の範囲と見積もられたが、実際は600人程度であることが明らかになると、OMONは彼らを市内に閉じ込め、応援を要請することにした。さっそく、VVの連隊とOMON、特殊警察部隊の増援を受けた。Su‐25地上攻撃機の攻撃やTOS‐1の砲撃など、ほぼ絶え間ない砲爆撃を4日間継続した後、村に突入した。しかし、コムソモリスコエが鎮圧されるまでには、さらに1週間の空爆を続けなければならず、負傷したゲラエフにも村からの脱出を許してしまった。その規模からすると、これは戦争で最も血生臭い戦闘の一つであり、公式に認められた死体は552体のチェチェン人と50体以上のロシア人であった。村そのものも、すっかりなぎ倒されてしまった。ジャーナリストのアンナ・ポリトコフスカヤは、「焼けた家、廃墟、そして墓地に立った新しい墓石の巨大な集合体」と書き綴った（※原注4）。

しかし反乱軍は、たいていはシンプルな待ち伏せやヒット・エンド・ランで攻撃するしかなかった。全国には8万人の兵士と治安警察が配備されていたため、彼らにとってますます過酷な環境となったが、わずかながら成功例もあった。例えば2002年8月19日、反乱軍の小集団は、わずかに残った「イグラ」（SA‐16）肩撃ち式地対空ミサイル（SAM）で、ハンカラ航空基地に着陸しようとしていたロシア軍のMi‐26輸送ヘリコプター1機の撃墜に成功した。Mi‐26は、通常90人の兵士と5人の乗組員を運ぶことができる空の巨人であるが、この時は部隊ローテーションの一環として142人の兵士を乗せ、過密状態になっていたのである。さらに悲劇的な巡り合わせで、機体はロシア軍司令部周辺の地雷原に墜落し、墜落の衝撃と乗員室に漏れた燃料による火災、そして地雷により127名が死亡するという、ロシア軍史上でも最悪の航空事故となってしまった。

しかし成功は小さく、その報復は圧倒的であることが多かった。ロシア側の言うように、反乱軍の指揮官は、直接的な軍事行動とともに、秘密作戦によっても次々と「無力化」されていったのである。地雷で吹き飛ばされ、腹を撃たれても生き延びたハッタープは、2002年3月、FSBの潜入捜査官に毒を塗った手紙を渡されて暗殺された。亡命中の自称チェチェン大統領ゼリムハン・ヤンダルビエフはカタールに逃れたが、2004年2月、GRUの工作員が車の下に仕掛けた爆弾で彼を殺害した。2005年、マスハドフはトルストイ・ユルトの隠れ家にいるところをFSBの奇襲攻撃時に死亡した。おそらく、捕らわれになるなら射殺するよう命令されていた甥とボディガードの手によるものだろう。バサエフは2006年7月、視察中に地雷が起動して爆死した。

■「カディロフスタン」の成立

反乱軍の残党がますます指導力を失い、絶望的になり、捕獲や抹殺の対象になるにつれ、モスクワは国を安定させるためにチェチェン共和国の同盟国に目を向けるようになった。2000年6月、プーチンは、元反乱軍のアフマド・カディロフをチェチェン政府の暫定的なトップに任命した。彼は、戦間期にチェチェンの大ムフティー（宗教指導者の長）を務めていたが、次第に優勢になってきたイスラム教の過激派ワッハーブ派に反感を持ち、1999年に息子のラムザンとともに政府側から離脱したのである。彼の個人的な民兵組織、いわゆる「カディロフツィ」(「親カディロフ派」)は、もともとはそうしたいくつかの忠実な勢力の一つに過ぎなかったが、カディロフ派の支配が強まるにつれ、他の勢力は参加するか解散を余儀なくされるようになった。

アフマド・カディロフは2003年に正式にチェチェン大統領に就任したが、その翌年、毎年恒例の戦勝記念日のパレード中に、ディナモ・サッカー競技場の表彰台の下に仕掛けられた反政府勢力の爆弾によって死亡した。ラムザンは、形式的には後継者としては若すぎたが、これは明らかに既定路線とされていた。事態は個人的な復讐になり、彼とカディロフツィは精力的に反乱軍の残党を、そしてその過程で政治的ライバルの一掃にも取り掛かった。2007年、30歳の誕生日を迎えた彼は正式に大統領に就任し、それ以来、気まぐれな支配のもとチェチェンを冷酷に掌握している。

2009年4月16日、ロシアの国家反テロ委員会はチェチェンでの「対テロ作戦」の終了を正式に宣言し、事実上の勝利宣言を行なった。確かに、第一次チェチェン戦争の時と同じように、反政府勢力はチェチェン国境外のテロを利用して、ロシアに戦争を持ち込もうとした。最も悲惨だったのは、2002年10月、40人のテロリストがモスクワのドゥブロフカ劇場を占拠し、約850人の人質を取った事件である。2日間にわたる交渉が決裂した後、建物に催眠ガスが注入され、対テロチーム「アルファ」が突入した。テロリストは殺されたが、179名の人質が死亡した。その原因のほとんどは、どんな種類のガスが使用されたのかが医療関係者に知らされておらず、正しい治療を受けられなかったという連絡ミスによるものだった。2004年9月、32人のテロリストが新学期の初日に北オセチアの町ベスランの第一学校を占拠した。人質1100人のうち、ほとんどが子供だった。包囲の3日目、テロリストの爆弾が爆発すると同時に、建物に突入した。334名の人質が死亡し、そのうち186名が子供だった。しかし、第一次紛争では当局が妥協する姿勢を見せたのに対し、プーチン政権ではクレムリンが強硬路線をとり、チェチェンでの作戦を継続した。それ以降も、2009年のモスクワ発サンクトペテルブルク行き高速列車「ネフスキー」号脱線事故（死者27名）、2011年のモスクワのドモジェドヴォ空港での自爆テロ（死者37名）など、戦争に関連した攻撃、それも自爆テロが連続して発生した。ベスランは、「過去に我々は弱さを見せた。弱者は叩かれる」というプーチンの発言にならって、当局はテロリストとの妥協を許さず、このような攻撃は稀にしか起こらなくなっている（※原注5）。

チェチェン国内では、反乱軍は確かに崩壊していた。わずかに残った者たちはジハード主義の過激派に傾いていき、2007年には「カフカス首長国」を宣言し、反乱軍の重心は北カフカスの他の共和国に移っていった。チェチェンのロシア軍は、MVD内務省国内軍（現在は国家親衛隊）第

46旅団と、正規軍の第42自動車化狙撃旅団で、1万人程度まで順調に減少している。チェチェンのほとんどの軍隊は、表向きは警察や内務省の部隊だが、実際はカディロフツィである。グロズヌイの第141「アフマド・カディロフ」特殊任務警察連隊、ヴェジェノの第249独立特殊自動車化大隊「ユグ」(南)、グロズヌイの第424 IOD旅団および第359独立特殊警察機動大隊、そして第360(シェルコフスカヤ)、第743(ヴェジェノ)、第744(ノジャイ・ユルト)などのいくつかの独立大隊となっている。彼らは正規の内務省軍の制服を着ており、現在は形式的にはロストフ・ナ・ドヌの北カフカス軍管区警備隊に所属しているが、隊員はカディロフに忠誠を誓っており、実際に彼への忠誠心が第一であろうことは広く認められているところである。

しかし、皮肉なことに、反乱を打ち負かすために、クレムリンはチェチェンに過去2世紀の間に許していたよりも多くの自治権を実質的に認めてしまったのかもしれない。カディロフはプーチン大統領への忠誠を声高に宣言することを怠らないが、実際には彼はチェチェンを思うがままに支配し、モスクワから多額の連邦補助金を受け取っては虚栄心の強いプロジェクト(グロズヌイのアフマド・カディロフ・モスクはロシアでも最大級のサイズである)に注ぎ込み、ぜいたくな生活を送り、取り巻きに報酬を与えているのである。ことある毎に、政府はチェチェンの大将の言動を腹に据えかねているように見える。例えば、2015年に彼の部下が野党の人物ボリス・ネムツォフを文字通りクレムリンの外で銃殺したときなどである。しかし、そのたびに政府は、彼を失脚させようとする試みが第三次チェチェン紛争を引き起こすことを恐れ、引き下がってきた。もちろん、彼らはそれを先延ばしにしているだけかもしれない。1995年に戻ると、第一次チェチェン紛争のさなか、クワシュニン上級大将は確かにそう考えていたようだ。

我々は、チェチェン共和国を叩き潰す。そうすれば、今の世代は恐怖で再びロシアと戦うことはできないだろう。西側の監視団をグロズヌイに招待して、我々が町に何をしたかを見せて、彼らがロシアに乱暴を働いたら、自分たちの町がどうなるかをわからせてやろう。ただ……20～30年後には、ロシア軍の活動を知らない新しい世代のチェチェン人が育つと、また反乱を起こすだろうから、もう一度叩き潰すしかないんだがな（※原注6）。

■戦争の教訓

一方、ロシア側が先の大失敗から、そして今回の再戦からも教訓を得たことは明らかである。その中には、技術的にも戦術的なものもあった。ボディアーマーから偵察用ドローン（無人航空機）まで、新兵器や新装備が登場した。ロシアの戦車や装甲兵員輸送車（ＡＰＣ）は、建物の上層階にいる目標と交戦するのに苦労していた。車長が車輌の上部に装備された機関銃を使用するには、ハッチを開けて自らを砲火にさらさなければならなかったのだ。このため、屋根を掃射できるZU‐23 23ミリ高射機関砲を搭載したトラックを伴なって市街地へ進出した。戦車は近距離からのRPG攻撃に弱いという弱点があったが、今回は反応装甲を装着し、歩兵の支援を受けながら戦うようになった。市街戦についての特殊な経験を持つ、30〜50名ごとの特別な「突撃分遣隊」が創設された。通常5名のチームに分けられ、その中には狙撃手1名と、RPGまたはRPO‐Aシュメーリ射手1名を入れていた。一方、スペツナズの対狙撃チームは、ロケットランチャーと独自の狙撃手を使って、チェチェンの狙撃兵を制圧した。要するに、連邦軍は第一次紛争での「グロズヌイへの突撃」よりも組織的なアプローチを採用した上で、より効果的な連携を行なっていたのである(※原注7)。

政治的な事象にも教訓はあった。第一次紛争の公式な死者数は、警察官と兵士合わせて5500人、第二次紛争では5200人とされている。実際には、この数字には疑問がある。少なくとも、負傷して病院で亡くなった人を省いている可能性があるからだ。この数字は充分に深刻であるだけでなく、徴兵制に対する抵抗も大きくなった。2000年だけでも徴兵忌避者は50%も増加している。しかし、政治的な影響は、クレムリンがシナリオをコントロールすることに多大な注意を払ったため、かなりの程度で抑えられた。命がけで現地の現実を報道し、中には命を落とした勇気あるジャーナリストもいたが、検閲や「飼い馴らされた」ジャーナリスト、慎重に組み立てられた物語が広く使われ、この戦争はチェチェンのギャングやジハード主義者によってロシアに強いられた戦争であり、できるだけ迅速に戦わなければならないと発表されたのであった。

これは、戦争の「チェチェン化」によって助けられた。チェチェン人の現地部隊は、連邦軍の代わりとなる盾として多くの犠牲者を出したが、彼らは地元の知識と紛れもない熱意を持って戦争に臨み、復讐の応酬を終わらせて政治的地位を勝ち取るチャンスと考えたのだった。また、これらの部隊の存在により、不満を抱いたり士気を失ったりした反乱軍は、死ぬまで戦うことを強いられるのではなく、敵側に寝返ることができた。さらに、カディロフを神輿に担ぐことで、正統なチェチェンの秩序を回復するための戦争であるというクレムリンの主張に、より説得力を持たせることができた。

この戦争は、ロシアの利益を守るタフで冷酷な人物としてのプーチンの地位を強固にするだけでなく、武力行使に関するある種の前提を確立するものとなった。プーチンが北カフカスを訪れ、軍隊と一緒にいるところを見せたこと、チェチェン人に対して野卑な俗語を使ったこと、これらはすべて彼のマッチョな評判に害を与えなかった。しかし、チェチェン共和国を鎮圧するために用いられた残忍な戦術に対して西側諸国が示した怒りは、彼の地政学的な見方を形成する上で一役買っている。まず第一に、ワシントンがアルカイダとの戦争をどのように展開しても、プーチンがこれを黙認していたことを考えれば、この批判は偽善であり不誠実であると彼は感じていた。チェチェンは彼にとっての「世界テロ戦争」の前線基地と見なしていたので、西側諸国が彼のやり方に疑問を呈すると、純粋に怒りを覚えたようだ。しかし、西側諸国は厳しい言葉や重大な懸念の外交的表現にとどまっていることにも気づいていた。特に、既成事実と厳しい反論を突きつけられた時、たとえ西側諸国が経済力や現実的な軍事力を持っているとしても、戦略的に重要な一つの資産、すなわち意志が欠けていると考察し、それこそがロシアの戦略的優位性であると、彼は信じ始めたようである。

第8章　発起人イワノフ

ウラジーミル・プーチンは、自国の再軍備を統率し、戦闘機のコクピットで写真を撮ったり、戦車を運転したり、最新式のピストルを試したりするのが大好きなようだが、皮肉なことに彼が実際に兵役についたことは一度もない。徴兵を避けてレニングラード国立大学に入学し、予備役としての訓練を受け、榴弾砲観測小隊を指揮する予備役中尉として卒業した。当時の回想録では、これがいかにおざなりで最小限のものであったかを強調している。年に数週間の座学と体力トレーニング、基本的な射撃訓練、そして、規定通りの計画的な机上演習への参加、そして通常は夏の数週間に「志願兵」として総仕上げをするというものだった。

ＫＧＢでの生活は、まず本国での政治指導員、次に東ドイツで下級情報収集員としてであった。軍人と接することはあまりなかったし、親しい友人、同盟者、後援者にも軍人はいなかった。ロシアに強力な軍隊が必要なことはわかっていたが、そう思いつつもこの国での建軍は他人に頼らざるを得なかった。１９９０年代にはエリツィンが軍人を活用したものの、国防相は本来伝統的に政治的地位で、軍人を抑制することができる信頼できる民間人がその地位を占めるものだった。グラチヨフやロジオノフのような人物の失敗は、自らを軍人が第一、政治家が第二と考えたことが、その一因となったことの説明になるだろう。プーチンは、信頼できる人物であると同時に、時代の変化に対応できる人物を必要としていた。

■「私の名はイワノフ、セルゲイ・イワノフ」

第6章で述べたように、プーチンが選んだ3人は、1人目はスパイ、2人目は会計士、3人目は辣腕家という、ある意味でプーチンが必要と感じていた象徴的な人物であった。最初の国防相セルゲイ・イワノフは、元KGBの野心的な対外諜報部員で、プーチン自身がなりたかった「スラブのジェームズ・ボンド」のような、粋でタフなスパイであった。イワノフの仕事は、「ロシアは脅威にさらされており、生き残るためには強くなければならない」という、新政府が考える政治的現実を主張することであった。その後継のアナトリー・セルジュコフは連邦税務局を率いていた会計士で、保守的な官僚たちの抵抗を退け、改革を断行させることに無事成功した。しかし、この過程は分裂的で落ち着かず、彼の後には、機能不全に陥った組織を立て直し、真の忠誠心を与えることに長けているベテラン政治家、セルゲイ・ショイグが続いたのである。プーチンが現代ロシア軍の父であるとすれば、この3人は少なくともその助産師であった。

セルゲイ・ボリソヴィチ・イワノフは、プーチンと同じくレニングラードからKGBに入局したが、その経過はまったく異なる。1974年にイーリング・テクニカルカレッジで英語を学ぶためにロンドンに留学していた彼は、すぐにKGBのエリート対外情報部門である第1総局に配属されることになった。レニングラードでプーチンとともに勤務した後、外交官としてフィンランド、ケニアと海外に赴任したが、離反者のオレグ・ゴーディエフスキーに「暴露」され、ロシアに戻らざるを得なくなった。ソ連が崩壊すると、彼は新しい対外情報庁（SVR・Sluzhba Vneshnei Razvedky）にスムーズに移籍し、ヨーロッパ部門の第1副局長に就任した。

1998年、彼はFSB（にそのままスライドし、副長官兼分析・予測・戦略立案局長に就任した。この頃プーチンはFSBのトップに就任し、「下っ端」がイワノフの上司に成り上がったことに満足感を覚えたのかも知れない。プーチンはイワノフの才能、特に複雑な戦略状況を素早く把握し、年上の幹部相手にも冷静に対応できる度量を尊敬もしていた。1999年、プーチンが抜擢した安全保障理事会の事務局長（ロシアの国家安全保障顧問に相当）はイワノフだった。そして2001年には、セルゲーエフ上級大将に代わって国防相に任命され、2007年までその職にあった。

当時アメリカの元国家安全保障顧問で、後に国務長官となったコンドリーザ・ライスは、次のようなやり取りを語っている。「（ジョージ・W）ブッシュ大統領はプーチンにこう言った。『あなたが誰を信頼しているのか知りたい、私たちの間に機密事項がある場合、誰に頼めばいいのか』。『国防相のセルゲイ・イワノフだ』とプーチンは答えた（※原注1）。

プーチンの信頼は厚かったが、イワノフには過酷な任務が課せられていた。就任当時、省内の中心課題であったチェチェン共和国の問題は、戦争には勝っていたものの、この小さな地域を支配するために砲撃で都市を破壊し、地元の民兵に武装させ力を与えなければならないというのは、ロシア軍の弱点を思い起こさせる不快な気付きだった。戦場で事実上の勝利を収めた後でも、テロの危険性の軽減や軍のイメージダウンへの対応など、大きな課題が残っていた。プーチンが西側の偽善と敵対心、特にNATOの東方拡大に対して怒りを募らせていた頃（2004年にイワノフ自身が、NATOの東方拡大が進めばロシアは「適切な措置」をとると発言（※原注2））、彼は結局、国防大臣として重要な問いかけをすることはできたが、解答を出すことはできなかったのだった。

■スパイと将軍

確かにイワノフは有能で立派な外交のプロであった。実際、コンドリーザ・ライス（かつてイワノフと非公式に抜け出してサンクトペテルブルクのバレエ団を観覧した）は、回顧録の中で彼をこう絶賛している。「セルゲイはタフで、アメリカに対してはどこか疑い深かったが、頼りになる人物だった。彼は、自分がやらないことをやるとは決して言わなかった」（※原注3）。

しかし、彼はプーチンと同様に、軍部のインサイダーではなかった。彼は多額の軍事費を提供できたが、将軍たちは昇給と新しいおもちゃを喜んで受け取っていながら、真の変革につなげるために必要な構造改革には乗り出そうとしなかった。プーチンは、本格的な軍事侵攻から祖国を守るための軍事組織を創設するようイワノフに命じたが、問題は、将軍たちが二つの行動原理に引き裂かれていたことだった。一方では、1991年のイラク侵攻「砂漠の嵐」作戦において、新しい技術、特に長距離精密誘導弾が戦争に革命をもたらしたことを理解していた。サダム・フセインのイラクは、比較的経験豊富でよく訓練された軍隊で、基本的にソ連の路線に沿って整備され、かなり近代的なソ連製兵器で武装していた。連合軍の電撃戦の成功（連合軍が379名に対し、イラク軍は2万人以上の死者を出した）は、ロシアの分析によれば、西側の優れた技術が連合軍に決定的な優位をもたらしたというのが大方の見方であった。また、ユーゴスラビア紛争では、長距離精密兵器による「非接触型」戦争が未来の波であり、自分たちがそのための準備はできていないという認識を強め、またNATOは防衛同盟であると言いながら、自国の利益になる場合には介入し、その気になれば国家体制を完全に作り変えてしまうことも可能なことが判明した。

彼らは近代化の必要性を充分に理解していた。しかし同時に、軍の規模が重要であるというソ連時代の考え方に断固として固執し、それは徴兵制を意味していた。徴兵制の重要な価値は、結局のところ、訓練された（あるいは訓練半ばの）予備兵のプールを作り、戦時に招集して、国家防衛に必要だと彼らが考える数百万人規模の軍隊を構成できる点にある。すなわち、より多くの兵士と同時に、より良い装備を求めていたのである。しかし、イワノフが自由に使える追加資金ではその両方をまかなうことはできない。いずれにせよ、部下の軍人を本能的に軽蔑していたと思われるこのスパイは、自分たちのケーキを食べようと画策する軍人たちに次第に苛立ちを覚えるようになっていった。

伝統的に、政治的決定を軍事政策に落とし込み、最高司令部に売り込むのは、軍人のトップである参謀総長の仕事であった。しかしイワノフは当初、軍に変化を押し付けようとする文民に居場所はないと考えていた人物と手を組もうとした。1997年から参謀総長を務めるアナトリー・クワシュニン上級大将である。おそらく両次のチェチェン紛争での強硬姿勢でよく知られた彼は、1999年の「プリシュティナ・ダッシュ」の立役者でもあり、あるメディアの論評によれば「敵のズボンにハリネズミを入れた」としてボリス・エリツィンの寵愛を受けることになったという（※原注4）。（これは1962年にソ連のフルシチョフ首相が、ソ連の核ミサイルをキューバに送って「アメリカ人のズボンにハリネズミを入れる時ではないか」と国防相に要求した時以来、ときどき使われる言葉である（※原注5）。クワシュニンは大臣の座を狙っており、参謀のアレクサンドル・ヴォローシンの頭越しにエリツィンに働きかけてさえいた。しかし、セルゲーエフが就任すると、クワシュニンは怒りを露わにし、彼の意図した多くの改革を阻止するために全力を尽くした。参謀本部に足を引っ張らせ、セルゲーエフに代わってイワノフが就任すると、その多くを覆すことに成功した（※原注6）。

クワシュニンは、イワノフに従属するのはもはや不愉快であることを表明した。彼はイワノフ大臣を上司ではなく同僚とみなしていることを明らかにし、国防法の文言によってもこの解釈は可能であった。彼は公然と公式政策に反対し、大臣からの公式命令も自分の署名がない限り実行しないよう参謀本部に命じたこともあった。セルゲーエフやエリツィンの時代にはこのような振る舞いが許されたが、イワノフやプーチンには不可能だった。第二次チェチェン紛争の最盛期には、軍の大改革は避けた方が良いという共通認識があったが、2003年までには戦争における重要な戦闘局面が終わり、改革を推進する時期となった。

■イワノフの改革

2004年1月、イワノフは軍事科学アカデミーの年次大会の基調講演で、参謀本部が日々の事務処理に追われ、大局観を欠いていると批判し、変革の予兆を見せた。その直後、国防法が改正され、責任者は大臣であることが明確にされた。7月、クワシュニンの後任に、戦略的立案能力に優れ、「陶磁器店内の暴れ牛」（※訳注：「迷惑な乱暴者」の意）の異名を持つユーリー・バルエフスキー大将が任命された。

改革の青写真は、2003年に発表された「ロシア連邦軍の発展のための緊急課題」という文書ですでに提案されており、チェチェン紛争での重要な経験とその問題点を浮き彫りにし、軍の質が重要な問題として取り上げられていた。現代の戦争では、徴兵制の導入訓練では必ずしも習得できない技術や経験を持つ兵士、そして半年ごとに入れ替わる徴兵のみの服務ではなく、ともに働き訓練してきた部隊が必要とされる。ロシアの安全保障上の必要性を満たすのに充分な規模で、しかも国が維持可能な職業軍人だけの軍隊を育てる可能性がないことを考えると、グラチョフが当初考えていた、徴兵制を重視した大規模な軍隊と、より少数の専門家だけの常備部隊に分けるという考え方は、依然として事実上唯一の有効な選択肢であった。問題は、最高司令部が結局は同じケーキを食べようとしていることだった。すなわち、大量の予備役を生み出し続ける徴兵制と巨大な軍隊を維持しながら、まともな賃金を支払う必要のある職業軍人「コントラクトニキ」を大量に集めて維持しようとするのである。ロシアの公式見解では、NATOや中国との大規模な戦争はあり得ず、真の脅威はテロや小規模な地域紛争にあるとしていたが、将軍たちは、軍隊が小さくなれば自分たちの人数もはるかに少なくなることを知ってか、依然として巨大な軍隊を備えることに固執していた。

また、旧式化が進むソ連時代の兵器がまだ貯蔵されている兵器庫の問題もあった。これらの兵器は、たとえ戦闘上の価値が疑わしいものであったとしても、在庫を確認し、警備し、維持しなければならないのである。例えば、ハカシア共和国のアバカンにある第5350兵器・装備保管基地は、1970年代に最新のシステムやSAMに置き換えられたはずの、1950年代の古いS‐60 57ミリ対空砲をまだ保管していることが知られ、ある種の公然のスキャンダルになった。これは制度的な惰性で保管されていたわけではなく、ロシアが何百万人もの予備役を動員することを想定している以上、どんなに古びていようが膨大な兵器の在庫が必要なのである。

この改革の輪を広げるには、厳しい決断と、それを最高司令部に押し付けるタフなリーダーシップが必要だった。イワノフはまだ将軍たちに頼りすぎていたし、他の仕事に気を取られていて、それどころではなかった。というのも、彼はプーチンの側近であり、安全保障と外交政策の重要なアドバイザーであり、前述のように2005年には防衛産業担当の副首相にも任命されることになっていたからだ。つまり、大量の受注と大きな利潤を求める防衛産業の責任者であると同時に、その主要な顧客でもあるという不運な立場にあったのだ。その結果、改革は遅々として進まず、断片的なものとなってしまった。

第76親衛空挺師団のある連隊が、このオールプロフェッショナル部隊のテストケースとなり、実験結果は賛否両論ながら、2005年には成功と見なされ、さらに多くの部隊の改変が行なわれた。

一方、バルエフスキーは国軍指揮系統の合理化に取り組み、既存の6つの軍管区（VO：Voyenny Okrug）を3つの地域グループに統合した。西部司令部には、モスクワとレニングラードのVO、バルト海と北海艦隊、中央の特別空軍と防空軍司令部が含まれる。南部司令部は、北カフカスおよびヴォルガ＝ウラル軍管区の一部、黒海艦隊、カスピ小艦隊をカバーすることになる。その他の地域は東部司令部が担当し、極東、シベリア、ヴォルガ＝ウラル軍管区の大部分と太平洋艦隊が含まれる。一方、陸軍、海軍などの各軍の司令部の役割は縮小される。新しい作戦戦略司令部（OSK：Operativnoye Strategicheskoye Komandavaniye）とともに一連の再構築の試みが行なわれたが、固定化した利益団体、特に最高司令部自身の抵抗に遭うのは必然であった。

■規模の問題

すべては整理できた。しかし肝心の重要な問題、軍の規模には手がつけられなかった。単純な話で、軍備を整え、再編成し、徴兵をコントラクトニキに置き換えるには充分な予算がなかったのだ。志願兵の多くは12ヵ月契約で、条件はまだ悪いばかりか、ロシア経済の繁栄に伴わない、民間経済での就職機会も増えていた。そのため、圧倒的多数が、これ以上の勤続契約にサインしないことを選んだだけだった。例えば2006年、第122自動車化狙撃師団の第382自動車化狙撃連隊は2700人のコントラクトニキと契約したが、初年度を過ぎて残留したのはわずか400人だった。それでも政府はこのプロジェクトに取り組み、2005年には国防予算全体の半分以上を、こうした専門家の採用、居住、給与、維持のための努力に充てていたが、まったくの失敗に終わった。さらに悪いことに、軍全体を近代化するための努力は、この現実離れした活動にかかる膨大な費用によって妨げられていたのである。バルエフスキーの改革は棚上げとなったが、2008年に「ニュールック・アーミー」計画として再び登場することになる。

結局、イワノフが中途半端な策を講じた。国民兵役制度は国内では大不評で、イワノフもまた、民間保安機関の多くと同様、その意義に納得していなかった。しかし、徴兵のアンドレイ・シチョフがひどい虐待を受けたことが注目を集め、彼はこの問題に取り組むための政治的弾みをつけたのである。2006年、チェリャビンスク戦車学校に徴集されていたシチョフ一等兵が、小隊長のアレクサンドル・シヴャコフ軍曹に反抗したときのことだ。大晦日の夜、酔ったシヴァコフは、彼を辱めるために、3時間も不快なハーフスクワットの姿勢を強要した。シチョフが動こうとするたびに、シヴァコフは脚のあたりを殴った。脚に血がたまり、敗血症と壊疽になった。誰かが気づいて救急車を呼んだ時には、もう手遅れだった。シチョフは両足と生殖器を切断しなければならなかった。もし病院の医師の1人が、このような虐待に光を当て撲滅するために設立された慈善団体「兵士の母親委員会」に通報しなければ、地元の司令官たちはこの事件をもみ消すところだっただろう。イワノフが記者からこの事件についての質問に答えるまで、軍部はこの事件を隠蔽するのに必死だった。イワノフは「何の問題もない」「そうでなければ彼が何か言うはずだろう」とあっけらかんと言い切った（※原注7）。自分の指示で任務の指揮をとっているように見えることを誇りとする者にとって、これは世間に恥をさらすことになった。急いで行なわれた犯罪捜査の結果、シヴャコフと2人の共犯者が重大な職権乱用で起訴され、有罪となった。判決はシヴャコフは懲役4年、共犯者は懲役1年、執行猶予1年と宣告された。

この事件は、イワノフとアレクサンドル・サヴェンコフ主席軍事検事の間で醜い争いを生んだ。ある将軍は、検察側の証人を脅迫し証言を撤回させようとしており、サヴェンコフが、実際に新入りいじめは増えていると警告すると、イワノフは主席軍事検事に罪をなすりつけようとし、彼には「軍隊の問題を政治的に利用しようとする勢力」の息がかかっていると主張した（※原注8）。結局のところ、これはプーチン政権での徒党的政治の見本となった。イワノフは大統領の個人的な盟友であり、サヴェンコフはそうではない。だから前者は留任し、後者は退任せざるを得なかった。しかしこの事件は、軍部の評判をさらに落とし、プーチンの後継者にイワノフが選ばれないことを確実にした、見苦しい光景であった。不幸なシチョフ一等兵は、数ヵ月の療養の末、腎不全に陥り、ようやく退院した。最終的には、国防省が用意した家に母親と同居できることになった。

将軍たちの不満をよそに、イワノフは徴兵制の期間を12ヵ月に短縮することを発表した。これでは、決して動員されることのない膨大な兵器を備蓄する必要性などの根本的な問題には、何ら対処できていない。また兵士を適切に訓練し、実際に数ヵ月以上服務できるようにするには、期間が充分ではないと将軍たちの怒りも買った。しかし、徴兵の給与はわずかであっても、武装し、訓練し、住居を確保する必要がなくなったおかげで、いくらかの予算が浮き、軍隊の規模も縮小することができた。ただし充分とは言えなかった。

けっきょく、これは小さな一歩に過ぎず、予算を増やしたといえども、2007年当時で110万人ものロシア軍を強化するのに役立ったかというと、疑問が残った。結局のところ、イワノフは改革のための理論的な実例を作ったが、反抗的な最高司令部にそれを負わせることはできなかった。バルエフスキーはクワシュニンではないが、彼でさえ政治指導部よりも将官側につく気配を見せ始めていた。当時、イワノフは2期目の大統領任期を終えようとしていたプーチンの後継者と目されていたため、より高い目標を持っており、彼らと戦う気にはなれなかったのだろう。また、他の責任に気を取られ、準備した予算が賢く使われているかどうかを確認する具体的な能力にも欠けていた。彼はスタートは切れたものの、それ以上は無理だった。

結局、2007年2月、彼は国防相の座に代わって第一副首相に昇格したが、大統領になることはなかった。この頃、プーチンは世界秩序の中でのロシアの位置づけに不満を募らせていた。NATOは拡大を続けており、2004年には7ヵ国が新たに加盟した。ブルガリア、エストニア、ラトヴィア、リトアニア、ルーマニア、スロヴァキア、スロベニアである。プーチンは同月、ミュンヘンでの演説で、ロシアの大国としての正当な地位を否定しようとする西側諸国の挑戦をもはや受け入れないことを示唆した。同年末、ロシアは、欧州大陸への重軍事装備の配備を制限する1990年のヨーロッパ通常戦力条（CFE）条約への参加を停止し、「現代のヨーロッパの現実に対応できなくなり、安全保障上の利益を満たさなくなった」と主張し、NATO加盟国がその精神と文言に違反していると非難したのであった（※原注9）。

クレムリンにとって、軍事改革を現実のものとする必要があることは明らかであった。そのためには、最高司令部とがっぷり四つで取り組む意思を持ち、プーチンが軍事費に投入しようとしている予算（２００１年から２００７年の間に国防予算はほぼ4倍になる）を、意味のある変革に向ける方法を理解している人物を必要としていた。この後のジョージアでの戦争の失敗もまた後押しとなった。

第9章　執行人セルジュコフ

アナトリー・セルジュコフに良い評価をするロシア軍将校を見つけるのは非常に困難だ。彼はやや太めの体型をした元連邦税務局長で、2007年2月に、イワノフの後任として国防相に就任した。「会計士」、「税務署員」（税務署員が好きな人はいないだろう）、あるいはもっと曖昧に「家具セールスマン」と呼ばれていた。2000年に連邦税務局に移る前は、サンクトペテルブルクの家具会社の代表取締役を務めていたのだ。彼が国防省を去った9年後の2021年になっても、セルジュコフに対してあえて好意的な反応をしてくれる軍関係者を見つけるのはまだ困難だったが、彼が非協力的な軍部に強制した改革は、必要であり成功だったと、しぶしぶ認める者もいないわけではない。

■税務署員の登場

セルジュコフは、義父のヴィクトル・ズプコフの後を継いで、当時はまだ税務省と呼ばれていたサンクトペテルブルク支局の副局長、ついで局長を務めていた。大統領の出身地であることと、ファミリーの常連であることの二つの事実は、プーチン下のロシアでは出世コースとして確立されている。しかし4年後には連邦税務局全体を統括する局長に就任し、細部にまでこだわる有能な財務管理者として名を馳せたからこそ、プーチンは彼を起用したのである。プーチンはセルジュコフの昇進を発表する時、「現代の状況下で効果的な管理を行ない、巨額の予算を合理的に使うためには、経済と財政の分野で経験を積んだ人物が必要だ」と言った（※原注1）。

しかし、彼の国防相就任は大きな驚きだった。彼は軍事的な経験もなく、特別な関心もないようだったし、いわゆる「シロヴィキ」（「力のある者」）と呼ばれる、より広い国防関係者の中でさえ、あまり知られていなかった。実際、これが彼が選ばれた理由の一つで、軍部内のどの派閥ともつながりがなく、大統領が気に入っていることが決め手となった。大統領が求めていたのは結果である。軍にはますます多くの資金が費やされていたが、ロシアが自国を守り、国境を越えてその意志と力を発揮できるために必要な、根本的な改革がもたらされている実感はほとんどなかった。

セルジュコフは、当初から抵抗にさらされていた。実際、参謀総長ユーリ・バルエフスキー上級大将は、新任の上司に対してほとんど好意を示さず、そして、一つ指示を出す前に、1ヵ月間の「訓練」を受けて「当面の仕事」の感覚を身につけるようにと、おおっぴらに提案した。イワノフは、他の仕事に忙殺され、将軍たちとの個人的な付き合いを疎かにすることが多かったが、プーチンの支持を充分に得ていたため、時折の嫌みをあまり深刻に受け止めなかったが、セルジュコフは、どちらかといえば短気な性格で、自分がこの昇進にふさわしいこと、最高司令部に屈しないことを、プーチンに証明するよう意識していたのである。

■セルジュコフの粛清

セルジュコフは、軍事のことはよくわからないが、官僚主義や会計学のことはよく知っていた。彼は、軍部の財政と、上級将校に義務化された健康診断受診を本当に守っているかの監査を実施した。省の行政管理部門を動かすため、連邦税務局から自分の部下である文民の専門家を連れてきて、元副局長のミハイル・モクレツォフを政務局長に、タチアナ・シェフツォワとヴェラ・チストヴァを副大臣に据えた。彼は最高司令部の粛清に着手し、空軍トップのウラジーミル・ミハイロフ上級大将と、浪費と腐敗で特に悪名高い3つの官職のトップ、装甲車両総局のヴラジスラフ・ポロンスキー大将（貯蔵および整備担当）、軍医務総局のイーゴリ・ビコフ上級大将およびアナトリー・グレベニュク上級大将（医療施設建設担当）を解任した。最も重要なのは、2007年6月、参謀総長のバルエフスキー上級大将を免職、公的には名誉だが実質的には無力な安全保障会議事務局に追放し、後任にニコライ・マカロフ上級大将を就けたことである。税務署員は仕事に本気で、侮辱を忘れない。

このような厳しい粛清を行なったにもかかわらず（あるいは行なったために）、最高司令部はセルジュコフが導入することになったある種の劇的な改革に、未だなじめないでいた。またプーチンは2期連続の大統領任期を終えようとしており、法律上、大統領を辞めなければならない。単純に憲法を書き換えるのかどうかも不確定な状態で、いずれにせよ２００７年の最後の数ヵ月はこの問題が影を落とし、プーチンはセルジュコフに政治資金を投入する余裕も関心もなかったのである。

そして、２００７年12月10日、プーチンは退陣を表明し、後継者は現首相ドミトリー・メドヴェージェフが望ましいとした。その後に続いたことの本質は形式的で、特にメドヴェージェフがこれは実際には職務の交換であり、プーチンが首相になることを明言した後はそうだった。プーチンが引き続き王座につくことは最初から明らかで、メドヴェージェフの選挙ポスターには、二人が並んで「Vmeste pobedim」（「ともに勝利を」）というスローガンを掲げていたのである。

２００８年3月にメドヴェージェフが正式に当選、5月に就任したが、当初、「タンデモクラシー」と呼ばれる体制下での安全保障機関の位置づけは不明確であった。憲法上は大統領に報告することになっているが、（ロシアの）ホワイトハウスにいるプーチンがその監督者であることはすぐに明らかになった。例えば、バルエフスキーは、メドヴェージェフが長年計画していた２００８年の対ジョージアとの戦争の引き金を引くには、当時北京を公式訪問中だったプーチンが電話で「尻を蹴る」必要があると不平を漏らしたものだ（※原注2）。いずれにせよ、数ヵ月の間、セルジュコフに明確な権限がないことを意味し、一部の将軍はメドヴェージェフが彼を解任するのではないかと過剰に楽観視さえしていた。

けっきょく、セルジュコフは4年間も国防相にとどまり、政治的陰謀や軍の抵抗ではなく、単純なセックス・スキャンダルによって失脚することになった。国営の軍事請負会社が資産を時価よりはるかに安く民間企業に売却し、政府が30億ルーブル（当時のレートで6250万ポンド）近くを失ったという詐欺事件に、彼が関与していた疑惑もあった。実際のところは、ロシア政府の高官であれば、給与を補填するためにこのような詐欺に手を染めることはないだろうから、これだけでは彼を失脚させることはできない。さらに深刻なのは、捜査当局が重要容疑者である財務部長のエフゲニア・ヴァリシエヴァを夜明けに急襲した際、彼女の13部屋あるモスクワのアパートで、ほぼ100万ポンド相当の現金、骨董品、宝石類、そしてガウンを羽織ったセルジュコフを発見したことであった。元首相にして現在はロシア最大の企業ガスプロムの取締役会長、大統領の親しい協力者であるヴィクトル・ズプコフの娘を妻にしながらの不倫は、詐欺とはまったく別の問題であった。ズプコフはセルジュコフの首を要求し、2012年11月に解任されることになった。それでも、プーチンはプーチンなりに忠義に報いている。セルジュコフは命じられたことはやり遂げていたので、義理の息子の別荘への道路建設に軍の技術者を使ったという別の事件での有罪判決は取り消され、その後、軍需産業複合体ロステックの快適な閑職にありつけたのである（ヴァリシエヴァにはそのような保護はなく、5年の懲役を言い渡された）。

■続いてマカロフの登場

しかし、セルジュコフはすでに歩みを進めることに成功していた。メドヴェージェフは、プーチンが任命した国防相をクビにしたくてもできない状態だった。しかし、最高司令部に改革案を受け入れさせるだけの政治力、あるいは信頼もない。そのため、改革案がまとまりつつある段階でも、行き詰まりが続いていた。改革といえばセルジュコフのイメージが強いが、実際の推進役は参謀総長マカロフであった。ニコライ・マカロフは1949年生まれ、歩兵科出身の将官で、ドイツ駐留軍集団から、1993年のタジキスタン派遣の参謀長、2002年の巨大なシベリア軍管区の司令官まで、幅広い指揮官職を歴任してきた人物である。階級の昇進も通常より一貫して早く、1999年にイーゴリ・セルゲーエフ国防相は「この将軍は将来有望だ」と賞賛している（※原注3）。それにもかかわらず、2005年、彼は軍備部長として新たな官職の国防副大臣に任命されたのである。ある意味、マカロフは軍の参謀コースから管理職に追いやられたことになるが、これにはなんらかの真実が含まれているかもしれない。彼はすでに、改革のペースが遅いことや、多くの同僚たちが改革を遅らせるためにさりげなくサボっていることに対する不満を表明していたのだから、セルジュコフがなぜ彼を参謀総長に選んだかの理由を説明する一助となるだろう。彼は評価の高い現場将校であり、同時に最高司令部内の静かな反抗勢力にも属していなかったのである。

おそらく彼の仲間を最も不安にさせたのは、彼がアイデアマンであったことだ。1996〜98年に第2親衛戦車軍を指揮した時、彼は革新的な訓練方法で評判を得た。その後、シベリアVO司令官として、より多くの志願者を集めるために、形式にとらわれない非官僚的な募集プロセスの先駆けとなった。軍備部長としても、軍の必要性よりも、政治と後援によって推進される多くの非論理的な調達決定に疑問を呈した。伝えられるところによると、これにはロシアやその他のポスト・ソヴィエト以外の国で製造した部品やコンポーネントの購入の禁止が含まれていた。これに対し、例えばフランスのタレス社が設計した第2世代カトリーヌFCアレイを基礎として製造された、より進歩的なESSA赤外線映像装置を装備したT‐90A戦車の調達決定は、彼の後ろ盾によって強行されたと伝えられている（※原注4）。

この変更は、その後、セルジュコフが関わることになる構想だった。ロシア軍も外国製の装備を採用するつもりがまったくないわけではなかったが、プライドや政治、安全保障上の理由から、可能な限り採用しないのが普通だった。ロシアはソ連時代の軍需産業複合体の枠にまだ囚われており、メーカー独占の製品が多く、その多くが他のポスト・ソヴィエト国に移転していた。例えば、大型輸送機を製造するアントノフ社は、もともとロシアのノヴォシビルスクが本拠だったが、１９５２年にキーウ（キエフ）に移転した。１９９１年以降、一部で合弁事業を継続していたが、２０１４年のクリミア半島併合を機に、すべての提携が解消された。また、ウクライナの港町ムィコラーイウにあるゾーリャ＝マシュプロエクト社は、かつてロシア軍艦用のガスタービン・エンジンを製造していた。しかし、一般的に外国からの調達は、特殊部隊用の特殊装備（大統領警護隊の狙撃手など）や、カトリーヌFC赤外線アレイのようなハイテクコンポーネントに限られていた。自己満足で腐敗したロシア企業に警鐘を鳴らすと同時に、新しい戦闘能力をいち早く現場に導入するために、セルジュコフは外国製の装備品、特にモスクワが関心を寄せる国々から購入することにしたのである。こうして彼は、大部分をヴォロネジで組み立てたイタリアのフィアット・イヴェコ社のM65リンチェ軽戦術多用途車（ロシア語で「オオヤマネコ」を意味する「リース」として採用）、またフランスの「ミストラル」級強襲揚陸艦２隻とイスラエルのドローンの購入にゴーサインを出した。「ミストラル」の契約は、結局、クリミアの政治的影響により失敗に終わった。２０１５年、パリはこの取引を中止し、ロシアに前金として支払った5億9000万ポンドを返金した。特定の装備のいくつかについては歓迎されたが、全体的な政策としては軍事および防衛産業のどちらに対しても失敗で、セルジュコフ解任時に撤回された。とはいえ現在でもロシアは、特殊部隊のために外国製品、フィンランドのサコーTRG、イギリスのアキュラシー・インターナショナルAX338狙撃銃などを、時には制裁や輸出規制を回避してでも購入している。

またマカロフは、訓練過程での課題も臆することなく指摘した。徴兵は春と秋の年2回のサイクルで行なわれ、これが夏と冬の2回の訓練サイクルにつながる。冬は個人と部隊の基礎訓練に専念し、大規模な合同演習は気候のよい夏と初秋に行なわれるのが一般的である。しかし全体として、この訓練は暗記学習に頼りすぎ、しばしば非現実的な、あるいはマスゲーム的な演習になりがちだった。そのため、新兵は体力や基本的な技能は身についても、大部隊で協同する能力や、指揮官たちが予測不可能で実際的な状況に対処する体験は明らかに限られていたのである。彼が参謀総長となった後もその口調が和らぐことはなく、軍事科学アカデミーの年次総会の機会には、陸軍の17%、空軍の150個連隊のうち5個連隊しか戦闘準備が整っておらず、海軍艦艇の半数が碇泊したまま動いていないと、軍に対する痛烈な批評を展開したのである（※原注5）。

■ジョージアの口実

軍部内の政治的な行き詰まりを上層部が解決しない場合、時間が経つとけっきょくは破綻してしまう。モスクワでは、扇動的な隣国ジョージアのミヘイル・サアカシュヴィリ大統領に苛立ちを覚えていた。サアカシュヴィリ大統領は、ジョージアを西側へ向かわせることに熱心だった。ロシアは、アブハジアおよび南オセチアの分離主義者を代理として支援していた。夏にかけてエスカレートしていたジョージアの治安部隊と南オセチアの間の暴力行動は、おそらくモスクワの扇動によるものだった。サアカシュヴィリは挑発を軽んじることはなく、8月7日にはジョージア軍が南オセチアに進駐し、その首都ツヒンヴァリを攻撃した。その際、同市のロシア平和維持軍が交戦し、2名が死亡した。

これによりモスクワは、ロシア人の勢力下にあることをジョージア人に思い知らせる口実を得た。準備のために国境近くまで移動していた軍隊が解き放たれた。しかし、実際のタイミングは、モスクワにとって非常に都合の悪いものだった。メドヴェージェフは休暇中、プーチンは、前述のように北京オリンピックの開会式で中国にいる。さらに、参謀本部の主要な計画・調整機関である作戦本部は、オフィス移転の真っ最中であった。これらすべての事象が、放棄された飛行場が爆撃され、将校が友軍の砲火で失われ、故障した車両で進軍がストップするような、その後の失態を拡大した可能性がある。

第11章で述べるように、この苦い5日間の戦争は確かにロシア軍が勝利したが、基本的には必然だった。ジョージア軍の総兵力は3万人以下で、そのうち優秀な2000人ほどは連合軍とともにイラクに派遣されていた。ロシア軍はその2倍以上の兵力を投入し、南オセチアとアブハジアの数千の民兵と圧倒的な航空戦力の掩護もあった。重要なのは、ロシア軍が想像よりもはるかに不首尾だったということ、それを自らが証明したことで、セルジュコフとマカロフは、ついに改革を断行させる機会を得たのである。

第10章　ジョージア、2008年（1）：トビリシの動静

「臣民に意思を押し付けられない帝国に何の意味があるのか」。これは、2004年のアジャリア危機をきっかけに、イラクリというジョージアの若い学者で政治家志望の者から聞いた、反抗的で修辞的な質問である。（※イラクリは仮名で、後にジョージア国家安全保障会議のスタッフに就任している）。2003年11月のいわゆる「バラ革命」では、議会選挙が紛糾した後の20日間にわたる抗議行動によって、エドゥアルド・シェワルナゼ大統領が辞任し、ミヘイル・サアカシュヴィリが無投票で選出された。彼はアメリカで教育を受けた熱血漢で、ジョージアを西側の政治・経済・軍事構造に統合することを熱望する急進派であった。ジョージアの南西部に位置し、独自の文化とアイデンティティを持つ地域であるアジャリアの地元指導者は政権交代を認めておらず、両者が軍備を整えると、政治的な罵倒の応酬が暴力に転ずるおそれがあった。おそらく最も不吉なことは、ジョージアの首都トビリシでの展開に不満を持つモスクワが、アジャリア人指導者アスラン・アバシゼに肩入れし始めたことである。ジョージア政府はアジャリアを経済封鎖し、国境付近で過去最大規模の軍事演習を開催、軍が充分な脅威である証明を誇示するため、アジャリアが彼らの地域の

境界と定めていたチョロキ川に架かる二つの主要な橋を爆破した。しかし、アバシゼの反抗的な態度は、国民の抗議と多くの自軍の離反によって、内部からの批判にさらされるようになった。2004年5月、アバシゼの政府は瓦解した。「アスランは逃げ、アジャリアは自由になった」とサアカシュヴィリ首相は喜び、彼のライバルはモスクワに亡命した（※原注1）。

イラクリとその友人たちにとって、これは転機となった。クレムリンは明らかにジョージアの新しい西側志向に不満で、少数派を煽って橋頭堡を作るか、ロシア人だけが解決可能だと強弁する問題を作り出すという、いつもの手口を試していたのである。しかし、それは失敗し、ジョージアはモスクワの影から逃れ、新しい未来を描くことができるようになった。彼はもう大丈夫だと信じたかった。

モスクワは、アジャリアがトビリシにとげを刺すような存在であることに満足していたが、その将来にはあまり投資せず、崩壊を防ぐようなことはほとんど何もしなかった。にもかかわらず、アバシゼの失脚は、単にジョージアの新政権に関心を持つようになっただけでなく、同国より実質的な離脱地域である他の2地域、アブハジアと南オセチアへもより深くかかわろうと、ロシア政府に警戒を促すきっかけとなった。これらの地域は、必要なときにトビリシに圧力をかけるための有用な手段である一方、特にモスクワに支援を求めている場合は、小国であろうとも守るに値するという純粋な認識もあった。

こうして2008年8月、サアカシュヴィリの露骨な親西側主義を罰することで、メドヴェージェフが「特権的利益圏」と呼ぶ他の国々に対し、モスクワには反抗してはならないと思い知らせるため、ロシアはかねてから計画済みであった南オセチアの分離独立地域の反政府勢力による反乱でトビリシを挑発し、自分から手を出させようとしたのである。ここでサアカシュヴィリが取った行動は電光石火の攻撃の口実を提供し、ジョージア軍は5日間で壊滅、ロシア軍がトビリシまでの道のりを半分までこれ見よがしに行軍してから引き返すという、彼らが望めば首都を、そして国全体も占領できたことに疑問を抱く余地がない状態にしたのだった（※原注2）。

この短期戦は、ロシアが海外で武力を行使する意志があることを示しただけでなく、当時の軍の欠点も露呈し、セルジュコフとマカロフが改革計画を推進する上で重要な最後の一押しとなったのである。

■前触れ

1783年のゲオルギエフスク条約でジョージアとロシアが初めて正式に合意して以来、複雑な経緯をたどった後、1800年にロシアに併合されるに至った。ロシア内戦（1918〜21年）の混乱の中、ジョージアは一時的に独立を宣言することができたが、ヨシフ・スターリン率いるボルシェビキ軍に再征服された。1991年、ジョージアは再び独立したが、再びモスクワからの圧力を受けることになった。モスクワは、貿易圧力と分離主義地域への支援の両方を行ない、この国に対する権威を維持する手段として用いた。人口は400万人未満、ロシアの1億4700万人に比べれば非常に不平等な競争だったが、トビリシは、他のほとんどすべての足りない部分を、しばしば情熱で補ってきた。

とはいえジョージアは、高級ワイン、素晴らしい料理、銅鉱石とともに、民族と領土の確執もさかんであった。ジョージアの東岸沿いの少数民族アブハズ人は、ソ連が崩壊する前からトビリシからの支配に異を唱えており、1992年には、地元の過激派が地方首都スフミの政府の建物を襲撃し、ジョージア警察、国家警備隊、および準軍組織が反撃、双方が残虐行為におよぶ悪質な小さな戦争が勃発した。ロシアは公式には中立であり、一連の停戦と合意を仲介したが、アブハジアを支援していることは公然の秘密で、特に分離主義者を支援するためにコサックや他のロシアの義勇兵が流入し、武器や人的支援も提供したことには知らぬ存ぜぬを通した。1993年には、ジョージア軍が駐留していたスフミを爆撃したことでも非難された。これに対して、ロシアのグラチョフ国防相は、ロシア機の色に塗られたジョージア軍機が、挑発のために自国の拠点を爆撃したという、信じがたくも非常にばかばかしい主張で応えた。１９９３年９月までに、スフミは反乱軍によって再占領され、戦争は事実上終結し、アブハジアは法律にはのっとらないが実質的に独立した。しかしこの問題は未解決のままであり、トビリシはその地位を認めることを拒否し、戦闘とアブハジアの報復によって25万人のジョージア人が避難した。

同様の動きは、ジョージアが支配する南オセチアでも見られた。大カフカス山脈によって、民族的に類似したロシアの北オセチア地域から分割された北部地域であり、１９８０年代には、オセチア民族主義の台頭により、長い間の反目と反乱の伝統が再浮上してきた。１９９０年、トビリシが南オセチアの自治権を剥奪すると、モスクワが介入し、非常事態を宣言した。南オセット人は、モスクワの庇護下で北部と統一されることを望むと宣言し、地域のジョージア民族に対する暴力がエスカレートしていった。１９９１年１月にジョージア警察が南オセチアの首都ツヒンヴァリに進駐すると、散発的な暴力がしばらく続き、ロシアの仲介による停戦でしばしの間ジョージアは撤退したが、すぐに決裂した。ジョージア軍は再び警察、民族主義者民兵、および新たに国家警備隊の混成部隊で、１９９１年中にツヒンヴァリに数回の攻撃を行なった。これは、民族浄化、無差別報復、北オセチアへの難民流入という、またしても醜い紛争となった。

１９９２年６月、ソチ協定によりこの地域に不安定な平和がもたらされた。南オセット人は事実上の独立を果たし、ロシア、ジョージア、オセチアの3軍による合同平和維持軍の支援が行なわれた。間に合わせの協約によって、その後10年以上にわたって、南オセチアの無法化とジョージアの近隣地域を犠牲にして平和を維持したが、この問題の本質的な解決はできなかった。ジョージアの民族主義者（サアカシュヴィリも含む）は、南オセチアの自治を、間違いなくアブハジア以上に、自国の主権を侵害するものと見なし続けたのである。これは災厄への火種となるはずだ。

■戦争の誘発

エドゥアルド・シェワルナゼは、1995年から2003年までジョージアの大統領を務め、モスクワに対して融和政策をとり、チェチェン人が多く住むパンキシ渓谷を通じて、チェチェンへの反政府勢力と物資の流れを遮断する動きもとった。しかし、シェワルナゼの衰退は、プーチンの台頭と重なり、ロシアの勢力圏をより強固にすることになる。シェワルナゼが「バラ革命」でサアカシュヴィリに交代した時、クレムリンはCIAがこれに手を貸したと疑い（実際の証拠はない）、またこれを罰することで、ジョージアだけでなく他のポスト・ソヴィエトの国々にモスクワの復活を証明する機会として捉えた。

シェワルナゼが慎重であったのに対し、サアカシュヴィリは強気でロシアに挑戦し、ジョージアの将来は西側とともにあり、NATOへの加盟が安全保障上必要であると明言した。彼は、軍事的近代化計画に着手し、国防予算が国内総生産（GDP）の9・2％（NATOが推奨する最低水準のほぼ5倍）にまで増加した。シェワルナゼは、戦後の「イラクの自由」作戦の平和維持部隊に70人の衛生兵と少人数のコマンドーを派遣したが、サアカシュヴィリは、これをワシントンへの機嫌取りの機会として拡大した。2008年までに、第1歩兵旅団の兵士2300人と、国連支援ミッションの大隊550人が現地に展開した。その見返りとして、アメリカは訓練と装備を提供したが、ジョージアがアメリカの単なる傀儡国家になりつつあるという疑念が、モスクワでますます強まった。

ジョージアは関係悪化の悪循環に陥った。新しい国家軍事戦略では、南オセチアやアブハジアの分離独立派だけでなく、ロシア平和維持軍も脅威とされ、2006年にはジョージアのイラクリー・オクルアシュヴィリ国防相が「2007年の新年をツヒンヴァリで祝える情勢になければ辞任する」とまで言い出したのである（※原注3）。これに対し、モスクワは諜報活動を強化し、トビリシは2006年、GRUに所属するロシア人4名を公然と追放した。2007年には、アブハジア上空でロシア軍機を撃墜したとまで主張し（モスクワはこれを否定）、ロシア軍でもジョージアのイスラエルのエルビット社製ヘルメス450ドローンを3機撃墜した。この年、議会はジョージア軍の規模を2万8000人から3万2000人、さらに2008年には3万7000人に拡大する措置を承認している。サアカシュヴィリは、人気取りのためにこの対立を楽しんでいるように見え、政治的基盤として利用しようとしていた。反対派の抗議には「汚い地政学的な逸脱行為」に関係する「ロシア特殊機関の高官」によって引き起こされたと非難した（※原注4）。

一方NATOは、2008年にジョージアに完全な加盟行動計画を提供することを控えていたが、トビリシの熱心さにロシアは怒りを示した。バルエフスキーは、モスクワがジョージア（あるいは他のポスト・ソヴィエト諸国）の同盟加盟を阻止するために「手段を講じる」と警告した。とはいえ、サアカシュヴィリは西側諸国からの警告にもかかわらず、最悪の事態になれば、最終的にはNATOやアメリカによって自国が守られると信じていたようだ。当時のアメリカ国務長官コンドリーザ・ライスの回想によれば、彼女は「ジョージア大統領のミヘイル・サアカシュヴィリに、内々で、ロシアは彼を挑発しようとするだろうし、現地の状況を考えれば、NATOからの軍事的対応は期待できない、と話した」（※原注5）。こうした警告は耳に入らないままだった。

それは、サアカシュヴィリが個人的に反乱軍からのトビリシの支配権回復のために尽力していたということだけではすまず、もはや時間がなくなってきていると見なされるようになっていった。2008年2月、西側がコソボのセルビアからの分離独立を承認したことで、ロシア側はこれを危険な前例とみなしただけでなく、セルビアがロシアの同盟国であることから、あからさまな偏向だと激怒もした。これに対してロシア側は、西側が分離独立した地域を事実上の国として扱うことができるのなら、自分たちもできるはずだ、という趣旨の苦情を並べ始めた。アブハジアと南オセチアを正式に承認し、安全保障を確保するのは時間の問題という意識があった。ジョージアでは、ある程度のレベルの国防支出を長期的に行なう余裕がないことも事実で、サアカシュヴィリの計算では、まず一撃を与えれば、残った勢力は逃げ出し、その時点で規模を縮小する余裕があると考えた。いずれにせよ、ジョージア側が行動を起こすつもりであることは明らかだった。

その段階で、プーチンは表向きはでドミトリー・メドヴェージェフ首相に大統領職を譲ったが、2006年の時点ですでに、サアカシュヴィリをどうにかしなければならないという判断がなされていたことははっきりしている。この年から北カフカス軍管区は、机上での侵攻作戦と最終的な兵力増強の隠れみのとして、ますます入念で大規模な軍事演習を行なっていることが判明した。一方ロシア側は、アブハジアの平和維持部隊を、スペツナズ2個中隊と第7空挺師団の空挺隊員を含め、許容上限である3000名まで増員した。裏を返せば、南オセチアを軽視しているように見えたのは、モスクワが攻撃する際には何らかの口実が必要であり、ジョージアがこの地域を奪還しようと積極的に攻勢の準備をしていることも、サアカシュヴィリが短気であることも織り込み済みだったからである。

南オセチアはおあつらえ向きだった。大カフカス山脈を貫くロキ・トンネルを経由して補給することができ、指導者のエドゥアルド・ココイトゥイは猛烈な反ジョージア主義者であり、２００４年には地域を奪還する試みがジョージア軍によって阻まれていたため、恨みと猜疑心の遺産が残っていたのである。南オセチアの非正規兵は、モスクワの支援を受けて武装化し、係争中の国境を越えてジョージアの市民や政府軍を攻撃し始めた。ジョージア側が反撃するケースもあり、２００８年８月１日、南オセチアは１９９２年の停戦協定に反して、ジョージアの村々に砲撃を開始した。その狙いは明らかに、ロシアが口実として使えるような何らかの行動を、サアカシュヴィリに起こさせることだった。それは成功した。一週間にわたる主張と反論、停戦と待機の後、８月７日、ジョージア軍はツヒンヴァリへの砲撃を開始した。モスクワは戦争を手に入れたのだ。

■ジョージア軍の侵攻

ジョージア軍の計画は、南オセチアに対する質的優位を生かして、主力の野戦軍と交戦して迅速に撃破、ツヒンヴァリを占領し、ロキ・トンネルとカフカス横断高速道路を封鎖して、援軍の到着を防ぐことだった。この理由は、現段階では正規軍ではなく、ロシア義勇兵の寄せ集め集団との交戦を予想していたからである。4日以内にこの地域の主要な集落を占領して、友好的な地方行政を新たに設置し、予備役兵士と警察の部隊に治安と掃討任務を引き継ごうという構想だった。

この目的のため、第4旅団はツヒンヴァリの西にあるケタグロヴィ村を占領し、第3旅団はその東のプリシ高地を占領し、北のグフティで合流して都市を包囲する予定であった。その後、S10街道に沿ってジャヴァへ北上し、ロキ・トンネルまで到達することになっていた。実際のツヒンヴァリ攻略を担当するのは、陸軍戦車大隊、特殊作戦集団、砲兵部隊の支援を受けた内務省国内軍が担当する。トビリシは、他の町の攻略に投入した第2次予備役や小部隊と合わせ、計約1万2000人の兵員と4000人の内務省部隊員を投入したが、当時、精鋭の第1軍団がイラクに派遣されていたため、実働部隊の大部分はこの作戦に参加していた。

この作戦は非常に賢明でよく準備された計画だったが、決定的な見落としがあった。ロシア側も計画済みだったのである。トビリシの想定では、モスクワは武力行使の前に外交を行なうはずで、少なくとも本格的な部隊を編成して介入するには数日を要すると考えていた。この事態に対処するための本格的な取り組みは、軽装の志願兵がその場しのぎで集まる可能性以上のことは行なわれていなかった。攻撃側には防空能力といえるような兵力もなく、モスクワが事前予想の通りに動くことが期待されていた。

ロシア側では、サアカシュヴィリがいつ手の内を見せるかはわからないが、それが起こることはかなりの程度予測できていた。ロシアは、最新の軍事演習「カフカス２００８」の後、国境からちょうど30キロメートルのところに第19自動車化狙撃師団の２個大隊を残し、増強して待機させていた。すなわち、約１５００名の兵士がＴ‐72Ｂ戦車14両、２Ｓ３ １５２ミリ自走砲16両に加えて、ＢＭ‐21多連装ロケット発射システム（ＭＲＬ）９両の支援を受け、数時間以内に南オセチアに展開可能であった。空挺部隊を含む他の部隊も24時間態勢で待機し、ジョージアの戦略目標に対する航空攻撃計画がすでに作成・配布されていた。

８月７日午前零時直前、ジョージア軍は１００門以上の迫撃砲と大砲、30門のＭＲＬでツヒンヴァリへの砲撃を開始した。計画では、戦略的な地点を注意深く狙って攻撃することになっていたが、例に漏れず、現場は混乱していた。着弾の精度は不正確であることが多く、民間人居住区とともに、トビリシがなんとしても避けたかったコンスタンチン・ティママン中佐率いるロシア平和維持軍の区画に着弾した砲弾もあった。モスクワは直ちに、これは非合法な侵略行為であると主張した。いずれにせよ、８月８日０１００時ごろの命令により、ロシア軍はすでに動き出していた。１時間後、第６９３自動車化狙撃連隊の１個大隊が国境を越え、その後すぐに第１３５自動車化狙撃連隊の大隊も国境を越えた。彼らの任務は、トンネルとツヒンヴァリへの街道を確保し、以後のロシア軍のために通行可能としておくことだった。

続いて動員も始まった。2個大隊が国境を越えた頃、主要な任務部隊が活動を始めた。第42および第19自動車化狙撃師団の部隊は、第76空挺師団第104連隊の大隊戦術集団とともに準備態勢に入った。第10および第22スペツナズ旅団の部隊も派遣された。次章で述べるように、指揮統制はしばしば意図したほど明確でもスムーズでもなかったが、ともかくロシア軍はこれを計画・訓練し、移動準備が完了していた。

■ツヒンヴァリの戦い

8月8日早朝、ジョージア軍はすでに市街地の郊外に到着していた。オセット人が実施できる比較的貧弱な砲撃では進撃を止められず、守備側にはアラニヤ平和維持大隊の北オセット人が加わったが、都市の包囲を阻止することはできなかった。一方、他の地域では状況はまちまちだった。ジョージア内務省憲法保安局の部隊は、南オセチア東部のクヴァイサ村に侵入しようとしたところ、わずか1個小隊の守備隊を前にして大混乱に陥った。彼らは国境を越えて撤退し、なりを潜めた。大局的に見れば、ジョージア側が行なった小規模な攻撃のほとんどは比較的成功していたといえる。しかし重要なのは、ツヒンヴァリの奪取であった。

内務省部隊がツヒンヴァリに向かうと、ロシア平和維持部隊の南部区画から銃撃を受けた。ジョージア軍は応戦し、T‐72戦車3両も支援した。ロシア軍は5人が死亡したが、戦車の1両はRPG‐7が命中して行動不能となり、他の2両は後退した。ジョージア軍はここを迂回して市郊外に到達することができたが、ロシア軍の前衛部隊兵士250名は依然として脅威であった。ロシア軍陣地に戦車による砲撃が加えられ、医療施設を破壊、午前中には車両基地が炎上し、ロシア兵は壕や地下室、ボイラーハウスに避難せざるを得なくなった。軍施設はジョージア軍に包囲された。

それでも、治安部隊はツヒンヴァリへの進撃に苦心していた。ジョージア軍のトルコ製コブラ装輪APCは、12・7ミリ機関銃と40ミリグレネードランチャーを搭載していたが、RPG、手榴弾、火炎ビンで武装した守備隊を突破する火力と威力に欠けた。このため、第4旅団の第41および第42軽歩兵大隊を派遣し応援に充て、ジョージア軍の少数のMi‐24ヘリコプター・ガンシップ（※訳注：攻撃ヘリコプター）から、3機を近接航空支援に派出する準備を始めた。再開した攻撃では、南オセチア市街を守る軽装備の民兵を何とか押し切り、中心部にある民兵本部に到達した。ここでは、南オセチア軍の安全保障理事会書記アナトリー・バランケヴィッチ上級大将のもと、南オセチア軍の精鋭が集結していた。彼らはこれまでの部隊より果敢な抵抗を見せ、バランケヴィッチ自らが発射したRPG‐7弾は、戦車の砲塔後部の薄い装甲を貫通し、弾庫が爆発して車体を吹き飛ばした。その後すぐに、他の2両のT‐72も他の民兵の攻撃で被弾した。

この予想外の反撃に対応していた時、ツヒンヴァリ上空にロシアの第368攻撃機航空連隊のSu‐25 2機が現れた。第42大隊は市西部のドゥボーヴァヤ庭園に陣取ったが、Su‐25は彼らの上空から爆弾とロケット弾を浴びせかけた。20名以上が死亡し、大隊の残りはパニックに陥り、戦車3両を含む重装備を残して市外に逃亡した。この話は広まるにつれ、大隊は全滅したとまで大げさに噂されるまでになった。街のほぼ3分の1を占拠したジョージア軍は実際に撤退を開始したが、しばしば秩序が乱れ、昼過ぎには実質的にツヒンヴァリを放棄していた。

支援の部隊が現場に急行した。第2旅団がツヒンヴァリに戻るために引き返し、第5旅団の第53軽歩兵大隊が予備役から招集された。しかし、彼らを配備する準備には時間がかかる。サアカシュヴィリ大統領は3時間の「人道的停戦」を宣言した。表向きは民間人の退去と民兵の降伏を促すためだが、同時にこの新しい状況に立ち向かうための現況確認と準備が必要だった。すなわち、ロシア軍の出現がすべてを変えてしまったのである。

■ロシア軍の進攻

ロシア軍前衛はツヒンヴァリへのルートを確保するため、猛スピードで移動した。0700時頃、第693自動車化狙撃連隊の部隊がジャヴァ＝ツヒンヴァリ道路の橋を渡っていた時、4機のジョージア軍Su‐25から攻撃を受けた。250キロ爆弾はすべて外れ、死傷者は出ず、橋も損傷しなかったが、パイロットはジョージア軍最高司令部が予想していなかった場所にロシア軍がいることを報告することができた。ロシア軍はスピードを優先するため、前衛には対空車両がなく、また戦闘機の掩護もまだなかったため、トビリシに情報が伝わるのを防ぐことはほとんどできなかった。しかし航空支援はすぐに行なわれ、第4航空軍の戦闘機が約1時間後に南オセチア領空に到達した。このニュースは、標的になりやすいジョージア軍のSu‐25全機を着陸させるに充分だった。さらに、地上で破壊されるリスクを減らすため、分散して隠蔽された。

ジョージア軍の小集団や特殊部隊もどきとの小競り合いはあったものの、部隊が失った車両は1台のみだった。グフティ橋で撃破されたそのBMP‐2は、後続の部隊が通れるように川に押し込まなければならなかった。一方、ロシアの航空戦力はその存在感を示し始めていた。第42連隊への攻撃は、ツヒンヴァリ周辺の政府軍に対する攻撃の一つに過ぎなかった。同時に、Su‐25とSu‐24Mはジョージア国内の目標であるヴァリアニ＝ツヒンヴァリ街道にあるゴリ基地や、予備役が招集されていたヴァリアニ基地などを爆撃した。その後、ロシア軍はマルネウリやボルニシの航空基地も攻撃し始めた。初日の63回の出撃で失ったのは、味方の同士撃ちで撃墜されたSu‐25の1

機のみであった。

サアカシュヴィリの「停戦」が発効されると同時に、第693自動車化狙撃連隊の122ミリと152ミリ砲、第292混成砲兵連隊のBM-21が準備された。彼らはツヒンヴァリ周辺のジョージア軍陣地への砲撃を開始し、パニックを悪化させ、午後遅くには市内に留まっている政府軍は平和維持軍の施設周辺の包囲部隊だけとなった。一方、ジョージア軍の第3旅団も空爆と砲撃を受け、ツヒンヴァリの東にあるエレドヴィ村周辺で再編成していたため、事態を好転させる望みは絶たれた。

開戦初日の夕方、南方からの最後の攻撃が失敗に終わった。トビリシでは、3000人強のロシア軍の前衛部隊はジョージア軍1個旅団相当に過ぎないが、圧倒的な航空戦力に支えられていることを理解した。さらに次の増援部隊の第一陣、第135自動車化狙撃連隊の偵察中隊が到着し始めた。政府軍は南オセチアから撤退を開始し、平和維持軍の封鎖を解除した。しかし、サアカシュヴィリはまだ敗北を認めようとしなかった。現状では、ジョージア軍のほぼ全軍（イラクにいる第1旅団を除く）が南オセチア国境付近、あるいはそのすぐ近くに展開しており、その夜に急遽再攻撃の計画が練られたのである。

第11章　ジョージア、２００８年（２）：モスクワの対抗策

トビリシは、ロシアが対応する前に南オセチアを確保するため、スピードを重視していた。それは失敗したが、たった一日だけの戦闘で敗北を認めたくないジョージア政府軍は、８月９日、昨日の猛烈な突進とは対照的に、慎重かつ整然と戦いに復帰した。夜中の短い砲撃戦の後、夜明けとともに第2旅団が再攻撃を開始し、ツヒンヴァリの南のケタグロヴィ村を少数のロシア軍スクリーニング部隊から奪回した。ケタグロヴィを占領した後、彼らは北に向かい、市内に近いゼモ・ニコジ村に向かった。そこで第41大隊と合流し、ジョージア軍砲兵が砲撃を再開する中、１４００時頃に市街地に進攻する準備をした。

一方、ロシア軍の前衛部隊は平和維持部隊の救援に向かった。第１３５自動車化狙撃連隊の2個中隊は、第58軍司令官で現地幹部のアナトリー・フルリョフ中将を伴なって、ジョージア軍が攻撃を開始しようとしていることを知らないまま、市内に向かっていた。彼の隊列は砲撃を受けたが、そのまま進んだ。つまり、互いに知らないうちに、ロシア軍は西からツヒンヴァリに入り、同時にジョージア軍は南から入ってきたのである。第2旅団の偵察中隊とフルリョフの１個中隊が不覚に

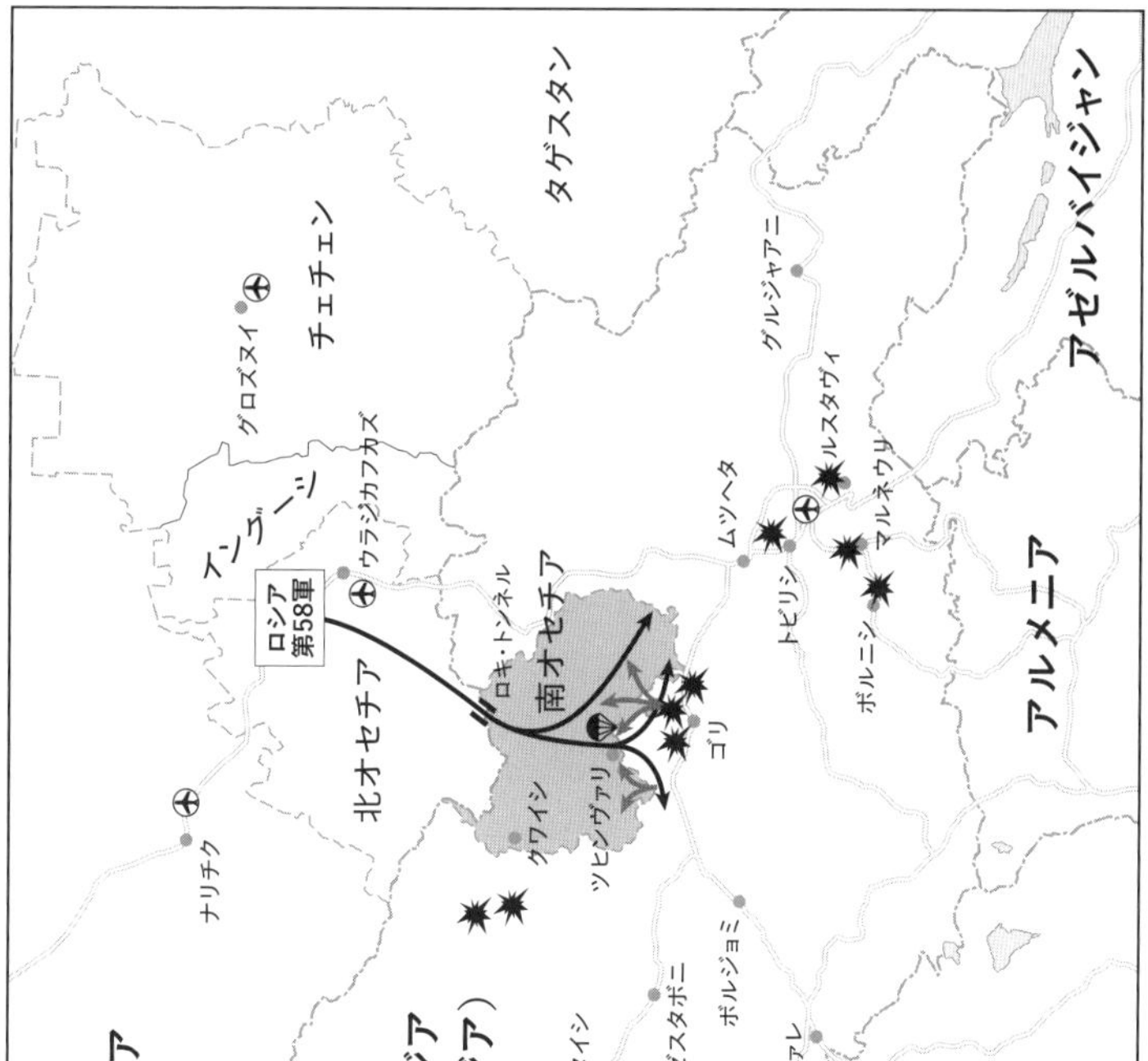
ジョージア、2009年
ロシア
チェチェン
グロズヌイ
ダゲスタン
イングーシ
ウラジカフカズ
ロシア
第58軍
北オセチア
ロキ・トンネル
南オセチア
ナリチク
グワイシ
ツヒンヴァリ
ゴリ
ムツヘタ
トビリシ
ルスタヴィ
マルネウリ
ボルニシ
グルジャアニ
アゼルバイジャン
アルメニア
ジョージア
（グルジア）
クタイシ
ゼスタポニ
ボルジョミ
ヴァレ
サムトレディア
セナキ
ズグディディ
コービ
オムカチレ
スフミ
ガグラ
ソチ
ポティ
バトゥミ
トルコ
黒海
黒海艦隊
N
25 miles
25km
ロシア軍の進攻、8月8～16日
ジョージア軍の進攻、8月7～10日
空挺軍の進出
海軍の交戦、8月9日
ロシア空軍の攻撃

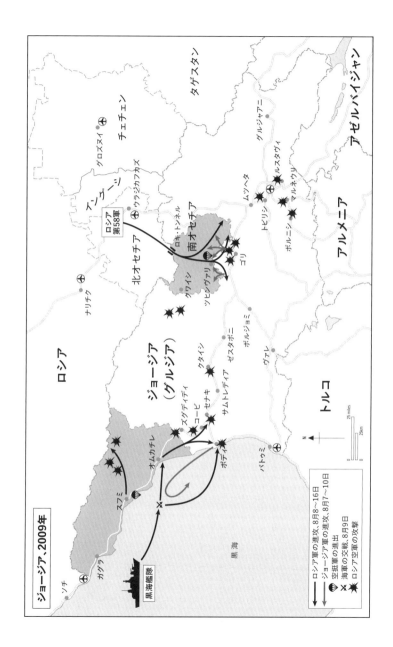

も鉢合わせとなり、政府軍は撤退したものの、フルリョフ中将は重傷を負った。その後、主力部隊同士が交戦し、数と戦車に優るジョージア軍がロシア軍を後方へ追いやった。包囲され、迫撃砲による攻撃で傷つき、一時は手の施しようがないように見えたが、援軍が到着した。スペッナズとGRUのボストーク大隊（モスクワ側についた、チェチェン人で構成されたベテラン部隊）が市内に侵入して支援し、砲兵と航空戦力も協同してジョージア軍を後退させた。ロシア軍の砲兵隊も反撃に苦しんだが、前線の平和維持軍やスペッナズによる目標指定を頼りに苛烈な砲撃を開始し、攻撃を主導していた第41大隊を押し戻した。

午後遅くには、ジョージア軍は再び市街地から撤退した。ロシア軍の爆撃機は一日中、前線の内外を問わず目標を爆撃し続けた。その中には、第52親衛重爆撃機連隊からのTu‐22M重爆撃機も参加し、そのうちの1機はジョージア軍によって撃墜されたものの、クタイシのコピトナリ航空基地を撃滅し、ゴリにも攻撃を加えた。この日の出撃はわずか28回で、3機が失われたが（他の2機は再び味方との同士撃ち）、ジョージア軍がツヒンヴァリへの最初の攻撃で勢いづいた出鼻をくじくのに、きわめて有効だったことが証明された。また、通常型クラスター爆弾弾頭を搭載したトーチカU（SS‐21）弾道ミサイルが南オセチア西部のジョージア軍を攻撃したが、これはロシア軍の攻撃距離をトビリシに思い知らせるという政治的な意図もあった。砲撃戦は夜まで続いたが、開戦2日目も再びジョージア軍の攻勢を撃退することができた。イラクに派遣中だった第1旅団の兵士2000人の緊急空輸をアメリカに依頼したのは、トビリシの絶望の表れだった。

■潮目の変化

サアカシュヴィリの賭けは失敗し、南オセチアの政府支配を回復する考えは打ち砕かれた。代わって主導権はロシア側に移った。翌日、第42自動車化狙撃師団から約4500人の新着兵士、第19自動車化狙撃師団の第503自動車化狙撃連隊、第76空挺師団の2個大隊戦術集団、第22スペツナズ旅団、第487ヘリコプター連隊のMi-24ガンシップとMi-8輸送機10機が到着し、大増強が行なわれた。部隊数が非常に多くなり、ツヒンヴァリに向かう道路が渋滞するほどであった。8月10日の終わりには、市内を完全に手中に収め、1万人以上のロシア兵が戦域に展開されていた。

ジョージア軍は多少混乱していたが、彼らの任務は攻撃から防衛にシフトし、部隊は前線に沿って防御陣地を固めた。トビリシは作戦の正式な終了を発表したが、散発的な砲撃戦は続き、ロシアの航空攻撃も続いた。8月10日から11日にかけての夜間には、軍用および民間のレーダーを破壊して防空網を無力化し、航空基地への攻撃などをさらにエスカレートさせた。これは単なる嫌がらせではなく、まず南オセチアを確保し、ロシアへ反撃しようとする地域への攻撃準備を整えるためのものだった。

ツヒンヴァリへの砲撃を続けられないように政府軍を押し戻すため、ロシア軍は第693自動車化狙撃連隊、第70自動車化狙撃連隊、第234空挺連隊から旅団規模の任務部隊を編成した。8月11日の朝、彼らは出発し、多少の抵抗はあったものの、午後遅くにはジョージア領内約15キロメートルにあり、政府軍の戦略上重要な補給基地があるヴァリアニに到達し、村を奪取した。ジョージア軍は自暴自棄になり、6機のMi-24をすべて飛ばし、進撃するロシア軍を攻撃したが、トラック2台を破壊しただけで、無事に基地に戻ったものの二度と戦場に送り出されることはなかった。

ロシア軍は反撃を想定してヴァリアニ周辺に陣取り始めたが、かえって政府軍はパニックと混乱に陥った。戦術的なレベルでは、ジョージア軍はしばしば勇敢でよく戦ったが、大規模な作戦を遂行できるような、新世代の上級将校を訓練しなかったことが如実に表れ始めていた。さらに、政治指導部もこの危機を乗り切ることができなかった。サアカシュヴィリはゴリを視察中、上空にロシア戦闘機が見えたため、警備隊とともに避難した。大統領がそうするなら彼の部下も右へならえで、その直後ゴリに駐留していた政府軍も撤退を開始し、一部はトビリシ、一部は西のクタイシに移動した。結局、ロシア軍はなおも増援が来ており、その兵力は1万4000人に達し、首都は暗い雰囲気に包まれた。反乱地域に対する政府の支配権を再確認するための外科手術的作戦として始まったものは、今や国家存亡の戦いの様相を呈していた。ジョージア側は国際的な支援を得るための努力を強化したが、その努力はロシアから発信されたと推定されるサイバー攻撃の波によって損なわれた。外務省のウェブサイトと電子メールはハッキングされ、サアカシュヴィリ自身のサイトは彼をアドルフ・ヒトラーと比較する画像で改ざんされていた。これらの中には、ロシアの国家機関から直接発信されたと思われるものもあるが、クレムリンに奨励または指示されたいわゆる「愛国ハッカー」が自らのアカウントで攻撃を開始していたものもあった。

翌日、ロシア軍はゴリに向かって計画的かつ実質的に無抵抗な進撃を再開し、午前中までに同市を見下ろす高台に陣取った。通常弾頭のイスカンデル（SS-26）短距離弾道ミサイルが2発発射され、1発はマルネウリ航空基地、もう1発はゴリの中央広場を直撃した。ここは以前、軍の集結地点だったが、その時にはすべての部隊が退去しており、9人の市民が犠牲になった。ロシア軍は進攻に合わせて、人気の戦利品となったアメリカ製M16ライフルや、砲熕兵器など、放棄された軍需品を戦利品としてどんどん押収していった。一方、第1旅団の最初の部隊がトビリシ空港に到着し始めると、ジョージア政府は、差し迫っていると考えられる首都への攻撃を防ぐため、外交的またはその他の国際的な支援の呼びかけを強めた。ジョージア軍は結集し、防御を固めた。

この時点で、ロシア側は自分たちの主張を通したと感じていた。8月12日正午過ぎ、メドヴェージェフ大統領は「作戦は目的を達成し、平和維持軍と市民の安全は回復された。反逆者は罰せられ、莫大な損失を被った」と発表した（※原注1）。1500時までにはロシアの砲撃と空爆が止み、戦争は実際に終結した。翌日、ロシア軍はすでに政府軍が放棄したゴリを占領していたが、8月15日にフランスのニコラ・サルコジ大統領が仲介した和平協定にサアカシュヴィリ大統領が署名し、翌日メドヴェージェフ大統領が署名した後は、撤退に専念することになる。もちろん、没収できる資材は没収し、それが不可能なものは破壊した。ジョージア軍は戦闘で約2000名の死傷者を出し、死者は軍人182名、民間人188名が含まれていた。さらにこの戦後の破壊による装備や物資の損失は、戦闘によるものを上回った。総計数十台の戦車、APC、その他車両を失ったが、それらはほぼロシア軍に鹵獲されたものだった。彼らはまた、多くの点で無視されていた戦線でも大きな損失を被った。アブハジアである。

■アブハジア戦線

トビリシが南オセチアに注力している間に、アブハズ人は（そしてロシア人も）この機会に目をつけた。当初、モスクワとアブハジアの首都スフミでは、サアカシュヴィリ大統領が一石二鳥を狙ったのかどうか、確信が持てなかった。南オセチアの西に配備されている第2、第5旅団と内務省の部隊は、東方のアブハジアに進攻することも充分に可能だったのである。そのため、ロシアは平和維持軍を増強し、アブハジアもジョージアの作戦開始に合わせ、8月8日朝に非常事態宣言を発した。一方、黒海沿岸のはるか北にあるノヴォロシスクのロシア第7空挺師団には、アブハジアに展開するための3個大隊の戦術集団の立ち上げが命じられた。その日のうちに、第1陣はすでに揚陸艦に乗り込み、「ミラーシュ」と「スズダレツ」の2隻のコルベット艦と掃海艇2隻に護衛されて南下した。さらに、強力な火力を持つ、黒海艦隊の旗艦であるミサイル巡洋艦「モスクワ」が緊急出撃の準備を開始した。その後、VDVの4個大隊がスフミに空輸され、残りの第7師団は、その春にロシア鉄道部隊が修理したばかりの線路に沿って鉄道で運ばれた。

トビリシが南オセチアに注力していることはすぐに明らかになったが、モスクワもスフミも、ジョージアの小さな海軍を撃滅し、オセチアに対する作戦を妨害し、アブハジアが政府と係争中の戦略的地点コドリ峡谷の上流からジョージアを追い出す絶好の機会を無駄にしたくはなかった。

第一目標を達成するため、まずロシア軍は、前年に海岸沿いの町オカムチレに密かに移設していたトーチカUミサイルを使った。クラスター弾頭を搭載した2発が、南方のジョージア海軍基地ポティに向け発射された。5人の水兵が死亡したが、主な目的は、オカムチレに向けて空挺部隊と海兵隊を輸送している艦隊に危険が及ばないように混乱させることであり、所属の哨戒艇を、もっと南にある比較的安全なバトゥミ基地に向かうように誘導することだった。

9日の午後、モスクワは、駆逐艦「スミトリヴイ」に護衛された「モスクワ」がセヴァストポリから出港する際、アブハジアの海岸線からすべての船舶を閉鎖することを、正式に警告した。ジョージアの哨戒艇4隻がオカムチレ港とその沖合に待機していた揚陸艦に接近しようとした時（港が沈泥していたことが判明し、機動部隊は結局海岸から上陸することを余儀なくされた）、「ミラーシュ」はP‐120マラヒート（SS‐N9）ミサイルで彼らを迎撃した。トビリシは認めていないものの、ロシア側は1隻を撃沈したと主張したが、これはおそらく沿岸警備隊の監視船「ジョルジ・トレリ」であったようだ。

しかし、決定的な行動は陸上から行なわれた。8月10日、ロシアの空挺部隊はアブハジアとジョージアの国境を南下したが、これは当初、後述のコドリ峡谷作戦に関連するものであった。しかし、その2日後、第45独立空挺偵察連隊（VDVに所属するスペツナズ）の特殊部隊は、ジョージア海軍の大部分がまだ停泊しているポティ港に侵入した。これらの艦艇は、乗組員がさらなる空襲を予期していたため放棄されていた。そのためコマンド部隊は、彼らの最も強力な海軍戦力である高速攻撃艇「トビリシ」および「ディオスクリア」を含む、海軍と沿岸警備隊の艦艇6隻すべてに、機雷を仕掛けて撃沈することができた。

オセチアでの作戦に影響を与えるような行動は比較的少なかったが、セナキの第2旅団駐屯地への初期攻撃は、予備役の招集作業に深刻な打撃を与えた。その代わり、ロシア軍の主な努力は、コドリ作戦の追加支援に当てられた。アブハジア軍は、ヘリコプターと、無誘導ロケット弾と爆弾を搭載して運用中のL‐39練習機3機によって空から支援されながら、軍の大部分（動員後に約900人に到達）を配備した。9日の午後には準備が整い、1日がかりの砲撃の後、10日の夕方には峡谷の紛争地帯への進出を開始した。同日、第7師団のロシア空挺部隊はアブハジアの南部にあるズグディディ地方に進出した。軍事的に明らかに優位に立っていた彼らは、実質的に無血でこの地域を占領できるよう交渉を行ない、翌日、第2旅団の駐屯軍が疎開していたセナキを占領した。その後、増援部隊が北上し、峡谷のもう一方の河口を封鎖した。ジョージアの警察と兵士の大部分は、自分たちが包囲されていることに気づき、武器を捨てて峡谷から逃げ出したが、ロシア軍は彼らを放置しておいた。翌日、アブハジア軍は峡谷を掃討し、わずかに残っていた抵抗勢力を一掃したが、ジョージアの内務副大臣エカ・ズグラゼは、「親善のしるし」として撤退させたと主張した（※原注2）。死者はジョージア軍2名とアブハズ軍1名（事故死）だけだったが、8月12日には、峡谷は実質的にスフミの手中に渡り、この個別の小さな戦争は終わったのである。

■戦後の考察

8月26日、モスクワは、南オセチアとアブハジアを独立国家として正式に承認（国際社会では否定された）、ジョージア領土の5分の1を占める軍事保護領と、好きな時にトビリシにさらなる問題を引き起こすことができる、絶好の機会を手に入れた。両地域の国境は、現在もFSB国境警備隊の常設駐屯地によって監視されている。また、両地域にはロシア軍も駐留している。アブハジアでは、グダウタ郊外に第131独立自動車化狙撃旅団から第7駐屯地が編成され、新型のT-90A戦車とS-300PS SAMシステムで増強、黒海艦隊もオカムチレから小型哨戒艇を運用している。北オセチアでは、第19自動車化狙撃師団の第693自動車化狙撃連隊が第4駐屯地の基礎となり、ロケット・砲兵部隊を含む戦力が追加された。

その見返りとして、ロシア側の死者は74名以下（数字は矛盾しており、60名台前半という説もある）、ジョージア側はその倍以上の死者と、大量の装備（アメリカから提供されたハンビーなど）、海軍の大部分を失った。さらに重要なことは、モスクワが、教条に従わない隣国を罰するため、短期間で鋭い力を行使する意志と能力を示したことである。

サアカシュヴィリは、予想した通り、後に「実際はロシア第58軍は第4（ジョージア）旅団によって追い出された」と主張し、敗北を薄氷の勝利と言い換えようとした（※原注3）。もちろん彼は間違っているが、それでもモスクワは勝利に酔いしれていたわけではない。国土が20分の1の国に対して、限定的で達成可能な目標に限定して勝利したことは、それほど驚きではなかった。それよりも最高司令部は、本来そうあるべきほどうまく実行できていなかったということに、すぐに気がついたのである。

全体的な努力は、本来あるべき状態にはうまく調整されていなかった。ロシアはジョージアがいつかは攻撃することはわかっていたが、いつ攻撃してくるかは正確には察知できていなかった。攻撃が起こった時、作戦を計画し組織するための主要機関である参謀本部作戦総局（GOU：Glavnoye Operativnoye Upravleniye）は、当時はオフィス移転の最中であった。セルジュコフは、GOUの前長官であるアレクサンドル・ルクシン大将が、解任されたバルエフスキー参謀総長と親密すぎるのではないかと疑っていたのだ。GOUへの警戒の延長として、6月にルクシンを解任した後、後任の人選に時間をかけた。さらに悪いことに、GOUの40%もの大幅な人員削減を強行し、あろうことか庁舎も縮小移転させるという暴挙に出た。ジョージア軍が行動を開始した時、GOUの書類のほとんどは、12台のKamAZトラックに安全な梱包箱に密閉された状態で積まれており、旧オフィスのZAS秘匿通信用電話は切断済みで、新オフィスにはまだ接続されていなかった。

この結果、唐突に軍事的な極秘指令が民間の携帯電話で伝達されるようになった。マカロフ参謀総長は、地上部隊の出動命令と同時に空軍を出動させるのを忘れ、催促されて遅ればせながら誤りを正したとして非難されたが、これが最初の派遣軍への航空支援がなかった理由だろう。さらに、空軍の指揮権限は現場ではなく、空軍主席参謀長アレクサンドル・ゼーリン大将が執務室から電話を通じて行なっていた。モスクワにとって幸いだったのは、作戦計画がすでに策定済み（皮肉にもGOUの手によって）で、北カフカス軍管区司令官のセルゲイ・マカロフ大将（参謀総長とは関係ない）と第58軍司令官のアナトリー・フルリョフ中将の元に、有能で積極的、かつ経験豊富で、主導権を握ろうという意欲のある参謀がいたことだった。

しかしこのような混乱にもかかわらず、セルジュコフと参謀本部が特に非難を被らなかった理由は、彼らが戦争に勝利したと同時に、注目に値する充分すぎるほどの損害と非効率があったからである。例えば、マカロフは指揮官としてふさわしい人材の確保という問題を、次のように痛烈に批判している。

部隊をうまく指揮できる者を中佐、大佐、さらには上級大将の階級から一人見つけるには、軍の中から一人ずつ探す必要があった。単純な「紙上の連隊や師団」を率いて座っている常勤の指揮官は、5日間の戦争で発生する問題を解決できる状態ではなかったからである。また、彼らに部隊や装備を送ったところで、彼らはただ混乱するだけで、中には与えられた任務の遂行を拒否する者さえいた（※原注4）。

度量の狭い批判ではあるが、まったく的外れというわけでもない。確かにこの戦争での軍隊は、しばしば部隊間の基本的な連係がうまくいかないことがあり、ゆえにジョージアの待ち伏せや反撃には特に脆弱で、具体例としてフルリョフがわなにはまって重傷を負っている。この調整力の欠如は、多くの場合、現場での不完全で時代遅れの通信方法を反映していた。ある時、フルリョフは命令を下すためにジャーナリストから衛星電話を借りなければならなかった。地上部隊は上空にいる航空隊員と連絡することができず、8月8日夜に肩撃ち式SAMで自軍により撃墜され、ロシア軍の最初の損害となったSu‐25のような、同士撃ち事件が発生する一因になった。当時の地上部隊は航空支援を受けていることを知らされておらず、ジョージア空軍の攻撃であると誤認したのだった。この戦争でロシアが失った航空機の総計は、Su‐25 3機、Su‐24M 2機、Tu‐22M3 1機の計6機で、その半数は味方からの攻撃による損害であった。（また8月16日に夜間着陸した国境警備隊のMi‐8がMi‐24と衝突し、2機のヘリコプターを失った）。

■失敗の連続

ロシア軍では、通信システム以外にもさまざまな故障や誤動作が発生し、深刻な問題となった。第58軍の車両の多くは、エンジンがかからなかったり、途中で故障したりして、オセチアまでたどり着けなかったものも少なくない。配備されていたT‐72M戦車は、携行式対戦車兵器を撃退するための高度な反応装甲を備えていたが、実際には、飛んでくる弾頭を破壊するための爆薬を入れるキャニスターが空であることがほとんどであった。コピトナリやセナキの航空基地に投下された爆弾の半数は不発だった。このような例は枚挙に暇がない。

さらに例を挙げると、チェチェンでは限定的に使用されていたが、南オセチア紛争ではヤコヴレフ・プチェラ（「マルハナバチ」）ドローンが初めて本格的に使用された。元々はソ連時代後期に開発され、1997年に実戦配備された。発射台からロケットで発進し、最大2時間滞空することが可能で、機首の下にあるブリスターの中のTVおよび赤外線カメラから、リアルタイムのビデオ動画をストリーミング送信することができる。チェチェンで使用された初期型はある程度の成功は収めたが、2ストローク2気筒ピストンエンジンは騒音が大きく高空も飛べず、特にチェチェンの山道では強い横風による影響を受けやすかった。戦闘出撃は8回にとどまり、うち2機は反乱軍の対空砲火で‐1T型は特にVDV用に開発され、より大きな期待が寄せられていた。しかし、ジョージアで実戦テストを担当した空挺部隊のワレリー・ヤクノヴェッツ大佐の印象は、明らかに悪かった。彼自身の言葉を借りれば、「1機目のドローンは、ほとんど離陸しないまま地面に墜落した」。2機目は装甲兵員輸送車の隊列さえ見つけられないほど不明瞭な映像を送り、「パチンコで撃てそうなほど低く飛び、BTRのように『ゴーゴーとうなった』」。彼の意見では、「効果はゼロで空挺部隊には不要」という結論だった（※原注5）。この後に登場したロシア軍ドローンはそれなりの効果を発揮し、運用者にも歓迎されることになるが、部隊で何が機能し、何が機能しなかったかの判定には、過酷な実戦デビューが必要だったようだ。

そして、訓練の基本的な不備もあった。ジョージアに展開した部隊のほとんどは熟練兵であったが、徴兵以上の技術や適性を示さないこともしばしばであった。ロシア軍の交通事故やその他の事故による死傷者は、ジョージア軍の砲撃によるものとほぼ同数であった。連絡不足や射撃訓練不足のために、友軍の攻撃で航空機が撃墜されただけでなく、部隊が互いに発砲する事件も数多くあった。実際、射撃訓練に関して言えば、わずか12時間で通常の携行弾薬をすべて使い果たし、補給も他のすべてと同様にあらゆる点で行き当たりばったりで、その結果、危険な場所から融通しなければならない場面もあった。戦闘の最中には、これが悲惨な結果を招きかねない。ある戦車小隊の隊長は「単に弾薬がなくなっただけなのに、グレネードランチャーで包囲された」ため、ゼモ・ニコジで2両のT‐72を失ったことを認めている（※原注6）。

要するに、最高司令部を服従させ、痛みをともなう改革を受け入れさせるのに充分な長さと重さの棒を探していた大臣にとって、これはまさにセルジュコフが必要としていた戦争であったのだ。

第12章　「ニュールック」アーミー

ニューヨークは、ロンドンのように、誰もが何度も通過しまた回帰する国際都市の一つである。私はニューヨーク大学に就職しここに移り住んでいたが、２０１０年にアッパー・ウエスト・サイドのやや高級なホテルのバーで、モスクワに駐在したことのある西側防衛武官の集まりに幸運にも招待されたことがあった。２０１０年10月のことで、「ニュールック・アーミー」の計画が公にされてから、ちょうど2年後のことだった。内容自体はそれほど驚くべきものではなく、ロシア軍に必要な改革の本質は、何年も前からわかっていたことだった。欠けていたのは、それを推進する意志と能力だった。

軍隊の規模は縮小し続け、それに伴なって職業軍人（コントラクトニキ）の割合が増加する。一方、肥大化しトップヘヴィになっている将校団のスリム化は、1万人規模の師団をベースとした陸軍の基本構造を、６０００人規模の旅団を基本作戦部隊とする構造に移行させることで実現する。これは局地戦や地域外への介入により適した、柔軟性のある軍隊を作るというアイデアであった。将来の旅団は、全兵器システムの７０％を最新規格にする大規模な近代化計画と、それらを最大限に活用できる最新の指揮統制により、旧師団に近い火力を持てることになる。また、理論的には全体の20％だが、実際には12～15％程度の一握りの「常備即応軍」が力仕事をしていた時代から脱却し、すべての旅団がこの水準に引き上げられることになる。

これは野心的なプロジェクトであり、利益を得る前に痛みをともなうものであった。大祖国戦争以来の歴史を誇る師団でも、分割されたり、旅団に縮小されたりしている。２００名の将軍が解任され、20万５０００人分の将校の階層が縮小した。２００８年には36万５０００人（全軍１１３万人の３人に１人）だった将校が、２０２２年にはわずか14万２０００人（１００万人弱の６、７人に１人）にまで減らされた。65校あった軍事学校は、わずか10ヵ所の訓練センターへと合理化された。老朽化した弾薬在庫（第二次世界大戦中のＴ‐34戦車のものも含む）は廃棄処分された。どんなに使い物にならなくなっても在庫を管理する、何千人もの楽な非正規雇用の根拠が失われたのである。

ホテルのバーにいた人々の多くは、正直言って懐疑的であった。彼らは以前から聞いていた話だったので、最高司令部がやり遂げるだろうとはほとんど信じておらず、おそらく、ロシア軍が太りすぎた白髪の熊のままであると考えたかったのだろう。しかし、その中の一人は、ロシアとの関係がやや良好な国の出身で、そのため武官ではなく、一般のロシア人将校と一緒に過ごす時間を多く持つことを許されていたが、同僚たちに、あまり満足し過ぎないようにと注意を促した。「今回は、上からも下からもプレッシャーがかかっている。私が知り合った少佐や大佐たちは、20年来の腐敗にうんざりしている。彼らは準備ができている。そして、我々を驚かせるに違いない」。彼は最後の一杯を飲み干した。「そして、その結果は我々には好ましからぬものだろう」。

■コマンド&コントロール：統合戦闘管理

マカロフは、前任のバルエフスキーが計画した軍管区構造の大改革（実質的には1990年代にさかのぼるが、この10年間の他の多くの計画と同様、実際には何ら実現しなかった）を、システムの最上位にようやく本格導入することにした。旧ソ連の慣行では、戦時には一つの軍管区（VO：Voyenny Okrug）が実質的に二つの要素に分かれることになっていた。野戦部隊は「前衛」となり、VO司令官の下で戦闘を行なう。残りのVO部隊は副官の一人の配下にとどまり、後方の治安維持や予備軍の編成など、基本的には前線を支援する兵站機関となる任務を負う。平時のVOは陸軍総司令部の配下であったが、戦争が始まると前衛は参謀本部の直属となる。一方、海軍総司令部は、戦時中の艦隊もほぼ引き続き統制を維持し、空軍では、さまざまな航空軍ごとにさらに複雑な下部組織を持っていた。

さすがに時代錯誤もいいところだ。イワノフとバルエフスキーは、この構造が非効率的であり、また陸・空・海の戦力がかつてないほど連携しなければならない新しい時代の戦争に対するニーズを満たしていないことを認識し、この構造を終わらせようとしたのである。しかし改革を宣言しても、2000年代前半の長年の問題である実際の実務の変化にはつながらず、常に他の優先事項があった。しかし、マカロフの下でバルエフスキーの計画に修正を加えた案が採用され、既存の6つの軍管区とカリーニングラード特別地域を、4つの地区に再編成した。組織図の書き直しという平凡な儀式に見えるかもしれないが、本当に重要なのは、これらの新しい軍管区は真の統合作戦司令部であり、空、陸、そしてしばしば海の戦力をより直接的に管理し、戦時にはその全体が作戦戦略司令部（OSK:Operativnoye Strategicheskoye Komandavaniye）となることで、従来の前衛と軍管区の区分は廃止され、国境軍や内務省国内軍など、その作戦地域の他の軍事的部隊も管理することも可能になった。

「西部軍管区」（ZVO:Zapadny Voyenny Okrug）は、旧モスクワ管区とレニングラード管区を統合し、第1戦車軍、第6赤旗軍、第20親衛赤旗軍、バルト艦隊、北方艦隊の一部などが含まれる。この司令部には、後述する新しい作戦戦略航空宇宙防衛司令部のほか、ロシアのカリーニングラード飛び地にある10万人規模の機動部隊（第18親衛自動車化狙撃旅団、第7独立親衛自動車化狙撃旅

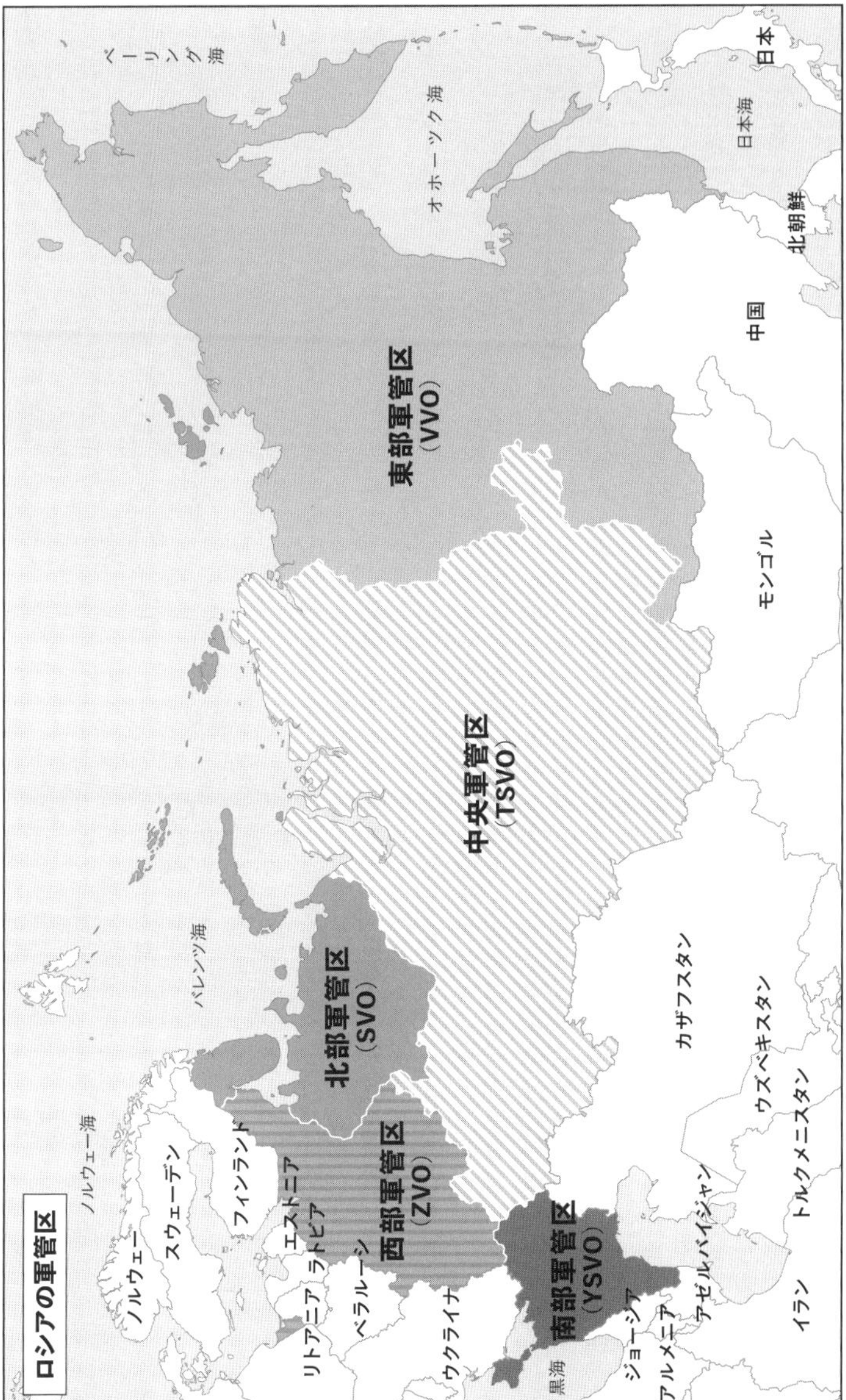
ロシアの軍管区
ベーリング海
オホーツク海
日本海
日本
北朝鮮
中国
東部軍管区
（VVO）
モンゴル
中央軍管区
（TSVO）
バレンツ海
北部軍管区
（SVO）
カザフスタン
ウズベキスタン
トルクメニスタン
ノルウェー海
ノルウェー
スウェーデン
フィンランド
エストニア
ラトビア
リトアニア
ベラルーシ
西部軍管区
（ZVO）
ウクライナ
黒海
南部軍管区
（YSVO）
ジョージア
アルメニア
アゼルバイジャン
イラン

団、第336親衛海軍歩兵旅団）も含まれている。

「南方軍管区」（YuVO：Yuzhny Voyenny Okrug）はロストフ・ナ・ドヌに本部を置き、第48軍、第49軍、黒海艦隊、カスピ小艦隊を統括する。アルメニアの第102基地もYuVOに所属し、アルメニアとロシアの領域防衛とカフカスにおけるモスクワの権威を主張する二つの目的を掲げている。

「中央軍管区」（TsVO：Tsentralny Voyenny Okrug）は、ウラル山脈と西シベリアにまたがる国土をカバーし、第2親衛赤旗軍と第41軍を擁する。エカテリンブルクに本部を置く。タジキスタンの第201基地も統括し、旅団規模の部隊で、反乱やアフガニスタンからの侵入に備え、タジキスタンとその政権の防衛を支援する。同様にキルギスのカント基地にも小規模の部隊を配備している。

「東部軍管区」（VVO：Vostochny Voyenny Okrug）は、太平洋艦隊だけでなく、第5および第35赤旗軍、第29軍と第36軍を統括している。これだけの偉容を誇るが、VVOは遠い僻地の駐屯地とみなされている。中国を主敵とみなしている。参謀本部は、南東側面での正規の地上戦を想定した緊急時対応計画を更新し続けているが、後述するように、中国軍の近代化が進んでいるため、これはますます無益な作業となってきている。VVOは中国国境のハバロフスクに本部を置き、その部隊は防衛不可能なほど長い陸の国境に沿って散在しており、補給と増援は、容易に切断できる2

本の鉄道路線に大きく依存している。このような紛争は、実際には少なくとも戦術核兵器の使用へとすぐにエスカレートするだろう。

２０１４年には、５番目の北部・北極圏司令部が追加された。これは珍しく軍管区ではなく、基本的に海域と航空宇宙を担当するため、主に北方艦隊と付属の航空部隊に基づいて構築された。しかし、当初ペチェンガを拠点とする第２００独立自動車化狙撃旅団であった2個の専門的な北極自動車化旅団を含む少数の陸軍部隊も擁するようになった。迅速な部隊動員については、２０１５年、モスクワがこの新司令部を立ち上げた直後に、北極圏で8万人の兵員を含む大規模な演習を実施した時に明らかになった。

海軍、陸軍、空軍といった主管軍の司令部については、これまでは部隊の使い方を決定できる明確な役割があったが、今後は戦術、装備、訓練に焦点を絞っていくことが期待されている。つまり、参謀本部が大局的な計画を立て、それを軍管区が現場で運用し、主管軍はその任務に必要なものを確保する、というものであった。一方、戦略ロケット軍はその中核的な役割が維持された。12個から8個のミサイル師団に縮小、宇宙軍も7個から6個に縮小されたが、事務的な再編が行なわれただけで、実質的な能力削減はない。

自動車化狙撃旅団

典型的な自動車化狙撃旅団は、3800 名の将校と兵員で構成され、以下のような組織となる。昔も今もかなりのバリエーションが存在し、特に北極戦用に編成された第 200 自動車化狙撃旅団や第８親衛山岳自動車化狙撃旅団など、特定の任務を持つ旅団もある。戦車旅団は、3個戦車大隊と1個自動車化狙撃大隊の構成で、兵員は 3000 名と小規模な編成である。

1　旅団本部・司令部中隊
1　偵察中隊
1　狙撃兵小隊
1　電子戦中隊
1　戦車大隊（4 個戦車中隊）
3　狙撃大隊（それぞれ３個中隊および迫撃砲１門）
2　自走砲大隊（各３門）
1　ロケット砲大隊（多連装ロケット砲３門）
1　対戦車大隊１個（対戦車ミサイル２基、対戦車砲１門）
2　対空大隊２個（1 個は地対空ミサイル３基、もう１個は地対空ミサイル２基と対空機関砲１門）
1　工兵大隊
1　整備大隊
1　通信大隊
1　資材支援大隊
1　衛生中隊
1　核・生物・化学兵器中隊

■陸軍：師団から旅団へ

軍部の反対を押し切って、この改革は進められた。それまで地上軍には、公式には24個師団（戦車3個、機関銃・砲兵5個、自動車化狙撃16個）と12個独立旅団、そして2ヵ所の「基地」（アルメニアとタジキスタンの常設任務部隊として知られる）が配備されていた。しかし実際には、5個の自動車化狙撃師団とおそらく1個の戦車師団のみが完全な戦力かそれに近い状態であり、他の部隊は基本的に戦時予備役を待機する単なる空き殻に過ぎなかった。ただでさえ予備役動員制度は混乱状態にあり、記録は失われ、ほとんどの予備役兵士は定期的な再訓練を受けていなかった。公式の見積もりでは（楽観的な見通しだが）3ヵ月の動員期間で、さらに9個師団を充足できる可能性があったが、それでも正式な合計をはるかに下回っていた。

象徴的な動きとして、最初に異動かが行なわれた師団は、モスクワに駐屯する「近衛」エリート部隊の一つ、第2親衛タマンスカヤ自動車化狙撃師団で、そのカラーと戦功は、新しく編成された第5親衛独立自動車化狙撃旅団へ、その他の要素も、新編の第8親衛自動車化狙撃旅団に移された。この年のうちに、陸軍は24個師団のうち1個師団のみが存続となった。この第18機関銃・砲兵師団は、極東のクリル諸島（千島列島）を守る、唯一の守備部隊とされた。これに代わって、44個の機動旅団が編成された。戦車旅団4個、空挺旅団4個、自動車化狙撃旅団35個、スクリーニング旅団

1個である（第28章を参照）。さらに、計41個の支援旅団も新編された。ミサイル・砲兵旅団22個、防空旅団9個、電子戦旅団1個、通信旅団9個である。移行については問題がなかったわけではない。２０１２年になっても、ほとんどの戦闘旅団は20〜30％の戦力不足で、定員を満たしているのは44個戦闘旅団のうち17個旅団に過ぎない状態であった。ただし、これは時間の経過とともに変化する。また、約2万両の旧型戦車を含む、多くの旧式装備を廃止する機会もようやく与えられた。

タジキスタンの第２０１軍事基地は、現状の形態が維持された。基本的にすでに旅団規模（２００４年までは第２０１自動車化狙撃師団）であり、第92自動車化狙撃連隊、第１４９親衛自動車化狙撃連隊、第１９１自動車化狙撃連隊の3個連隊を中核としている。この他、2ヵ所の国外基地がある。アルメニアの第１０２軍事基地は、２０１０年に設立され、第73独立自動車化狙撃旅団（旧第14軍、１９９５年に沿ドニエストル駐留ロシア作戦軍集団と改称）をベースにしたものであった。この後、着実な縮小が行なわれ、連隊規模に近づけられている。第82および第１１３独立自動車化狙撃大隊、第５４０独立司令部大隊、警備・支援部隊からなる、計約１５００名となっている。

■空軍：合理化

空軍の改革は、基本的にトップレベルの大規模な再編成と、特に地上での急激な縮小に関連するものであった。前者は、２０１１年に旧宇宙軍から航空宇宙防衛軍（VVKO:Voiska Vozdushno-Kosmicheskoi Oborony）を創設し、早期警戒および宇宙監視の資産、ドン‐２N戦闘管理レーダーと68基の発射台を中心とするモスクワの対弾道ミサイルシステム、GLONASS全地球測位システム（ＧＰＳ）衛星、アルハンゲルスク州北部の宇宙基地であるプレセック宇宙基地を統合した。２０１５年には空軍とも統合し、新たに航空宇宙軍（VKS:Vozdushno-Kosmicheskiye Sily）が発足した。

一方、旧特殊任務空軍司令部からは、新たに航空宇宙防衛作戦・戦略司令部（OSKVKO:Obedinyonnoye Strategicheskoye Komandovaniye Vozdushno-Kosmicheskoi Oborony）が編成された。これは実際にはモスクワの防空部隊であり、第16航空軍を中心に構成され、前線戦闘軍司令部と、首都の西にあるクビンカ航空基地に本部を置く第２３７親衛航空技術実証センター、および高性能のＳ‐４００ ＳＡＭシステムを中心とした対空防御も含まれている。同様に、２つの特殊航空部隊も司令部に改称され、第37航空軍は長距離航空軍司令部、第61航空軍は軍用輸送航空軍司令部となった。

他の４つの航空軍は、新しい軍管区にそのまま上書きされた。旧第６航空軍は西部軍管区の第１防空軍司令部に、第11航空軍は東部軍管区の第２防空軍司令部、第14航空軍は中央軍管区の第３防空軍司令部、第４および第５航空軍は南部軍管区の第４防空軍司令部に統合されたのである。同様に、従来の防空師団と軍団は13個の防空旅団に再編成され、軍管区とＯＳＫＶＫＯに分配された。

全体として、空軍は他の軍と同じような種類の合理化が行なわれ、実際には存在しない飛行隊やほとんど飛行できない飛行隊、あるいは将来の神話上の動員を待っているだけの架空の飛行隊のために存在する航空基地が削減された。２４２ヵ所の基地のうち、わずか52ヵ所の基地が残され、書類上は３４０個だった部隊は、わずか１８０個に削減されることになった。同様に、師団構成も廃止され、前線司令部を航空基地に移し、航空基地は７つの新しい航空軍司令部に従属することになった。重要な課題として、精密誘導弾とそのプラットフォーム、そしてそれらを訓練されたパイロットが運用可能とすることであった。これは、二次にわたるチェチェン紛争と、中東やバルカン半島での西側の作戦を観察して得た、特別な教訓のひとつであった。同時に、西側の大規模な航空作戦（ロシアの概念では「大量ミサイル空中攻撃」（MRAU:Massed Missile-Aviatno-Aviatsionny Udar）と呼ばれるようになるもの）に対する懸念は、ＶＫＫＯの創設と、このような開戦時の航空電撃戦をいかに生き残るかという新しい考え方の両方で、すでに明らかになっていたのである。

■海軍：待望の統合

海軍についても、240隻あった水上艦艇と潜水艦をわずか123隻に大幅削減させたが、これも近代化と即応態勢の名の下に行なわれた。海軍艦艇の多くは、あるいはその大部分が、乗組員不足であったり、単に航海不可能な状態だったが、必要な修理と整備の範囲内で、残りの艦艇をすべて運用可能とすることが目標であった。新造艦艇の調達という野心的な計画もあり、2020年までに100隻を購入することになっていた（建造や就役は未定）。特に潜水艦や多目的化された小型艦が多く、コルベット艦35隻、フリゲート艦15隻、潜水艦20隻が含まれていた。

しかし同時に、4つの艦隊が新しく大型化した軍管区に従属することで、陸軍に支配されることになるのではという懸念もあった。しかし、実際には、これは原因というより結果であった。後述するように、ロシア海軍が真に自律的な作戦を遂行できる軍としての地位を維持できるかどうかは、長い間疑問視されていたのである。実際のところ、海軍は伝統的には沿岸防衛部隊に過ぎず、何よりも威信と外交のために地域外での実証的な作戦を時折実施する程度であった。陸上部隊との統合を緊密にすることで、海軍の信頼性と有用性をより高めたことは間違いない。

海軍歩兵の海兵隊は、ロシアが依然として精鋭歩兵を必要としていること、そして、海から遠く離れた二度のチェチェン紛争でも彼らが頼りにされてきたことを意識して、縮小はかなり抑制されたものとなった。太平洋艦隊の第55師団は、長い間師団戦力には程遠かったが、第155独立海軍歩兵旅団（主な機動部隊は第59独立海軍歩兵大隊および第47独立海軍歩兵空挺大隊）に改編され、北方艦隊の第61独立海軍歩兵旅団は連隊になった（その後2014年に旅団戦力に戻った）。しかし、もう一つの「幽霊部隊」だったカスピ小艦隊の第77旅団が解隊したのに対し、黒海艦隊の第810独立連隊は旅団規模まで拡大された（1998年に再び縮小された）。これは、カスピ小艦隊を随時支援するという新たな任務を反映したものでもあった

■空挺部隊：存続

精鋭の戦力投射部隊を重視し続ける姿勢は、すでに志願兵を偏重して配置している空挺部隊の扱いでも明らかだ。VDVを独立した軍として維持することは、高価で脆弱な放漫事業ではないか、また3万5000人の空挺部隊を通常の陸上部隊に統合するか、あるいは地方レベルの資産として軍管区に統合した方が有用ではないか、という論争が、長期間にわたって続いていた。しかし参謀本部は最終的に、独自の戦略レベルの資産としての独立した空挺部隊のアイデアを買っており、空挺部隊のロビー活動も「アルバト軍管区」内でも政界全体でも充分に強力で、存続への主張をうまく貫き通すことができた。

従って、当初の決定ではVDVの既存の4個師団を共食いさせ、7～8個の空挺旅団を編成する予定だったが、この動きはしばしの間棚上げされた。2009年、戦闘的で精力的なウラジーミル・シャマノフ中将が司令官に就任すると、削減案は逆に拡張計画に転じた。即応部隊として各VOに独立した航空機動旅団を置くことが決定され、VDVは師団を維持し、その中の5個大隊を完全にコントラクトニキのみで構成し、海外にも展開できる迅速な即応部隊を提供することになった。しかしこの施策は予想以上に難しく、特に空挺部隊は他の兵科と志願者の取り合いになっていることがわかった。シャマノフによると、2011年半ばの時点で、即応態勢は実際には改革が始まる前よりも低いレベルにあり、全部隊の31％のみが志願兵で、即応部隊でさえコントラクトニキは70％にとどまっていた。彼の目標は、VDV全体で少なくとも半数の志願兵を確保することであり、それには何年もかかるが、スペツナズ（独自の政治的闘争を行なった。第24章を参照）とともに、将来にわたってロシアの「先鋒」であり続けることを保証するものであった。

改革により、よりスリムで、より効果的かつ即応性の高い軍が編成されたことは間違いない。例えば、2014年、ロシアはドンバス地域南東部への介入を開始し、7日以内におそらく4万人の軍隊をウクライナ国境に配備することができた。1999年のチェチェンへの同様の部隊動員には、その3倍の時間がかかっていたのである。問題は、クレムリンが彼らをどう使うかであった。ベテラン防衛武官の予想通り、再軍備に成功したロシアは、「近外国」の不快な隣人となり、西側諸国にとっても厄介な政策課題になったことが証明されたのだ。

第三部

新たな冷戦

第13章　再生人ショイグ

5月9日の戦勝記念日のパレードは、プーチン政権にとって最も神聖な日の一つになっている。しかし、この入念に演出された勝利と軍事力のページェントから利益を得るのは大統領だけではない。2015年、セルゲイ・ショイグ国防相がスパスカヤ（救世主の塔）の門をくぐって赤の広場に向かう途中、彼は車を止め、ゆっくりと十字を切った。これがテレビ放映された瞬間は、ロシア正教とこの国の歴史と伝統に寄り添うという、彼の政治的知識の顕著な例となった。帝政時代には、門の上に取り付けられたイコンに頭を下げて立ち止まり、畏敬の念を示す習慣が定着していた。ツァーリでさえもこれを行ない、1812年にナポレオンがこの街を占領した後、傲慢な態度でこの門をくぐった時、突然風が吹いて帽子を吹き飛ばしたという伝説まである。

ロシア政治体制における巨獣の一人であるショイグは、遠いシベリアのトゥヴァ共和国出身で、地元ではいまだに仏教の一種を信仰しているが、熱狂的な民衆の支持を広範囲に得ている敏腕政治家である。少なくとも2022年のウクライナ侵攻以前には、シベリア連邦管区の大統領全権代表、つまりシベリア総督になるという話もあったが、将来には首相、あるいはごくごく内密に、大統領になるという話も出ている。彼が改革プロセスを有能に継続しているように見えたこと、セルジュコフ時代以降、懐疑的で反抗的な最高司令部でさえも納得させた彼の能力が一因であろう。今となっては、どこまでが良いPRだったのかは問われるところではあるが。

■セルゲイ・ショイグとは？

結局のところ、ショイグは、この肉食的で競争の激しい政治システムの中で、敵を作ることなく、ビジネス用語でいうところのターンアラウンド・マネージャー（再生請負人）として、機能不全の組織を円滑化させることで、情報操作能力と特殊な才能を発揮してきたのである。確かに軍部は、5年半にわたるセルジュコフ時代と、南オセチア紛争後に推し進められた劇的な（そして将軍たちにとっては不評だった）改革の後、彼のあらゆる才能を必要としていた。しかし、これは彼にとっては特に新しい仕事ではなかった。1955年、トゥヴァ人の父とウクライナ生まれのロシア人の母の間に生まれたショイグは、運動神経抜群で冒険好きな少年だった。流氷に乗ってイェニセイ川を渡るなど危険な冒険に熱中したため、「シャイタン（悪魔）」というあだ名がついた。成績も優秀で、土木技師として卒業した。建設業界で10年間働いた後、彼は共産党のオルガナイザーになり、1990年にはロシア国家建築・建設委員会の副議長に任命される幸運を得た。モスクワに移り住み、住宅をはじめとする建築プロジェクトの責任者となったが、当時は予算も少なく、行政も混乱し、国家そのものが崩壊している時代だった。

しかしショイグは、危機的状況でも冷静さを失わず、持てる力を最大限に発揮する男として、すぐに評判を獲得した。このことがよくも悪くも評価されたのか、1991年、非常事態委員会のトップに抜擢された。非常事態委員会は、捜索救助から民間防衛に至るまで、さまざまな機関と任務を担っており、悪名高い非効率性、汚職、士気の低下が蔓延していた。これはショイグは国を襲うすべての災害の責任者になったことを意味し、キャリアの行き詰まりのように見えた。しかし彼は不平を言わずにやり遂げた。1994年に組織を非常事態省（MChS：Ministerstvo po Chrezvychainym Situatsiyam）に再編成し、行政の合理化、汚職を取り締まる厳格な監査、スマートな新しい制服などの措置を導入して、かつてないほどの団結心をもたらした。

一方、ショイグ自身も、1995年にサハリンの石油の町ネフチェゴルスクの住民半数以上が死亡した地震や、2001年にウラジオストク航空352便のイルクーツク着陸時に発生した墜落事故などの災害には、決して目をそらさなかった。彼は不幸の象徴になる代わりに、遺族を慰め、救援活動を調整し、報道陣に状況説明を行なうなど、心強い存在になった。彼は、非常事態委員会を省に昇格（その結果、彼自身も大臣に就任）させた手腕の通り、舞台裏の官僚的駆け引きも心得ていた。また2001年には内務省から国家消防局も吸収した。その上、組織運営の手法も心得ており、2012年に異動するまでに、MChSをロシアで最も効率的で誠実な国家機関の一つに成長させたのである。

この快挙がクレムリンの目に止まらぬはずもない。1999年、彼はロシア連邦英雄を受章したが、さらに重要なポイントは、まもなく大統領になるプーチンの権力基盤を提供するために作られた新政党「統一」の中心人物に任命されたことである。ボリス・エリツィンは彼を「我々の最高のスター」と呼んだ（※原注1）。これはショイグの人気にあやかろうというあからさまな魂胆だったが、彼はそれを受け入れ、2001年に統一は「祖国・全ロシア祖国」と統合して「統一ロシア」となり、現在もプーチンの政治秩序の基礎となっている。

にもかかわらず、ショイグは明らかに選挙政治には特に興味がなく、天空には「スター」が一つしか入る余地がないことも悟っていた。その代わりに、プーチンとの関係構築に着手し、犬好きで有名な大統領に黒のラブラドール犬「コニ」をプレゼントした。コニはプーチンの愛犬といわれているが、心理的兵器にもなっており、2007年には、首脳会談に来訪した、犬嫌いで有名なドイツのアンゲラ・メルケル首相とコニを会わせている。熱心でアグレッシブなアイスホッケーの名選手であるショイグは、大統領直属の「ナイト・ゲーム」チームの一員となり、長期休暇にはプーチンを故郷のトゥヴァに招待することもあった。こんな時でも彼は政治状況をよく理解しており、プーチンがシャツ一枚で釣りをしたり、ツンドラ地帯をハイキングしたり、さまざまな方法でマッチョな姿を披露しているときには、如才なくその姿を消していた。このように、KGBやレニングラード／サンクトペテルブルク時代の古い同僚ではない唯一の人物であるショイグは、プーチンの側近に成り上がったのである。

2012年、ついに彼はMChSを離れ（後任は身内の仲間に託した）、重要な地位であるモスクワ州知事に立候補して当選した。このときも、ショイグの意図なのか、その仕事を引き受けるよう誘われたのかは不明だが、彼は持ち前の行動力で、すぐに新たな組織再編計画を立ち上げて、無用の人員を整理し、当時の基準に照らしても容認できないレベルで州予算をくすねていた一部の汚職組織の解体に着手した。しかしわずかに半年後、プーチンは、改革プロセスを継続しつつ、最高司令部と意見の調整を図ることができる新しい国防相が必要となった。再びショイグが難局に立ち向かう出番がやってきたのだ。

■「皇帝のしもべ、兵士たちの父」

2012年11月6日に任命された彼は、ご機嫌伺いと管理の推進という特徴を併せ持つ人物像で仕事を始めた。一方で、彼は自分が将軍たちの味方であることを示そうとしていた。セルジュコフが常にスーツを着ていたのに対し、ショイグは将官の制服を着た（彼はMChS時代から軍の階級を持っていたため適切と思われた）のは、その象徴的な意思表示であった。彼は、これまでで最も批判が高かった、また重要性が低かった過去の削減方策のいくつかを廃止した。その中には、特に次世代の士官候補生の揺りかごである「スヴォロフツィ」や「ナヒーモフツィ」の同窓生、すなわちスヴォーロフ陸軍学校やナヒーモフ海軍学校に通う10代の士官候補生も含まれていた。セルジュコフは公式声明の中で軍の欠点を指摘することが多かったのに対し、ショイグは彼らに明るい未来があることを語りかけた。

確かに、改革の最も困難な局面、特に人員削減はすでに達成されていたため、ショイグが和解する余裕が生まれていたのは事実だ。しかし彼は、この改革を逆行させるつもりはないことを明確にした。例えば、「近衛部隊」と呼ばれたタマンスカヤ師団とカンテミロフスカヤ師団は復活したが、依然として旅団編成が軍隊の基本的要素のまとされた。その代わり、彼は受け継いだ軍事組織を、MChSの場合と同様に、機能させることに集中した。

軍事演習の頻度、規模、および現実性が増し始めた。スウェーデン国防研究所のヨハン・ノルベリによる包括的な研究によると、「2009年より以前から、ロシアは武力紛争や局地的な戦争を行なっていたが、２００９年以降の軍事演習では、地域戦争に関わる野心と能力がますます高まっている」とされ、ロシアの軍事的類型論によれば、これにはＮＡＴＯとの戦争が含まれる可能性がある（※原注2）。これらの本気の演習では新編の部隊が実地訓練で鍛えられ、旧来のように、政治指導者に安心感を与えるための演出的な能力発揮の場ではなくなった。その代わり、将校のキャリアを左右するような抜き打ち検査と言う側面も持つ真剣勝負の場となった。その一方で、兵士の生活水準を向上させるため、給食から清掃までのあらゆる作業で外注や民間業者を活用するセルジュコフの取り組みが継続され、さらに拡大された。

質素な靴下が、近代化と常識という新しいムードのシンボルとなった。２０１３年まで、ロシアの兵士は、ソ連や皇帝時代の先達たちと同様に、靴下ではなく、「ポルチャンキ」と呼ばれる長方形の布を足に巻いていたのである。セルジュコフはこの布を廃止すると約束していたが、実現しなかった。２０１３年1月、ショイグが全国の幹部職員を集めてテレビ会議を行なった際、「今年中に「ポルチャンキ」という言葉を忘れなければならない」と宣言したのは、それ自体が革新的な出来事だった（※原注3）。これは実現した。些細なことのように聞こえるかもしれないが、これは長年苦しんできたロシア兵に非常に感謝され、ショイグが物事を成し遂げられることを証明し、一般兵士に対する彼の配慮を示したのである。それは必要と同時に、素晴らしい広報活動であった。

新しい靴下が届いたら、ポルチャンキを燃やす儀式をすると、兵士たちが話していたのを覚えている。人々がショイグのことを、19世紀の詩人レルモントフの言葉を借りて、「皇帝のしもべ、兵士たちの父」と称され始めたのも当然といえるだろう（※原注4）。

命令系統組織図

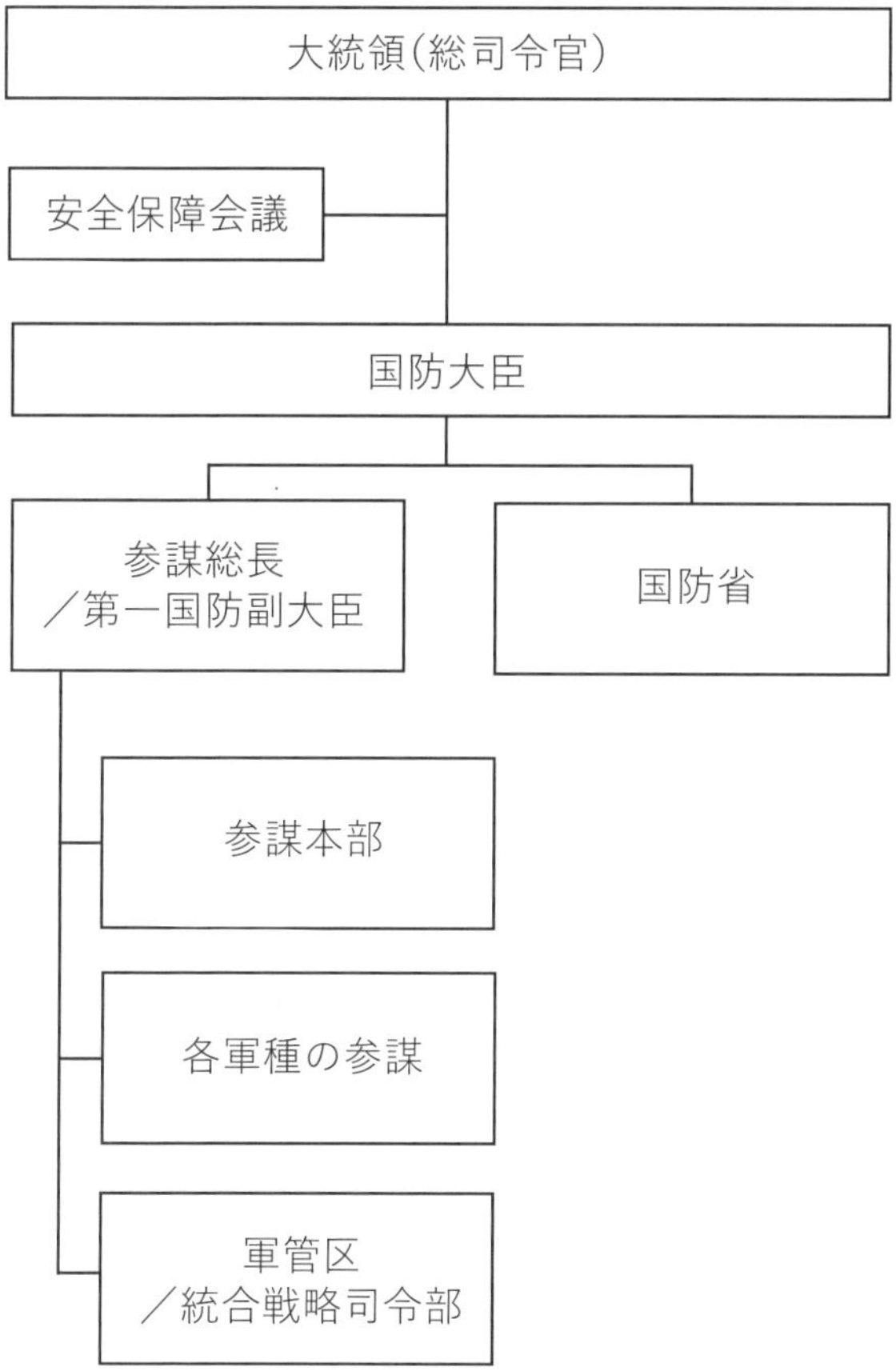

■ゲラシモフ将軍

マカロフ参謀総長は、最高司令部ではセルジュコフと同様に不人気だった。ショイグが必要としていたのは思想家というよりも現場監督であり、「ニュールック・アーミー」の形成を可能とする、精勤なトップレベルの兵士であった。そこで彼は、「髪の根元まで軍人」（※原注5）という言葉がぴったりのワレリー・ゲラシモフ大将を、すぐに後任に据えたのである。ゲラシモフはスヴォーロフ士官学校卒業、労働者階級の出身である。戦車将校としてワルシャワ条約機構下ポーランドの第90親衛戦車師団で最初に昇進し、極東VOの第29自動車化狙撃師団を経て、第144親衛自動車化狙撃師団の師団長に昇進した。2001～03年にはチェチェンに派遣された第58統合軍を指揮し、その後、マカロフの旧職である戦闘訓練総局を率いた。レニングラードおよびモスクワの両VOを指揮した後、2010年に参謀本部副部長、新設の中央軍管区司令官を経て、ショイグの右腕として参謀本部に戻ってきた。

プーチンから正式に新たな役職を受ける際、彼はこう言った。

参謀本部の活動は、ただひとつの大きな目標に向かって行なわれるべきものだと考えている。軍の戦闘力を維持し、与えられた任務を確実に遂行する。この目標を達成するために、私は全力を尽くすつもりだ（※原注6）。

これは彼の本心であった。ゲラシモフは、新編成の軍隊を戦闘可能な状態にするためのキャンペーンを大いに推し進めた。演習のサイクルは、ソ連時代以来の水準に引き上げられた。ロシアの同盟国であるシリアの情勢不安もあり、ロシアは地中海東部に海軍機動部隊の常駐を再開し、黒海艦隊からのローテーションを中心とした運用を開始した。もちろん、不具合や不手際は避けられない。例えば、2013年2月に中央VOで行なわれた演習では、部隊間、地上軍と航空軍の連携が引き続き問題となった。整備不良と古い装備による不具合も発生し、特にMi-24ヘリコプター・ガンシップの3機が始動せず、BMD-2歩兵戦闘車の少なくとも2両が移動の第一段階で故障するという、間の悪い事態も発生した。しかし全体的に見れば、クレムリンの長年の目標であった軍の戦闘態勢が整備され、近代化の兆しも見え始めていた。

2014年にクリミア半島に「リトル・グリーンメン」（徽章を着けていない特殊部隊）が展開した時、彼らの装備のある部分、すなわちニーパッド（ひざ当て）が、多くのメディア報道やその後のオンラインチャットで不自然なほど重要視された。これらは現代の兵士の制服の中でも控えめながら便利なものだが、重要なのは、これまでロシア軍のレパートリーにはなかった装備だということだ。また、デジタル迷彩服や最新のボディアーマー、イヤフォン型戦術無線機や個人用武器などの携行装備類は、多くの意味で、これらの侵略者がいかに西側風に見えるかの隠喩であるとも言える。彼らが本当にロシアの特殊部隊かどうか尋ねられた時、プーチンは、単に軍の放出品店で買い物をしたのでは、とほのめかしたが、これは意図的な皮肉でもあった。これは、ロシアの兵士を21世紀へと導くことを目的とした、被服と個人用装備品を組み合わせた新しい歩兵戦闘システム「ラトニク」(「戦士」)の最初の本格的な出動であった。

ラトニクは時間をかけてアップグレードされていく構想だが、すでに意欲的な後継システムが開発されている。未来的な「ソトニク」(直訳すれば「センチュリオン」)の被服の基本は、重機関銃の弾丸に耐えられるほど丈夫でありながら、兵士の熱信号を隠すコーティングが施され、ボタンに触れるだけで色が変わる「エレクトロクロミック」カメレオン迷彩も備えた軽量バトルアーマー・スーツになるだろう。またマイクロドローンがビデオ映像を直接兵士にストリーミングし、動力付き外骨格により重い荷物を運び、疲れることなく高速で移動することを可能にする。すべては非常に野心的だが、正直なところ、ソトニクは今後数年間のうちに次の標準装備になるというよりは、技術コンセプトのテストプロジェクトとなる可能性が高い(※原注7)。とはいえ、モスクワが最先端の軍事大国に飛躍したいという願望(その能力はないかもしれないが)を象徴するものである。

■再軍備と人材確保

一方、再軍備はショイグが中心となって進めていた。セルジュコフは、防衛産業界と厳しく交渉しつつ、無駄を取り締まろうとしていた。結局、2008年頃までは、購入し実戦配備した新しい最上位機種の装備品量はごくわずかだった。セルジュコフは、防衛関連企業に品質管理の徹底と、利益率の削減を強制していた。さらに警告の一部として、外国製システムの購入にも踏み切った。公平を期すと、いわゆる「メタルイーター」の一部は特に危機感は持っていなかったが、その他の企業は率直に言って近代化に苦労していた。このため、セルジュコフの強硬なアプローチは、産業界から不評を買っただけでなく、企業がコレまでの手続きを変更する必要に迫られ、調達が滞ってしまったのは皮肉なことだった。

2011年、セルジュコフは当時のメドヴェージェフ大統領に業界の失敗について不満を漏らし、2010年の国家防衛令の不達成の原因を産業界に求め、一部の企業トップを懲戒処分にすべきとまで主張したことがあった（ここで再び彼は、少ない友人をさらに減らした）。メドヴェージェフ大統領も彼らの行動をありのままに批判し「最高レベルで行なわれた決定に対し、資金が配分されたにもかかわらず、成果が上がらないというのは容認できない事態だ」と苦言を呈した（※原注8）。さらに彼は「誰がどのような罰を受けたのか？」と問いかけ、グラーグ（強制収容所）時代を思わせるセリフで、「時代が違えば、ここにいる皆の半数は、すでに青空の下で厳しい肉体労働に従事していることに気づいているはずだ」とも言った。こんな啖呵を切ったものの、数ヵ月後、メドヴェージェフはプーチンのクレムリン復帰を支持すると表明し、たちまちレームダック大統領となったのである。メドヴェージェフは、有力な防衛産業界（いくつかはプーチンと支援関係にあった）に変化を強いることができず、その能力は限界に達していた。

ショイグの特徴は、ニンジンとムチが混在していることである。いくつかの伝統的な例外（ウクライナの艦艇用機関や特殊部隊が必要とする特定の品目など）を除き、基本的にロシアのサプライヤーのみで装備を購入するという以前の方針に戻り、契約条件についてはより柔軟なアプローチを採用した。彼は、合意した基準を満たさない企業を非難することには何の良心の呵責も感じなかったが、基本的には「メタルイーター」と同盟を結んだと言える。兵員の全体的な削減と防衛予算の増加の両方のおかげで、国防に費やす予算は増加した。2010年、プーチンは2011～20年に19兆4000億ルーブル（約6984億ドル）の兵器調達計画を発表している。彼はまた、報奨としての大型発注をちらちかせて、メーカーから儲けを得ることができた。

ロシア軍の装備のうち、「近代的」とされるものは16％に過ぎなかったが、2010年に採択された10年間の国家軍備計画では、2020年までにこれを70％にすることを目指した。確かに「近代的」の概念は曖昧だが、基本的には過去10年間に製造されたものか、最近になって大幅にアップグレードされたものを意味する。そのためには、大規模かつ持続的な調達キャンペーンが必要だったが、この数字は達成されたのである。

一方、軍隊の兵力は100万人態勢となっていたが、実際には将校22万人、コントラクトニキ18万6000人、徴兵29万6000人、合計70万人をわずかに超える兵力で、将校と徴兵の数はほぼ同じであった。これは、12ヵ月の兵役期間しかない徴兵の入れ替わりが激しいことや、コントラクトニキの採用と維持が困難になっていることを考えると、重大な問題であった。人口統計のデータも問題点だった。1980年代から1990年代にかけて、当時の経済危機のあおりを受けて出生率が大幅に低下しており、それが徴兵の規模に影響を及ぼしていたのである。例えば、2011年の春と秋の徴兵制では、約44万人の徴兵が必要だったが、徴兵猶予（主に教育上の理由）や、医療免除（多くは悪徳医師から買い取ったもの）に加え、全体の人数も減少しているため、この目標を達成するのはますます困難になっていた。このため2009年以降は、徴兵委員会（voyenkomaty）は、犯罪歴のある徴兵も受け入れなければならなくなった。

これに対し、ショイグは、給与の引き上げや待遇の改善など、職業勤務の魅力を高めるためにできる限りのことを行なった。その一方で、セルジュコフやマカロフが行なった改革を逆手に取った。

ロシア軍には、かつて「プラポルシチク」(准士官、海軍では「ミヒマン」)という階級があり、西側諸国の軍隊では准尉に該当する、長期勤務の職業軍人だった。2009年からこの階級は段階的に廃止され、「コントラクトニク軍曹」に取って代わることになった。その数は約14万2000人だったが、そのほとんどは将校に昇進するための学歴がなく、また当然のことながら年功や給与の削減を受け入れてまで軍曹にはなりたがらなかった。2万人ほどは下士官になったが、残りのほとんどは、経験豊富な志願兵を切望する兵科に奪われていた。ショイグは直ちにこの不幸な先例を撤回し、5万5000人の元プラポルシチクおよびミヒマンの再雇用を開始した。

■戦闘準備

ロシアと西側諸国との関係が悪化するにつれ、さらに変化が生じるのは必然であった。旅団は柔軟で機動的な局地戦には適していたが、大規模な正規戦の衝突が予想されるため、2013年には、大規模な機械化作戦を実施できる、より打撃力のある組織として、師団の一部復活が決定した。また、旅団から生まれた専門性の高い大隊戦術群は、モジュール式戦闘部隊となり、ウクライナのドンバス戦争でテストされた。2014年、北方艦隊は西部VOから切り離され、北方艦隊統合戦略司令部を新設し、2021年にはロシアの北極圏の側面を担当する本格的な北部軍管区となった。

これらは後述するが、要するに、ショイグとゲラシモフは、セルジュコフとマカロフが目指した軍事マシンを完成させたのである。

これはクレムリンにとって好都合であった。プーチンの政策は、次第に権威主義的、国家主義的な姿勢を増していた。2011年の議会選挙の不正に反対する抗議行動、そして2012年の政権復帰への抗議行動は、西側の支援によるものと認識された。そして、隣国ウクライナでの政府に対する民衆の蜂起が、2014年のクリミア併合とドンバスへの介入につながり、欧米の批判と制裁の引き金となった。外交的孤立と、モスクワに従属する他政権の崩壊の可能性に直面し、2015年、ロシア軍はシリアにも派兵を行なった。これらの紛争は、いずれもモスクワと西側諸国の関係を悪化させただけでなく、新たな課題と新たな教訓をもたらし、それに対して軍も適応と対応を迫られていった。それはまた、ロシア軍がさまざまな戦場で苦労して学んだ、豊富な軍事的経験を持っていることを意味している。

2014年10月、新冷戦が勃発した時のショイグの言葉は、「ロシアの主権は、陸軍と海軍によって確保されており、ロシアの存在する1152年間、多くの西側支配者を噛み砕いてきた障害であり続けるだろう」であった（※原注9）。2000年当時、プーチンは軍隊がほとんど機能していない国を引き継いだことを考えれば、ロシアは実際には驚くほど短期間に、短期の鋭い介入から、厄介な内乱鎮圧まで、国境から遠く離れた遠隔地で行なわれるあらゆる紛争を戦い、勝利することができる軍隊を獲得したのである。これはさまざまな意味で、プーチンの夢であるロシアの復活を左右するものだが、国防相にとっても好都合なことである。ショイグは政治家であり、自分のイメージを注意深く管理し、実際の戦場での経験を持つ「戦う将軍たち」からロシア正教会まで、あらゆる種類の支持者と同盟関係を築いてきた人物である。彼は大げさな表現を手控える方法を知っており、大統領に反抗していると思われるような危険なスポットライトを浴びることなく、ロシアについて語る術を心得ている。皮肉なことに、新時代の最初の戦争であり、ロシアの新しい守護神および軍の表看板としてのショイグの評判を確固たるものにした戦争では、彼は開戦にはあまり乗り気ではなかったようだ。それは２０１４年のクリミアの併合である。

第14章　クリミア、２０１４年

私は、モスクワの中心部をぐるりと囲むガーデンリングの一部であるヴァロヴァヤ通りのアパートに住んでいた。８車線の高速道路が走っているため、交通量のピーク時には少し騒がしいが、最高のロケーションだった。それでも、２０１４年3月21日金曜日の夜は、クリミアが正式にモスクワの支配下に戻った日だったので、ほとんど眠ることができなかった。一晩中、クラクションを鳴らし、同じように声を張り上げる同乗者と、窓から旗をなびかせた車が、環状道路をぐるぐると走り回ったのだ。熱心なプーチン派も反対派のほとんども一致団結し、並外れた愛国的な喜びを爆発させていた。「クリミアは我らのもの」という落書きから、当時の報道写真に何度も掲載されていたある一枚の写真、ネコを抱いたロシア軍の若者「礼儀正しい人」（マスコミでは、作戦で重要な役割を果たした特殊部隊「リトル・グリーンメン」をこう呼んだ）を急遽プリントしたTシャツまで、半島の迅速かつ決定的な占領にまつわるミーム（文化的遺伝子）があふれていた。

それほど公にはならなかったが、軍部も同様に熱狂的であった。ソ連のアフガニスタン侵攻と第一次チェチェン紛争に参加し、数年後にすっかり幻滅して退役した知り合いの元将校に会ったが、

1杯目のビールを飲んだ後、大いに誇らしげだった。「俺たちがこんなにうまくやれるとは思ってなかったよな。やったぜ、みんなに見せつけてやったぜ！」。2杯目のビールを飲むと、感傷的になって、制服時代の良い面ばかりを思い出し、彼が過去に私に語った恐ろしい話を忘れてしまった。しかし3杯目になると、彼は悩み始めた。「でも、これからどうなる？　指導者は、どこで止めたらいいのかわかってるのか？」。その通りだ。

クリミアの併合は、慣れ親しんだ古いハンマーではなく、メスを使って遂行され、ロシア軍の新しい能力を印象的に表現したものだったことは確かだ。完全武装しながらも徽章を外したロシア軍が半島全域に展開した時、モスクワが歴史的に自国の領土とみなしていた、戦略的に重要な領土を取り返しただけではなく、共通点と相違点、歴史の共有と政治の分裂に根ざした複雑な関係に、新たな章を開くものであった。そして、ロシアと西側の冷戦がますます深化していき、最終的に2022年にウクライナ全土で噴火することになる火種となったのである。

■ロシアとウクライナ

ウクライナという地名は、まさに「国境」を意味する言葉に由来しているが、現代のベラルーシ、ロシア、ウクライナの祖先であるルーシ人の心臓であり、源泉であると自称しても差し支えないだろう（※原注1）。首都キーウ（キエフ）は、1240年にモンゴルの侵略で略奪を受けるまで、都市国家の中で政治的、文化的に支配的な地位にあった。モンゴル支配の時代には、小さな町とそれを支配する冷酷な日和見主義のリューリク王朝が台頭し、キーウの地位はモスクワに受け継がれた。その後、ウクライナはロシア正教会のモスクワ大公国と、カトリックのポーランドおよびリトアニアとの間で争われたが、1654年にロシアの支配下に入った。一部が正教会、一部がカトリックとなったウクライナは、その後3世紀半にわたって本質的にはロシア帝国の一部であった。その間には定期的な蜂起や、1930年代にはソ連の独裁者ヨシフ・スターリンが、彼の支配に対するウクライナの抵抗を断ち切った強制集団飢饉「ホロドモール」などの残虐行為もあった。

ソヴィエト連邦が終焉を迎えた1980年代、ウクライナでは再び民族主義が台頭した。1991年8月24日、ウクライナは正式に独立を宣言したが、実際の連邦からの離脱は数ヵ月後であった。年末の連邦解体前に行なわれた国民投票で、90%以上の有権者が独立を支持し、この決定が批准された。

ソ連崩壊後、突然に国家として独立した他の多くの国と同様、ウクライナは経済的、社会的、政治的に深刻な問題に見舞われることになった。インフレ率は急騰し、経済は縮小した。腐敗した政府とその空約束に対する民衆の不満は、特に不正選挙後の2004〜05年の「オレンジ革命」で劇的な形で現れたが、自由で経済的に活気のあるヨーロッパ式の民主主義を構築したいという希望と、組織的な腐敗、非効率、経済衰退を特徴とする現実との間で、ウクライナは引き裂かれたままであった。

2013年、ヴィクトル・ヤヌコーヴィチ大統領は、提案された欧州連合（EU）との条約に突然の方向転換を行なうという、重大な政治的ミスを犯した。東部のいわゆる「ドネツク・マフィア」と呼ばれる政治家の多くと同様、ヤヌコーヴィチはプーチンが台頭するロシアに後援と利益を求めていた。モスクワはウクライナを自国の勢力圏にとどめようとしたが、国民感情、特に同国西部の人々はEUとのより緊密な関係を望んでいた。2013年にはEUとの連合協定を支持していたヤヌコーヴィチは、モスクワが敵意をあらわにすると方針を転換した。この協定の条件では、プーチンの代替経済圏であるユーラシア経済連合にウクライナが参加できなくなることに気づいたからだった。

抗議行動はキーウ中心部の独立広場で始まったが、これを鎮圧しようとした最初の試みは、反対派がさらに活気づき、抗議行動に参加する人数を増やしただけだった。政府はいわゆる「ユーロマイダン」デモを終わらせるために、何度も武力行使を試みたが、残虐行為と矛盾が混在し、状況を悪化させるだけであった。2014年2月22日、弾劾の危機に直面し政権が崩壊しようとしていたヤヌコーヴィチはロシアに逃亡し、130名の死者と、世界の中での自分の位置を再考しなければならない国家が残された。モスクワは、ウクライナの新政権が自国の影響力からの脱却に向かうという予測に危機感を抱き、独自の計画を立て始めた。

■「クリミアをロシアに返せ」

特に南部のクリミア半島は、ロシアの黒海艦隊の母港でもあり、状況は複雑だった。1954年まではロシア・ソヴィエト連邦社会主義共和国の一部であったが、ウクライナ出身の最高指導者ニキータ・フルシチョフがウクライナに移譲した。当時はウクライナもロシアも同じソヴィエト連邦の一部であったため、あまり重要視されていなかったようだ。しかし人口の多くは文化的にロシア人で、特に黒海艦隊の将校たちは家族とともにここで引退し、温暖な気候とのんびりした雰囲気を楽しんでいた。1990年、ウクライナではほぼ全員がソ連からの独立に投票したが、クリミアでは56％という低い支持率にとどまり、それ以来、クリミア住民はしばしばキーウに無視されていると感じるようになった。

クレムリンは、ヤヌコーヴィチ政権の崩壊後、西側諸国との関係緊密化を謳い、NATO加盟さえも考える新政権が誕生したことで、クリミアにおける戦略的地位が危うくなることを懸念していた。１９９７年にキーウと締結した黒海艦隊と最大２万５０００人の軍の半島駐留に関する協定は２０４２年まで有効だったが、それでもモスクワには、新政権は不当で民族主義的だと見なして信用しない者も少なくなかった。ＮＡＴＯの２００８年ブカレスト宣言は、ジョージアとウクライナが「ＮＡＴＯに加盟する」と明言していた。これは本質的には加盟プロセスの即時実行というよりも政治的な声明であり、現実的には、少なくとも10年間のうちにどちらかが同盟に加盟すると、素直に信じる西側の人々はほとんどいなかった。しかしますます偏執的になるクレムリンは、黒海艦隊が弾き出され、ＮＡＴＯ艦隊が取って代わる可能性は充分にあると考えていた。

これに加えて、就任以来、空前の支持率を享受してきたウラジーミル・プーチン大統領は、その数字が下がるのを目の当たりにしていた。２０００年代、ロシア人は１９９０年代の混乱が終わりを告げ、生活水準が急速に向上したことに安堵し、偽りの民主主義を喜んで受け入れていた。しかし、エリツィン時代は歴史の中に消えつつあり、経済も２００９年の経済危機からまだ一部しか回復していなかった。彼は、クリミアは実際は自国の一部であり、不当にウクライナに引き渡されたものだと、ほとんどのロシア人が考えていることを充分に承知していた。プーチンもまた、自身の神話をますます信じるようになり、政治的、軍事的、戦略的利益のすべてを集約し「ロシアを再び偉大にした」人物として歴史に名を残す地位を確立しようとしていた。

もちろん、クリミア併合のための緊急事態対応計画は以前からあった。万一に備え、あらゆる種類の可能性について想定しておくのは、何といっても参謀本部作戦総局の軍事計画担当者の仕事である。詳細は不明ながら、筆者の判断によれば、少なくとも1990年代半ばから検討を始めていたようだ。とはいえ、これらは必ずしも2014年以前からその可能性が真剣に考えられていたことを示すものではなく、むしろウクライナの政治の不安定さを考えれば、将来的な問題として考慮しないわけにはいかなかったのだろう。

ともあれ、2月18日にキーウの中心部で約2万人の抗議者が警察と衝突し、ヤヌコーヴィチが事実上の非常事態宣言を発令したときには、こうした計画がすでに再検討されていたのは確実だ。その2日後、クリミア最高会議（事実上の地方議会）のウラジーミル・コンスタンティノフ議長は、モスクワ出張中にウクライナからの分離独立の可能性についての推論を公にした。プーチン自身によれば、2月22日から23日にかけて、ヤヌコーヴィチをどう脱出させるかについて徹夜で会議をした際、「別れ際に、私は同僚たちにこう言った。クリミアのロシアへの返還に向けて動き出さなければならない」（※原注2）。これはおそらく不正直な発言だ。時系列で見れば、それより前に半島を奪取する決定がなされていたはずだ。プーチンは事前にもっと幅広く相談していたようだが、いざとなると、最終的には最側近との会議となった。ニコライ・パトルシェフ安全保障会議書記、アレクサンドル・ボルトニコフFSB長官、セルゲイ・イワノフ大統領府長官、セルゲイ・ショイグ国防相である。未確認ながら信頼度の高い報道によると、唯一生ぬるい声を上げていたのがショイグで、彼は明らかに長期的な影響を懸念していたようだ。ただ、彼もまた政治家として生き残った人間であり、この決定に積極的に反対するよりも、命令に従うことを宣言することにとどめておいた。印象的なのは、外務大臣セルゲイ・ラヴロフをはじめ、潜在的なマイナス面を考慮する可能性のある人々や、さらにはメドヴェージェフ首相さえも召喚されていなかったことだろう。

ヤヌコーヴィチが国外逃亡する2日前の2月20日には、おそらく暫定的な決定がなされたようである。このことを偶然にも裏付けてくれたのは、皮肉なことに、国防省が作戦に参加した人々を称えるために刻印されたメダルそのものだった。このクリミア帰還章は、ロシアの三色旗と聖ゲオルギー・リボンの黒とオレンジを組み合わせた独特のリボンがついているが、作戦期間の日付は2月20日から3月18日となっている。いずれにせよ、「ヴレーミヤ・チャ」（攻撃開始予定日）は2月27日に設定されていたため、計画者たちに時間の猶予はなかったのである。

■クリミア併合

半島でのパワーバランスは、書類上ではほぼ互角に見えた。ロシア側は、フェオドシヤに第51

０海軍歩兵旅団、シンフェロポリに第８１０独立海軍歩兵旅団と、黒海艦隊の特殊部隊である第４３１独立海上偵察所（OMRPSN:Otdelny Morskoy Razvedyvatelny Punkt Spetsialnovo Naznacheniya）の海軍スペッツナズ部隊を擁していた。その他の軍人は水兵がいた。ウクライナ側は、この当時全兵力の10分の１以上である合計約２万２０００人がクリミアに駐留していた。しかし、そのほとんどは海軍の人員であり、特に高い即応性を保持しているものはなかった。１万５０００人以上の海軍および沿岸防衛ミサイル部隊、空軍１個旅団、対空ミサイル３個連隊のほかは、半島の防衛は海軍歩兵の手に委ねられていた。クリミアには計４つの部隊があった。ペレヴァリノエの第36独立機械化沿岸防衛旅団、フェオドシヤとケルチの第１および第５０１独立海軍歩兵大隊、セヴァストポリの第56独立親衛大隊である。ウクライナ軍の基準からすると比較的よく訓練されているが、いずれも長年の資金不足による混乱と士気の低下にさらされていた。このほか、国内治安省（ＭＶＳ）傘下の準軍事組織である内務軍の３個旅団と２個大隊および国境警備隊、計２５００名がいた。いずれも警察と治安維持が主な任務だが、国家防衛という副次的な役割も担っている。しかし決定的な問題は明確な指揮系統がないことだった。ロシアが動き出すと、新政権に敵対する将校が明確な命令を出さず、指揮系統を故意に混乱させる可能性もあった。

ロシア軍は作戦の前週から静かに戦闘態勢を整え、飛行場や武器庫を確保するため、基地からいくつかの部隊が送り出された。一方、ロシア全土の特殊部隊は「抜き打ち検査」を装って静かに活動を開始し、その多くは黒海に面したクリミア近辺の、アナパのロシア軍航空基地およびノヴォロシスクの海軍基地に空輸された。2月22〜23日夜、VDVのスペッツナズ部隊である第45独立軍団が動員され、モスクワ近郊のクビンカ基地から移動した。一方、参謀本部情報総局（2010年に管理上は「GU」（参謀本部総局）と改名されたが、依然としてどこでも「GRU」として知られている）とFSBの幹部は、作戦開始時に充分に武装した「地元自衛団」を街頭に確保するため、組織犯罪グループを含む地元のシンパや、ロシア各地からの義勇兵との取引を仲介していた。

すでに2月23日には、キーウの新政権に対する抗議デモには数万人が集まっていた。その大多数は、彼らが「クーデター」と見なした政権の振る舞いに純粋に憤慨し、「プーチンは我々の大統領だ」と唱えながら、モスクワに何らかの支援を求めた。新政権がクリミアなどの地域でロシア語を公用語とする法律を撤回したことは、彼らにとって特に憂慮すべき前兆のように思われた。それに加えて、特に「市民自衛団」の結成を促すロシアの工作員の存在にもはっきりとした証拠がある。わずか一日かそこらで、コサック、民族主義的なオートバイ組織「ナイトウルフ」のバイカー、アフガン戦争の退役軍人など、ロシアからの部外者が到着し、反キーウ運動に彼らの声と拳を加えたである。これは一部は純粋で自然発生的なものであったが、モスクワにも彼らを奨励する明確な意図があり、時にはクリミアへの渡航を手配することもあった。

一方、黒海艦隊の海軍歩兵は、ロシアの施設警備を口実に、すでにセヴァストポリやシンフェロポリ空港に配置されていた。これは予知能力があるかのような不思議なことだった。2月26日、半島の首都シンフェロポリで、ロシアへの加盟を支持するデモ隊と、少数民族クリミア・タタール人を中心とした反対派との間で、激しい暴力的な衝突が起こったのだ。後に判明したことだが、親ロシア派の一部は、クリミアで最も強力な地元組織犯罪組織であるサレムとバシュカキのメンバーであった。彼らは通常なら決して協力することはないが、この役割を果たすためにFSBに採用されたようだ。同日、プーチンは西部および中央VOの部隊に抜き打ち検査を命じた。これらは、半島奪取のための最終的な準備への、重要な煙幕であったことが後に判明した。

2月27日朝0430時、雑多な迷彩柄の服を着た武装集団が、全員が現代的なボディアーマーを装着し、怪しいほど近代的で豊富な種類の武器を手に、地元の国会議事堂を占拠し、ロシアの旗を掲げた。自らを「クリミアの武装自衛軍」と名乗る彼らは、さまざまな勢力が混在していた。実際に主任務を担っていたのは、ロシアで新設された特殊作戦軍コマンド（KSSO：Komandovaniye Sil Spetsialnalnykh Operatsii）の隊員たちで、他の分遣隊のスペツナズと海軍歩兵によって支援されていた。また、他にも「義勇兵」がいたが、反キーウ側についた元ウクライナ警察特殊部隊「ベルクト」や、退役軍人からなる地方民兵「ルベジ」などの一部の部隊を除けば、彼らの多くは粗暴な略奪者にすぎないことが判明した。彼らは作戦上の価値はほとんどなかったが、ロシア軍に政治的な隠れ蓑を与えた。よく訓練され充分な武装を手にした軍隊が、徽章のない軍服を着用し、半島を征服するために展開していた。

■「リトル・グリーンメン」の登場

その後、数日から数週間かけて、ロシア軍はクリミアのウクライナ軍を封鎖し、半島の首を閉鎖して援軍を阻止し、傀儡政権を樹立した。兵士はロシア人ではないという主張（プーチンが、彼らが中古品店で最新のラトニクモデルの制服と装備を購入した可能性を示唆したことを思い出そう）は、状況に不確実性をもたらすのに充分であった。最初の数時間、キーウと西側諸国では、黒海艦隊司令官による破天荒な作戦か、「リトル・グリーンメン」たちは傭兵なのか、などさまざまな狂乱の憶測が飛び交った。もちろん真実はもっと単純だったが、有効な反応を遅らせるには充分で、ロシア側にクリミア封鎖に必要な決定的な機会を与えてしまったのである。

同時にモスクワは、軍の展開を支援するために「ハイブリッド戦争」として知られる戦闘も行なっていた（第26章で述べるように、やや問題があるが）。サイバー攻撃はウクライナの通信を麻痺させ、モスクワの工作員や同調者は自分たちの業務を放棄し、時には設備を妨害した。インターネットの「荒らし」やスパイは同様にばかげた噂を流し、現実の状況に混乱を加えていた。一方、ヤヌコーヴィチはモスクワで記者会見し、いかなる軍事行動も「容認できない」し、（彼の心の中では）ウクライナの正当な大統領として、ロシアの介入を要求も是認もしない、と述べた（※原注3）。これは信頼性を維持するための試みであったかもしれないが、この時点で彼は本質的にクレムリンの懐に入っていたため、別の心理作戦であった可能性が高い。ロシアがジョージア（グルジア）で学んだように、このような秘密工作や情報戦は、敵の戦意を喪失させ、肝心なときに敵の結束を砕くのにきわめて有効であるといえる。

作戦のスピードとプロフェッショナリズム、そして政府側の混乱（キーウには27日の午後まで国防相さえいなかった）も理由となり、当初は比較的少数のロシア特殊部隊（最初の数日間でおそらく2000人以下）でも、しばしば有効性に疑問の残る地元の同盟軍とともに、はるかに巨大なウクライナ軍の封じ込めに成功した。しかし間もなく、ロシア軍は大砲、対空砲、機械化部隊など、より重装備の部隊をクリミアに送り込んでいく。

これは当初、断片的に行なわれた。2月27日の午後、「ロプーチャ」級大型揚陸艦「アゾフ」がセヴァストポリに入港し、第382独立海軍歩兵大隊の兵士300人が上陸した。翌朝、3機のM i－8輸送機がMi－24ガンシップの最新型Mi－35（全天候アップグレード型）8機に護衛され、セヴァストポリ北部のカチャ飛行場にスペッツナズを空輸した。さらにその日の午後には、IL－76輸送機がシンフェロポリのグヴァルデイスコエ航空基地に着陸、さらに多くの部隊と重装備を積んだ揚陸艦も半島に集結してきた。

ウクライナの指揮官は途方に暮れていたようで、飛行可能な数少ないSu－27をかき集めて緊急発進させ、さらに飛来する部隊を阻止する動きも見られたが、ロシア側は計画的に行動手段を封鎖してきた。2月28日、ロシアのミサイル艇がバラクラヴァの港を封鎖した。同時に、海兵隊がウクライナ軍第204戦術航空旅団の本拠であるベルベク航空基地を占拠し、45機のMiG－29戦闘機を無力化した。しかし、ロシア軍はこの時点ではまだ手薄で、はったりと混乱に頼り（ケルチではわずか20人の海軍歩兵が1個大隊全体を封じ込めていた）、そして非常に流動的な状況に依存していた。ウクライナ軍が抵抗できなかったわけでも、クリミアが本土から完全に切り離されたわけでもない。実際、ウクライナの国会議員で後に大統領となるペトロ・ポロシェンコは、和解交渉のためにシンフェロポリに向かうことができたが、デモ隊に邪魔された。

しかし3月1日までに、第10旅団と第25独立連隊から派遣されたスペッツナズなど、充分な兵力が海上輸送された。さまざまな兵科の志願兵とともに、彼らは半島全体に存在感を示し始め、レーダー基地の占拠やウクライナ軍の陣地の封鎖を行なった。クリミアに駐留していた海軍部隊は全軍が降伏、亡命、もしくは次々と拿捕された一方、沿岸警備隊の小型船の多くは、機敏で迅速な動きで逃げ延びることができた。3月1日、バラクラヴァ基地の門にロシア軍の輸送隊が到着したのを目撃した第5沿岸警備隊は、そのまま出航した。このような事態に備えていたということだろう。その結果、23隻の沿岸警備隊の船が避難することができた。同様に3月3日には、第5海軍航空旅団のヘリコプター4機と飛行機3機が、封鎖されていたノボフェドロフカ航空基地から脱出したが、それらを撃墜するような行動はなかった。

とはいえ、避難できるチャンスは少なくなっていた。3月2日、ウクライナ海軍司令官でクリミア駐在のウクライナ軍最高幹部、デニス・ベレゾフスキー少将が実際に寝返った。「クリミア人への忠誠」を誓った彼は、後にロシア黒海艦隊の副司令となる。彼は艦艇にも自分とともに亡命するよう呼びかけ始めた。当初は同調者はいなかったが、ロシア側は時間の猶予を与え、基地周辺の兵士を地元の民兵に置き換えることまでした。ここに至り、半島のパワーバランスが変化していた。3月6日までに、ロシア軍はスペッナズを中心に2000人近い兵員を増員することができた。

しかし、このパワーバランスは揺り戻される可能性があった。3月2日、キーウは機械化部隊や砲兵を含む部隊をクリミア半島に向けて移動し始め、軽装備のロシア海兵隊や特殊部隊に深刻な打撃を与える可能性があった。このため、ロシアはウクライナ東部国境で約1万人の兵力増強を開始し、キーウが展開できる比較的限られた兵力をクリミアから引き離そうとした。

■「我らのクリミア」

3月6日、クリミア議会でロシアへの編入を求める動議が提出され、その住民投票の期日が16日と公示された。それから10日間、クリミア半島は不穏な静けさに包まれた。ロシア側は残存するウクライナ軍の封鎖を続けたが、無理強いはやめ、非武装・制服着用であればウクライナ人の基地への出入りも認め、ウクライナとロシアの海兵隊の間でサッカーの試合さえ行なわれるようになった。ドヌズラフ湖で第5水上艦艇旅団の12隻を封じ込めていたミサイル巡洋艦「モスクワ」も帰投し、海につながる水路に沈められた艦艇のみに置き換えられた。彼らはまだ追い詰められていたが、あからさまに対立するような方法ではなかった。

一方その間に、攻撃側のロシアに不足していた重装備が届き始めていた。第727独立海軍歩兵大隊と陸軍の第18独立自動車化狙撃旅団が、砲兵と戦車を伴なってケルチから海上輸送され、後者はすぐにペレコープ地峡の確保に向かった。S‐300PS SAMシステムが領空を支配し、バスチオン‐P沿岸防衛ミサイルがウクライナ海軍の潜在的な侵攻を寄せ付けなかった（キーウには使える艦艇がそれほど残っていたわけではないが）。キーウがクリミアを力づくで再び支配できるという考えは、すぐに打ち消された。

入念に準備されたキャンペーンの後、滞りなく行なわれた住民投票は、ロシアへの編入に97％の賛成票を獲得した。この投票はロシア軍の銃の影で行なわれており、反対意見はメディアから排除され、反対派は追い詰められて沈黙しており、国際社会が拒否することは確実だった。しかし皮肉なことに、完全に公正に行なわれていたとしても、結果はそれほど劇的ではなかったかもしれないが、ロシアへの編入にはっきりと賛成することには変わりなかったようだ。翌日、クレムリンはクリミアを独立国家として正式に承認し、その翌日にはロシア連邦への加盟を歓迎した。

その後に続いたのは、本質的には「清掃」だった。ロシア軍は、それまで持ちこたえていたウクライナの兵舎や施設に、おおむね暴力なしで進駐を始めた。はるかに重武装のロシア軍に直面し、士気の低下した兵士たちは、安全な帰路の提供を受けて、通常は喜んでそれを受け入れた。ロシア軍は、コントラクトニキとして契約していた兵士に現在の階級と年功を認めると申し出ていたため、多くのウクライナ兵がロシア軍に加わることを選択した。例えば、3月20日にケルチの第501独立大隊が降伏した時、兵士の3分の2がこの取引を受け入れた。「アムール」級統制艦「ドンバス」を皮切りに、艦艇はウクライナ国旗を降ろし、ロシア国旗を掲揚するようになった。

交渉や転向が機能しなかったところでは、武力という選択肢があった。元海軍歩兵とスペッツナズだけで構成された、実質的な戦闘力を持つ唯一の地方民兵部隊である「ルベジ」は、コルベット艦の「テルノピリ」および「フメリニツキー」、揚陸艦「コンスタンチン・オルシャンスキー」を襲撃した。6両のBTR‐82A装甲兵員輸送車に支援されたコマンド部隊は、ベルベクの第204戦術航空旅団の施設に侵入し、銃口を突きつけて降伏させた。最も激しい抵抗を示したフェオドシヤの精鋭部隊、第1連隊に対しても、ロシア軍は武力を誇示して降伏させることを選択した。KSSOの隊員は、2機のMi‐35に空中援護されたMi‐8ヘリから閲兵場に降下、兵舎にスタン擲弾と発煙擲弾を次々と発射し、空に向けて威嚇射撃を行なった。多少の乱闘はあったが、2時間以内にウクライナ人は打撲と骨折程度で降伏した。

3月25日夜、掃海艇「チェルカースィ」に2機のMi‐35から海軍スペツナズがなだれ込み、ウクライナ側の抵抗はこれをもって終わりを告げた。9000人以上のウクライナ軍兵士がロシア軍に加わることを選択し、残りの兵士は、その後数日から数週間のうちに、装備とともに本国に送還された。モスクワは戦車、航空機、大砲の返還には特に不満はなかったが、当初は拿捕した艦艇の全部または一部を保持することも考えていた。しかし、拿捕艦艇の状態があまりにも悪かったため、最終的にはすべて返還してしまった。

■作戦の評価

一方、クリミアは軍事要塞に変貌していった。最終的には、2020年初頭までに半島に駐留するロシア軍の総兵力は、第22軍を含めて推定3万1500人にまで膨れ上がった。第22軍は、統合司令部を重視する新しい方針に沿って、厳密には黒海艦隊の一部であり、第127独立偵察旅団、第15独立沿岸ロケット砲兵旅団、第8砲兵連隊、第1096独立対空ミサイル連隊、第126独立沿岸防衛旅団の海兵隊から構成されている。また、第810海軍歩兵師団、第431独立海上偵察所の約900名の海軍スペツナズ、第7師団第171独立空中襲撃連隊の空挺部隊もある。ジャンコイの第39ヘリコプター連隊は、Mi-28、Mi-35、Ka-52が混在する38機のガンシップを保有している。

地上軍は、新しいS-400トリウームフ長距離SAMと、ブーク-M3（SA-27）中距離ミサイルランチャー、パーンツィリ-S1（SA-22）対空砲・ミサイルトラックで構成される、統合多層防空システムによって保護されている。セヴァストポリに本部を置く第31防空師団は、2個SAM連隊と無線技術（EW）連隊を擁する。黒海艦隊の海軍航空隊は、サキ航空基地の第43独立連隊で構成され、Su-24M爆撃機とSu-30SM戦闘機が配備されている。空軍は、グヴァルデイスコエに第37航空連隊があり、Su-24M爆撃機1個飛行隊およびSu-25SM地上攻撃機の1

個飛行隊、ベルベクに第38戦闘機連隊があり、Ｓｕ‐27とＳｕ‐30が混成して配備されている。沿岸防衛のため、バスチオン‐Ｐに加え、バル‐Ｅ（ＳＳＣ‐６）巡航ミサイル発射施設が設置され、半島近海を制圧できるようになった。黒海艦隊も強化され、特に最新のカリブル（ＳＳ‐Ｎ‐27）長距離巡航ミサイルを搭載した艦艇が運用された。こうしてクレムリンは人気を取り戻し、プーチン個人の支持率を60％から80％以上へと大幅に向上させただけでなく、黒海に対するロシアの支配力も強化することができた。

後にプーチンが「セヴァストポリやクリミアを我々の保護下に置くことをどうして拒否できるのか？」と質問したのは、一部に修辞的な意味合いがあったに過ぎない（※原注4）。この紛争は、最近のロシアの帝国主義的な冒険の多くと同様、モスクワの計画とともに、出世のチャンスと見た野心的な政治家から、キーウの新政府下で自分たちの将来を心から恐れていたロシア民族まで、地元の勢力の陰謀、利益、介入によって推進された。このような複雑で混乱しがちな力から、このような新しい種類の紛争が発生したのだ。

クリミアでは、並外れた軍事的成功を収めた。ウクライナ兵2名とコサック義勇兵1名が死亡したが、ロシア側の死傷者はなく、戦闘はほとんどなかった。新編されたＫＳＳＯ特殊作戦コマンド（第24章参照）の初陣は大成功だった。軍事力、武装した代理人、虚偽の情報、欺瞞、混乱が、綿密な計画と現場の即興性とうまく組み合わされ、モスクワの期待以上に機能した。２０１４年５月、知り合いの別の退役軍人（元空挺隊員）は「私がチェチェンで記憶していた軍隊とは思えない」と、まだ信じられない様子で私に言った。もちろん、これはまったく異なる戦場であり、大部分が精鋭部隊によって行なわれた作戦だったが、それでも、ショイグとゲラシモフによって展開されたセルジュコフ／マカロフ改革が正しかったと思えたのだ。

この作戦は、欧米の経済制裁の引き金となり、世界的な原油価格の下落とともに、ロシアに金融危機をもたらした。これはモスクワにとって痛手ではあったが、致命的なものではなかった。しかしながらクリミア併合は、特定の機会を利用し、重要な戦略的資産を保護するための一回限りの行動として想定されていたが、モスクワとキーウ、そして西側諸国との関係を悪化させる、新たなる過程の始まりに過ぎなかったことが明らかになった。その理由の一つは、ロシア政府の一部グループで傲慢に近い自信過剰が生じたことである。それはまた、利己的な代理人が戦い、その行為が正当化される、このような作戦のマイナス面を反映したものでもあった。クリミア地域防衛隊の熱狂的な志願兵、凶悪犯、傭兵の居場所はなくなり、ほとんどは解散させられるか、警察や軍隊に入るよう勧められた。しかし、彼らの一部はドンバス地方に流れ込み、モスクワとキーウの対立における、次のドアを開けることになる。

第15章　ドンバス、2014年

クリミア半島併合直後に、ウクライナ南東部で勃発した紛争は、宣戦布告もなく、しばしば定義が不明確だが、際立った様相の一つに、当初は主に非正規雇用者、民族主義者、愛国者、熱狂者によって戦われていたことがある（※原注1）。この戦争において、彼自身の言葉では「引き金を引く」ことに最も貢献した男、イーゴリ・ギルキン（イゴール・ガーキン、一般には「ストレルコフ」または「シューター」という名で知られる）は、元FSB局員でありながら、2014年4月に雑多な武装集団の先頭に立ってウクライナ国境を越え、命令なしに行動するだけではなく、反逆的なこともした。同様に、ドンバス（ドネツ盆地）地域で、紛争が始まった最初の数週間から数ヵ月間、キーウの支配下に置くための最も深刻な戦いの多くは、政府軍兵士ではなく義勇兵（時には地元のオリガルヒの庇護のもとで集まった民兵）によって行なわれた。例えば、チェチェンの反逆者であるイサ・ミナエフは、亡命先のデンマークからウクライナに渡り、主に元反政府勢力で構成されたジョハル・ドゥダエフ大隊を結成した。

時間が経つにつれて、状況はより形式化されていった。この厄介な紛争は、半分は純粋な内戦、半分はロシアの代理戦争であり、ウクライナ政府軍と、モスクワが支援し武装した反乱軍が、ロシア軍司令官の下でロシア軍兵士の支援を受けながら戦っていたのである。にもかかわらず、クリミアでの作戦とは対照的に、ドンバスでの戦争は長期にわたって計画された介入ではなかった。

2014年6月、モスクワのウクライナ南東部での後続作戦が計画通りに進まないことがすでに明らかになっていた時、ある元ロシア軍参謀は、「ウクライナ人がクリミアのために戦っていれば、いまドンバスで戦っていることはなかっただろう」と語った。結局、クリミア併合が容易だったことと、キーウの混乱とが、プーチンとその助言者たちに運命的な、行き過ぎた行動を促してしまったのである。クリミアは特異なケースであった。そこではロシアがすでに軍事的な地位を占め、キーウの長年の扱いに不満を持つ住民が大半を占める半島であり、大多数のロシア人が自分たちのものであるのが当然と感じていた。それにもかかわらず、クリミアの後、ロシア国内の一部とクレムリン内部では、当初の計画にはなかった、民族的にロシア的なウクライナ東部での、限定的かつ介入を否認できる軍事作戦をもくろみはじめた。今回の目的は領土の征服ではなく、政治的圧力であり、西側との緊密な統合に向けた動きがあれば、モスクワはそれを罰することができ、また罰するだろうとキーウに思い知らせることであった。当時は、これでウクライナが意気消沈し、ロシアの勢力圏であることを受け入れると考えられていた。しかし、これは致命的な誤算だった。

確かに東部には、政府への抗議と懸念があった。ヤヌコーヴィチ大統領の権力基盤であると同時に、新政権の影響を深く懸念し、独立というより自治権の拡大を望むロシア語系住民が多く住んでいたためだ。モスクワのメディアは、新政権に「ファシスト政権」とレッテルを貼り始め、これを一挙に拡散した。一方、東部の都市では、蜂起の試みが何度か行なわれた。純粋に地元の取り組みもあれば、ロシア国内の有力者が自らの権限で動いているように見えるものもあった。そのほとんどは、実質的な支援の欠如か、治安部隊のタイムリーで効果的な働きによって失敗に終わった。しかし、ドネツィク（ドネツク）市およびルハーンシク（ルガンスク）市では、デモ隊が地方政府の建物を襲撃し、おそらくクリミアでの前例に触発され、自治権だけでなくロシアへの編入まで求める住民投票を呼びかけた。ウクライナ大統領代行のオレクサンドル・トゥルチノフは「対テロ措置」で脅迫した。必要なのは火種だけだった。

■ストレルコフの火種

火付け役となったのが、「ストレルコフ」としてよく知られるイーゴリ・ギルキン率いる、クリミア出身の52人の志願兵と傭兵である。FSB（実際にはGRUに所属していたと主張する者もいる）の経歴を持つ熱烈なロシア国家主義者である。元ロシア軍の砲兵将校で熱心な軍事リエナクター（歴史再現者）であった彼は、1992年にモルドヴァで親モスクワ分離主義者を支援し、1992〜95年にボスニア紛争でセルビア人と、1999〜2005年にチェチェンで反政府勢力と戦い、20年に渡ってさまざまな汚い内戦に関与した。その後、これらの紛争の多くで、人権侵害で告発されている。しかし、ロシアと国外ロシア人に対する彼の情熱は否定できないものがあった。

2014年4月12日、ストレルコフは寄せ集めの部隊を率いて、ロシアおよびウクライナの国境警備隊をかわしてウクライナに入国した。彼は、反キーウのデモ隊がすでに実質的に支配権を握っていたスラヴャンスク市に部隊を導くことを選択した。そこで彼は地元の民兵も掌握し、ウクライナ治安維持局（SBU）隊員による初動対応を協同して追い払うことができた。キーウはより強力な軍隊を編成し始めたが、反乱は拡大の一途をたどった。ルハーンシク、ドネツィクの両市で武器庫が荒らされ、民兵が結成され始めた。これは秩序立ったものではなく、また必ずしも親モスクワでもなかったため、クレムリンは実際に関与したものか、確信を得られなかった。ともかく、本命のクリミアは手に入れたのである。

しかしモスクワでは、この蜂起を失敗に終わらせるわけにはいかない（少なくとも国内の国家主義者の反発を避けるため）、あるいはチャンスが提供された、という意識が高まっていた。クレムリン関係者の中には、ウクライナ東部の反キーウデモが自然に広がると考える者もいたが、他の者らは戦力の計算に目を向けていた。3月の時点で、ロシア政府は全軍のうち戦闘可能な兵力をわずか6000人ほどしか集められず、国境とクリミア半島を守備するする必要もあった。ほんの少し支援しておけば、キーウが正気に戻るまで、反乱を継続させることができるのでは？　当時、外務省とつながりのあったあるロシア人教授は、「ウクライナの軍事政権は行き過ぎたことをした。だが彼らはロシアの貿易と友好が必要だと知っているはずだ。彼らが正気に戻ったら、話し合いができるようになる」と語っていた。

モスクワの大多数もこのように考えていた。ドンバスを併合することに興味はない。これはむしろ、キーウの新しい革命政権を「正気に戻す」ために必要なショック療法だ。当時、私がモスクワで話した体制内部の誰もが、わずか6ヵ月の問題だと言った。夏までに、キーウはモスクワから離脱できないことを悟り、すべてが再び平穏に戻ると断言した。もちろん、それは間違いだったことがわかった。

■非正規の戦争

彼らはこの危機の本質を見誤っていた。ウクライナ東部のロシア語を話す幅広い人々が、新政府に対する深い懸念を抱き、反乱軍を積極的に支持すると思い込んでいた。だいたいにおいて、それは勇み足だった。彼らはまた、まったく同じロシア語の話者を含む一般のウクライナ人が、自国の主権を守るために積極的に武器を取ることについての誤解もあった。

政府軍は確かに少数で、多くの場合、装備も不充分でやる気もなかった。比較的精鋭とされる部隊でさえ、しばしば反乱軍と交戦するのを嫌がった。あるきわめて恥ずべきケースでは、第25空挺旅団の空挺部隊が反乱軍と戦いもせず、BMD空挺歩兵戦闘車（IFV）5両とノナ自走榴弾砲を鹵獲されるのを許し、別の部隊の指揮官は「ビールを飲む男や罵倒と侮辱を叫ぶ女たちの群」に直面すると、おとなしくライフルを明け渡した（※原注2）。また、ある外国人ジャーナリストが観察した例では、内務省の部隊が、自家製ビールと豚の脂身であるサロの切れ端と引き換えに、反政府勢力に公然と銃と弾薬を売りつけていたという。

この結果、戦争の最初の数ヵ月間、力仕事の多くは親政府の民兵によって担われた。その中には、ドンバス大隊の援護派のような自衛義勇軍に近いものもあった。その他はウクライナの有力なオリガルヒが資金援助する私兵のような存在で、キーウがドニプロペトロウシク州知事に任命した億万長者、イーホル・コロモイスキーが創設した大隊「ドニプロ-1」などがあった。また、ネオナチが結成したアゾフ連隊のように、政治運動から生まれ物議を醸した部隊もあった。彼らは戦争初期には非常に効果的に戦った兵士だったが、同時に戦争犯罪や白人至上主義についての疑惑もつきまとっていた（このため、アメリカ議会はウクライナに送る軍事援助をアゾフに回さないよう公式に要求した）。

彼らと対峙したのも同様に、さまざまな分離主義者の民兵の寄せ集めだった。地元の人々、あるいはロシアからの傭兵や義勇兵などで構成されていたが、モスクワからの援助、武器、指導を受けることもしばしばあった。彼らの多くは政府側からの亡命者でもあった。ウクライナの最高軍事検察官によれば、2015年夏までに5000人の警察官と3000人の兵士が反乱軍に加わっていたという。これらの部隊は規模、出自、構成が一定でなくまちまちだった。ミハイル「ギヴィ」トルスティクのソマリア大隊（隊員が「ソマリ人のように勇敢」であることからそう名付けられたとされる）や、アルセン「モトローラ」パヴロフのスパルタ大隊などの比較的有効なものから、ロシア正教軍（主にウクライナのコサックが集結）や立派な名前のフーリガン大隊など、名称こそ壮大だが概して小規模な民兵まで、さまざまだった。ロストフ・ナ・ドヌーはロシアのロストフ州の州都で、重要な港湾都市であり、道路や鉄道の要所でもあるため、モスクワの宣戦布告のない戦争の兵站拠点となった。反乱軍を支援するために国境を越えて物資を送るための兵器庫があるだけでなく、ＧＲＵの存在も大きかった。民兵の志願者や傭兵はこの街で選別され、武装し、招集された。

この紛争は厄介で汚いものであり、明確な指揮系統がないことも大きな理由だが、双方とも人権侵害で激しく非難された。実際、反乱軍による「人民共和国」が形成されると、ストレルコフは民兵の連合体をいわゆる南東軍として編成したが、これらは当初から不安定な組織であった。政治指導者は素人の日和見主義者であることが多く、ストレルコフも民兵を統括することができなかった。というのは、多くの地元有力者や軍閥は自治権の維持を望んだからである。実際、これらの部隊の中には、大義名分よりも略奪や強奪にしか興味のない、盗賊団にしか過ぎないものもあったのだ。

5月になると、ドネツク人民共和国（DNR:Donetskaya Narodnaya Respublika）およびルガンスク人民共和国（LNR:Luganskaya Narodnaya Respublika）を自称した指導者らが、ウクライナからの独立と「ノヴォロシア」（「新ロシア」）という名の連邦の結成を宣言した。ストレルコフは国防相に任命された。しかし、これは実現しなかった。モスクワは、新国家を保障したり、資金を提供するつもりはなかった。クレムリン内部の考えでは、ウクライナを分裂させ、ロシアの利益を尊重する政治的合意の一環として、キーウにドンバスを受け入れるよう強制することだけだった。実際、ストレルコフは8月に解任され、ロシアに戻ると、国外におけるロシアの権益と国民の防衛に一貫性がなく弱腰であるとして、プーチンと政府を声高に批判するようになった。

彼は冷酷で比較的有能な指揮官だが、政治的には迷惑者だった。それどころか彼は、マレーシア航空MH17便の撃墜に関与したことで、致命的な存在になってしまった。

２０１４年７月17日、MH17便は、アムステルダムからクアラルンプールへ定期運航中だった。しかしウクライナ東部上空を飛行中にミサイルが命中し墜落、乗客２８３名と乗員15名が全員死亡した。モスクワは多くの説明を提示したが、オランダが主導の合同調査団による詳細な調査の結果、ウクライナの分離主義者支配地域から発射されたブーク-M１ SA-11地対空ミサイルにより撃墜された、と結論づけられた。問題のシステムは、もともとロシアの第53対空ロケット旅団に配備されていたシステムの一つで、おそらく操作員とともに反乱軍に供給されたものである。その後削除されたストレルコフのソーシャルメディア投稿（「トレーズ地方で、An-26機を「プログレス」鉱山近くのどこかで撃墜した。我々は彼らに『〝我々の空で〟飛行しないように』と警告した。他にも「落鳥」の証拠ビデオがある」）から判断すると、反乱軍は標的がウクライナのAn-26輸送機であると思っていた。ブークのような重火器システムの存在は、モスクワが反乱軍を支援するためにいかに迅速に動いたかを示している。特にSAMの提供は、ウクライナが航空資産にあまり頼れなかった理由を説明する一助となる。しかし、ロシア軍司令官が発射の決定に関与したという証拠はなく、代理軍閥の相対的な自立性が強いことを示している。

ウクライナ、2014～20年
現在のDNR/LNR支配都市
DNR/LNR支配都市
以前のDNR/LNR支配都市
ウクライナの支配都市
ミンスクII 停戦ライン
DNR/LNR
(2014年9月19日の前線)
ウクライナ
(2015年2月15日の前線)
ロシア
ハルキウ州
ルハーンシク州
セヴェロドネツィク
スラビャンスク
クラマトルスク
バフムート
(アルチェモフスク)
ドニプロペトロウシク州
クラスノアルミーイシク
アウディーイウカ
ベルヴォマイスキー(ベルヴォマイスク)
ルハーンシク(ルガンスク)
アルチェフスク(コムナルスク)
デヴァルツェヴォ
ホルリウカ
(ゴルロフカ)
ルガンスク人民共和国
(LNR)
クラスニー・ルーチ
アントラツィト
マキイフカ
スニジネ
トレーズ
ドネツィク(ドネツク)
ドネツィク州
ドネツク人民共和国
(DNR)
ザポリージャ州
ノヴァアゾフスク
マリウポリ
アゾフ海
N
0
25 miles
0
25km
ベラルーシ
ロシア
ポーランド
キーウ
ハルキウ
リヴィウ
ドニプロペトロウシク
ルハーンシク
モルドヴァ
沿ドニエストル
ドネツィク
ヘルソン
ルーマニア
オデーサ
(オデッサ)
クリミア
黒海
ブルガリア
ケルチ海峡

■「北風」

5月1日、キーウは徴兵制を復活させると、まず反乱軍支配地域を孤立させ、次に再征服する準備を始めた。スラヴャンスク、マリウポリ、クラマトルスクなど、DNRの支配下にある街に小規模な攻勢が開始された。度重なる攻撃と激しい砲撃の後、7月5日にストレルコフが率いる部隊はスラヴャンスクから撤退し、クラマトルスクまで後退した。これをきっかけに反乱軍全体の結束と士気は一気に崩れたように見え、その後まもなくクラマトルスクとアルテーミウシクも陥落し、マリウポリもそれに続いた。一方、DNRの本部から車ですぐのドネツィク国際空港を巡り、反政府軍と政府軍が戦闘を繰り広げていた。

この時点までは、モスクワは自国の介入を制限しようとしていた。ロシアから反政府軍に参加する義勇兵を受け入れ、肩撃ち式SAMや、政府の航空戦力の優位に対抗するためのより強力な防空システム（ただし、キーウはヘリコプターや航空機を数機失った後は、その使用を控えていた）、限られた数の戦車や榴弾砲などの重火器を少しずつ投入していた。ボストーク大隊という民兵部隊さえあった。チェチェン紛争に参加したチェチェン人とアブハズ人の退役軍人からGUが徴募しドネツィクに送られた部隊で、反乱軍を強化し、必要に応じてモスクワの出先機関として行動した。LNRおよびDNRのコマンド組織に加わった他のロシア人義勇兵は、おそらく「職業軍人」であり、反乱軍の劣勢を逆転させるために派遣された軍人たちだった。

　だがそれはうまくいかなかった。8月までに、反乱軍の支配地域はどんどんと縮小していった。さらには、ウクライナ政府軍がロシアとの国境の支配権を取り戻しつつあり、戦闘員、武器、弾薬の供給を停止させ、DNRとLNRの間にくさびを打ち込むことができるようになった。これは反政府勢力の終焉を意味し、すでに指導者の中にはロシアに亡命するか、キーウと独自の取引をしようとしている者もいるようだった。モスクワは、進むか退くかの選択を迫られた。モスクワは、最小限の支援で否認可能な代理人が現状を維持できるだろうという望みを捨て、連携に自信を深めている政府軍と民兵の同盟に対して、争いを激化させることを選択した。クレムリンがこの反乱を始めたわけではなかったが、これを利用しようと決めた以上、敗北させるわけにはいかなかったのだ。

　8月7日、ウクライナ政府軍の機械化部隊と空挺部隊は、いくつかの民兵大隊の支援を受け、4月から反乱軍の手に落ちていたドネツィク東部の鉄道の要衝、イロヴァイスクを奪還する試みを開始した。当初はDNR軍を押し返すことができ、8月18日までに市の中心部まで攻め込んだ。あとは掃討作戦を行なうだけと思われた。しかし8月24日、突然の反撃に不意を突かれた。ロシア正規軍が反乱軍を支援するために国境を越え、第6戦車旅団の空挺部隊とT‐72B3戦車を含む約400人によって、政府軍は市内に包囲されてしまった。

第92機械化旅団は、イロヴァイスクにいる他の政府軍のために突破口を開くため攻撃を開始したが、激しく正確な砲撃を受けた後、ロシア空挺部隊の襲撃を受け、撤退を余儀なくされた。数日のうちに戦術的な状況が一変し、包囲された部隊は脱出のための交渉を開始した。8月29日、ロシアの役割を暗に認める形で、プーチン自身が「人道的回廊」を開いて退去させることを表明し、DNRのアレクサンドル・ザハルチェンコ首相も、政府軍が装甲車や重火器を置いていくことを前提に、すぐにこれに同意した。

政府軍の残存兵約1600人が撤退を開始すると、撤退ルートや装甲車の保持の合意をめぐって小競り合いが起きた。これが停戦破棄を正当化する意図的なものかどうかは別として、小規模な衝突に発展し、ロシア軍の砲撃が再開された。ウクライナ軍の規律は崩壊し、数百人が捕虜となった。9月1日までにイロヴァイスクは反乱軍の手に戻り、政府軍と民兵350人以上が死亡し、戦争は新たな段階に進み始めた。モスクワによる直接介入という、いわゆる「北風」が吹き荒れたのである。

■紛争の固定化

2014年8月、ロシアは推定3500〜6500人の兵力をウクライナに展開し、年末までにピークとなる約1万人にまで膨れ上がった。すでに第2および第10スペツナズ旅団、第106親衛空挺師団、第45親衛空挺スペツナズ連隊から少人数の分遣隊が展開していたが、これに第9および第18自動車化狙撃旅団の部隊が追加され、地ならしがなされていた。正規軍の第一波には、実に10個以上の機動部隊からなる大隊戦術群（BTG）が投入された。すなわち第17、18、21、33自動車化狙撃旅団、第31親衛空中襲撃旅団、第2スペツナズ旅団、第104および第247空中襲撃連隊、第137、331空挺連隊である。この時点で、いわゆる「ハイブリッド戦争」の時代、つまり偽情報、否認可能な政治的作戦、その他の非動的な手段が、少なくとも戦場での実際の戦闘と同等に重要である時期は、事実上終わりを告げた。この戦争は、たとえ宣戦布告がなくても、通常の戦争に近いものになりつつあった。両陣営とも正規軍と民兵の混成で、散発的ではあるが容赦のない戦闘を展開していった。

政府軍は、規律が不充分で統制のとれていない反乱軍の民兵に対しては勝利を収めることができたが、ウクライナにはロシア軍に抵抗できる能力があるという幻想は抱いていなかった。モスクワの参戦がより明白になったことで、キーウは9月にミンスク議定書の和平協定に合意せざるを得なくなったが、これがもたらすと信じられていた停戦はほぼ夢と消えてしまった。散発的な衝突は続き、ドネツィク空港での第二次戦闘は、さらに厳しい戦いとなった。ドネツィクの最後の拠点から政府軍を排除するために、ほぼ4ヵ月にわたる戦闘が行なわれ、その間、防御側はその人間離れした粘り強さから「サイボーグ」という通称を得たが、2015年1月末には、ついに反乱軍の手に落ちてしまった。

ロシアの直接的な支援により、反乱軍は前進することができた。特に、戦略的に重要なデバルツェボ市はその顕著な一例である。DNRとLNRの領地の間に位置し、反乱軍が目指すアルテーミウシクとスラヴャンスクに向かう道路と鉄道の重要なハブでもあった。2014年4月に占領したが、その重要性のため7月にキーウ軍に奪還されていた。その結果、二つの反乱軍地域の間に挟まれた政府領のポケットの中心に位置することになった。2015年1月、厳しい冬期の状況と激しい砲撃の中、反乱軍はこの都市を奪還するために攻勢を開始した。政府軍は抵抗し、その後の砲撃戦で兵士も民間人も同様に大量の犠牲者が出た。反乱軍がデバルツェボを包囲する中、外部勢力による停戦の仲介も空振りに終わった。キーウはこの「釜」にいる6000人の政府軍を何度も救援しようとしたが、大量の砲撃によってほとんどが阻止された。ロシア軍の多くは、第8および第18親衛自動車化狙撃旅団と第232ロケット砲兵旅団で、第25スペツナズ連隊も突撃隊と砲兵観測員を派遣したことがすぐに明らかになった。第136親衛自動車化狙撃旅団を中心とするBTGも、都市の回廊地帯の街道封鎖を主導していたが、第27親衛自動車化狙撃旅団と第217親衛空挺連隊

（第98親衛空挺師団所属）を他部隊に交代させなければならないほどの重大な損失を被った。ウクライナ軍は2月18日、激しい銃撃の中、最終的に撤退を余儀なくされ、粉々になった都市を残したが、それはロシアの関与の大きさと、攻守のバランスをひっくり返せる戦力レベルを証明するものであった。

この間に、明らかに失敗に終わったミンスク議定書に代わり、交渉担当者は「ミンスクII」と希望を持って名付けられた新たな繰り返しについて協議し、2015年2月12日に合意に至ったが、もはや成果は期待できなかった。この議定書は即時停戦、反政府勢力の支配地での選挙、かなりの自治権を認める特別な地位を与えられた上でのウクライナへの再編入、そして政府の支配下への復帰を想定していた。停戦はうまくいっても部分的で一時的なものとなり、反乱軍当局が実施した選挙は、キーウによって非合法とみなされ、ウクライナ議会が可決した特別な地位に関する法律は、反乱軍によって不充分と非難され、DNRとLNRは断固として反乱を継続していた。

その代わりに、2015年以降は力の大部分が統合されていった。紛争は解決という意味で定着したのではなく、時間が凍結されたという意味で固定化された。政府は軍の再建をかなり進歩させ、2022年時点で25万人以上の男女が軍に所属していた。親政府側の民兵は新しい国家警備隊に編入され、超国家主義運動に関連する一部の民兵は意地になっているが、大部分は2014年の義勇兵部隊に見られた愛国心にうまく結びつけられている。

■膠着状態

一方で、新しいパターンが確立されていた。当時のウクライナ大統領だったペトロ・ポロシェンコ政権にとっては、これは「反テロ作戦」（ATO）であった。クレムリンにとっては、これはまったく戦争ではなかった。2015年12月になって初めて、プーチンはドンバスに「さまざまな問題を解決している」ロシア人がいることを最終的に認めたが、そのときでさえ、彼らは戦闘部隊ではないと否定した（※原注3）。結局のところモスクワは、上に立つロシア人将校がますます増加していても、可能な限り代理民兵に依存し続けたのである。しかし、本格的な正規軍を作り上げる努力にもかかわらず、彼らはしばしば規律に欠け、あるいは単に戦力が不足していた。しかし、政府軍が本格的な勝利を収めそうになると、ロシア軍は大隊戦術群を投入し、流れを変えた。

紛争の最初の数年間は、前線が流動的で、デバルツェボのような街は、何度も支配権が入れ替わった。政府軍の実力と自信が増すにつれ、反乱軍が勝利を得る能力は低下していった。実際、2016年はキーウがまったく支配地を失わなかった最初の年だった。2017年1月、反政府勢力は政府領の街アウディーイウカに対し攻勢を開始した。大量の砲撃や地上での近接戦闘など、201

4年の全面戦争を彷彿とさせるものだったが、政府軍は戦線を維持した。2018年、キーウは新しい文言を採用し、反政府地域を「一時占領地」と呼び、ATOという言葉を「統合軍事作戦」に置き換えた。

本質的には意味のない言葉遊びのように聞こえるかもしれないが、政府軍の断定的な主張が強まった時期と一致していたため、それなりの意味を持っていた。2017年までに、政府軍は、一時的だが接触線に沿った無人地帯、いわゆる「グレーゾーン」の奥深くまで、陣地を前進させていたのだ。しかしこの戦果も、ロシアの反応を誘発する限り、反政府勢力の戦線を後退させる本格的な試みに転換できないことを認識していた。逆にモスクワは、反政府勢力を支援し続けている間、介入の準備を整えた大規模な部隊を維持し、陸軍やFSBの狙撃兵チームなど、他さまざまな資産を展開していたが、膠着状態を打破するには、大規模かつ明白な軍事的拡大と、それにともなうあらゆる政治的コストが必要であることも理解していた。従って、停戦と交戦の繰り返し、塹壕戦、散発的な局地戦、相互の狙撃と砲撃、そして非難のなすり合い、という決まったパターンを続けた。このパターンは、2022年にプーチンが膠着状態を打破する時が来たと決断するまで終わらなかった。

第16章　ドンバス戦争の教訓

２０２０年のことだ。私はウクライナで、イギリス軍によるキャパシティー・ビルディング（能力構築）ミッションである「オービタル作戦」についての記者会見に同席していた。イギリスは２０１５年以来、リーダーシップや企画から、爆弾処理、野外医療に至るまで、あらゆる基本的な軍事技術訓練を提供してきた。現代の西側軍隊なので、もちろんパワーポイントによる過度なまでのプレゼンテーションが行なわれ（アメリカではいまだにスライドデッキが君臨しているが）、多くの事実や数字、きれいな地図が紹介された。しかし発表の後、発表者の一人である歩兵大尉はこう言って、一方通行でないことを強調した。「正直に言って、私たちもウクライナ人から学ぶことができます。従来型の戦争で、現代の同等のライバルと戦った経験を持つ兵士は、他にはいないのですから」。少し間を置いて、「私はイラクやアフガニスタンで戦闘を経験し、銃火もくぐってきました。しかし、戦車と対峙したことはありません」。

ウクライナでは、サイバー攻撃や電子的まやかし、プロパガンダや破壊活動、経済的および政治的圧力など、いわゆる「グレーゾーン」もしくは「ハイブリッド」作戦に注意が向けられたが、２

015～22年のドンバス戦争は、狙撃や砲撃の応酬が定期的に行なわれてから、近代戦の全機能を使ったオープンバトルに移行する、大規模な正規型の戦争であった。近年は、散在する非正規兵に対する埃まみれの反乱鎮圧戦争が主な経験だった西側軍が、ウクライナ人の経験を活用しようと熱心だったのも無理はない。同時に、ロシア側にとっても、ジョージアの短期間の作戦よりも長く、シリアよりも特殊性の低い紛争で、理論を検証し、教訓を得る機会となっていた。

結局のところ、ロシアは西側諸国ほど劇的な「小規模戦争」への劇的な移行はなかったが、「ニュールック」改革には、将来考えられるすべての作戦は、ユーラシアのポスト・ソヴィエト国への限定的介入であるという考え方が含まれていた。その立役者であるマカロフ上級大将は、軍事科学アカデミーでの講演で、次のように明言していた。「重要なのは、戦闘地域は西でも東でもなく、ロシア連邦の国境沿いにあるCIS諸国であることを理解することだ」（※原注1）。このような紛争では、グループ化した部隊で動員する速度を重視するが、大量動員には向かない。しかし、ドンバス戦争とそれにともなう西側諸国との関係の悪化は、最高司令部とクレムリンに大規模な紛争の危険性があることを、再び思い起こさせた。その結果、例えば部分的に師団編成が復活することにもなった。しかしこの戦争は、より広い意味でロシア特有の長所と短所をいくつも示していた。

■困難な代理戦争での指揮統制

アレクセイ・モズゴヴォイはルハーンシクの出身で、反逆に情熱と生きがいを見いだした人物だ。かつてはウクライナ軍の上級曹長を務め、その後サンクトペテルブルクで料理人をしていたが、2014年の初めに帰国し、反乱が始まると、軍事指導者としての新たな才能を見い出したのである。彼は「プリズラーク（幽霊）大隊」と呼ばれる民兵団を結成し、当初は名目上ストレルコフに忠誠を誓ったが、モズゴヴォイはプリズラークを南東軍やLNR人民民兵の指揮系統からも切り離しておいた。この部隊は、残忍だが精強であるという評判を得て、海外からの志願兵も引きつけた。そのほとんどは、主にフランス語圏の大陸部隊と、ビリュコフ＝マルコフ部隊としても知られる外国人共産主義戦闘員の分遣隊である第404部隊に配属された。

モズゴヴォイは、ついに「何者か」になれたが、脚光を浴びることも、服従することも望まなかったと言える。他の民兵部隊の指揮官と定期的に衝突し、少なくとも一度は、味方であるはずの名目上の指揮官に銃を突きつけたこともあった。また彼は、自分自身を法律と見なすようになった。2014年10月には人民裁判を開き、強姦容疑の容疑者を、傍聴人の挙手によって処刑した。キーウが義勇軍部隊の国家警備隊への編入を急いだように、2015年までに、モスクワも第1軍団（ドネツク）と第2軍団（ルハーンシク）の間で統一した指揮系統を構築しようとしていた。当初モズゴヴォイは従属を受け入れず、LNR当局とロシア側は、プリズラークに送る食料や弾薬の供給を制限することで、彼に圧力をかけようとした。これに応じて彼は要求をつり上げ、キーウに申請して自らの政党「Narodnoye Vozrozhdeniye（国民再生）」を正式に設立した。

2週間後の2015年5月23日、モズゴヴォイはルハーンシクでの会議を終え、アルチェフスクの活動拠点に戻ろうとしていた。彼は報道官と6人のボディガードを伴ない、3台の車で移動していた。数ヵ月前に彼の命が狙われたことがあり、ボディガードは重武装で固めていた。しかし、彼らがそれを行使する機会はなかった。ロシア製のMON-50指向性地雷6基が、ミハイロフカ村の外れの道路沿いに隠されており、連絡線で結ばれていたのだ。モズゴヴォイの車列がそこを通り過ぎる時、隠れていた待ち伏せ部隊が地雷を爆発させ、それぞれ540個の鋼球を目標に向かって飛ばした。モズゴヴォイ、運転手、ボディガード2人は即死であった。攻撃者はその後、AKMアサルトライフルとRPK機関銃で車を襲い、生き残りを仕留めて夜の闇に消えていった。

LNR当局は直ちにウクライナの特殊部隊の犯行とし、プリズラークの新しい指揮官も同意見だったが、モズゴヴォイの側近は、彼はロシアのスペツナズによって暗殺されたと主張した。キーウがモズゴヴォイのために涙を流すことはないだろうが、反政府勢力の支配地域に潜入し、このような正確な暗殺を行ない（彼の動向を知っている必要がある）、痕跡を残さず脱出できるようなニンジャがいた証拠はほとんどない。その上、地元の有力者やモスクワと対立する民兵の指揮官は、何かと不運に直面するパターンがあった。モズゴヴォイのほかにも、2015年にはアレクサンドル「バットマン」ベドノフとパヴェル「バーチャ」ドレモフが、2016年には「モトローラ」パヴロフも同じ運命に見舞われ、物議を醸している。ほとんどの場合、彼らは爆弾、ブービートラップ、待ち伏せによって殺された。最も衝撃的だったのは、2014年8月から2018年8月に亡くなるまで、DNRを率いていたアレクサンドル・ザハルチェンコが殺害されたことだ。

彼らは、公式には常にキーウの工作員によって殺されたということになっているが、それを裏付ける証拠は一件も見つかっていない。その代わりに、ロシアの特殊部隊やワグネル・グループの傭兵（第18章および第26章を参照）、またはいくつかのケースでは、2016年にモスクワのレストランでオプロート旅団の司令官エフゲニー・ジリンが銃撃された事件の背後にいる人物のように、組織犯罪のライバルにも疑いがかかっている。2016年には、元LNR首相のゲンナジー・ツィプカロフが、当時LNRのトップだったイーゴリ・プロトニツキーに対するクーデターを企てたと告発され、刑務所で首を吊ったといわれる。

要するに、モスクワは、非正規の代理部隊は比較的安価かもしれないが、得られるものは支払った分だけ、ということを受け入れなければならなかった。彼らは個々には勇敢で、時には戦場で効果を発揮したかもしれないが、多くの場合、彼らは戦闘に不熱心で規律もなく、日和見主義者の悪党であった。第26章で論ずるように、本格的戦争の敷居を下回る作戦に関する現代ロシアの考え方を理解する最良の方法は、「グレーゾーン」や「ハイブリッド」ではなく「政治的戦争」なのである。すなわち、政治目的を達成するために、直接戦争以外のあらゆる手段を、国家の裁量で公然かつ秘密裡に用いることである。これは確かに、ドンバス戦争初期の、より混乱した段階におけるクレムリンのアプローチであっただろう。凶悪犯、民族主義者、日和見主義者、コサック、理想主義者が無差別に寄り集まった結果、政府軍に立ち向かえないことがはっきりして、モスクワは伸るか反るかを決定しなければならなくなった。

規律を強制し、指揮官を排除する正当な手段がないため、ロシア軍は血の気の多い非公式な手段に走った。最初は、ボストーク大隊などの民兵組織を作り、ワグネル・グループの傭兵を使おうとした。また、より強力なシステムを制御しようとした。例えば、モスクワがしばしばTOS‐1ソルンセピョク・サーモバリック・ロケットランチャー6両をDNRに送った時、彼らは乗組員に自国の兵員を確保しただけでなく、使用時にロケット発射の許可を与える権限も有していた。しかし、2019年までには、第1軍団と第2軍団の兵士の大半は地元住民で、コサックやその他のロシア人志願兵も散見されたが、上位の指揮系統は、偽名やコールサインに隠れていても、その地位に任命された正規軍のロシア将校で独占的に構成されるようになった。キーウによると、例えば、VDV空挺部隊の指揮官であったアンドレイ・セルジュコフ大佐は、2015年にはドンバスでの作戦の総指揮を行なっており、コールサインは「セドフ」。彼らは従来の軍の階層を通じて支援され指揮を執っていた。2017年に改編された第8親衛軍は、ロストフ・ナ・ドヌーの南、ノヴォロシスクに拠点を置いている。北のヴォロネジにある第20親衛軍も役割を果たしたが、第8親衛軍はウクライナに通常兵器による大きな脅威を与えながら、ドンバスへの派兵の作戦拠点を構築した。

■情報戦で戦力倍増

一方ロシアは、政治的な活動がいかに動的な活動をサポートできるか、また情報通信システムが将来の重要な戦力増強要因であるだけでなく、戦場でもあるということを強く意識している。アウディーイウカはドネツィクの北側に位置する工業都市で、当初は反政府勢力に占領された後、2014年7月に政府軍によって奪還された。市の東にあるいわゆる「工業地帯」プロムゾナは、中立地帯として線引きされていた。これはドネツィクから出るM04高速道路に近いためだったが、2016年3月、政府軍がそこに陣地の構築を始め、ルートに対する暗黙の脅威となった。散発的な局地的衝突は1年を通じて続いたが、2017年1月に、本格的な戦闘にエスカレートした。両陣営はともに敵対行為を開始したと相手を非難したが、実際の引き金は、道路を切断する可能性のある「アルマズ‐2」と呼ばれる陣地の構築を、政府が決定したことであったようだ。

これに応じて反乱軍は街への砲撃を開始し、残された1万7000人ほどの住民が真冬に暖房や電力がまったくない、あるいは限られた状態で過ごすことになり、人道的危機を招いた。その後数日間、反乱軍は第72機械化旅団の部隊を中心に、アウディーイウカの守備隊に対して攻撃を繰り返したが、何度か戦線を突破することができたものの、これらの局所的な成功を利用するのに充分な戦力を集中させることができなかった。アウディーイウカのすぐ南にある反乱軍のスパルタク村から、装甲部隊が市街地を回り込んで北西から攻撃し、戦略的に重要なアウディーイウカのコークスおよび化学工場を奪取しようとする重大な攻撃があったにもかかわらずだ。しかし、2月4日には戦闘は沈静化し始め、停戦が成立し、翌日には長い間苦しんでいた住民に、暖房と電気の供給が回復した。

この戦いは、2014～15年の最も激しい戦闘であり、ウクライナ軍がどれほど戦闘形態の再構築にどれだけ力を入れてきたかを示すものであった。しかし、この戦闘で印象的だったのは、戦闘の最中に、ウクライナ兵の携帯電話に不穏なテキストメッセージが次々と届くようになったことだ。「孤児になったらお前の子供はいらない子」、「お前の死体は雪解けまで見つからない」、「指揮官にとってはお前はただの肉塊」。中には、近くの兵士の携帯電話の番号から発信されたようなものもあった。

このような偽メッセージは戦前にも見られたが、これほど密度が高く、兵士の仲間から送られたように見えるものは初めてだった。これは、ロシアのRB-341Vレール-3電子戦システムによるものだった。移動可能なトラックに搭載し、ドローンで携帯電話サイトのシミュレーターを展開することが可能な最新機器で、戦場の近くに設置し、周囲6キロメートルの領域で最大6000の電話回線を一度にハイジャックすることができる。他の状況でも、ロシア軍がウクライナ軍の陣地へ砲撃を正確に行なえるように、携帯電話の位置を特定するためにも使用されているが、アブディフカでは、ウクライナ軍の戦意を喪失させるために使用され、それ以来、展開される情報作戦はより高度で想像力に富んだものになっている。

■無理な否定も使いよう

2014年にドンバス上空でMH17便が撃墜された時、モスクワの物語制御マシンは暴走状態に入った。事故調査官が現地に派遣され、残骸を可能な限り監視下に置き、ロシア製ミサイルの証拠を取り除く一方、メディアでは公然でも非公然でも、さまざまなレベルで墜落についてのありえない説明を紡ぎ始めた。地上攻撃機のはずのウクライナのSu‐25が撃墜したというものから、最も異常なものとして、航空機に乗っていた人々はすでに死んでおり、ロシアの評判を落とすためにCIAによって仕組まれた手の込んだ挑発行為の一部であるというものまで、多岐に渡っていた。

さらに、ドンバス地方におけるロシアの人員と物資に関する膨大な報告書、公開資料の調査で場所が特定された画像、さらにはロシア兵がソーシャルメディアのページに投稿した道路標識やランドマークを背景にした不用意な自撮り写真にもかかわらず、モスクワは戦争に直接関与していないと主張した。これは、部分的には西側諸国を油断させるためでもあった。ただし、自国の報道機関や指導者よりもプーチンを信じる人もいるにはいるが、大筋ではとっくに信憑性を失っている話である。2015年のミュンヘン安全保障会議で、セルゲイ・ラヴロフ外相が、政府関係者や専門家を前に公式見解を披露しようとしたときでさえ、嘲笑を浴びたものである。継続的なごまかしの主な目的は、代理人や傭兵への依存と同様に、戦争の本質と規模を自国民から隠そうとするクレムリンの試みを反映したものであった。

ロシアの兵士のかなりの部分は徴兵であり、これはモスクワにとって政治的、作戦的にいくつかの特殊な問題を引き起こした。法律では、正式に宣戦布告された場合を除き、志願しない限り、徴兵は国外での軍事作戦に従事できない。たとえ志願したとしても12ヵ月間の勤務に限られているので、基礎訓練と部隊訓練を受けた後、任期で本当に役に立つのは通常3ヵ月かせいぜい4ヵ月間と見なされている。さらに、公式には戦っていないはずの戦争で徴兵の戦死者が出た場合、当然ながら一般のロシア人から反発を受けるはずで、クレムリンにははなはだ都合の悪いことになる。

このことから、コントラクトニキから編成した1個以上の旅団編成による大隊戦術群の運用は、戦力投射の標準となるべきテストケースであったが、ドンバスでは、かなりの部分で便宜的に始まったものだった。しかし、これにかなりのコストがかかった。例えば、2014年にドンバスまたはその近辺での交替勤務のために推定4万2000人の部隊を運用するには、約117の戦闘および戦闘支援部隊を利用する必要があった。

しかしこの戦争では、ロシアが自らが戦う戦争周辺の物語について、可能な限り制御を強めていくことがわかった。第一次チェチェン紛争でそうすることができず、代償を払ったので、2008年の南オセチア紛争では、純粋にトビリシの「侵略」に対する反応として提示できるようにしたのである。そしてドンバスは、この方法で管理しようとした最初の長期的な対外戦争であった。

■次世代の大物兵器ドローン

2014年7月11日、ウクライナ軍第24および第72の二つの機械化旅団、そして第79航空機動旅団と国境警備隊は、北側の反乱軍への攻撃を開始する前に、ルハーンシク州南部のゼレノピリアの郊外に集結した。しかし彼らは、ロシア軍が衛星と電子的手段で彼らの動きを追跡し、国境からわずか15キロメートルしか離れていない自国領内のロヴェンキに砲兵部隊を集結させていることには気づいていなかった。0400時を過ぎた直後、ロシア軍のオルラン‐10ドローン2機が政府軍陣地に接近、詳細な目標観測情報を返信し、ウクライナ側の通信も妨害され始めた。ロシアのタルナード‐G 122ミリロケットシステム（反乱軍に配給された旧式のBM‐21よりも先進的）が狙い澄まして発射を開始し、全部で40発、数分のうちに野営地を榴散弾と火炎の地獄と化したのである。37人の兵士が死亡、100人以上が負傷し、T‐64戦車を含むトラックや装甲車は、野原一面で燃え尽きるがままとなった。精鋭部隊の第79旅団第1大隊はひどい損害のため再編成を余儀なくされ、第24連隊および第72連隊も戦闘不能とみなされ、すぐに戦線から離脱せざるを得なかった。「ハイブリッド戦争」の時代になっても、依然として砲兵は勝敗の最後の決戦兵器である。精密に照準を合わせた場合の集中砲火の威力、そしてその測的を可能にするドローンの使用についてのケーススタディとなった。

ロシアが西側の標準装備に追いつこうと躍起になっている中で、ドンバス地方でのドローンの使用は、特に注目に値するものだった。オルラン（ワシ）のほか、グラナート‐1および‐2、フォルポスト、エレロン3SV、ザスターヴァ、手投げ発進式のZALA 421‐08を、観測と砲撃統制に使用したのである。これは、ロシアが航空戦力の優位性を利用しないというロシアの決定を補完するのに役立った。また、わずかだが関与否認の可能性を維持すると同時に、その過程で損失をこうむることが確実であったためだった。

さらにロシアは、ドローンを使うだけでなく、ドローンに対抗する必要性も認識していた。ウクライナ軍では違反は比較的少なかったが、ミンスク合意の違反や多くの短期停戦を監視していた（しばしば無駄な努力であったが）欧州安全保障協力機構（OSCE）は、使用していた四回転翼式ドローンが撃墜されたり、妨害電波によって使い物にならなくなることに気がついた。2021年4月までに半分以上の飛行で信号干渉を経験し、ウクライナのドローンでも同じような問題を経験していた。ロシア軍のR‐330Zhジーテルシステムは、多くのドローンが依存しているGPS衛星航法を妨害することができ、一部の報道では、ロシアがピシャル携帯型妨害「ライフル」も試用していたことが示唆されている。

■夢に終わった短期戦

2017年、ウクライナ軍の参謀総長ヴィクトル・ムジェンコ上級大将は、最短10日間でドンバスを奪還できると示唆した（ただし、兵士3000人の死者と7000～9000人の負傷者、1万人以上の民間人の死者が出るという犠牲を払っての話だ）（※原注2）。彼がこれを提案していたかどうかは別として、またこの後で解説するように、キーウには、いつの日かドンバスを武力で再征服することを口にする者までいたが、モスクワは強い戦力による優位性を保っていた。この地域により多くの部隊を投入したり、別の方向からウクライナに攻撃を仕掛けたりと、方法はいくらでもあったのだ。

ウクライナは、この膠着状態を最大限に利用しようと、2017～18年に、接触線に沿った無人地帯の「グレーゾーン」に少しずつ前進し、より防御しやすい位置や視界の良い場所を占拠し、その過程で有効国境を前進させるという戦術を採用した。「薄切りサラミ」のような方法では勝利への道はほど遠かったが、それでも紛争地域の支配権を最終的に回復させることをまだ諦めないという決意を示したのである。

結局、ドンバスへの介入は、キーウを降伏させるどころか、かつてないほどの国民的アイデンティティを生み出した。2017年に第二次ドネツィク空港の戦いを描いた映画「サイボーグ：ヒーローは死なず」（訳注：邦題「ソルジャーズ ヒーロー・ネバー・ダイ」）が公開されると、たちまち地元の大ヒット作となったのである。一方、モスクワは、国内では認知も人気もまったくない紛争で、ドンバスの未承認の疑似国家に補助金を供出し、国防まで面倒をみなければならなかった。

これは人類の悲劇だった。2021年末の時点で、死者数は1万4000人以上、国内避難民は200万人近くに上ると推定されている（※原注3）。都市化と工業化が進んだドンバス地域は、かつてウクライナの人口の15％近くを占め、国内総生産とほぼ同程度の経済活動があったが、DNRとLNRの経済はほぼ壊滅状態となった。ウクライナの国家安全保障・防衛評議会によれば、モスクワは、少なくとも軍事作戦と同程度の年間30億ドルの補助金を費やしているとのことである。反政府勢力に支配されていない地域でも、420キロメートルにおよぶ前線と難民の存在により、経済的混乱に見舞われていた。キーウは、ロシアの侵略の犠牲者という立場を利用して、西側諸国からより多くの支持を得ることができたが、それでも国防に多額の出費を余儀なくされ、その額は2022年にはGDPの5・95％に相当する。その目的は、ウクライナを軽々に手を出せない強い敵にすることだった。しかし、プーチンにはその見通しがあまりにも現実的に見えていたのだろう。2021年、ロシアはウクライナ周辺に前例のない軍を集結させ始め、ほぼ1年かけてさまざまな言説を弄した後、約8年前から懸念し続けていた全面戦争でウクライナに解き放ったのである。

第17章　シリア、2015年（1）：予期せぬ介入

まばたきしていたら、見逃していたかもしれない。2015年9月、アメリカのバラク・オバマ大統領が、国連総会の合間にプーチンと会合し写真撮影をしたが、それは史上最も短いもののひとつだった。わずか13・5秒で、握手もかつてないほど冷ややかでおざなりだった。だから、定期的に政府のコンサルティングをしたり、「アメリカ帝国」の衰退の到来について新聞に論説を書いたりしているような、タカ派のロシア人教授・評論家が、その写真を額に入れてオフィスに飾っているのは、意外に思われるかもしれない。そのことを尋ねると、彼は気難しい顔に邪悪な笑いを浮かべた。「オバマは望んでいない会合だったが、我々がやらせたんだ。ロシアを無視することはできないと説明したんだ」。

この年、ロシア軍が悪質で血なまぐさいシリア内戦に介入した理由はいくつかあるが、この会合も確かにそのひとつであった。当時、ワシントンはウクライナの冒険に対する罰として、外交的にモスクワを孤立させようとしていた。それに対してクレムリンは、アメリカにとって重要な紛争に介入することで、ロシアと関わりその利益を考慮することは避けられないと、アメリカに明示した

のである。ぎこちない写真撮影の機会は、まさにその好例であった。皮肉なことに、オバマ大統領とそのチームが不満であればあるほど、ロシアはより満足した。このことは、これが必要に迫られ、しかも最初はたった50機の航空機によって強要された介入であることを強調していたからだ。

■長く血なまぐさい戦争

シリアは2011年、「アラブの春」と呼ばれる大規模な抗議運動の一環として行なわれた、バッシャール・アル＝アサド大統領の独裁政権に反対するデモが、とてつもない残虐行為で鎮圧されて以来、混乱の中にある。両者の暴力はエスカレートし、主要都市での一連の暴動は、政権が軍隊を都市に投入するきっかけとなった。5月末までに、推定1000人の市民と150人の治安部隊員が死亡した。政権の強引な戦術は、抗議を鎮めることができなかったばかりか、ますます危機を悪化させる結果となった。平和的な抗議行動はすぐに武装蜂起に変わり、軍からの大量の離反者は反乱行動を起こし自由シリア軍（FSA）を結成、やがて他のグループも参加していった。これらはクルド系アラブ人のシリア民主軍（SDF）、イラク・レバント・イスラム国（ISIL）、およびアルカイダに関連する他のさまざまなジハード主義グループであった。

2012年半ばまでに、FSAはアメリカからかなりの支援を受けており、わずかながらイギリスやフランスの支援もあった。イスラム過激派組織「イスラム国」（ＩＳＩＳ）の台頭により、この勢力との戦いは、ワシントンにとってダマスカスとの戦いと同等の優先事項となったため、アメリカの関与は次第に拡大し、クルド人およびＦＳＡの両者を支援する形でイスラム国に対抗させた。２０１６年までに、アメリカの特殊部隊が戦闘と訓練のために密かにシリアに派遣されていた。しかし２０１７年、政府軍が反政府勢力の街カーン・シェイクンに対して化学兵器を使用し、少なくとも89人の民間人が死亡、５４０人以上が負傷したことから、アメリカの態度はより明白になった。これに対応し、アメリカ海軍の駆逐艦ＵＳＳ「ロス」とＵＳＳ「ポーター」は、化学兵器攻撃を行なったシャイラトの政府軍航空基地に、59発のトマホークミサイルを発射したのだった。しかし一方、トルコは間違いなくこの戦争にかなり積極的に参加していた。ＦＳＡに対して当初から支援を行ない、サウジアラビアやカタールとともに武装を与えた。アンカラの場合は、何を置いてもクルド人への圧力に利用するためだった。トルコは自国のクルド人との長い闘争を戦ってきたため、ＳＤＦを脅威とみなすのは必然だった。

シリアの長年の同盟国であり、軍備供給国であるロシアは、当初アル＝アサド政権への支援を抑制していた。ロシアは、主に現金ベースで武器を供給し、特にシリアの防空システムに関する技術的な支援を行っていた。２０１４年には、黒海艦隊の艦艇による輸送が、毎年7隻で10往復するほど定期的に行なわれるようになり、「シリア・エクスプレス」と呼ばれるようになった。さらに、信用貸付や財政援助も提供したが、ロシアの主な役割は、少なくとも国連である程度の政治的な絵花序を提供することであった。また、成功はしなかったものの、ダマスカスと一部の反政府武装勢力との間で何らかの合意が成立するよう、何度も仲介を試みた。しかし、2015年9月までは、政権に対する最も具体的な支援は、おそらくイランおよびレバノンのヒズボラ運動から得られていた。テヘランは政治的、財政的支援だけでなく、イラン革命防衛隊の訓練生や専門家、そして少なくとも同じくらい重要なこととして、ヒズボラ民兵部隊がダマスカスを支援し戦う資金と後方支援も提供していた。

これらの援助にもかかわらず、2015年半ばまでにアル＝アサド政権は不安定な状態に陥っていた。国土の大半はさまざまな反政府勢力の手中にあり、ダマスカスの一部でさえ、基本的に政府軍により立ち入り禁止区域となっており、ダマスカス国際空港は定期的に砲撃を受けていた。政権は国内のほとんどの油田を失い、残存の軍隊に支払う資金も底をつきつつあった。政権が突然崩壊する可能性という現実的な恐怖があり、一つでもことが起これば、脱走や離反が連鎖的に発生し、その勢いが加速するのではないかという危惧があった。ゲラシモフは後に、この状況を端的に表現している。

もし我々がシリアに介入しなかったら、どうなっていただろう？　いいですか、２０１５年、政府の支配下にあった領土は10％強しかなかった。あと１、２ヵ月後、２０１５年末までには、シリアは完全にＩＳＩＳ（イスラム国）の支配下に置かれていたはずだ（※原注１）。

■まさかの時の友

このような混乱に関与を持ったことは、よく言えば奇策、悪く言えば愚策に思えたかもしれない。何といっても、ロシアは自国の国境から離れた紛争に大規模な介入をしたことがないばかりか（そのような介入行動を維持する能力についても深刻な疑問があった）、負け組に加わりつつあるように見えた。しかし、モスクワの立場からすれば、介入する正当な理由がいくつかあった。もちろん、西側がロシアを孤立させ疎外しようとする限り、ロシアは通常の戦場から遠く離れた地域でも問題を引き起こす可能性があることを、西側諸国に認識させたいという抜け目ない願望もあった。ＦＳＡやその他の勢力を支援することは、代理人や決定的な最終軍事行動によって、自分たちの意にそぐわない指導者を転覆させる西側の戦略の、さらにもう一つの実例とみなしていたのである。

モスクワの多くの人々にとって、これはリビアの再来であった。リビアでも、気まぐれで権威主義的なムアンマル・カダフィの政権に対する抗議が内戦に発展した。ＮＡＴＯの空爆により反体制派の勝利を確実とし、2011年10月にはカダフィ自身はすぐに処刑された。西側諸国がメドヴェージェフ大統領（当時）に対して、民間人保護のための最後の手段として空爆を承認する国連決議に拒否権を行使しないよう説得した後、それをカダフィ軍を攻撃する正当な理由として利用したことで、クレムリンはまんまと騙されたと強く信じていた。これは、西側諸国の新しい「ハイブリッド戦争」の青写真であり、不安を煽り、それを利用して未承認の政権、それもロシアと良好な関係にある政権を打倒する疑いもあった。クレムリンは、この欺瞞に報復し、この手法を将来にわたって打ち破らなければならないと考えたのである。

それ以上に、非常に数の少ないロシアの同盟国の一つを守るために介入したい、という具体的な欲求もあった。モスクワが支援に乗り出すつもりがなければ、ダマスカスは唯一支援を差し伸べてくれる他の力であるテヘランに全面的に依存するほかはないだろう。結局のところ、ロシアにとってイランとは、おそらく「フレネミー（友人のふりをした敵対者）」というのがふさわしい存在だ。テヘランとモスクワは、特にアメリカの影響力を中東から押し戻すという点で、共通した特定の利益を共有していることも多いが、地域の影響力をめぐっては競争相手でもあるのだ。

最終的には、可能性の問題であった。ロシア軍はシリア軍と長い付き合いがあり、戦争を注意深く観察してきた。そして彼らの評価では、主に航空戦力に依存した軽い足跡程度の介入で、流れを変えることができると考えていた。さらに、シリアとロシアは距離が離れているため、物流面での課題はあるものの、皮肉なことに、少しばかり安全な賭けで冒険できるということでもあった。モスクワは、介入をごく限定的なものにとどめ、容易に撤退できる程度に止めることを決意していた。ソ連のアフガニスタン侵攻やその後のウクライナおよびポスト・ソヴィエト諸国への関与とは異なり、直接的な反撃の可能性は限られていた。非常に率直に言えば、シリアが悲惨な無政府状態に陥ったとしても、ロシアの国境から遠く離れているので安全だ。その一方、ダマスカスが陥落して、イスラム過激派の手に渡ってしまうと、自国近くのテロリストを勇気づけてしまうという懸念があった（懐疑的なロシア国民に戦争の意義を強調するため、大衆向けに少し誇張されているかもしれないが）。再度、ゲラシモフの言葉を引用しよう。

（ダマスカスが陥落していたら）ＩＳＩＳは勢いを増し続け、近隣諸国に広がっていただろう。そうなれば、私たちは自国の領土でその勢力と対峙しなければならなかった。彼らはカフカス、中央アジア、そして（ロシアの）ヴォルガ地域で活動していただろう（※原注２）。

■フメイミムへの進出

7月、バッシャール・アル＝アサドは正式に軍事支援を要請し、8月26日には、モスクワがバースィル・アル＝アサド航空基地（ロシア人は「フメイミム」と呼ぶ）の自由使用を認める協定に調印した。タルトゥースという、当時は二つの栈橋といくつかの倉庫があるに過ぎない非常に質素な海軍施設の北50キロメートルにあり、ロシア流に言えば、基地ですらなく、単なる資材技術支援拠点であった。しかし、その頃にはすでに準備は進んでいたため、実際の決定は月初めになされていたはずだ。例によって、介入の決定がどのようにして行なわれたのか、確定的な説明はない。クリミアと同様、プーチンは信頼できる盟友であるイワノフ大統領府長官、パトルシェフ安全保障会議書記、ショイグ国防相を招集し、小さな会議を開催した。２０１４年のクリミアでは、ショイグは軍事的な冒険に難色を示していたが、今回はゲラシモフが「軍で対処できる」と安心させたこともあり、かなり強気になっていたようだ。

参謀本部内では当初から、介入には指揮統制に関する問題に対処するための、真剣な取り組みが必要であることを明確に認識していた。それは、祖国から遠く離れた場所で戦うからというよりも、複数の政府軍（シリア・アラブ軍、精鋭の共和国親衛隊、その他の準軍事組織を含む）、イランおよびヒズボラが支援・支配する親政府の民兵が存在する混乱した軍隊による、非常に厄介な紛争であったからである。この認識に従い、第29章で詳述する、新しい国家防衛管理センター（NTsUO:Natsionalny Tsentr Upravleniya Oboronoi）が発足し、2014年末には完全に運用可能となった。NTsUO内には戦闘管理グループ（GBU:Gruppa Boyevovo Upravleniya）が設置され、フメイミムを拠点に活動する現場指揮官を全体的に指揮・支援することになった。シリア方面軍集団（GVS:Gruppirovka Voisk v Sirii）の初代司令官は、中央軍管区参謀長として想像力と柔軟性にすでに定評のあった、アレクサンドル・ドヴォルニコフ大将であった。

9月中旬には、航空機がイランとイラクの領空を（許可を得て）通過しシリアに飛来し、戦闘作戦への使用を求める要求にロシア議会が判を押した9月30日までに、この戦域にはSu-24M2爆撃機12機、Su-25SM／UB地上攻撃機12機、Su-34爆撃機4機、Su-30SM大型マルチロール戦闘機4機、IL-20M偵察機1機の、合計33機が配備されていた。また、Mi-24Pガンシップ12機とMi-8AMTSh輸送ヘリ5機からなるヘリコプター飛行隊もあった。ロシアの基地は、T-90A戦車の中隊に支援された第810旅団の海軍歩兵に加えて、S-300V4長距離SAMの砲列で守られていた（後にシリア東部の防空網を拡張するために、別の砲列も増備された）。

時が経つにつれ、作戦のニーズに応じて派遣部隊は増減を繰り返していた。例えば、11月にトルコがSu-24を撃墜した後、先進的なSu-35制空戦闘機4機、Su-34およびMi-35ガンシップ4機を追加導入した。シリア軍にも航空支援以上のものが必要なことが明らかになったため、砲兵部隊も投入されるようになったが、特にKSSO特殊作戦コマンドのスペツナズも目標監視などの任務で投入されるようになった。さらに、シリアの指揮系統におけるロシア人顧問のネットワークは、多くの場合で彼らが実際に部隊を率いていることもあり、着実に拡大していった。

当時、西側の観測筋の間では、ロシアがこのような作戦を本当に維持できるのか、という疑問が渦巻いていた。ワシントンを拠点とするある評論家は、年末までに「飛行機は整備不良で故障するが、その時にはすでに精密弾薬や燃料さえも使い果たしているので、おそらく大きな違いはないだろう」と予測していたのを覚えている。彼の考えは、かつては間違いなくその通りだっただろうが、ロシア軍の状況は、例えば2008年とはまったく違っていた。航空機はローテーションあるいは適切に整備され、物資は絶え間なく輸送されてきた。「シリア・エクスプレス」に利用できる揚陸艦の数には制約があったが、この海上輸送能力を補うために、ロシア軍は単純にトルコからばら積み貨物船を購入した。一方、IL-76輸送機と、An-124マンモス輸送機の数機が、補給のための空路を維持した。例えば2018年だけでも、海路で342回、空路で2278回の補給輸送を行ない、160万8000トンの物資や機材が運び込まれていたのだ。

■フメイニムの鉄槌

シリアに派遣されたVKS部隊が、戦場でその存在を示すには時間はかからなかった。国会での最終承認から数時間後には、航空攻撃を開始したのである。初日は20回出撃し、FSAとイスラム国の両方の拠点を攻撃、その後数日間はイスラム国軍と司令部を集中的に攻撃した。この空爆による波状攻撃は、作戦開始の初週は通常1日約30回行なわれ、争点となっているホムス州のIS支配下の街カルヤタインに対するシリア軍の攻撃とも連携していた。またロシア軍は、シリアでのイスラム国の非公式な首都であるラッカにも作戦を拡大した。10月8日、海軍のカリブル巡航ミサイルによる攻撃の後の2日間、空爆のテンポは24時間毎に60回以上となり、無誘導ロケット弾からKAB-500KR精密誘導爆弾まで、あらゆる攻撃で反乱軍に鉄槌を打ち込んだ。ある攻撃では、一度に指揮官2人を含む200人以上のイスラム国の戦闘員が死亡したと報告されている。ロシアの目的は明確で、ロシアが到着して本気であることを、破壊的かつ説得力のある形で示すことだった。すなわちシリアの同盟国を勇気づけ、反政府勢力を落胆させ、西側に警告を発するためである。

時が経つにつれロシア軍は、シリアに派遣した航空隊員の大半をローテーションしただけでなく、後のSu-57ステルス戦闘機（2018年2月に、2機が戦闘テストのためシリアで2日間を過ごした）からTu-214R情報収集電子偵察機まで、幅広い種類の航空機を配備した。ピーク時の

2016年中期から2017年後半にかけては、GVSの航空部隊はより近代的なSu‐34とSu‐35を含む最大44機のジェット機、それにヘリコプター、輸送機、偵察機で構成されていた。それに加えて、ロシアはこの作戦を利用したドローンの運用に、ますます夢中になっていた。ロシア軍のドローンは、西側での運用のように自ら攻撃を仕掛けるのではなく、敵の位置を特定し、砲撃や空爆を行ない、壊滅的な効果を上げるために使われることが多かった。ロシア軍では、リアルタイムで映像をオペレーターに送信することができるオルラン‐10が主に使用されていた。またこのドローン運用のおかげで、11月にトルコ軍に撃墜されたSu‐24の生存者の位置を迅速に特定し、海兵隊の緊急対応チームが、彼が反乱軍に殺されるか捕らえられる前に救出することができた。

GVSは、航空戦力とともに相当量の砲撃戦力も配備し、多くの場合はロシア人将校の下にシリア人の兵員が配置された。巨大なTOS‐1Aソルンセピョク・サーモバリック・ロケットランチャーやムスタ‐B 152ミリ自走榴弾砲から、どこにでもあるグラート122ミリ多連装ロケットシステムまで、さまざまな時期にあらゆる範囲のシステムが使用されていた。また、イスカンデル（SS‐26）短距離弾道ミサイルを使用して、反乱軍の司令部や武器弾薬庫などの戦略価値の高い目標を攻撃し、さらに艦艇と潜水艦から発射するカリブル巡航ミサイル（SS‐N‐27／SS‐N‐30A）による長距離攻撃で定期的に補完されていた。戦争遂行と同時に、システムのテストとショーケースとすることを目的としていたのだ。２０１５年10月7日にカスピ小艦隊のフリゲート艦およびコルベット艦3隻から26発のミサイルを一斉発射し、ＦＳＡとイスラム国の両方の標的を攻撃したのを皮切りに、２０１６年11月には、タルトゥースに拠点を置くバスチオン-Ｐ沿岸防衛ミサイルシステムの1基から、内陸部の反政府勢力の弾薬庫に対してオーニクス超音速ミサイルを2発発射したが、おそらく欧米による「シリア・エクスプレス」への干渉を抑止するためだろう。

しかし、ロシアは長距離火力だけに頼ってはいられないことがすぐに明らかになった。２０１５年から17年にかけてのシリア軍は、単独で活動するにはあまりにも弱体化していた。大規模な陸上部隊の投入は問題外だったが、一定の技術的能力（特に砲撃や空爆のための索敵や電子戦）を提供する軍事顧問以上の何かが必要であり、シリア軍のバックボーンを強化し、より厳しい作戦、特に防衛都市を攻略するための攻撃力も必要だった。

■潮目の変化

この戦争は、複数の反乱運動が結合や分裂を繰り返し、政府軍と同じように頻繁に互いに戦っている、混乱をきわめた戦争で、この文章を書いている現在も続いている。ロシアの介入から２０２1年末までの浮沈の流れを完全に描き出すと、それだけで1冊の本を埋められるほどである。後述するように、今日に至るまでのこれまでの戦争の教訓をより広く示すために、いくつかの具体的な戦闘を掘り下げるが、大まかな軌跡は次の通りとなる。

モスクワの介入後、2015年と2016年はロシアの関与がエスカレートし、空爆に始まり、限定的な地上軍資産の展開に移行していった。これらは特に、イランとヒズボラの部隊とともに、特殊部隊やワグネル・グループの傭兵が送り込まれていた。2015年11月、エジプトのシャルム・エル・シェイクからサンクトペテルブルクに向かうロシアの民間旅客機の爆破で、乗員乗客224名全員が死亡したことを受け、ロシアはイスラム国に注意の目を向けた。フメイミムの部隊に加え、ロシアの航空基地から飛来したTu-160およびTu-95MS戦略爆撃機を使って長距離巡航ミサイルを発射し、小型のTu-22M3を使って通常爆弾を投下した。明らかな軍事目標だけでなく、イスラム国の石油生産、精製、輸送施設に焦点を当て、同グループの経済に壊滅的な打撃を与えることに成功した。とはいえ、これは壊滅的だが短期間の作戦であり、ロシアはすぐに、政権にとって最も差し迫った脅威となっている、いわゆる「穏健な反政府勢力」(アメリカが支援する傾向がある)の派閥の攻撃に立ち戻った。2016年の終わりには、政権は政治的にかなり安定を見せており、特に化学兵器を使用したとされ、長く残忍な攻防の末に陥落した主要都市アレッポを含む、多くの領土も政府軍が奪還していた。一方、トルコはシリア国内のクルド人勢力に対する攻撃を開始し、国境に沿って北西部に領土を確保し、ジハード主義の傾向を持つスンニ派アラブ反政府勢力を通じてそれらを支配するようになった。

全体的な状況は依然として複雑で、特に政府の支配下にある地域の多くが、反政府勢力の支配下にある地域や、実効支配の及ばない地域の中にある飛び地であった。そこで2017年は、こうした飛び地のいくつかを結びつけ、アサドの権力をより強力に地方に投影することに焦点が移った。ダマスカス自体もやはりそうした飛び地の一つであり、その南と北東の郊外は2013年以来反政府勢力が押さえていたが、2018年半ばまでには、これらも奪還した。

一方、クルド人のSDFはアメリカの支援を受けてイスラム国に反撃し、2017年10月にはその首都ラッカを奪取していた。同時にロシア軍と政府軍は、イスラム国を中央砂漠から追い出す作戦を行ない、11月にはシリア東部最大の都市であるユーフラテス川沿いのデリゾールからのイスラム国撃退を達成したのであった。一時はその進撃を止められないかと思われたイスラム国であったが、その後、支配地域はかつての20分の1程度に押し返され、シリアでは実質的に打ち負かされてしまった。

ダマスカス東部のグータから反政府勢力が追い出され、シリア南西部でも攻勢が開始され、2017年7月には、FSAが支配していた反乱の最初の蜂起地であるダルアーが陥落している。ますます多くの都市が政府の支配下に戻るにつれて、北西部の旧州都イドリブが再び新たな争点となった。ここは長らく反政府勢力の拠点であり、2012年に政府軍が奪還したものの、2015年にはアル＝ヌスラ戦線が率いる「征服戦線（※訳注：ジャイシュ・アル・ファテフ）」によって追い出されている。ある意味では、イドリブは有用な安全弁で、ダマスカスが他の地域で排除行動を取る場合、難民や反政府勢力をここに逃がすことができる、安全な避難場所であった。変化がありそうなこの状況に対してトルコは、イドリブが陥落した場合、代わりに何百万人もの難民が流入することを恐れ、好戦的な態度を示し始めた。一方、ダマスカスはアンカラのはったりに応じる用意があるようだった。ロシアはトルコと戦火を交えるリスクを冒す準備ができていなかったので、2018年9月に、この地域に大ざっぱな膠着状態を課す、実質的な非干渉協定を仲介した。これはひとまずロシア側には充分都合が良かったが、将来的な問題の可能性も示唆していた。

2018年末、アメリカ大統領ドナルド・トランプは、イスラム国の敗北に伴なって、すべてのアメリカ軍をシリアから撤退させると発表していた。彼は政府当局者からの圧力でこの決定を一部撤回したが、これ以降、ワシントンがもはや戦争に当事者として関与しないことは明らかだった。2019年10月、クルド人主導のSDF支配地域に対するトルコの大規模な攻勢に先立ち、残っていたアメリカ軍はほとんどが撤退し、彼らを運命にまかせて見捨てた。アメリカ軍はSDFの安全保障部隊であったため、SDFは二つの悪から影響の少ない方を選び、ロシア軍と取引を行なった。こうして、アンカラから保護する代わりに、シリアおよびロシアの軍隊が領内へ進入することが許可された。

トルコがSDFとの戦いを遂行している間、ロシアとシリアは残存するFSAの抵抗者を掃討し続けた。2019年下半期の一連の攻勢で、ロシア軍はさらに北部地域に進出したが、ここでの人道的危機は最高潮に達し、アンカラは再び難民の殺到を危惧するようになった。そんな中、トルコが同地域のジハード集団の武装解除と動員解除の約束を果たせなかったため、イドリブの停戦協定は崩壊し、ロシアの支援を受けたシリア軍が再び同市を奪取しようとしていた。またしてもロシアとトルコの衝突の危険性が高まったように見えたが、ここでも結局のところ、両者は戦うことよりも話し合うことに熱心であった。両国の代理人が数週間にわたって交渉戦を続けた後、2020年3月に新たな停戦合意がなされ、共同パトロールの実施と、政府支配下のアレッポとラタキアを結ぶM4高速道路沿いに安全回廊を設置することが決定された。

■限定的な勝利

それ以来、2022年初頭の時点では、新しい現状がほぼ維持されている。ダマスカスはほとんどの都市と国土の約3分の2（2014年は3分の1以下）を支配している。2021年には、予想通りアサドが再選した不正選挙など、正常化した状態を装う試みも行なわれているが、国は荒廃したままだ。国連の仲介によるジュネーブでの和平交渉、ロシアが支援する「アスタナプロセス」など、さまざまな和平交渉は、何も実現していない。戦前の人口の約半分にあたる1200万人以上のシリア人が難民となり、国外に550万人、国内に670万人が避難民としてさまよっている。

それでも、モスクワとアサドの立場からすれば、この介入は成功だったといえる。政権は再び国家として機能するようになりつつある。政府軍は過去の敗北の傷跡をいまだに残しているが、その能力と士気の多くを取り戻している。イスラム国はこの特定の戦域で実質的に敗北し、トルコは北部に閉じ込められ、アメリカは撤退した。イランは依然として重要なパートナーであり、その代理人ヒズボラも引き続き役割を果たし続けているが、ロシアは疑いなくこの政権の主要な支援者となっている。これにより、中東および地中海東部で新たな利害関係をものにした上、ロシアの同盟国を爆撃し、誤認で空軍機を撃墜される目にあったイスラエルとの関係を維持することさえやってのけた。ダマスカスとイランおよびヒズボラとの必然的な同盟関係は、必然的に、テヘランとテルアビブの間のより広範な紛争に巻き込まれることになる。これに対し、モスクワは巻き込まれたくないという思いが強かった。実際、ロシアと良好な関係にあるイスラエルがイランに苦戦を強いるのを見て、大いに喜んだかもしれない。イスラエルは、まずロシアに通告した上で、定期的にイランやヒズボラの部隊を空爆し、その際ロシア側は高度な防空システムのスイッチを切り、戦闘参加を確実に行なわないようにしていた。2018年9月17日、ロシアのIL‐20Mクート A 電子情報支援機が地中海東部上空を飛行後にフメイニムに帰還中、イスラエルのF‐16 4機がラタキアの目標に攻撃を開始した。シリア軍は1960年代の古めかしいS‐200（SA‐5）SAMで迎撃したが、そのうちの1発がIL‐20Mを撃墜し、15名の乗員全員が死亡した。イスラエルがIL‐20Mを隠れみのとして使っていたとの指摘もあるが、真相は、シリア側がイスラエルの電子妨害により半盲状態で発射したか、偵察機を味方と識別するはずの敵味方識別（IFF）システムが作動しなかったかのどちらかだと思われる。イスラエルは謝罪を表明し、プーチンは撃墜を「悲劇的な偶発的状況の連鎖」の結果として水に流した（※原注3）。なおその後ロシアは、今後同様の失態を招かないように、より効果的な最新型のS‐300をシリアに供与している。

モスクワは、国境から遠く離れた場所にも戦力投射が可能であることを証明した。彼らの航空機は戦争の流れを変えることができた。タルトゥースは、かつては海軍波止場に過ぎなかったが、整備・修理施設や浮桟橋の建設が進み、ロシア海軍艦艇がますます頻繁にこの海域で行動できるようになった。しかし、この戦争がロシアにもたらした教訓は、次章で述べる通り、少なくともそれと

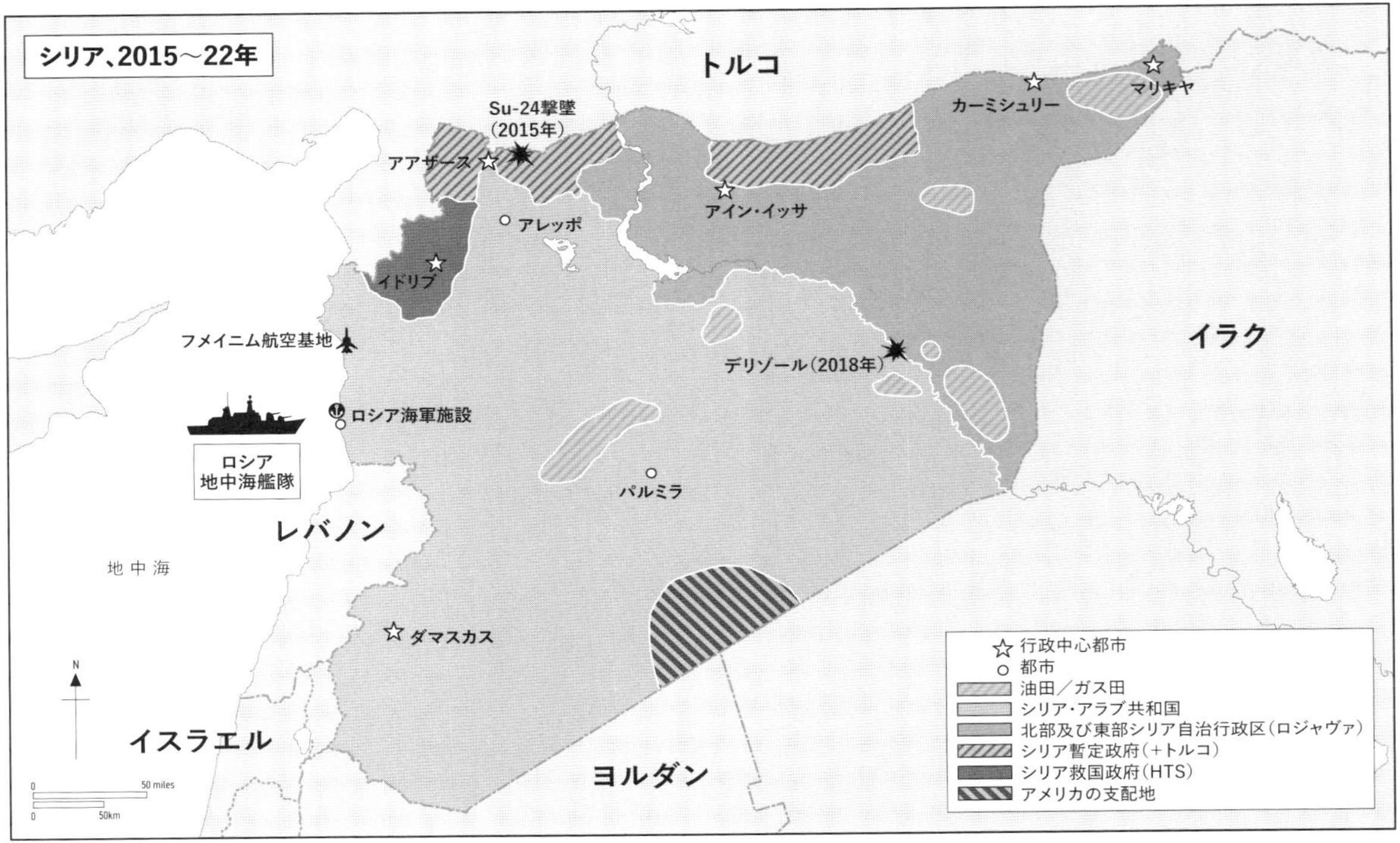
シリア、2015～22年
トルコ
イラク
レバノン
イスラエル
ヨルダン
地中海
Su-24撃墜
（2015年）
アアザース
アレッポ
イドリブ
アイン・イッサ
カーミシュリー
マリキヤ
デリゾール（2018年）
パルミラ
ダマスカス
フメイニム航空基地
ロシア海軍施設
ロシア
地中海艦隊
N
0
50 miles
0
50km
行政中心都市
都市
油田／ガス田
シリア・アラブ共和国
北部及び東部シリア自治行政区（ロジャヴァ）
シリア暫定政府（＋トルコ）
シリア救国政府（HTS）
アメリカの支配地

同じくらい重要なものであった。

第18章　シリア、2015年（2）：シリア作戦の教訓

チェチェンやドンバス以上に、シリア内戦はロシア人にとって学習の機会であった（※原注1）。多くの兵士が3～4ヵ月の兵役を経験し、その中には、ほとんどの陸軍上級指揮官や、旅団・連隊レベルの司令の半数以上が含まれていた。また、VKSの操縦士の大半も、2022年初めの時点で、その上空で少なくともある程度本物の戦闘経験を得ている。ロシア軍は実戦を経験した結果、戦術、特に指揮統制システムをテストし改良することでき、同時に兵站網には新たな課題が見つかっている。カリブル巡航ミサイルのような新兵器をデビューさせ、精密誘導兵器からドローンまで、さまざまな兵器の使用方法を実験することができた。その多くは、後の章で述べる現代ロシア軍のより広範な進化に影響を及ぼしている。しかし、ある種の戦闘は、この作戦の非常に具体的な教訓を物語っている。

■つねに不充分な航空戦力

2015年5月、イスラム国は、これまでシリアで最大の攻撃となった歴史的・戦略的都市パル

ミラを占領し、主要広場で政府シンパと思われる数多くの人々が処刑されるという、流血の恐怖政治を強要していた。7月には、シリア軍はパルミラを奪還しようとしたが、撃退されてしまった。GVSの初代司令官であるアレクサンドル・ドヴォルニコフ大将は、より重要な目標であるアレッポに向かう前に、自由に使える戦力をテストしたいと考えていた。いずれにせよ、パルミラの奪還が決定された。

当初の計画では、ロシア空軍の支援を受けて、シリア軍が攻勢に出る予定だった。しかし、パルミラには2000人以上のイスラム国の兵士がおり、塹壕や要塞の陰に隠れているため、攻略は困難であった。ダマスカスの中央司令部は明らかに強気だったが、ドヴォルニコフ部隊の指揮官は、共和国軍の海兵連隊や空軍情報部のタイガー部隊などの一部のエリート部隊を除き、ほとんどのシリア軍が、市街地での接近戦をこなすだけの力量があるとは到底思えなかった。また、シリアの偵察部隊が、空爆を効果的に行なうための正確でタイムリーな照準情報を提供することができるのかも、確信が持てなかった。

このため、ロシア軍は「ワグネル・グループ」として知られる、否認可能な「疑似傭兵」部隊を密かに投入して、攻撃用の突撃部隊の予備兵力を提供し、KSSOの特殊部隊隊員のチームは前線の航空および砲兵観測員として行動することになった。当時、ワグネルの役割は、ダマスカスの面目を保つために控えめな扱いを受けていたが、シリアの作戦に携わった複数の将校は、これ以降ワグネルが戦局バランスを左右する重要な存在であったことを認めており、「しばしば火力ではなく決意が問題になる。わずかな後退が敗走につながりそうな時でも、彼らは戦線を維持した」と証言した者もいた。

作戦は2016年3月9日、ロケット砲と火砲の弾幕、そして大規模な空爆で開始された。航空部隊は、最初の数日間でそれぞれ15〜20回出撃した。3日間かけて守備隊を弱体化させた後、シリア軍は都市の3面にある防御陣地と、それを指揮する高地を攻撃し始めた。彼らの行動は迅速とはいえなかったが、ロシア軍のロケット弾がイスラム国の「首長」であるハリル・ムハンマドの司令部を直撃し、彼と参謀数名が死亡したことで生じた混乱に助けられ、なんとか目標を達成することができた。しかし、ここまではシリア軍は孤立した目標に数の力を集中させることができたが、パルミラに近づくにつれ、これ以上簡単には勝てなくなるだろう。果たして3月17日、突然の砂嵐をきっかけとしてイスラム国の反撃を受け、これは撃退したものの、政府軍の士気が揺るがされている。シリア軍海兵隊やヒズボラのベテラン民兵が最前線に急行したが、この時点でドヴォルニコフは、ワグネルの投入だけでなく、KSSOの部隊を市街地に近づけ、さらなる攻撃を狙わせることにした。当時の彼の参謀によると、次の急襲がシリアの敗走を引き起こすかもしれないというという懸念を持っていたようだ。また、空爆のテンポを速め、1日に最大25回の出撃を行なわせた。整然としたペースが続けられた。ドヴォルニコフは、これ以上大胆な攻撃をシリア軍に頼れるとは考えられなかった。空爆では、特に自分自身を危険にさらさねばならなかったKSSOの観測員のおかげで、イスラム国に大きな損害を与えることができた。例えば、25歳のKSSO隊員、アレクサンドル・プロホレンコ中尉の場合、3月17日に他の隊員とはぐれていた時、反撃に失敗して撤退するイスラム国の戦闘員と遭遇した。包囲され身動きがとれなくなった彼に望みはないように思われたが、最後の射撃命令として彼は自身への空爆を呼びかけ、イスラム国の兵士と運命をともにすることを選んだ。彼は死後、ロシア連邦英雄を授与された。

しかし、この段階では、ロシア軍の砲兵や爆撃機ができたことは混乱のみで、戦いの勝敗は地上戦に委ねられていた。一方、国家防衛隊の民兵やイランの支援を受けたシーア派など、政府側の増援も到着していた。シリア軍が自信を取り戻すには、この作戦を勝利で終わらせる必要があった。そしてドヴォルニコフと中央司令部は、必要なものは何でも投入するつもりだった。

3月24日までに、攻撃部隊は市の至近に到達し、その夜、市内への突撃を敢行した。攻勢は、パルミラ刑務所やセミラミス・ホテルなど、堅固に防御された戦略目標に対する一連の攻撃に発展したが、ここでワグネルのベテラン兵が、攻撃を強行するのにしばしば決定的な役割を果たした。戦闘は激しさを増したが、ダマスカスもモスクワも街の西側にある歴史的な遺跡を危険にさらすことを非難されたくないため、砲兵と航空支援は主に他の地域に限定された。27日までに、最終的な掃討作戦を除き、市街は政府の手に戻った。市街地はひどく損傷し、イスラム国は数百の地雷を残しており、ロシアとシリアの地雷処理工兵が1ヵ月以上かけて撤去した。

5月5日には、象徴的イベントとして、マリインスキー劇場管弦楽団とチェロ奏者の名手（そしてプーチンの旧友）セルゲイ・ロルドゥギンが、パルミラのローマ円形劇場で、プロホレンコの記憶に捧げるコンサートを行なった。イスラム国は2016年12月にこの街を一時的に奪還するものの、翌年には再び失陥した。3月のパルミラでの政府軍の勝利は、地上戦でこの優位性を生かすために信頼できる味方がいない限り、長射程の「非接触型」火力に完全に依存することはできないことをロシア軍に認識させた。その一方で、比較的少数の精鋭を適材適所に配置すれば、思ってもみないような効果をもたらすという考え方も確認された。攻撃には7000人以上の兵士が投入され、そのうちワグネルが提供したのは300人ほどだったが、彼らが攻撃の前線にいることで、都市を占領するために必要な推進力を維持することが可能となった。

同様に、スペツナズもわずか100名弱で、一部は狙撃手として、大部分は前線の航空および砲兵観測員として投入されていた。それでも、ロシアの空爆はより正確で効果的なものとなり、貴重なパルミラ遺跡の近くでも安全に攻撃できるようになったのである。要するに、モスクワでもフメイミムでも、航空戦力だけではこのような戦争に勝てないという一般的な理解はすでにあったが、あるロシア軍将校が2017年に述べたように、「この戦いは『非接触戦』の極端な支持者たちに、このアプローチの限界を実証するのに役立った」。しかし彼の意見では、皮肉なことに地上軍と航空宇宙軍の両方が、すぐに自分たちに都合のよい解釈を生み出した。地上軍は自分たちの継続的な中心性を強調するためにそれを利用し、操縦手たちは自分たちが犯したミスを、彼らからの照準支援が不充分だったせいにして弁解することができたのである。

■傭兵の立場を理解する

2018年2月7日、第5軍団のいわゆる「ISISハンター」部隊、イラン人が訓練した民兵、ワグネル・グループの傭兵からなる約500人のシリア軍部隊が、カシャムの町付近のSDF拠点に近づいた。ここはSDFが前年にイスラム国から奪還したデリゾール方面に向かうユーフラテス街道上にあった。彼らは川を渡り、拠点に砲撃を開始した。しかし、アメリカはここで大きな存在感を示しており、地元のSDFと密接な関係を築いていた。実際、その拠点にはアメリカ軍特殊部隊の隊員がいた。もちろん、アメリカ軍の偵察では、数日前にこの部隊が集結し、移動を開始するのを確認しており、部隊がカシャムに近づいてくると、アメリカ軍はフメイミムとの紛争解消回線を使い、デリゾールのGVS連絡官にも連絡して、何が起きているのかを尋ねた。これはロシア軍か？　我々とは何の関係もない。そこでアメリカ軍は、自分たちが使える火力を自由に誇示することにした。B－52爆撃機、F－15Eストライクイーグル、ロケット砲、AH－64ガンシップからのミサイルなど、攻撃に対応するためにあらゆるものが使用された。攻撃は4時間の地獄の中で打ち砕かれ、おそらく数十人のワグネル傭兵を含む200人以上の死傷者を出した。最初の攻撃でSDFの兵士1名が負傷したが、アメリカ兵に怪我はなかった。

これはロシアの不手際だったのか？　フメイミムの司令部は、ワグネルの存在を認めるのが屈辱だったのだろうか？　実際、GVSは2015年および2016年には傭兵を必要としていたが、2017年には彼らの仕事は終わったと判断したようだ。シリア軍が強くなり、高給取りで生意気放題の傭兵たち（正規兵の2倍、3倍の給料を受け取ることもあり、そう言ってはばからない）はもはや必要なくなったのだ。

ワグネルはピーク時、シリアで2500人ほどの傭兵部隊を維持していた。大隊相当部隊を4個、交替用の3個中隊、T－72を装備した戦車中隊、砲兵大隊、偵察中隊を各1個、そして支援部隊からなる。これを維持するのは費用がかかり、2017年には国防省からの支払いが停止、あるいは少なくとも先細りになり始めていた（さまざまな説がある）。しかしクレムリンは、他のどこかで必要になったときに備えてワグネルを維持することを望み、この任務を担当する実業家エフゲニー・プリゴジンは、コスト削減と新しい機会の探索に目を向けた。２０１７年初頭からワグネルの新規採用者や交換機材の質が低下し始め、どう見ても高い給料を払う余裕がなくなっていた。さらに重要なのは、２０１８年１月、シリアのエネルギー省とプリゴジンの別会社エブロ・ポリスとの間で取引が成立したことである。これはワグネルが政府のために奪還した地域から得られる石油とガス収入の４分の１を後者が得るというもので、デリゾールには石油もガスもある。これはビジネスとしての戦争であり、プリゴジンは帳尻を合わせようとしたのだ（※原注２）。

これはＧＶＳとは関係ないことだったが、アメリカ人が傲慢な傭兵を懲らしめるのを喜んでいるように見えたことだろう。デリゾールの後、ワグネルはリビアからベネズエラまで、さまざまな紛争に参加することになるが、シリアでの役割は劇的に縮小していった。ロシア軍は、否認可能な作戦と迅速な能力増強の両面で、民間軍事会社が貴重な手段になり得ることを学び、実際に民間軍事会社を設立することになった。しかし、その一方で、「ワグネルが権勢を振るう」本末転倒な危険性を回避することが、いかに重要であるかということも認識するようになった。傭兵は誰がボスなのかを知る必要がある。

■非情な作戦と心の支援

2013年以降、シリア最大の都市アレッポは、政府派が市の西部を、FSAが東部を掌握し、事実上の分断状態にあった。2016年7月、イスラム国からの差し迫った脅威を鎮圧した後、政府軍が市内の反体制派支配地域を包囲して補給路を断つことに成功し、膠着状態が解消された。何度か激しい反撃を受けたものの乗り切り、11月に政府軍は反乱軍の陣地に対して大規模な攻撃を開始し、翌月には反乱軍を撤退させることができた。

アレッポ東部の攻略は、現代の包囲戦における残酷な実地訓練であった。物資の補給路は遮断され、反乱軍が支配する地域に住む30万人の市民への人道支援も遮断された。政府軍にとって簡単なことではなかったのは確かだが、9月までにその支配力を封じ込めた。その後、反政府勢力の反攻を受けながらも、政府軍はゆっくりと押し戻し、10月末には東アレッポの約半分を掌握するまでになった。

政府軍がこれを可能にしたのは、目標を絞った爆撃と無差別爆撃を織り交ぜた、大規模かつ持続的な空爆作戦が一因であった。ロシアのVKS部隊はきわめて正確だったが、包囲されたアレッポでの生活を耐え難いものにするために、軍事目標だけでなく、意図的に救護施設や病院まで狙った疑いが強い。シリア軍はさらに残忍であった。国際法で禁止されている塩素ガスの使用が数回報告されただけでなく、彼らは「ドラム缶爆弾」、つまりドラム缶などに爆薬や金属片を詰めただけの即席粗製爆弾を広く使用したのだ。ヘリコプターから投下されるこの爆弾は、最も愚かな爆弾であると同時に、最も凶悪な爆弾であり、最大で1トン近いTNTと破片が詰められていた。これらはテロ兵器であった。軍事目標を狙わず、家庭や商店、モスクや病院、学校や避難所などを攻撃した。ピーク時には、アレッポは1ヵ月に1500発もの爆撃を受けたという。実際、2016年9月19日に、シリア軍のヘリコプターが、アレッポに向かう国連／赤新月社の救援隊と、アレッポ近郊の反政府勢力が支配する町の診療所を、ドラム缶爆弾とロケット弾の組み合わせで攻撃している。多くの場合、戦略目標付近でヘリコプターから単に投下されるだけで、ほとんどは目標に命中しないが、それでも何かには命中し、反乱軍の戦線の背後に恐怖と殺戮を広げるという原理であった。ある生存者が語るように、アレッポは「地獄圏」と化し、「街路は血の海となった」（※原注3）。

12月中旬までには、市内の大半は政府の手に渡るか、実質的に誰のものでもない状態になっていた。ただし、人民防衛部隊（ＹＰＧ）が支配し、主にクルド人地域となっているシャイフ・マクスード地区は例外であった。表向きは反政府勢力ＦＳＡとつながっているが、実際にはクルド人は自国の領土を守ることに固執しており、時には政府と反政府勢力の両方と戦っていた。いずれにせよこの時点では、ロシア軍とシリア軍の目的は、残りの反乱軍と、潜在的な同調者と見なされた民間人を追放することだけだった。激しい砲撃の期間の合間を縫って、二度の失敗の後に「人道的回廊」が設置され、戦闘員と民間人の両方が、主にFSAからジハード主義者までさまざまなゲリラ勢力がまだ争っていた反乱軍のイドリブ州へ向かって退去することができるようになった。2016年12月22日までに避難は終わり、ダマスカスはこの都市の支配を完全に掌握したと主張した。市外には、少なくとも、この4年間の包囲で死亡した推定3万1000人の男性、女性、子供の遺体が散乱したままだった。

アレッポは占領しなければならず、それもできるだけ早く占領する必要があり、そのために冷酷な戦術が採用された。しかしロシア軍は、シリアのような複雑な内戦では、人々の心をつかみ支持を得る作戦も不可欠であるとの認識を持っていた。ロシア軍は、食糧配給や民間人居住区の地雷除去を行ない（実際、アレッポではすぐに救援・医療ステーションを設置した）、盗賊やジハード主義者によって恐怖に脅かされていた地域に秩序を取り戻した。地雷除去任務の工兵も派遣され（2017年からはアレッポとホムスに新設された訓練センターでシリア軍工兵を訓練した）、河川への架橋や道路の整備など、一般にシリア軍と同盟軍の移動を支援した。さらに、政府の支配地域が拡大するにつれ、特にさまざまな前線で停戦が成立し始めると、後方地域の安全確保、人道支援、紛争解決の任務を遂行できる部隊の必要性が高まった。

２０１６年12月からは、２０１４年に本格運用が開始されたばかりの憲兵隊（VP：Voyennaya Politsiya）のかなりの規模の部隊が、主要な任務を担うようになった。赤いベレー帽と腕章が特徴的な彼らは、地上軍におけるＧＶＳの公式な顔となっており、２０２０年までに憲兵隊全体の過半数がシリアをローテーションで移動していた。さらに、現地人との共通認識を高めるため、２０１６年には二つの特別ＶＰ大隊が設立され、主にイスラム教徒が多い地域のタタールスタン共和国や北カフカス地方から約６００名ずつが採用された。未確認の報告によれば、少なくとも１個大隊は、実際にはチェチェンの独裁者ラムザン・カディロフの私兵部隊であるカディロフツィであった可能性があるとされている。彼らは厳密には国家警備隊の所属だが、２０１５年２月にモスクワで著名な野党の人物でカディロフを執拗に批判するボリス・ネムツォフの殺害を命令、または許可したことに対するカディロフの「懺悔」の一環として、一時的にＶＰに移管されたと主張されている。ともかく、ロシアの「人心掌握」作戦は、彼らなりのやり方で洗練されてきていることは事実だろう。

■戦いの中で見つかる味方の中の敵

２０１５年11月24日、ロシアのＳｕ‐24Ｍ爆撃機２機が、シリア北部の反政府勢力に対する出撃を終えて、フメイニムに帰還の途についていた。作戦時のロシア操縦士にとっては日常茶飯事のことだったが、彼らはシリア北部に突き出た小さな土地の上空で、トルコ領空に短時間侵入していた。意図的に低空でパトロールしていたトルコのF-16戦闘機2機が、国境を越えてから17秒後に彼らと交戦した。AIM-120 AMRAAMミサイルが爆撃機1機に命中した。2名の乗員は脱出し、操縦士はパラシュートで降下中にシリアのトルクメン旅団の戦闘員に銃殺された。兵装システム士官は、2機のMi-8AMTShヘリコプターに乗った海軍歩兵による捜索救助作戦で救出されたが、この作戦で海兵隊員1名が犠牲になった。

トルコの為政者レジェップ・タイイップ・エルドアンは、特にトルコが支援する反政府勢力へ空爆が行なわれていたので、短期間とはいえ度重なる侵入に、明らかに苛立ちをつのらせており、そのために今回の空中戦が仕組まれたのである。目に見えて激怒したプーチンは、トルコ製品に制裁を加えたが、エルドアンはさまざまな意味でプーチンを出し抜き、引き下がることを拒否した。やがて、ロシアは静かに譲歩した。結局のところ、シリアにおける彼らの利害の相違にもかかわらず、ロシアが近年築き上げた最も興味深い関係の一つは、NATO加盟国でありながら、欧州連合（EU）が明らかに加盟に消極的であるため、何かと疎外されていると感じているトルコとの関係なのである（トルコ人の間の一般的な見方は、ヨーロッパ人は「トルコ人が自分たちのために戦うこと、トルコ人が自分たちのために働くことは歓迎するが、トルコ人を自分たちの仲間にするのは面白くない」ということだ）。

エルドアンは、バルカン半島と中東に勢力圏を築きたいという明確な野心を持っており、これによりトルコはロシアの地域的ライバルとなっている。このことは、2020年のナゴルノ・カラバフ紛争で実際に表面化した（第28章を参照）。しかし反面、アンカラとモスクワは、ある種の共通の利害を持ち、何よりも地政学的なアプローチにおいて共通するものがあることも意味している。ある元ロシア当局者が語ったように、「トルコ人とは、いつも意見が合うとは限らないが、いつでも話ができる」のである。

トルコは少なくとも2013年からシリア・トルクメン旅団のようなFSA部隊を従属させ、「独自に」反政府勢力を支援していた。これは、シリア北東部のクルド人（同国の総人口の約10%を占める）を警戒していたためであった。彼らが民兵組織や事実上の国家の建国にうまく成功した場合、彼らは政府側となり、トルコ国内の御しがたいクルド人勢力を刺激してしまうという懸念があった。その結果、アンカラはダマスカスだけでなく、広範な基盤を持つシリア民主軍にも敵対することになった。とりわけ、YPGが最も効果的なSDFの部隊であったからである。SDFは、イスラム国だけでなく、トルコが支援する反政府勢力ともしばしば対立していたため、モスクワ、ダマスカス、SDFの間には、そしてアンカラとイスラム国の間には、時として「敵の敵は味方」という複雑な関係が存在していた。

同様に、2019年12月、イドリブをめぐる先の不可侵合意が破られ、シリアとロシアの航空機が、最後に残った反政府勢力の支配地域の一つであるイドリブへの大規模な空爆作戦「イドリブの夜明け2」を開始した時、アンカラとモスクワは、深い議論の結果、ある種の理解を得ることに成功した。トルコは、すでに国境を越える難民の急増に不満を抱いていたが、2020年2月、シリア軍が国境の駐屯地の一つを空爆し、トルコ兵33名が死亡した。この報復として、トルコは「スプリング・シールド作戦」を行ない、政府軍に対する砲撃や空爆、ドローンによる攻撃が開始された。300人以上の政府軍とヒズボラ軍が死亡し、数機のシリア軍機が撃墜され、トルコ軍は40人以上の兵士と4機のドローンを失ったと報告されている。ロシアが巻き込まれる危険もあったが、その代わりにエルドアン大統領とプーチン大統領がモスクワで会談し、ロシアとトルコの合同パトロール隊が停戦を監視するという、より厳密な緊張緩和協定を再度締結した。

ある意味で、同じように野心的で攻撃的な2人の独裁者は、現実的な取引に到達できるということだろう。しかし、少なくともモスクワにとって同程度に印象的だったのは、あるロシア外務省職員が述べたように、「アメリカ人も分別を持てると学んだ」という点である。分別があるというのは、彼には実利的であるという意味だ。介入の原動力の一つが、ロシアを孤立させようとするアメリカの外交努力への反抗であったことを考えれば、ロシアとアメリカがしばしば対立しているのは驚くには当たらない。にもかかわらず、どんなに矛盾した目標であっても（2016年、オバマ大統領は「アサド政権による正統性を保つための虐殺は許されない」と警告した（※原注4））、両国は、直接的な関与を避けるために細心の注意を払っていた。例えばアレッポへの残忍な攻撃の後、ワシントンはイスラム国に関する情報共有の協議を断念したが、偶発的な衝突を避けるため、ロシアとの公式および非公式の連絡手段は維持された。2017年、アメリカの支援する部隊がユーフラテス川の東側でイスラム国を攻撃し、ロシアの支援する部隊が西側から進出してくると、ワシントンとモスクワは強力な紛争解決の仲介を作り上げた。このプロセスの一つの失敗と思われた、前述のデリゾール事件は、実はまったく失敗ではなかった。ロシアは関与しなかったのではなく、ワグネルと手を切ったのである。

■小規模戦争はビジネスに好都合

シリアはロシアの最新兵器の展示場となり、一部は販売も視野に入れているのは間違いない。軍事技術協力担当の大統領補佐官イーゴリ・コージンは、ロシア製兵器への関心の高まりと紛争を結びつけて、「中東の国々は、シリアで有効性を証明した我々の兵器を購入したいと考えている」と指摘した（※原注5）。確かに、演出の効いた演習まがいがすべてうまくいったわけではない。空母「クズネツォフ」は旗を挙げ、反乱軍を叩くために派遣されたが、2機の航空機を失った。燃料切れで海に落ちたMiG‐29Kと、着陸時に減速するための拘束索が故障して衝突したSu‐33である。修理の間、航空団はフメイニムに移動せざるを得なかった。

しかし、志願兵にしてみればむしろ好都合である。4ヵ月の国内勤務の実質的な効果は誇張されてはならず、安全保障学者パヴェル・バエフの言葉を借りれば、「(フメイニムへの) 往還飛行ではSu‐57を実戦テスト済み戦闘機ということはできない」（※原注6）のだ。将校団の血を流し、生身の戦闘に対応できない者を排除し、団結心を高めることには価値があった。最も有能な者はより早く出世し、指揮統制の新しい方法論もテストされた。そして何よりも、ロシアが自国の国境から遠く離れた複雑な戦場で、介入戦争を成功させる能力を実証した。これらはすべて、次の章で検討するように、すべての兵科での改革が成功したことの証左である。

第四部

ロシアの再軍備

第19章　流浪のルーブル

聴衆席からの質問は、「イギリスに近い防衛予算を持つロシアが、どうして100万人規模の軍隊を保有する余裕があるのか」という、いつものものであった。これはサンドハースト王立陸軍士官学校のイベントでのことだが、バージニア州のノーフォーク海軍基地やハンブルグの連邦軍指揮幕僚大学校などでも同じような質問を受けたことがある。そして、これはまったく理にかなった質問に思える。2019年の公式予測（COVID-19がすべての支出計画を覆す前）によると、ロシアは2020年に3兆1000億ルーブル（約477億ドルに相当）、2021年に3兆2400億ルーブル（500億ドル）、2022年に3兆3000億ルーブル（513億ドル）を配分することになっていた。つまり、国家予算における国防費は、2020年にGDPの2・4%、2021年に2・7%、2022年に2・6%に相当することになる（※原注1）。

ここまでは穏当だ。財務省の数字によると、2019〜20年のイギリスの国防費は545億ポンド（約725億ドル）で、ロシアの約1・5倍近くに相当する（※原注2）。だがロシアは、100万人には満たなくとも90万人に近い軍隊を保持しているが、それでもイギリスの現役兵15万30

00人を凌駕している。しかも、新型の「ボレイ」級ミサイル原子力潜水艦の配備から、古き良き威力不足の1950年代マカロフ制式標準拳銃のようやくの完全代替まで、大規模な近代化が行なわれている。出費に見合った価値かどうかは別として、ロシアはなぜ、これほどまでにルーブルに見合わぬ装備を手に入れることができるのだろうか？

■うまくいかない比較

これは、単純な比較は通用しない典型的なケースである。実際において、ロシアの軍事費の実質的な水準は、紙上の価値の3倍から4倍に相当すると思われる。まず、軍事費の多くは、実際には教育や科学技術など他の予算項目の中に埋もれている。このことを指摘するのは簡単だが、正確な定量化は難しい。「労働と防衛の準備」プログラムは、国民の健康を改善するだけでなく、徴兵者が兵役に適した状態で入隊できるようにするために考案されたソ連時代の取り組みだったが、2007年に復活し、スポーツ省がその費用を負担している。軍事的な研究開発の多くは、民間の予算を通じて資金提供を受けたプロジェクトの後援で行なわれている。鉄道による部隊の移動は、事実上RZhD（ロシア国営鉄道事業者）への補助金で賄われている。重武装した国家警備隊の内務部隊は、有事には戦時司令部に完全に統合される。厳密には国内の治安部隊に過ぎないが、その隊員はすでにシリアに派遣されているため、別の予算枠で対応することになる。このように、国家が国防という任務に熱心であれば、たとえ「防衛」が国境から遠く離れた場所に戦力投射することを意味するとしても、部外者を誤解させる意図がなくとも、政府の活動の多くの側面に軍の役割が入り込んでしまうのである。

もっと重要なのは、ルーブルを市場レートで大ざっぱに機械的に換算することの影響である。まず第一に、歴史的にルーブルは変動しやすい不安定な通貨である（私の旅の経験では、訪問当初は1ポンドで65ルーブルに換金できたが、帰るときには100ルーブル以上になっていたこともあった）。この結果、市場価値の上昇と下落のサイクルの中での比較になり、しばしば苦しめられることになる。さらに言えば、ロシアは軍事面では基本的に自給自足である。新システムの研究開発から装備品の調達、兵士の食糧や車両の燃料の購入まで、すべて国内で行っており、ドルでもポンドでもユーロでもなく、ルーブルを使用しているのだ。従って、より適切な指標は購買力平価（PPP）と呼ばれる為替レートであり、国ごとのコストの違いを考慮したものである。これは例えば、ロシア人が職業軍人として軍隊に入隊することを厭わない理由を説明できる。彼ら、いわゆるコントラクトニキの月給は6万2000ルーブル（本稿執筆時点では約700ポンド）で、イギリスの二等兵の初任給1700ポンド前後と比べると圧倒的に安い。しかし、ロシアの平均生活費は月4

50ポンド（コントラクトニキの給与のほぼ3分の2）であるのに対し、イギリスでは1250ポンド（二等兵給与のほぼ4分の3）である。つまり、ロシアの兵士はずっと不利に見えるが、相対的に見れば、少なくともイギリスの兵士と同じくらいうまくやっているのである。

もちろん、国の経済はもっと複雑だが、基本的な原理には当てはまっている。実は、クレムリンにはさらに多くの利点がある。防衛産業に対してより冷酷な態度を取ってその利益を抑制する能力があり、安上がりな徴兵も継続的に利用していることなどだ。つまりPPPで比較した場合、ロシアの軍事費は年間約1100～1300億ポンド（約1500～1800億ドル）でかなり安定しており、これはイギリスの国防予算の2～2・5倍に相当する。またこれは公式発表の数値のみに適用されるので、隠れた支出を考慮すれば、1450億ポンド（2000億ドル）ほどに達する可能性もある（※原注3）。このように考えると、ロシアはアメリカ、中国、インドに次いで、世界第4位の軍事費支出を維持していることがわかる。（実質的な支出を市場レートとの為替比較で評価する場合、中国の再軍備も著しく過小評価されるという同様の問題につながる。これは、誰もが認識しておくべきことだ）。

政府は毎年、国家防衛令（GOZ：Gosudarstvenny Oboronny Zakaz）を発表する。これは複数年にわたる国家軍備計画（GPV：Gosudarstvennaya Programma Vooruzheniya）における

調達の予算計画で、国防省と財務省、そして各地域や業界のロビイストとの間で、しばしば痛みを伴なう激しい論争を経た結果、強大な権力を持った安全保障会議事務局が統轄して作成されたものである。同様に、目標や基準を達成できなかったことに対する反省や言い訳が毎年のように見られる。確かに、これはロシアに限ったことではないが、資金と政治的な意志だけでは、クレムリンの望む結果を得るには必ずしも充分でない、というシステムの限界が浮き彫りになっている。

けっきょくのところ、資金はおおむねあるのだ。国防予算は、実質的な増加というより軍需産業への負債を清算する必要性のため時折ピークに達するものの、ほぼ安定している。そしてクレムリンは、ソ連を破綻させるに至ったような軍事支出の暴走を避ける必要性をはっきりと認識している（公平に言えば、煩雑で腐敗し、軋みを生じていた計画経済は、最終的には崩壊に向かっていたのだが）。いずれにせよ、プーチンの近代化計画のもとで予定されていた、軍隊を21世紀へ引き上げるための調達の大部分は完了した。後述するように、この仕事の完成までにはもっと時間と労力がかかるにせよ、それでも目覚ましい進歩を遂げていると言えよう。

■「飢えても輸出せよ」

経営コンサルタントが19世紀末の財務大臣の言葉を引用することはあまりないが、２０１２年に訪れた武器輸出フェアには、イヴァン・ヴィシュネグラーツキイ大臣の言葉をスピーチに取り入れた人がいた。1891年、彼はロシアの産業近代化のために、地方で飢饉が起こっているにもかかわらず、「飢えても輸出せよ」と宣言したことで悪名高い。もちろん現代は当時ほど深刻ではないが、兵器メーカーが輸出に熱心になるあまり、ロシア軍が「飢餓」に陥っているという、いささか誇張された状況であった。つまり、外貨を稼ぐための輸出受注が行列に並び、国内向けの受注が遅れていたのである。

もちろん、自国軍に販売する際に兵器メーカーに対し国が厳しいマージンを要求していることや、研究開発や工場近代化の資本の多くが輸出に依存していることを考えれば、これは驚くべきことではない。ロシアには3つの利点がある。良い製品をたくさん持っていること、安い製品をたくさん持っていること、そして基本的には（ほぼ）誰にでも（ほぼ）何でも売ること。これを最大限に活用しているのだ。こうして、2021年現在、世界の武器輸出のシェアはアメリカに次いで2位を維持している。ストックホルム国際平和研究所によると、2016〜20年の期間、彼らは金額ベースで全体の20%を占め（アメリカは37%）、次点の4大国（フランス、イギリス、ドイツ、中国）の合計とほぼ同等である（※原注4）。

ロシアの防衛産業基盤の状況を考えると、これが実現したことはより印象的である。プーチンは、大統領就任の初年度から、本格的な資源と政治資金を投入して軍を改革し、赤軍の縮小版から、ロシアの国境を離れても力を発揮できる近代的で有能な軍に変貌させたのだ。ただし、これはいくつかの独特のハンディキャップの下で行なわれてきたものだ。

例えば、2014年以降、ウクライナの防衛産業（ロシアの新型フリゲート艦用のガスタービン・エンジンをはじめ、いくつかの重要な部品を生産していた）や、一部の西側技術へのアクセスの喪失に対処しなければならなくなった。これらは本質的には技術的課題であり、ロシアの産業は、時間と費用を犠牲にしながらもこれらの欠落をほぼ補完することができた。例えば、ソ連時代の「ネウストラシムイ」級および「クリヴァク」級のフリゲート艦を代替する重要な建艦計画であるプロジェクト22350型のケースでは、ウクライナのゾリャ・マシュプロエクト社製のコンバインド・ディーゼル・アンド・ガス・エンジン（CODAG）船舶用エンジンを搭載する予定で、1番艦の「アドミラル・ゴルシコフ」は、紛争前に確かにそれらを受け取り、2018年に就役している。しかしその後に問題が生じた。少なくとも15隻を建造予定の2番艦「アドミラル・カサトノフ」は、代わりにコンバインド・ガスタービン・アンド・ガスタービン・エンジン（COGAG）を搭載することになり、2018年になって、ようやくロシアのユナイテッド・エンジン社が3番艦「アドミラル・ゴロフコ」向けに、2基のM-55R CODAGエンジンのうちの1基をサンクトペテルブルクのセヴェルナヤ造船所に納入できた。4番艦「アドミラル・イサコフ」は、2021年にエンジンを手に入れたばかりだ。公平を期すために言うと、最近では大規模な艦艇建造プロジェクトをスケジュール通りに進めているケースはほとんどないようだ。しかし、艦のシステム運用にはありがちな初期トラブルもあったにせよ、このような比較的小型の汎用艦の就役の遅れは、後述するように、航空母艦を含む大型艦の建造計画に対する疑念を抱かせるものである。

■メタルイーター：金属を喰らう者たち

いずれにせよ、むしろ重要なのは、かつてのソ連指導者ニキータ・フルシチョフが「メタルイーター」と呼んだ部門の構造的弱点である。「ソ連には軍産複合体はなかった。軍産複合体そのものだった」という古いジョークがあったが、「メタルイーター」は圧倒的な権力を持っており、経済のほとんどすべての側面が軍事生産と軍事力に向けられていた。例えば、すべてのトラックやローリーには、戦時中に動員可能な「アフトコロムカ」といわれる指定がなされ、原材料や部品を最初に選ぶ権利は防衛企業にあった。現在では、同じような支配力を持つ企業は見当たらない。ロシア語で防衛を意味する「オボロナ」にちなんで「オボロンカ」と呼ばれるこの産業分野は、ロシアの製造業の5分の1にあたる250万人以上を直接雇用している。効率性と革新性という点では光るもののもあるが、ソヴィエト時代の習慣である柔軟性の欠如、腐敗、国家との密接な関係でも悪名高いものである。販売に関しては政府に、国際ビジネスに関しては国営の代理店ロソロボエクスポルトに依存しているだけでなく、その多くが「ロステック」（ロシアン・テクノロジー）の100％または部分的所有であり、その面倒な正式名称は「先端技術工業製品開発・生産・輸出支援国家公社ロステック」である。その名が示すように、ここは国営の持株コングロマリットで、特にハイテクや防衛分野の戦略的に重要な企業に投資している。ウラルヴァゴンザヴォード社（T‐90およびT‐14戦車、鉄道車両などを製造）、統一航空機製造社（ミグ、スホーイ、ツポレフなどの各タイプを製造）、ロシアン・ヘリコプター、カラシニコフなどの大企業はすべてロステックに属している。そして最高経営責任者（CEO）のセルゲイ・チェメゾフは元KGB幹部で、1980年代にプーチンとともに東ドイツで働き、今も彼の側近として深く関わっている人物である。

従って、クレムリンは「メタルイーター」を厳しく締め付け、自分たちが支払いたい金額を受け入れるよう要求することができるのである。セールスは、輸出用であれ、国内用であれ、低価格で販売する傾向がある。T‐80戦車はアメリカのM1A1より性能は劣るかもしれないが、価格は半額程度である。アメリカのF‐22ラプター・ステルス戦闘機はロシアのSu‐35フランカーEよりはるかに高性能かもしれないが、単価はそれぞれ1億5000万ドルと8500万ドルである。しかし安価な装備をより安く販売することの問題は、研究開発のためのマージンが少なくなってしまうということにつながる。研究開発費は上昇の一途をたどっているため、国の援助や売り上げに依存することになるのだが、政府は分割払いであったり、支払いが遅れたり、企業の研究プロジェクトを限界まで、さらに限界以上に広げるような新しい装備を要求することが多い。しかも、企業はなかなかノーとは言えない。

その結果、工場への支払いが遅れたり、政府によって部分的に支払われたりするため、不足分を補うためにローンを組まなければならなくなり、負債が膨らんでいる。2016年、政府は8000億ルーブル（105億ドル）相当の債務を返済し、翌年にはさらに2000億ルーブル（26億ドル）を返済することになった。そして、2020年にはさらに7500億ルーブル（98億ドル）の債務を補填または再構築した。それでも、ユーリ・ボリソフ国防省副大臣は同年末、負債総額が3兆ルーブル（約395億ドル）に上ることを認めた（※原注5）。これらの企業の中には、返済されない可能性の高いローンの利子を払いながら、毎年債務の10分の1程度を返済に充てているところもある。実際、防衛産業企業の10社に1社は倒産寸前で、新たな融資や政府の定期的な債務免除によってのみ存続していると指摘されている。つまり、国は一方では節約しているが、他方ではその代価を支払わなければならないのだ。

この非効率的な構造は、さらなる開発を妨げることにもなる。例えば、新型ステルス機Su‐57の就役が遅れたのは、製造会社のKnAAZ（コムソモリスク・ナ・アムーレ航空機工場）が、必要な部品をすべて入手するのが困難だったことが一因である。納入業者が負債の一部を補填しようとしたため、その代償は、けっきょく、軍が飛行機を手に入れるために代わりに支払うことになったのだ（※原注6）。また、ソヴィエト時代のものを進化させるのではなく、完全な新設計としたことが、問題をさらに深刻にしている。これは後者が必ずしも優れたシステムになりえないという意味ではない。例えば空軍は、Su‐30およびSu‐35戦闘機、Su‐34戦闘爆撃機のおかげで著しく効率を高めているが、1977年に初飛行し1985年に就役したSu‐27フランカーという機体をベースにしていてもなんら問題はない。同様に、T‐72B3やT‐90はもっと古い戦車の近代化改修型にもかかわらず、その実力は証明されている。完全に新しいシステムを生産し、実戦投入する計画ははるかに遅く、明確な成功例もない。これにはT‐14アルマータ戦車（当初の計画では2020年までに2300両を購入する予定だったが、最初の100両が2022年に納入される予定）、第5世代マルチロール戦闘機Su‐57（当初は2020年までに52機、2025年までにさらに150〜160機を購入予定だが、2021年末時点ではテスト機以外の1機のみが就役）、第4世代の「ラーダ」級ディーゼル・エレクトリック潜水艦（2015年までに4〜6隻進水予定だったが、2022年時点で試作艦のみ運用可能）などがある。

この問題の一部は、クレムリンが巨大主義に惹かれ、政治的にコントロール可能な少数の巨大企業がこの分野を支配していることにも起因している。2000年代、防衛部門は、公平を期すために真剣な合理化を必要としていたが、大部分は20社未満の国家的なチャンピオン企業に集約された。これらの企業は、派手なロゴと気の利いた広告を掲げていたが、その本質は依然としてソヴィエト的なビジネスのやり方であり、階層的で官僚的なものである場合がほとんどだった。しかし、もはやソ連の計画経済下にはない。工作機械や部品の納入業者は、市場が許す限りいくらでも値段をつけることができる環境の中で、彼らは必死に働いていた。例えば、ソ連時代、一般消費者向けに販売されていたテレビは、信頼性の面でひどい評判だった。ブラウン管を生産する工場は、レーダーセット用の防衛工場に最高の製品を送るよう法律で定められ、民間工場はそのおこぼれしか手にできなかったためだ。現在では、防衛産業が部品を必要とした場合、あるいは特別な用件がある場合は、その費用を支払う必要がある。

■バイヤーの警告

最高の装備を作ることも、最高の部品を調達することもできないのなら、政治に頼らざるを得ないことがよくある。実際、防衛企業は将官よりも強い政治力を持っていることが多い。どの工場や造船所がどの選挙区にあるか、あるいはメーカーのロビー活動予算の規模によって調達が決定されることは、西側ではほとんど知られていないことだが、少なくともロシアではそうなのだ。この事実はソヴィエト時代にまでさかのぼり、T‐64とT‐72、T‐80とT‐90のように、軍部が望むと望まざるとにかかわらず、複数の兵器を並行して配備することになっていた。今日でも、同様の重複が横行している。対地雷重装甲兵員輸送車「タイフーン」の設計コンペが軍から発表されると、ウラル社とカマーズ社がそれぞれ独自仕様のものを提案した。そして現在、まったく同じ目的のために設計された2種類の車両がどちらも運用されている。

特筆すべき例は、大々的に宣伝された新型戦車T‐14アルマータだろう。2015年、モスクワで行なわれた退屈な軍事討論会（この討論会では、ウクライナをめぐってすでににらみ合いの状態だったにもかかわらず、ロシア人参加者2人はどちらも西側との協力と友好を望むことをきちんと表明していた）の片隅で、カンテミール師団の将校たちと酒席をともにする機会を得た。カンテミール師団は、ユーリ・アンドロポフにちなんで名付けられたレーニン赤旗戦車部隊で、モスクワを中心に活動する「近衛」のエリート部隊の一つである。2009年に一時旅団に改編されたが、2015年初めに師団に再編成され、一同を安堵させていた。

話題は必然的に戦車のことになった。第4師団はT‐80Uを装備していたが、その年、国防省がウラルヴァゴンザヴォードから購入する予定の2000両のT‐14戦車の一部を最初に受け取ることになったと発表されたのだ。T‐14はロシア初の真の新世代戦車で、現代電子技術の驚異と言われており、全自動の高威力125ミリ2A82‐1M砲を搭載した無人砲塔と、3名の乗員のための装甲カプセルを車体に備えたものだ。彼らの興奮はどれほどだっただろう？ 会話は、詮索好きな英国人がこの種の質問をするときのお決まりの軌跡を進んだ。まずは建前。これは名誉なことで、アルマータはこの種の戦車では最も先進的であり、ロシアの軍事技術の高さを示すものだ。しかししばらくすると、もっと微妙な視点が出てくる。高価すぎないか？ 必要なのか？ そして何より先進的すぎて、実際の戦場ではあまりに繊細すぎる可能性はないか？

これは、第二次世界大戦中のからの影響を引き継いでいる部分もあるが、ソ連軍の車両は頑丈だがシンプルで、集団農場のコンバインを修理していたような操縦手が、戦場でいろいろと工夫して直していたという。「ソ連の車はすぐ壊れるが、再び動き出すのも早い」という説も、いくばくかの真実が含まれているだろう。半導体エレクトロニクスを搭載しているT‐14アルマータはどうだろうか？ 履帯が外れたり、砲が詰まったりするよりも深刻な故障の場合は、専門の修理工場に持ち帰るしかないのではと心配されている。要するに、軍が必要な戦車というより、ウラルヴァゴンザヴォードが売りたい戦車なのだ、というのが彼らの結論であった。

T‐14は紙上のスペックでは印象的だが、ウラルヴァゴンザヴォードも大きな雇用主である。2011年、プーチンが再選に対する抗議デモに直面していた時、ニジニ・タギルの戦車生産工場の工場長が、「みんなと一緒に」モスクワに来てデモに対処したいと申し出た。これはある種のメディアセンセーションとなり、デモ隊を「本物のロシア」とはかけ離れた中産階級のエリートだとイメージさせたいクレムリンの思惑に利用された。工場長のイーゴリ・ホルマンスキフは後に大統領府代表となり、ウラルヴァゴンザヴォードはアルマータの契約を手に入れた。プーチンは忠臣に報いることを知っている。

カンテミールの将校たちの見解は本質を突いていたのだろう。彼らは2018年までにT‐14を受領する予定だったが、この原稿を書いている時点（2022年初頭）では、まだT‐80Uを装備している。プロジェクトは遅れているだけでなく、予算も超過している。新型戦車の価格は1両あたり2億5000万ルーブルから4億5000万ルーブル（250万〜440万ポンド）に上昇した。その結果、前述のように2020年までに2300両だった発注台数は、2022年末には100両に縮小されている。件の軍事討論会からまもなく、毎年恒例の戦勝記念日のパレードのリハーサルでは、初披露された8両のT‐14のうち1両がカメラの目の前で故障してしまった。牽引の試みはうまくいかなかったが、15分ほどの慌ただしい修理の後、自力で走ることができるようになった。アナウンサーは、予定されていたテストだと言ってのけたが、誰一人信じなかった。

■軍の近代化

それでも、このシステムはそれなりに機能はしている。国防省によると、2021年時点で、全艦船、潜水艦、航空機の71％、ヘリコプターの85％、砲熕兵器の79％、装甲車の82％、地上ミサイルシステムの100％が「最新」であると公式に評価された。軍種別の内訳は、陸軍の装備が85％、空軍が80％、海軍が85％であった（※原注7）。この数字に難癖をつける者もいるだろう。確かに「最新型」装備のほとんどはソ連時代に作られたものを改良したものだが、それでもロシア軍を襲っていた危機的状況への見事な対応といえるだろう。

有り体に言って、すべからく軍隊というものは常に自らをリフォームし、絶え間なく修理し、近代化を行なっており、そうして初めて、そのような状況で何十年も使い続けることができる装備品と更新することができるのである。アメリカのF-15戦闘機も1976年に就役したが、段階的なアップグレードのおかげで今も健在である。しかし1980年代後半、資金が枯渇し、ゴルバチョフが軍縮に目を向けたため、ソヴィエトの研究開発施設は危機に瀕していた。1990年代にも、本格的な調達や近代化プログラムはほとんどなく、基本的な維持管理にさえ投資や関心が持たれなかった。その結果、2000年にプーチンが政権を握った時も、当初は人事に重点を置かざるを得なかった。2008年に強大なロシアが小さなジョージアを相手にした時、投入された装甲車の4分の1以上が戦場に到着する前に故障してしまったのだ。

旧式装備の多くは、修理や改修が実用的あるいは経済的に不可能であっただけに、歴代の国防相が近代化を優先させたのも無理はない。近代化といっても「最新型」と「従来型」という差にとどまらず、「使える」と「使えない」という大きなギャップを意味することが多い。もちろん、寿命の長い兵器も存在する。AK-74ライフルは（あなたの想像通り）1974年に導入された銃で、AK-12への置き換えが予定されているが、実際にはまだ何年も使われ続けるだろう。ただしAK-74M（1991年から採用）は現在でも充分な性能を持ち、大きな欠点とはならない。しかし、精密弾薬から照準・センサーシステムに至るまであらゆるものが進歩したため、最も遅れていて脆弱な装備から置き換えることが優先され、ロシアはこれを大方達成したのである。次の章で考察するように、組織、ドクトリン、装備の各レベルでの徹底的な改革のおかげで、ゲラシモフが誇らしげに語った「軍隊は、今や根本的に新しいレベルの戦闘態勢に到達している」という言葉は、それほど見当はずれなものではなかった。ただし彼の軍隊が、ウクライナでの本格的な戦争でテストさ

れるまでのことだったが（※原注8）

第20章　アルミヤ・ロシ：ロシア陸軍

夢のようなシュールな話だが、モスクワのノヴィンスキー大通り（混雑するサドーヴォエ環状道路の一角）にあるアメリカ大使館の向かいに、高級ファッションを扱うブランド店「アルミヤ・ロシ」（「ロシア陸軍」）がある。軍の公式衣料品・食料品サプライヤーであるヴォエントルグの一部門で、迷彩柄のレギンスやセルゲイ・ショイグ国防相がエンボス加工されたTシャツ、きれいに包装された標準野戦糧食、さらには「チーム・プーチン」のパッチが付いたデニムジャケットなどが、いい値段で売られている。これは、軍隊と兵士という職種を、シックで魅力的なものとして再ブランド化しようとするショイグの試みの一部であるが、「ロシア軍」などではなく「ロシア陸軍」と呼ばれているのも印象的である。核抑止力への依存や航空宇宙軍の新機能はともかく、ロシアは常に本質的に陸軍の国であり、地上部隊は依然としてその軍隊の中心であることに疑いの余地はない。イギリスなら「上位軍」とは海軍のことである。なぜなら、海軍は常備軍の成立（実質的には17世紀のオリバー・クロムウェルに始まる）よりも先行しているからである。しかしロシアの常備軍の歴史は、16世紀半ばのイヴァン雷帝のストレリツィ（銃兵隊）まで遡り、１６９６年のピョートル大帝の改革で海軍が成立するよりも1世紀以上前となる。

ロシアの陸軍（地上軍、SV:Sukhoputnye Voiska）は、赤地に金の剣と火のついた榴弾を交差させた独自の旗、独自の職業上の祝日（5月31日、ストレリツィの結成を記念）、独自の守護聖人（13世紀にドイツ騎士団を破った有名なアレクサンドル・ネフスキー）、そして独自のモットー「フペリョート・ペホータ！」（「歩兵よ進め！」）を持っている。また、ロシア軍最大の兵科であり、2021年現在、約28万人の将校、男性および女性（一部）兵士が所属している。

形式的にはSV総司令部に従属するが、これは基本的に国防省の管理部門であり、訓練、戦術、組織管理を担当し、実際の作戦指揮は参謀本部から軍管区（戦時には統合戦略司令部）を通じて行なわれる。1997年、SV総司令部は実際に廃止され、国防省の地上軍総局、ミサイル軍・砲兵総局、航空防空総局、陸軍航空総局に置き換えられた。しかし、国防省の役割と軍の指揮系統の境界線があいまいになり、役に立たない改革となったため、2001年、プーチンはSV総司令部の復活を決定した。本書執筆次点では、陸軍総司令官は戦車兵出身のオレグ・サリュコフ上級大将だが、66歳になり、その地位を後継者に引き渡すことが期待される年齢に近づいている。

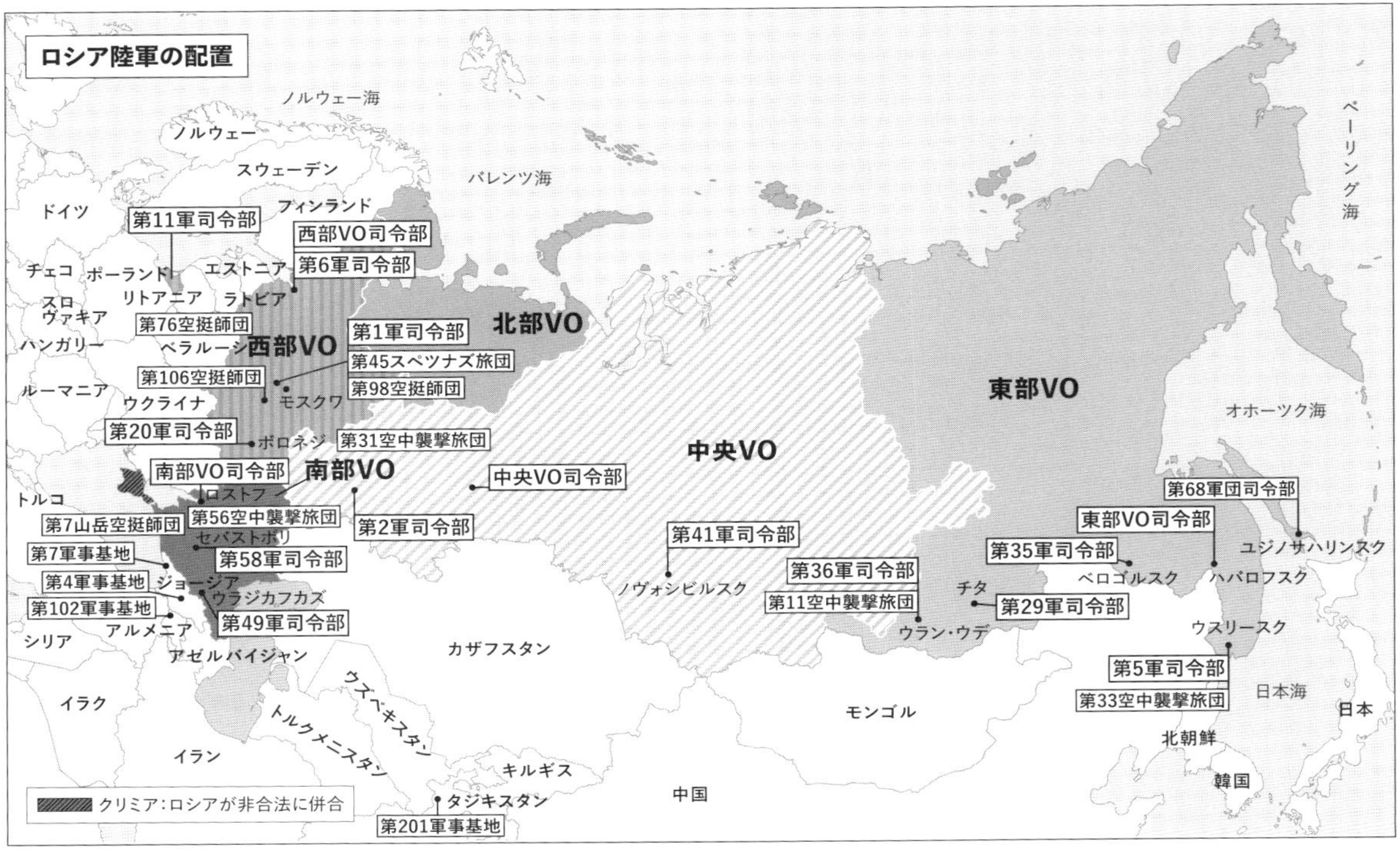
ロシア陸軍の配置
ノルウェー海
ノルウェー
スウェーデン
バレンツ海
フィンランド
ドイツ
第11軍司令部
西部VO司令部
第6軍司令部
チェコ
ポーランド
エストニア
リトアニア
ラトビア
スロヴァキア
第76空挺師団
北部VO
第1軍司令部
西部VO
ベラルーシ
ハンガリー
第45スペツナズ旅団
第106空挺師団
第98空挺師団
ルーマニア
モスクワ
ウクライナ
東部VO
オホーツク海
ベーリング海
第20軍司令部
ボロネジ
第31空中襲撃旅団
中央VO
南部VO司令部
南部VO
中央VO司令部
トルコ
ロストフ
第68軍団司令部
第56空中襲撃旅団
第7山岳空挺師団
第2軍司令部
東部VO司令部
セバストポリ
第41軍司令部
第7軍事基地
第58軍司令部
第35軍司令部
ユジノサハリンスク
第36軍司令部
第4軍事基地
ジョージア
ベロゴルスク
ハバロフスク
ウラジカフカズ
ノヴォシビルスク
チタ
第102軍事基地
第11空中襲撃旅団
第29軍司令部
第49軍司令部
アルメニア
ウラン・ウデ
ウスリースク
シリア
カザフスタン
アゼルバイジャン
第5軍司令部
ウズベキスタン
日本海
イラク
第33空中襲撃旅団
モンゴル
日本
トルクメニスタン
北朝鮮
イラン
キルギス
韓国
中国
クリミア：ロシアが非合法に併合
タジキスタン
第201軍事基地

■大隊戦術群（BTG）

後述するように、師団は限定的に復活しつつあるが、軍はおおむねそれよりも小さな旅団を中心とした構造であり、これはセルジュコフとマカロフが導入した「ニュールック」の主要な革新事項の一つである。とはいえ旅団といえども依然として比較的大きな組織であり、通常はコントラクニキと徴兵が混在している。後者は、法律により戦時中を除いてロシア国外では勤務させることはできない。このため、陸軍は、ドンバス戦争でこの種の部隊が必要になる前から、平時は既存の旅団に所属する志願兵から抽出した複合的な大隊戦術群（ＢＴＧ）を編成する手段を確立し始めていたのである。当初、ドンバスでは、複数の母体旅団の兵士をベースにしなければならないことが多く、一緒に戦うことに慣れていない兵士が新しい構造に適応する必要があり、相互運用性に問題があった。ドンバス戦争では、負傷者の補充、補給、兵士の休養のため、部隊を交代させる必要があったが、当初このような部隊の補給維持は、ロシア全土から部隊を抽出している人事および兵站計画担当者にとっては頭痛の種であった。しかし反面、ロシア軍にとっては、完全な専門家集団による確固たる規模の野戦部隊を展開できることを意味していた。やがて、ほとんどすべての旅団で独自のＢＴＧを生成できるようになり、すでに述べたように、ＢＴＧはその支援部隊の大部分を占めることが一般的になっていった。これは、平時の軍隊なら、展開可能な戦力をコントラクトニキから抽出し迅速に生成する強力な方法となるが、ウクライナ侵攻で明らかになったように、各旅団から実際に投入できるのは一つか二つの大隊だけであり、それも残りの部隊を共食いすることによってのみ可能であることを意味していた。

ＢＴＧの詳細な内容はさまざまで、その構造は作戦上のニーズと利用可能な人員の両方を反映しているが、一般的には最大９００人の将校と兵士からなる機械化大隊であり、２～４個の戦車または機械化中隊と、付属の砲兵、偵察、工兵、電子戦および後方支援小隊が含まれている。例えば、北オセチアのウラジカフカスにある第58軍第19自動車化狙撃旅団から編成されたＢＴＧには、ＢＭＰ‐３歩兵戦闘車およびＢＴＲ‐82Ａ装甲兵員輸送車のそれぞれの機械化中隊、Ｔ‐90の戦車中隊、ムスタ‐Ｓ自走榴弾砲の砲兵中隊、タルナード‐ＧＭＬＲＳの砲兵中隊、ドローン中隊、他の旅団からの大規模な狙撃小隊が含まれていた。これは他の多くのＢＴＧよりも軽装備だが、この部隊が活動する高地の地形を反映したものとなっている。本書に掲載した図表に示した編制は典型的なものだが、決して普遍的なものではない。その結果、不釣り合いなほどの火力と後方支援を備えた、かなり自立的な地上戦闘ユニットとなり、ある意味でロシア軍の基本構成要素である旅団の縮小版と言える。

■師団の復活

セルジュコフの下での旅団編成への移行は、ロシアが本当に戦わねばならない可能性が高い唯一の戦争は、海外での軍事介入による小規模な戦争のみであるという考え方に基づいており、基本的には冷戦後のほとんどのNATO軍を形成した考え方とよく似ている。ショイグの下でのウクライナとの宣戦布告のない戦争の勃発、そして西側諸国との関係悪化に伴ない、ロシア軍は国境内または国境近く、あるいは近隣の敵対者に対する全面戦争の可能性も熟慮するようになった。

そのために必要なのは、強力な部隊だけでなく、他の軍管区の大隊をも取り込み、現地で指揮・補給できる高レベルの構造である。しかしロシア国内の他の地域から移駐してきた旅団やBTGを新たに数十個も管理することは、陸軍や軍管区の司令官の手に負えなくなることが懸念された。このため、軽くて機動性の高い部隊の創設と同時に、師団も部分的に復活させることにした。ショイグがタマン師団とカンテミール師団という精鋭として名を馳せた師団を復活させたことは、将軍たちを喜ばせただけでなく、このプロセスの始まりを示していたのである。2021年末時点で、ロシアは陸軍9個師団を復活させ、そのうち8個は機械化師団、1個は戦車師団である。さらに、2014年には第1親衛戦車軍が再編された。これらの大規模な編成は国の西部、特にウクライナ周辺に偏っており、中央VOには存在しない。

■陸軍師団の編制、2021年

西部軍管区

第1親衛戦車軍

第2親衛自動車化狙撃師団

第4親衛戦車師団

第20親衛諸兵科連合軍

第3自動車化狙撃師団

第144親衛自動車化狙撃師団

南部軍管区

第8親衛諸兵科連合軍

第20親衛自動車化狙撃師団

第150自動車化狙撃師団

第58諸兵科連合軍

第19自動車化狙撃師団

第42親衛自動車化狙撃師団

東部軍管区

第5親衛諸兵科連合軍

第127自動車化狙撃師団

第68軍団

第18機関銃・砲兵師団（※訳注：2022年にウクライナに移動）

この段階的な変化は、軍事的思考の進化と、ロシアがドンバス地方での作戦から得た教訓が反映されたものだ。ドンバスでは、陸軍は全国の旅団の志願兵から集めたその場しのぎの大隊戦術群を編成することに頼っていた。そのため、一緒に訓練したことのない兵士がそのまま戦場に投入され、相互運用性に深刻な問題が生じることも少なくなかった。ウクライナ軍との個々の戦闘では、火力や技術的な優位性などからおおむね勝利することができたが、その勝利を効果的に生かせないこともしばしばだった。従って、これらの再編された師団は、即応防御部隊としてだけでなく、ソヴィエト軍が被った電撃戦を再現するかのように、迅速に破壊的な打撃を与えることができる諸兵科連合軍の中核戦力としても運用できるのである。

といっても、ロシアは旅団を放棄したわけではない。むしろ、旅団と師団を混在させようとしており、前者は「小規模戦争」、後者は「大規模戦争」での戦力投射を志向している。さらに、これらの師団の規模は、旧ロシア軍の4個連隊構成に相当するものから、指揮能力と支援部隊の能力は高いものの、ある意味で旅団に厚みを増した2~3個連隊程度のものまで、さまざまである。そのため、ほとんどの師団には6000人から7000人の人員が配置されている（旧ソ連軍では、自動車化狙撃師団と戦車師団はそれぞれ約1万3000人と1万人であった）。

だが、師団の創設を発表し、独自の軍旗を授与することは簡単だが、実際に完全な運用状態にするのは容易なことではない。例えば2014年11月には、1990年代初頭に東ドイツから撤退し、1998年に解隊した第144自動車化狙撃師団の拠点を利用して、スモレンスク東部のエリニャにおいて自動車化狙撃師団の再興が発表された。2015年7月、この師団は既存の旅団、すなわちエカテリンブルクの第28独立自動車化狙撃旅団をベースに、2年以内に立ち上げると発表された。2017年末に、第144自動車化狙撃師団として実際に運用が開始されたものの、当初予定していた4個機動連隊（自動車化狙撃連隊3個、戦車連隊1個）は揃わず、2020年現在でも1個自動車化狙撃連隊が不足した3個連隊編成のままである。兵士の確保、指揮系統の再編成、部隊の再配備など、すべてのことには時間が必要なのである。

■ヘヴィメタル：重装備

ロシア軍を真に象徴する装備は2種類あり、それが戦車と大砲であることはほぼ間違いない。西側、特にヨーロッパの陸軍は、今後数年間は通常の課題と信じられていた泥臭い対反乱作戦にはほとんど使えないと見て、戦車の保有数を減らしていく傾向にあった。一方、ロシア軍のハイテンポで攻撃的なアプローチには、戦車は欠かせない存在である。1960年代に設計、1970年に初めて実戦配備されたT‐72は依然として主力であり、時機に合わせたアップグレードが施されているため、現在運用されている約2000両のT‐72B3は、現代の戦場においても非常に信頼できる戦力となっている。後のT‐80はより複雑な歴史があったが、T‐72の近代化改修型であるT‐90／T‐90Mとともに、T‐14アルマータ計画の遅れと縮小もあって、当面の間は現役を続けることになる。

歴史的に、大砲は彼らにとっての「戦争の神」である。あらゆる軍隊は主に長距離火力に依存しており、他の作戦部隊の役割も、敵を発見し固定して、砲兵部隊が敵を破壊するために充分な時間を与えることだが、ロシア軍は現在も多くの砲熕兵器を装備している。例えば、典型的なロシアの大隊戦術群は、122ミリと152ミリの自走砲とロケット砲の混成砲兵中隊2～3個と迫撃砲の小隊数個を有するが、アメリカ軍の標準的な大隊は1個の迫撃砲小隊だけである。だがBTGは、それを生成する旅団の支援要素の大部分を占める特別な部隊であり、アメリカの場合は、砲兵をより高いレベルの司令部に集中させて戦場で連隊規模の支援を行なうので、これは完全に公平な比較とはいえない。しかし旅団レベルで見ても、ロシアの完全装備の機械化旅団は、通常は砲兵大隊2個とロケット砲大隊1個が含まれるが、アメリカの場合は砲兵大隊1個のみである。

この事実のすべてが、ロシア軍が多くの火砲の使用を優先していることを示している。またアメリカ統合参謀本部議長マーク・ミリーがまだ陸軍参謀長だったころ、上院軍事委員会の公聴会で、ロシア軍と対戦する場合「我々はそれを好まない、それを望まない、しかし、技術的には（我々は）地上では劣勢であり、大砲も少ない」（※原注1）と述べた理由でもあった。射程距離が長い点も重要である。アメリカの標準的なM109 155ミリ自走榴弾砲の射程は21キロメートル、ロケット補助推進弾を使用した場合は30キロメートルである。すでに就役済みのロシアの新型自走榴弾砲2S35コアリツィヤ-SVは、未確認ではあるが射程40キロメートル、ロケット補助推進弾使用時は80キロメートルと報告されている。ロシアの大型多連装ロケットシステムは90キロメートル先の目標を攻撃できる。また、射程500キロメートルのイスカンデル（SS-26）弾道ミサイルも保有しており、クラスター弾、サーモバリック燃料空気爆弾、さらには爆発範囲内の電気システムを焼き切る電磁パルス装置などの通常弾頭を搭載することが可能である。もちろん射程距離がすべてではないし、発射速度や精度、信頼性、生存率なども計算に入れる必要はある。しかし、これはロシアが明らかに得意とする分野である。

■特殊作戦を行なう特殊部隊

旅団構造の採用によって、SV総司令部は特定の戦闘環境に適応した特殊な部隊編成を実験する機会が持てるようになった。チェチェン紛争を契機に、山岳戦に特化した訓練と装備の部隊の復活をもたらした。また北極圏北部の部隊では、以前から寒冷地での作戦を重視していた。しかし、プーチンは新たな戦場での作戦の可能性を検討し始め、さらに正式で広範なものとなっていった。

最後のソ連特殊部隊である第68独立（山岳）自動車化狙撃旅団は1991年に解隊されたが、そのような部隊の不在による問題がチェチェン紛争で明確になった。そのため、2004年に、プーチンはコントラクトニキで構成された二つの山岳特別旅団を北カフカスに創設すると発表した。国防省は当初2005年中の運用開始を約束していたが、第33および第344独立自動車化狙撃旅団の準備完了は2007年末までずれ込んでしまった。それぞれダゲスタン共和国のボトリフ（後にマイコープ）と、カラチャイ・チェルケス共和国のゼレンチュクスカヤを拠点し、各約2000名の兵力を持つが、任務に必要な技術や体調を備えているかどうかについては、引き続き疑問視されている。

　さらに、ロシアは長年にわたり、寒冷地での戦闘能力を防御と攻撃の両面で必要としてきたが、モスクワが北極圏をさらなる戦略的な戦域と見なすようになったため、それに見合う部隊を編成し、装備を整えている。これはかなりの程度、空軍と海軍が担当している。また、ロシア最北の拠点であるフランツ・ヨシフ諸島のアレクサンドラ島にある革新的な「アルクチチェスキー・トリリストニク」（「北極の三つ葉」）のような新しい軍事施設も設立されており、同時に極地環境下で活動できる陸上部隊の必要性も認識されている。ペチェンガに司令部を置く第200旅団と、アラクルティに司令部を置く第80独立旅団は、北極圏の戦闘部隊に指定され、特別に改造された装備を備えている。また、比較的静粛なため隠密偵察や急襲に特に役立つ、犬やトナカイが引くソリなども再導入されている。もちろん、単に装備の問題だけではない。これらの部隊では、容赦のない北極圏の環境で、ますます頻繁に、そして現実的な訓練が行なわれている。

　1920年代にさかのぼり、ソ連軍と中央アジアの反乱勢力バスマチとの戦いでは、しばしば赤軍騎兵隊が大きな役割を果たしていた。今日のロシア軍では、シリアでの経験により、同等の現代的部隊である軽機械化部隊の実験がなされるようになった。2009年、第56独立空中襲撃旅団は、UAZ-31512「ハンター」ジープで装備を搭載することを試みた。彼らは「超軽量」機械化部隊の潜在的価値を示したものの、車両が小さすぎて実用的でなく、重火器や充分な物資を搭載できなかった。そのためGAZ‐66トラックを再装備し、その後従来のAPCへと回帰した。しかし2016年、ロシアは武装したUAZ「パトリオット」ピックアップトラックをシリア・アラブ軍に供給した。これは機動性の高い輸送部隊の護衛と同時に、さまざまな反政府武装勢力が投入する多数の武装「テクニカル」（どこにでもあるトヨタ・ランドクルーザーやハイラックスをベースにした即席の武装トラック）への対抗策を意図したものだった。この結果、この種の車両への関心が広範囲に高まり、2017年には第30自動車化狙撃旅団の4個大隊のうち1個にUAZパトリオットを装備することが決定された。第30自動車化狙撃旅団はロシア中部のサマーラを拠点としており、砂漠地帯はほとんどないものの、草原、森林、山岳地帯が広がる地域である。UAZパトリオットは時速150キロを出せ、より重い装甲APCよりもはるかに燃費が良好である。この部隊は、これまで他の旅団が大型BTR‐80では困難か、より遅い移動を強いられていた砂漠から森林までのさまざまな困難な環境でも、機動力の高い攻撃および即応部隊を提供できるというアイデアのテスト部隊ということなのだろう。

■兵站

「素人は戦術を語るが、プロは兵站を研究する」という古い格言はまったく的を射ている。だが歴史的に見ると、ロシア人は「尾」よりも「歯」に力を入れる傾向がある。これは絶対的なものではなく、ロシア軍にしろソ連の先人たちにしろ、間違いなく準備調整に大いに努力してきたし、今後もそうするだろうが、戦車や艦船が快適性や生存性よりもスピードや火力を優先して強化していたように（特に過去においては）、兵士への気配りは二の次であり、故障や機器の不具合が多発する遠因ともなっていた。

しかしソ連時代末期になると、この状況は変わりつつあった。最高司令部は、現代の戦争では兵士の要求に応えなければならないこと、また、経験豊富な戦闘員は貴重であり無下に消耗できないことを理解するようになり、アフガニスタン戦争では、戦場から負傷者を空輸する「ビセクトリサ」（「二等分線」）Ｍｉ－８ＭＢ救急空輸ヘリコプターから、重傷者をソ連国内に移送しタシュケントの軍病院に運ぶ専用のＡｎ－12とＩＬ－18医療輸送機まで、これまでにない軍事医療装備が整備された。ところが１９９０年代には、この貴重な経験の多くが失われただけでなく、実践もできなくなっていた。ただ単に物資の支給がなかったためだ。アフガニスタンとチェチェンに従軍したある軍医は、後者の紛争では自動車修理工場から略奪した改造ファンベルトを止血帯として使用しなければならなかったと語ってくれた。しかし、予算が使えるようになるとすぐに、学んだ教訓が再び取り上げられるようになった。特に、より高い技能を持つ熟練兵士の確保や、志願兵の募集と定着に新たに重点を置くようになったため、階級に対してもより細やかな対応が求められるようになった。

とはいうものの、広義的に考えれば、兵站は依然としてロシア軍のアキレス腱である。比較的少ない軍事経験しか持たないプーチンは、現在でも「尾」よりも「歯」に強い影響を受けており、前者に対処する政治的圧力を生み出す助けにはならない。2014〜22年のドンバスでは、できるだけ説得力を持った関与の否認理由を保持する必要性から作戦が制限されることは確かにあったが、BTGの高い強度の作戦が、物資、特に弾薬が補給されるよりも早く消費されたために、数日で挫折することがあった。旅団やBTGは、西側の部隊よりも高い砲撃力や防空能力を持っているがゆえに補給の必要性も高く、しかもその「尾」は同じ長さではない。さらに2022年にウクライナで本格的な軍事作戦が始まると、大規模な戦闘行為を持続するための兵站の課題がはっきりと浮き彫りになっている。

各軍は独自の資材・技術支援旅団を保有しているはずだが、全部隊がそうなっているわけではなく、あるいはほとんど書類上だけのものとなっている。それどころか、主要な任務はやはり鉄道網に大きく依存しているのである。これこそがロシア軍が鉄道部隊を持ち、軌道や施設の建設、修理、確保、維持を任務とする10個の専門旅団がある理由である(実際の車両はRZhDと国内の他の鉄道会社の管轄)。またロシアは、フィンランドやスロヴァキア東部、ポーランドやハンガリーの短い区間などを除き、西ヨーロッパでは一般的ではない広い軌間の線路を採用している。これは、仮にロシアが旧ソ連邦以外の標準軌間の地へ侵攻しようとする場合、きわめて重大な意味を持つ。1520ミリの「ルシアン・ゲージ」から、より一般的な1435ミリの「スティーヴンソン・ゲージ」に物資を移動させるには、新しい貨車に積み替えるか、車輪を調整できる貨車に乗せなければならない。しかし機関車はそれができないので、必然的に新しい動力車が必要となる。いずれにせよ、鋼鉄の細長い帯が砲撃や空襲、パルチザンの格好の標的となるであろう時代に、供給プロセスに余分な時間と複雑さを加えることになる。鉄道部隊がその負担を承知していたとしても、線路を常に修理しなければならなくなると、事態はさらに遅くなる。

鉄道駅から遠く、列車が走れない場所では、ロシア軍はトラックに頼らざるを得ない。ここでも、商業部門から車両と運転手を徴集したとしても、主要な作戦を維持するのに充分な数があるかどうかは疑問である。信頼できる推定によれば、補給基地から150キロメートル以上離れた場所では、ハイテンポな作戦を維持することは不可能であり、その結果、敵地の奥深くに進攻するのは困難で時間もかかるという。具体的な例を挙げよう。

それぞれの部隊によって異なるが、一つの軍には通常56～90基の多連装ロケット砲システムを装備している。各ランチャーの補充には、トラック1台分の荷台をすべて占有してしまう。もし諸兵科連合軍が一斉射撃を行なった場合、ロケット砲弾薬の補充だけで56台から90台のトラックが必要になるのだ。すなわちロケット砲の斉射を一度行なう場合に必要なトラック台数は、資材・技術支援旅団の輸送トラック部隊の約半分に相当する（※原注2）。

しかもこれは陸軍のロケット弾だけの話で、6～9個の砲兵大隊、迫撃砲、戦車砲、対空・対戦車ミサイル、手榴弾、銃弾、燃料、食糧、水などすべての消費材が考慮されていない。言い換えれば、ロシア軍は国境や鉄道網から遠く離れた場所では、本格的な戦闘行為を開始し維持することは、おそらく不可能である。

■戦闘能力

以上の事柄は、ロシア陸軍の国境を越えた戦力投射能力にどのように変換されるのだろうか？

アメリカのシンクタンク、ＲＡＮＤ研究所が２０２０年に発表した報告書では、ウクライナで正規の戦争へ発展した場合から、地球の裏側にあるベネズエラの政府を守るための安定化作戦まで、一連の概念的なシナリオを想定している（※原注３）。それぞれについて、ロシア軍が部隊を編成し、陸海空を問わず作戦地域に移動させ、それを維持するためのストレスを検討した。著者らが予測不可能な異常値であるとしたウクライナのシナリオを除いて、不確定要素のいずれかに「過剰なストレス」を生じさせないケースは一つだけであった。このシナリオは、隣国タジキスタンでイスラム国の反政府勢力が台頭し、現地政府の承認を得て、スペッナズ1個大隊と通常のＢＴＧ 6個および支援部隊を派遣するものである。しかしこの場合でも、ロシアの空輸能力に大きな負担を強いることになる。これは次の章で説明するように、迅速な展開や遠隔地での展開において、制限要因となることは明白だ。

他の5つのシナリオ、すなわちシリアへの救援部隊派遣から、カザフスタンをめぐる中国との衝突まで、すべてロシアの鉄道輸送、空輸、海上輸送の能力のいずれかに過度の負担をかけるものであった。さらに後者では、必要な時間内に編成される派遣部隊（18個機動大隊、総兵力のわずか10分の1）は、輸送できる容量の限界を超えるものであった。結局のところ、ロシア国内およびその近辺での鉄道による移動でさえ、膨大な物流の努力が必要となるのである。例えば、1個師団の輸送には1950～2600両の貨車が必要であり、すなわち最大で50本の列車編成が必要になる可能性があるのだ。

結論として、ロシア陸軍は、ジョージア人やウクライナ人が多くの損失を被ったように、西部や南西部の軍事インフラに近い戦域では強力である。しかし世界規模で大規模な軍を投射し、さらに維持できる立場ではとてもありえず、南部や東部の国境でさえ、しばしば迅速な移動に苦慮している。これは、ロシア軍を中傷するものではない。特に意図された通りに運用されれば、ロシア軍には非常に現実的な戦闘能力があり、これによって後述する信頼できる「ヘヴィメタル外交」（※原注4）による強制外交から、キネティック（サイバー）作戦に至るまで、一連の戦略的オプションをモスクワに提供することができるのである。

しかし、これは赤軍ではない。西ヨーロッパからドーバー海峡まで突進する、あるいはバルト海沿岸に沿って素早く進撃するという考えは、兵力構成、兵站、空輸の技術的詳細を見れば、単純に実現不可能である。実際、2022年のウクライナ侵攻作戦があっという間に泥沼化したことは、兵站の問題と、それをプーチンと指揮官らが適切に判断できなかったことによる破滅的なまでの失敗を明示している。RAND研究所が行なった評価は、戦車の数、燃料パイプラインの量、輸送機の航続距離など、基本的な構造的・物理的能力に基づいたものばかりで、訓練、士気、規律、指揮といった無形的なものはすべて考慮に入れていない。これらの目に見えない指標においての進歩は、後述するように、そしてウクライナで顕著に見られたように、ショイグのＰＲマシンがプーチンを含むすべての人に信じさせたよりも、明らかに見劣りするものであった。

第21章　空はロシアが制す

飛行士たちは辛かっただろう。ロシアが国家主義的な方向に向かうと、国威発揚的なアクション映画が作られるようになった。かなり良いものもあれば、ひどく悪いものもあるが、英雄的な工兵または歩兵、水兵またはスペツナズが描かれる。しかし空軍は、そのような大作を作るチャンスには恵まれていなかった。クリミアでは最小限の脇役に徹し、ドンバス上空では目立った存在感を示さず、ロシア国民である民間人が多く住むチェチェンの都市を絨毯爆撃した。要するに、魅力に欠けていたのだ。しかしシリアがそのすべてを変えた。2021年に発表された大作は、2015年にトルコの戦闘機によってSu-24M爆撃機が撃墜された事件を大まかに基にした「ネボ」（「空」）である。もちろん、今回は誰が善人なのかが明確に描かれ、撃墜された航空機の搭乗員2人はともに救助される。「トップ・ガン」へのロシアからの回答というには、少しスラブ魂がこもり過ぎかもしれないが、巧妙かつ華やかで、国防省の積極的な支援（一部は実際にシリアで撮影された）のおかげで、本物の航空機とロケーションが効果的に使われている。ショイグそっくりの人物も登場し、「我々は国民を見捨てない」と叫んでいる。

10年間の衰退の後、ある意味で影の中の10年間が続いたが、プーチン時代の後期、特にシリアへの介入は、航空宇宙軍（VKS：Vozdushn-Kosmicheskiye Sily）に、まさに翼を広げる機会を与えた。地上攻撃機、爆撃機、迎撃機、輸送機の全搭乗員の約90％が少なくとも1回はシリアに派遣され、中には150～200回出撃した者もおり、これは多くの西側諸国の年間飛行時間の合計に相当する（※原注1）。また一方、航空隊の約4分の3は最新化または近代化されていると考えられている。

■常に移行中

ロシアは1912年から空軍を保有している。第一次世界大戦では帝国空軍が活躍し、1918年に労働農民赤軍航空隊（後の赤軍航空隊）に引き継がれた。1941年のドイツ侵攻の初日、ソヴィエト連邦空軍（VVS：Voyenno Vozdushniye Sily）の多くは粉砕され、地上で破壊されたものも多かった。戦争が迫っていた状況でも、スターリンが自国の諜報部や将軍を信じようとしなかったためだった。大惨事となった戦いの間を縫うように、空軍は急ピッチで再建された。その後も定期的な刷新を受け、冷戦時代を通じて発展・拡大していった。この結果、1980年までに、3つの異なる部門であらゆるタイプの航空機約1万機を保有する、世界最大の戦力となった。これは

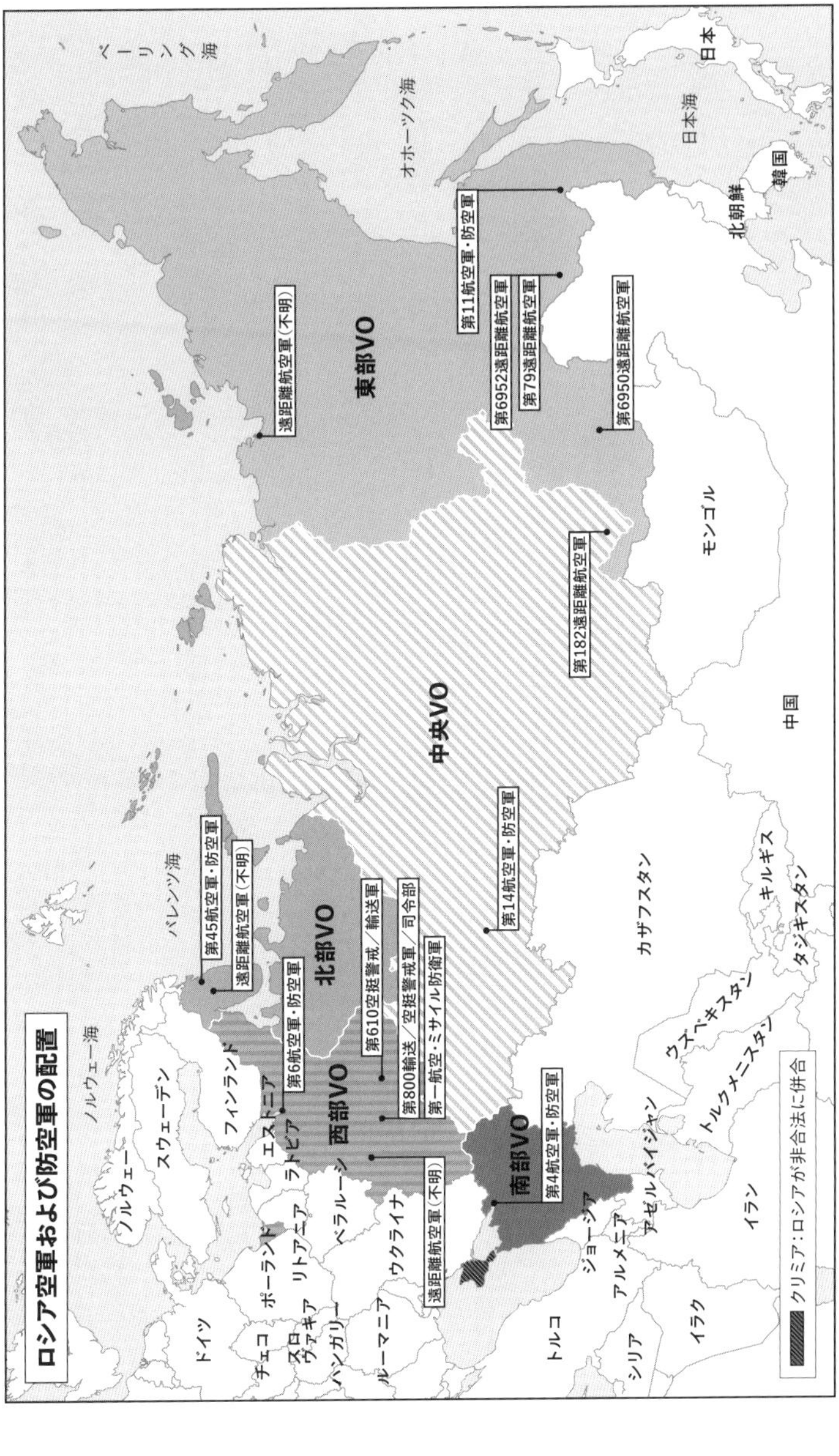
ロシア空軍および防空軍の配置
東部VO
中央VO
北部VO
西部VO
南部VO
遠距離航空軍(不明)
第11航空軍・防空軍
第6952遠距離航空軍
第79遠距離航空軍
第6950遠距離航空軍
第182遠距離航空軍
第14航空軍・防空軍
第45航空軍・防空軍
遠距離航空軍(不明)
第6航空軍・防空軍
第610空挺警戒/輸送軍
第800輸送/空挺警戒軍/司令部
第一航空・ミサイル防衛軍
遠距離航空軍(不明)
第4航空軍・防空軍
ベーリング海
オホーツク海
日本海
日本
韓国
北朝鮮
モンゴル
中国
カザフスタン
キルギス
タジキスタン
ウズベキスタン
トルクメニスタン
アゼルバイジャン
イラン
イラク
シリア
トルコ
アルメニア
ジョージア
ウクライナ
ベラルーシ
ラトビア
エストニア
リトアニア
ポーランド
ドイツ
チェコ
スロヴァキア
ハンガリー
ルーマニア
フィンランド
スウェーデン
ノルウェー
ノルウェー海
バレンツ海
クリミア:ロシアが非合法に併合

戦略爆撃機の遠距離航空軍（DA：Dalnaya Aviatsiya）、迎撃機や地上攻撃機の前線航空軍（FA：Frontovaya Aviatsiya）、そして軍事輸送航空軍（VTA：Voyenno-Transportnaya Aviatsiya）の3部門である。

この他に、海軍艦隊航空隊（AV-MF：Aviatsiya Voenno-Morskovo Flota）もあり、現在も続いている。一方、最初は砲兵部隊の一部門であったが、１９４１年には赤軍防空総局となり、大祖国戦争後の１９５４年にはソヴィエト連邦防空軍（PVO：Protivovozdushnoi Oborony）となって、対空ミサイル部隊、戦闘航空隊、無線技術隊に分けられた。

ソ連が解体された後、ロシアはソ連時代とほぼ同様の構成で、航空資産の大部分（人員の約65％、航空機の約40％）を受け継いだ。しかし、航空部隊は無為無策の期間には特に脆弱なものとなってしまう。飛行時間が少ないパイロットは技量が低下する。定期的な整備が施されない機体は飛行不能や安全性に問題が生じる。近代化されない機体はすぐに陳腐化する。このため１９９０年代は、ＶＶＳとＰＶＯにとって特に厳しい時代であった。例えば、１９９５年までに、前線航空軍は５０００機以上あった機数を半分以下に縮小し、そのうちの3分の2はすでに時代遅れに近いと判断された。他の航空軍でも同じような状況が見られた。

１９９８年、ＰＶＯはＶＶＳに組み込まれ、祖国の戦略的防衛の特定の部分は、２００１年に新設された宇宙軍に委ねられた。この宇宙軍は、２０１１年に独立した組織となった航空宇宙防衛軍（VVKO:Voiska Vozdushno-Kosmicheskoye Oborony）の基礎となった。しかし、椅子取りゲームはここでは止まらず、ＶＶＫＯは２０１５年にはＶＶＳと合併し、新たにヘリコプター・ガンシップから対弾道ミサイルシステムまでを含む、総合的な航空宇宙軍を形成したのである。

■航空宇宙軍

航空宇宙軍（ＶＫＳ）は、現在約14万８０００人の人員を擁し、そのうち約４分の３は職業軍人である。２０２１年初頭の時点で、ＶＫＳは１７０９機あまりの固定翼戦闘機と約１５００機のヘリコプターを運用している。その中には、Ｓｕ‐27戦闘機３８０機、ＭｉＧ‐29戦闘機２６７機、ＭｉＧ‐31迎撃機１３１機、そして新型戦闘爆撃機ＭｉＧ‐35の最初の５機が含まれている。また、Ｓｕ‐24爆撃機２７４機とＳｕ‐34爆撃機１２５機、Ｓｕ‐25地上攻撃機１９３機も揃っている。長距離爆撃機もＴｕ‐１６０ 16機、Ｔｕ‐95 42機、Ｔｕ‐22Ｍ 66機が配備されている。これらに海軍の91機（ＭｉＧ‐29 22機、Ｓｕ‐27／33 43機、Ｓｕ‐24 22機、Ｓｕ‐25 ４機）を加えることができる。また、輸送機や偵察・司令プラットフォームもあり、機体上部に特徴的な巨大なレーダー・ロートドームを持つ第１４４空中早期警戒連隊のベリエフＡ‐50空中早期警戒管制機16機もその一種である。また、運用中の航空隊には650機以上のヘリコプターがあるが、これは名目上の総保有機数約850機の一部である。新型機が導入されるにつれて、ソ連の旧式ヘリコプターは正式に廃棄もしくはモスボール化されるため、フル稼働している割合は着実に増加すると予想される。

ソ連時代の機体に頼ってはいるものの、これはアメリカに次ぐ充実した航空艦隊である。ただし機種のいくつかは大規模な近代化が可能であることが証明されているが、Su-57ステルス戦闘機のようなまったく新しいデザインのものを作る試みは、すでに述べたように、かなりの困難をともなうものとなっている。しかしモスクワは、祖国の防空のため、また防御と攻撃の両面で陸軍部隊を支援するために、空軍の増強に真剣に取り組んでいる。VKSのセルゲイ・スロヴィキン総司令官は、本稿執筆時点では空軍のブルーを着ているが、2017年までは陸軍の将校であり、新たに軍の垂直統合に力を入れていることの証左である。彼は機械化歩兵として出世を続け、アフガニスタン、タジキスタン、第二次チェチェン戦争（戦傷を負う）で戦い、2017年にはシリアでロシアの派遣軍を指揮した。タフで妥協を許さない軍人（2004年には、酷評された部下がスロヴィキンのオフィスで拳銃自殺した事件があった）としてだけでなく、創造的な解決策を生み出す問題解決者としても知られている。また、参謀本部作戦総局の局長を務めたこともあり、これはしばしばトップを狙える人物の証とされる。2012年に憲兵隊を新設する際にも、その革新的な能力を発揮している。とはいえ彼のキャリアに障害がなかったわけではなく、1991年の8月クーデター後に拘束されて過ごした7ヵ月間（スロヴィキンが陰謀者に忠実な部隊の大隊を率いていた時の衝突で3人が死亡した容疑による）、1995年に制式兵器を盗んで販売したとして有罪になった時（後に容疑は取り消された）などがあったが、今のところうまく乗り切っている。それでもなお、彼はロシア軍が必要とする決断力と未来志向の思考を最もよく兼ね備えている人物と評価されており、2019年に前例のない2度目のシリア派遣を指揮したことも、この人物が注目すべき人物であることを示す標識となった。おそらく将来の参謀総長であろう。（※訳注：2022年10月8日、スロヴィキンはショイグ国防相によりウクライナ侵攻の総司令官に任命された）

空軍と航空・ミサイル防空軍（PVO-PRO:Voiska Protivovozdushnoy i Protivoraketnoy Oborony）は、主要軍管区ごとにひとつずつ存在する、西部の第6、南部の第4、中部の第14、東部の第11という4つの戦術航空・防空軍に大別される。これらの軍には、迎撃機、戦術爆撃機、偵察機、地対空ミサイルシステムなどが配備されている。サンクトペテルブルクに拠点を置く第6航空・防空軍を例に取れば、迎撃機3個中隊、戦闘爆撃機1個中隊、偵察機1個中隊を有する第105親衛航空団、SAM 7個連隊を有する第2および第32防空師団、これにさらにカリーニングラード飛び地にある第4独立海軍航空攻撃機隊、第689親衛海軍航空戦闘機隊、第44防空師団の海軍部隊が加わる。これらを合計すると、戦闘機12個中隊、SAM9個連隊、無線技術5個連隊となる。また、ヘリコプター3個連隊と輸送機1個連隊も保有している。西部軍管区が優先的な区域であることは明白で、そのためモスクワを担当する特別な第1防空・ミサイル防衛軍が補完されている。この部隊には2個師団（9個連隊）のSAMと第9対弾道ミサイル防衛師団がある。この師団は、首都の北東にあるソフリノにあるドン-2N戦闘管理フェーズドアレイ・レーダーサイトと、合計68基の53T6（ABM-3）短距離迎撃ミサイルを持つ5ヵ所の発射基地を維持している。モスクワ上空の成層圏で10キロトンの熱核弾頭を自ら爆発させ、飛来するミサイルを撃退しようとするもので、まさに最後の手段である。とはいえ、西部軍管区が特によく装備されているとしても（第6軍は「ロシア北西の空を安全に守る」という冴えないモットーのもとで活動している）、部隊編成の中に、どのような範囲の装備があるのかを理解することができる。

遠距離航空軍は独立した存在であり、ベテラン機であるTu-95MSベア長距離ターボプロップ60機、小型超音速機Tu-22M3ブラインダー50機、新型Tu-160M2ブラックジャック可変翼爆撃機17機を維持している。VKS司令官に従属しているが、通常の攻撃任務にも使用されており、例えばシリアでも攻撃作戦を遂行したが、基本的にはロシアの核三原則の一部である。従って

DAについてはVOではなく、モスクワの航空宇宙司令部に従属している宇宙軍とともに、第25章で後述する。

■祖国の防空

西側（特にアメリカ）の戦略立案者の中には、ロシアのA2／AD（Anti-Access and Area Denial（接近阻止・領域拒否）の略）問題が深刻化していると警鐘を鳴らす者もいる。その基本的な考え方は、ロシアは長距離の対艦ミサイルと対空ミサイルの組み合わせにより、西側の自由な機動や技術的・機動的優位性に対抗可能であるというものである。これは「新しい戦争のあり方」に対する多くの恐怖と同様、大げさな誇張であると同時に、ロシアのドクトリンに対する誤解でもある。マイケル・コフマンはこう述べている。

ロシアの「A2／AD能力」もまたひどく誇張され、しばしば二次元地図上に、ある種の防御的なバブルや立ち入り禁止区域のように描かれることがある。メディアによって広められたロシアの防空範囲リングやミサイル・リングのイラストは、ロシア軍事分析を、地図上にある怒ったような赤い丸の研究に矮小化してしまうことがある（※原注2）。

確かに、モスクワはかなり広範な対艦能力、そしてそれ以上に防空能力を開発してきた。しかし、このようなバブルの中にいれば安全だという考えは、最新の統合防空システムでも難攻不落たりえないこと（一部の攻撃は通過してしまう）と、ロシアの戦争スタイル（敵を弱体化させて反撃する積極性を重んじる）の両方を誤解していることになる。

それよりも彼らが特に懸念しているのは、大量ミサイル空中攻撃（MRAU:Massed Missile-Aviatsionny Udar）の脅威である。NATOがその数の強みと空中での技術的優位性を利用して、ロシアの指揮統制構造を粉砕し、その機動力を弱体化させて、最初の破壊的一撃で戦争に勝とうとすることである。ただしこれも誇張されている可能性がある。西側諸国は、ロシアが何か新しいコンセプトのアプローチで恐るべき優位性を持っていると懸念しているが、ロシアもまた西側の軍事技術能力を過大評価する傾向がある。いずれにせよ、このことがVKSの防空任務に緊張感を高めていることは間違いない。ロシア西部とベラルーシで4年ごとに行なわれる大規模な軍事演習「ザパド」で、「ブルー」のMRAUに抵抗し、防御側「レッド」が反撃に移り、撃破し、最悪の場合でも耐え抜くというシミュレーションで始まっているのは意味のあることなのだ。

陸軍は独自の統合的な防空部隊を持っているが、PVO-PRO部隊は戦術的ではなく戦略的資産であり、迎撃機と地上配備のＳ‐３５０、Ｓ‐４００、Ｓ‐５００長距離ミサイルシステムの両方と、さらに30ミリ機関砲２門とミサイル12発を搭載した移動車両であるパーンツィリ‐Ｓ１（ＳＡ‐22）などの短距離システムも補完的に配備している。ＭＲＡＵ初期での彼らの役割は、紛争を自らに有利なものとするために、戦場の戦力を結集し調整できる指揮系統を、できるだけ長期間にわたって存続させることである。特に、敵はミサイル、航空機、パイロットだけでなく、通信ネットワークからレーダーまで、攻撃を仕掛けるために必要な情報資産の不足に陥り始めるようになるからだ。

この目的のため、ロシアの戦闘機部隊を近代化するためのキャンペーンが継続的に行なわれている。主力は、戦闘実績のあるＳｕ‐27フランカーの機体を発展させたＳｕ‐30ＳＭ２およびＳｕ‐35Ｓ戦闘機である。より軽量なＭｉＧ‐35も補助的に配備されているが、このＭｉＧ‐29フルクラムの近代化版に対する熱意はあまりないようで、今回の発注はミコヤン・グレヴィッチ設計局の仕事を維持することが重視されているようだ。最終的には、Ｓｕ‐57ステルス戦闘機が就役予定で、76機が発注されているが、２０２５年までに連隊定数24機を配備するという目標が達成されるかどうかについては、明確な見通しはない。

■祖国の拳

ロシアは西側の航空戦力の脅威を認識する一方で、独自の攻撃能力の開発にも力を注いできた。このような戦力の使用に関する彼らの考え方は、かなりの程度、ソ連時代の考え方に根ざしている。1920年代にミハイル・トゥハチェフスキー元帥が提唱した「縦深攻撃」の考え方は、前線だけでなく、戦場の奥深くで敵の戦力を粉砕し混乱させ、敵の連携・対応能力を圧倒して指揮・補給線を断つことが勝利への道とされる。このことは、例えば、ソヴィエト軍が接触線のかなり後方に展開できる空挺部隊に熱中したことの説明にもなる。しかし1970年代になると、もう一人の革新的な軍事思想家であるニコライ・オガルコフ元帥は、長距離ミサイル、誘導弾、航空攻撃によって、軍団規模の作戦機動部隊を補完する方法を検討するようになった。

ソ連は、この作戦を実際に実行できるような充分な質と量の誘導弾を製造する能力がなく（ロシアは現在でもある程度同様である）、その代わりに大量の戦術的航空戦力と砲撃に頼っていた。しかし、1991年の「砂漠の嵐」作戦で、西側連合軍の技術が決定的な優位に立っているのを目の当たりにして、これがいかに重要であるかが明らかになった。1990年代を通じて、ロシアの軍事理論家は長距離の「非接触戦」の威力を説いていたが、軍にはその多くを実行する資金とリーダーシップが不足していた。その後、ロシアは西側に追いつくための進歩を遂げ、その多くはイスカンデル戦術ミサイルやＫｈ‐１０１空中発射巡航ミサイルなどの長距離システムとなって実現したが、戦場での航空戦力の重要性も引き続き関心事となっている。

ＶＫＳの戦場での近接航空支援能力は、年代物ではあるが依然として有効なＳｕ‐25ジェット攻撃機と、幅広い種類のヘリコプターに代表される。Ｓｕ‐25グラーチ（ミヤマガラス）は１９８１年から運用されており、さまざまなアップグレードが施されているものの古さが目立っている。しかし、第二次世界大戦で活躍した伝説の襲撃機ＩＬ‐２シュトルモヴィクの後継機としてふさわしい、タフで強い打撃力を持つ航空機である。新型のジェット地上攻撃機に置き換わるという話もあったが、実際には今のところヘリコプターがその役割を担っている。古えからの乱暴者、「空飛ぶ戦車」Ｍｉ‐24／35ハインド・ガンシップ攻撃兵員輸送ヘリがその代表だが、現在の地上攻撃の主役は、より軽快な専用攻撃ヘリコプターＭｉ‐28ハヴォックと、特徴的な二つの反転同軸ローターを備えたＫａ‐50／52が担っている。

戦略爆撃機については後述するが、中距離爆撃機部隊では、旧ソ連時代の標準であるＳｕ‐24フェンサーに代わって、Ｓｕ‐27戦闘機をベースに開発された全天候型超音速戦闘爆撃機Ｓｕ‐34フルバックが徐々に就役しつつある。Ｓｕ‐24よりもはるかに優れたアビオニクスと、８トンの爆弾、ロケット、ミサイルを搭載できる能力を持ち、シリア上空でその能力を発揮した。しかしＳｕ‐24

は今後もしばらく運用が続けられる予定であり、ロシアでは精密誘導兵器と、それらを効果的に使用するためのシステムが引き続き不足していることを考えると、うまい解決法である。これらのSu-24には速度、高度、風などを考慮した新しい照準システムSVP-24が搭載され、高価な「スマート」爆弾とほぼ同じ精度で安価な「通常」爆弾を投下できるようになっている。

■ヘヴィリフト：重輸送

高高度を飛ぶ迎撃機、ロケット弾を積んだ地上攻撃機、戦場を制圧する爆撃機ほどエキサイティングではないかもしれないが、VTAの225機ほどの輸送機は、この広大な国土での横断的な戦略機動性だけではなく、モスクワによる幅広い状況下での戦力投射にも不可欠であることが証明されている。シリアでは、ピーク時には1日2000トンの物資を輸送していた（※原注3）。また2022年1月、外国人テロリストの仕業だという説得力のない抗議により、カザフスタン大統領はCSTO（集団安全保障条約機構、モスクワがユーラシアに作ろうとしているNATOの類似組織）の平和維持部隊の介入を要請した。ロシアの空挺部隊が数時間で到着したことは、部隊だけでなくVTAの準備態勢をも証明するものである。実際、ベラルーシとアルメニアの派遣部隊も同様にロシアの輸送機で輸送された。

２００９年までは最高司令部の第61航空軍として知られていたＶＴＡは、海軍や戦略ミサイル軍にあった戦略輸送資産も取り込みつつ、４種類の航空機をベースに部隊を編成している。Ａｎ‐26は双発ターボプロップの戦術輸送機で、乗員40人または６トン弱を輸送することができる。より大型の４発機であるＡｎ‐12は、空挺隊員１００人または20トンの貨物を輸送でき、ソ連・アフガン戦争では死んだ兵士の遺体を持ち帰った「黒いチューリップ」として、いわれなき不興を買った。ＩＬ‐76は標準的なヘヴィリフターで、完全装備の空挺隊員１２６人、兵員１４５人または貨物50トンを輸送できる頑丈な長距離ジェット機であるが、８８０人、１２０トンを輸送できるワイドボディ型のＡｎ‐１２４ルスラン10数機も運用されており、それに比べるとまだまだ物足りない。

しかしながら、ＶＴＡもまた、ロシアの他の空軍と同様に負担を強いられている。２２５機という数字は、まだ飛行中の機体に関するもので、おそらくもう１００機は登録されているが、飛行に耐えるものではなく、おそらくスペアパーツのために共食いされているのだろう。ＩＬ‐76はまだ約90機ほどが運用中であり、Ａｎ‐26が40機、Ａｎ‐12が56機、そして年代物のＡｎ‐22ターボプロップ・ヘヴィリフター最後の３機も同様である。実際、ＶＴＡの配備機の多くは老朽化しており、特にアントノフ機はもともとウクライナで製造されていたため、新しい部品を調達するのが難しく、稼働を維持するのは困難となっている。さらに、主力機であるＩＬ‐76は、本格的な戦力投射には不向きである。An‐124は広い機内に戦車を3台積むことができるが、空挺部隊用に意図的に小型化されたものより大型の車両は、IL‐76に搭載する際には分解する必要がある。新型のIL‐112Vは、老朽化が進んでいるAn‐26に代わる標準的な軽輸送機となる予定だが、最初の試作機は2021年8月に墜落し、プロジェクトの状況は不明である。2018年からは近代化されたIL‐76MD‐90Aが就航し始め、航続距離をやや延伸、高効率化されたが、サイズはあまり大きくなっていない。VTAは、将来的にロシアとその鉄道から離れた場所で本格的な運用を行なう場合は、数少ないAn‐124に大きく依存しなければならないだろう。

■ドローン

ロシアはドローンの潜在能力を理解するのは遅かったかもしれないが、今では小型の偵察機からミサイル搭載の無人戦闘攻撃機（UCAV）まで500機以上を保有する、熱心な支持者となっている。ロシア軍自身の初期のドローンは、控えめに言っても平凡な品質に過ぎなかったが、2008年にジョージアによるイスラエルのヘルメス450の運用を観察したモスクワは、代わりにイスラエル製を購入することを選択した。まず、2009年に14機のバードアイ400、I‐ヴューMk150、サーチャーMkⅡを購入し、翌年にはバードアイ400とサーチャーMkⅡをそれぞれ「ザスターヴァ」と「フォルポスト」（紛らわしいが、両方とも「前哨基地」と訳される）としてライセンス生産する4億ドルの契約を締結、さらにこれを利用して国内生産を活性化させた。それ以来ドローンは、ドンバスではウクライナ軍への砲撃指揮を行ない、シリアでは反政府勢力の補給キャラバンを追跡し、軍のテレビ放送局「ズヴェズダ」（「星」）の盛り上げ過ぎな番組で定期的に取り上げられるようになった。2021年の番組「ヴォエナーヤ・プリヨムカ」（「軍用承認」。おそらく「軍用品質」と訳した方がよい）の3回連続エピソードには、ロシアの新しいドローンの高性能を称賛する箇所が見られた。

続く2020年、短期間のナゴルノ・カラバフ紛争では、アゼルバイジャン軍がトルコ製のバイラクタルTB2ドローンを使用して、モスクワが支援するアルメニア軍を撃破したこと（ロシア兵を阻止できるような統合防空システムは備えていなかったが）が話題になったが、この紛争の後、バイラクタルと同等、もしくはそれ以上の能力を実証しようとする試みが明らかになった。フォルポストおよびオルラン-10偵察機、イノホデッ-RU（「歩測者」）およびオリオンUCAVなど、目標に爆弾を投下したりミサイルを発射したりできるロシア独自のドローンを誇示するだけではなく、新たな能力も追加された。最近では、オリオンが空対空ミサイルで他のドローンを撃墜するシーンが公開され、ドローン同士による空中戦の新時代が開かれた。

とはいえ、まだロシアは追い上げている段階に過ぎない。電子システムや航空電子工学システムの一部が不足しているためだ。例えば、長距離戦略偵察ドローンのアルティウスは、アメリカのRQ‐4グローバルホークに対するモスクワの回答である。しかし、RQ‐4が2001年から運用されているのに対し、この文章を書いている時点では、アルティウスはまだ運用開始直前の状態だ。同様に、新型の重ステルスUCAVであるスホーイS‐70オホートニク（「ハンター」）は、理論的には素晴らしいものに見えるが、まだ試作段階である。これは、このようなプロジェクトにつきものの長年の問題の一部で、開発途中で、よりステルス性の高いフラット・エンジン・ノズルなどの新しい機能や構成が追加されてしまうからである。Su‐57とネットワーク化したり、自立運用できたりということだが、スホーイの有人ステルス戦闘爆撃機以上に、いつ準備が整うのかは明らかではない。

第22章　海上の覇権

「アドミラル・クズネツォフ」はロシア海軍最大の軍艦で、唯一の航空母艦であり、18機のSu-33フランカーD制空戦闘機、6機のMiG-29Kフルクラム D マルチロール機、1機ずつのカモフKa-27およびKa-31ヘリコプターからなる航空団と、12機のP-700グラニート（SS-N-19）長距離対艦巡航ミサイルを搭載する、強力な戦闘ユニットである。と同時に、ロシア海軍の中で最も不運な艦でもある。

就役はソ連時代だったが、運用可能となったのは1995年である。その艦名からは、各時代の政治の移り変わりも伺い知ることができる。最初は当時のラトヴィア・ソヴィエト社会主義共和国の首都にちなんで「リガ」と呼ばれた。その後、当時のソ連の指導者であったブレジネフの死後、「レオニード・ブレジネフ」と改名された。しかしゴルバチョフ時代になると、ブレジネフの腐敗した保守的な思想に批判が高まったため、代わりにジョージアの首都の名「トビリシ」と名付けることに決定した。ソヴィエト連邦の崩壊が現実味を帯びてくると、モスクワの支配下から外れる可能性のある都市の名前を付けるのは不安に思われたため、1990年、第二次世界大戦を通じて海軍人民委員として活躍したニコライ・クズネツォフ艦隊司令長官の名をとって、この艦は「アドミラル・フロータ・ソヴィェーツカヴァ・ソユーザ・クズネツォフ」と改名されたのだった。

「クズネツォフ」は、ソ連艦艇の特徴である攻撃的なラインを持ち、アメリカのスーパーキャリアとは異なる任務を果たすために設計された。「クズネツォフ」は、「ブルーウォーター」（「外洋」）で世界中に戦力投射を行なうのではなく、祖国の海域を防御するための航空支援を提供し、NATOの敵艦を撃沈することを主目的として設計された。しかし、その実績はあまり芳しいものではない。時が経つにつれて、機関の故障やエヴァポレーターの破損など、幾度となく深刻な破損や故障が頻発しているため、出航時には念のためタグボートが同伴するようになった。また、蒸気タービンで燃やす燃料は「マズート」と呼ばれる重くて低品質の燃料油で、黒煙が立ち込め、高速で走行していても何か問題が発生しているように見え、イメージの改善どころの話ではない。

2年の艦隊行動を終え、「クズネツォフ」は大修理のためにドック入りしたが、それ以来、アップグレードのためとはいえ、造船所を出たり入ったりが続いた。2016～17年にはシリア内戦に参加し、航空機が420回の戦闘任務を遂行、1252ヵ所の敵対的目標を攻撃したと伝えられている。一方で、前述のように航空隊から2機を事故で失い、一時期は航空隊が事実上フメイミムに退避していたこともあった。しかし2017年には、「クズネツォフ」はセベロモルスクの北方艦隊司令部に復帰することができた。彼女はさらなる整備と近代化改修が必要だったが、ロシア側にとっての問題は、「クズネツォフ」がウクライナの黒海沿岸にあるムィコラーイウ（ニコラーエフ）の造船所で建造されたことで、モスクワとキーウが無申告戦争の状態にあるため、そこにドック入りすることはほぼ不可能だった。ロシアには「クズネツォフ」に完全に適した乾ドック施設がなく、ムルマンスク近郊のロスリャコーヴォにあるPD‐50という浮きドックが精いっぱいだった。

しかし2018年10月30日、PD‐50は、「クズネツォフ」が出渠しようとしたところで突然沈没し、ドックのクレーンの一つが空母の飛行甲板に激突し貫通した。2019年には、陸上の二つの乾ドックを結合して、彼女の全長305メートルに対応できるドックを建設する作業が始まった。そして同年12月、作業中の艦内で深刻な火災が発生し、2名が死亡、さらなる修復を要する損傷が加わった。事故や災難続きだったが、今後は不可抗力がなければ、2023年末には新しい電子機器、機関、そしてミサイルを搭載して、再び運用を開始する予定である。今や多くの提督や海軍技術者たちは熱心に指を重ねて、これ以上の不幸が訪れないように願っていることだろう。

見方によっては、「クズネツォフ」の（失敗続きの）冒険物語は、ロシア海軍が張り子のトラ（あるいは水溶性のシャチ）であり、その能力をはるかに超えた野心を持っていることの証明とも受け取れる。公平に見れば、「クズネツォフ」のような頻度ではないにしても、いかなる艦艇でも故障に苦しんだり、定期的なアップグレードが必要なのは事実である。しかし、「クズネツォフ」の特徴的なデザインと役割、そして除籍や売却で海軍の損失を減らした方が良いという意見もあるにもかかわらず、モスクワが修理に固執している点からも、多くのことを読み取ることができる。また姉妹艦として計画されていた「ヴァリャーグ」の行く末は、最終的にはウクライナから中国に売却され、「遼寧」として就役した。「クズネツォフ」の年譜は、ロシアの海軍に対する特別なビジョン、つまり地理的、歴史的、そして現在の野心に根ざしたビジョンを示しているのである。

■海軍大国の否定

歴史の大半を暖流港を持たず、その代わりにユーラシア大陸に大きく広がる国にふさわしく、ロシアはこれまで決して本格的な海軍大国ではありえなかった。17世紀のピョートル大帝は、海軍を真に優先させた最初の皇帝であった。ロシアがバルト海や黒海の大国になりつつあり、また彼自身が船に魅せられていたからだ、しかし1725年にピョートル大帝が死去すると、オスマン帝国との対立が激化したこともあり、この計画は18世紀半ばまで暗礁に乗り上げていた。この時代、「ウシャク・パシャ」としてトルコ人の間でも尊敬を集めるようになった伝説の提督フョードル・ウシャコフは、提督として指揮した43回の戦闘で一度も負けたことがなく、帝国ロシア海軍の権力と名声は確実に向上していった（ちなみにウシャコフは2001年にロシア正教会から守護聖人に列せられ、戦略爆撃機部隊の守護聖人とされた）。

19世紀初頭には、帝国海軍はバルト艦隊と黒海艦隊、カスピ海、白海、オホーツク海にそれぞれ小艦隊を持ち、航海士は地球を一周できるまでになった。しかし、1853〜56年のクリミア戦争で明らかになったように、イギリスおよびフランス軍に比べロシア陸軍が遅れをとっていることは、同様に海軍にも当てはまった。このため、海上での本格的な戦闘は回避され、水兵は歩兵の任務を強いられることになった。その後、海軍の近代化への試みは行なわれたが、資金と技術の不足から常に制限があった上、陸軍への高い優先度に対し、海軍にはどの程度配分すべきか、という非常に現実的な問題もあった。

つまり本質的に、ロシア海軍はグローバルではなく地域的なものであり、その主な任務は沿岸の防衛と祖国に隣接する海域への戦力投射であった。この思想はソ連時代でも引き継がれ、大祖国戦争の初期には、海軍歩兵はしばしば陸軍の歩兵としての役割を強いられた。実際、ドイツ空軍機に対する最初の発砲命令は、黒海艦隊参謀長エリセーエフ少将から発令されたのだ。戦後は、世界の超大国としてのソ連の新しい地位のもと、新たに赤軍の勢力範囲拡大への努力がなされることになるが、常に副次的な任務であった。

最優先とされた事項は、何といっても潜水艦艦隊を整備することであった。目的は、ソ連領海への侵入を阻み、敵の海上作戦や補給路を混乱させることで、これは他の何よりも重要だった。戦後のほとんどの期間（1956～85年）で海軍司令長官を務めた力強く思慮深いセルゲイ・ゴルシコフ大将は、水上艦隊と潜水艦隊の拡大、そして「ブルーウォーター」外洋艦隊を一貫して提唱していた。しかし、ソ連の指導者ニキータ・フルシチョフは、これらの壮大で予算のかかる計画にしばしば反対し、実際に1960年代には削減も行なわれた。しかしゴルシコフはなおも主張を曲げず、またフルシチョフの後継者であるレオニード・ブレジネフの下で彼の計画は、ソ連の力を世界に誇示する（特に海洋の支配権をめぐってアメリカ海軍に対抗する）というクレムリンの欲求と一致した。もちろんこれは、ソ連とアメリカの経済的な不均衡や、モスクワでの計算上は陸上戦力での優位が続いていることを考えると、決して現実的な提案ではなかった。しかし、1985年のゴルシコフ退役までには1500隻以上の艦艇を揃え、ソ連艦隊の最盛期を迎えていた。なかでも原子力推進の「キーロフ」級ミサイル巡洋艦と、「アクラ」（「サメ」）級弾道ミサイル潜水艦（※訳注：NATOコードネームは「タイフーン」級）は、同種の艦艇では世界最大級を誇っていた。

■衰退と再建

もちろん、1980年代後半から1990年代にかけては、不使用と放置の結果として、大規模な収縮と崩壊が起こった。特に、2014年にモスクワとキーウの双方を悩ませたのが、黒海艦隊（ChF：Chyornomorsky Flot）をどうするかという問題であった。1992年のソ連海軍の分割は、この例外を除けば比較的単純なものであった。協約によれば、軍隊はその土地に基づいている新しい国に委譲されることになっていた（ただし後述するように、核資産については例外があった）。しかし、バルト三国がすでに独立していたため、ほとんどの艦隊はロシアの港に向かっていた。ただし、最も重要な艦隊の一つ、クリミア半島のセヴァストポリに司令部を置いていた黒海艦隊だけは例外であった。黒海艦隊の乗組員の多くはロシア人になりたがっていたし、モスクワ自身も、艦隊を維持する余裕のないウクライナに、艦隊の大きな分け前を譲り渡すことは考えていなかった。さらに、クリミア半島のChF基地をすべて失うと、ロシアは黒海にほとんど戦力を持てないことになる。艦隊内では、モスクワに忠誠を誓う者と、ウクライナ海軍に参加する者との間で緊張が高まり、後にクリミアの親ロシア派民族主義者の引き金となる出来事の前兆となったのである。

長引く交渉の末、短期間ではあるが共同艦隊（ロシア人提督が指揮）がしばしば設立され、1997年には適切な分割が合意に至り、ChFの大部分がモスクワの手に渡り、クリミアの港湾施設と

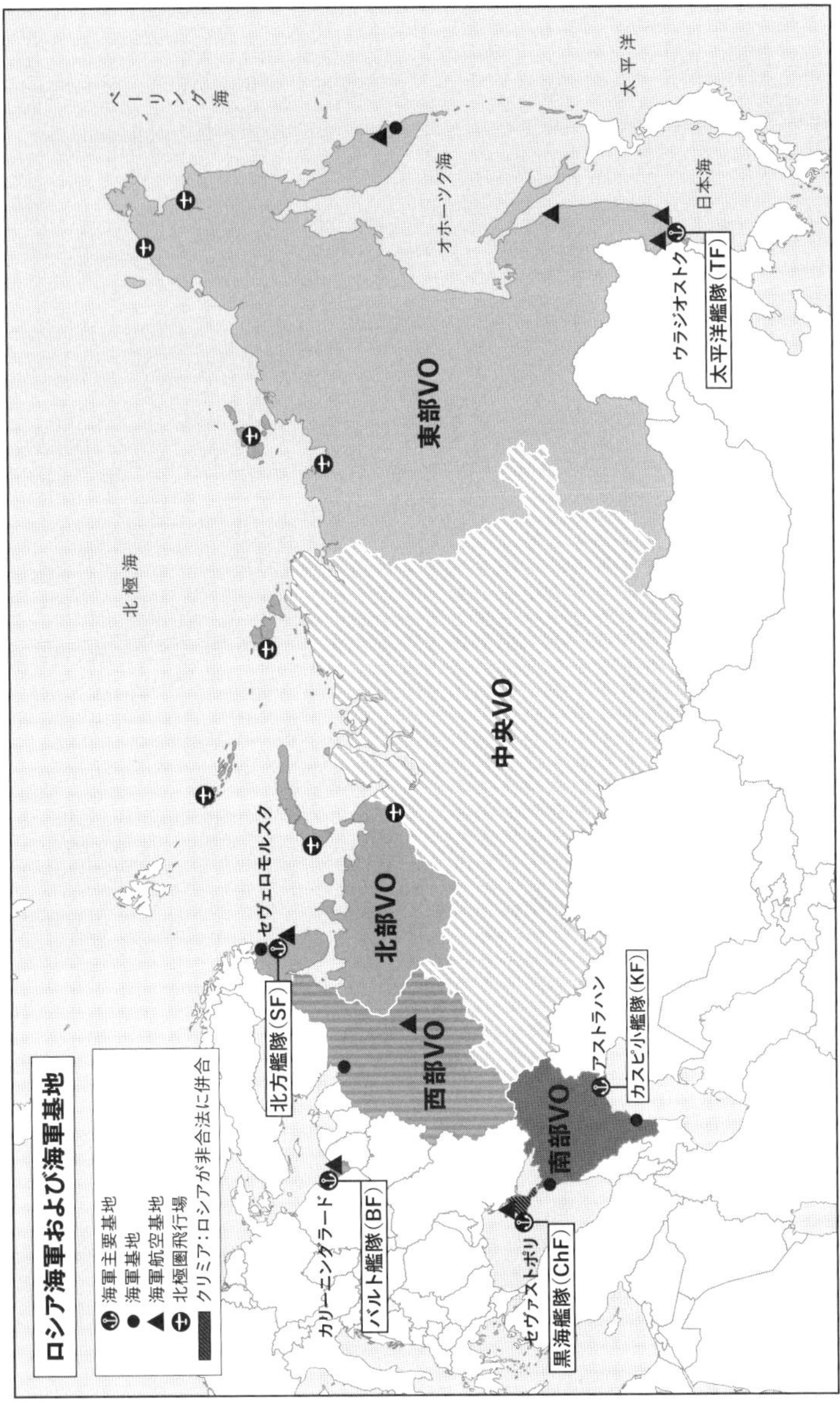

ロシア海軍および海軍基地
海軍主要基地
海軍基地
海軍航空基地
北極圏飛行場
クリミア：ロシアが非合法に併合
北極海
ベーリング海
オホーツク海
日本海
太平洋
東部VO
中央VO
北部VO
西部VO
南部VO
セヴェロモルスク
北方艦隊（SF）
カリーニングラード
バルト艦隊（BF）
セヴァストポリ
黒海艦隊（ChF）
アストラハン
カスピ小艦隊（KF）
ウラジオストク
太平洋艦隊（TF）

付属の土地もリースされた。当初は2017年までだったが、その後2042年まで延長され、さらなる延長のオプションも付帯された。しかし、これは不愉快な一時しのぎのようなものでしかなかった。ウクライナの民族主義者たちは、自国の領土に外国の基地が置かれることに当然ながら不満であった。ロシア側も同様に、必ずしも関係が良好とはいえない政府の好意に依存しなければならないことを不快に思っていた。おそらく、2014年の種は1997年、あるいは1991年にまかれていたのだろう。

さまざまな事情はあったにせよ、必然的に、プーチン時代は再建の時代となったのである。彼の父親はもともとソヴィエト潜水艦乗りであったが、海軍は明らかに初期の優先事項ではなかった。しかし2000年代に入ると、海軍の造船予算は、「ボレイ」級潜水艦や潜水艦発射弾道ミサイルR-30ブラヴァ（「槌矛」）の開発など、ロシアの核戦力の強化に振り向けられるようになった。その後の10年間も海軍には調達予算が費やされ、陸軍の15%に対し、海軍は25%と大きな割合を占めていた。このことが業界に大きな影響を与えたことは間違いないが、艦船の建造には時間がかかり、特に業界全体が長年低迷していた場合はなおさらである。予算拡張が実際に体感できるようになったのは10年代の後半になってからであり、ウクライナ製ガスタービン・エンジンの損失などの問題も、大型艦設計の進捗が遅れる一因となっていた。

2011〜20年の国家軍備計画では、2020年までに54隻の艦船と24隻の潜水艦の引き渡しが行なわれる予定であった。しかし、実際にはその半分以下にとどまり、建造も小型艦に偏ってしまった。公平を期すと、いくつかの完全新設計の主力艦を建造していたことも一因で、同型艦の再建造よりも時間がかかる傾向があるが、それを考慮してもこの野心的な計画は遅延している。クレムリンは、提督たちのあまりに壮大な計画にも警戒心を抱いている。例えば2012年、当時の海軍総司令官ヴィクトル・チルコフ提督は、2050年までの目標について、1隻以上の一連のフルデッキ空母群を外洋機動部隊の中核として含むという概要を発表した。この計画は執筆中の現在でも、上層部により真剣に検討されている。

■海軍の組織

海軍は3つの艦隊と適切な軍管区に従属する小艦隊、そして2014年に北極圏の重要性の高まりを反映し、それ自体が独自の統合戦略司令部となった北方艦隊に分かれている。

「バルト艦隊」(BF:Baltiisky Flot)は、カリーニングラード飛び地に司令部を置き、西部軍管区に属している。戦時中のバルト海では自由な活動が特に難しいという事実を反映してか、艦隊の中では最も規模が小さい。軍備の再建にあたって小型コルベット艦とミサイル艇に焦点を当てたのもそのためで、全長67メートルながら、超音速対艦ミサイル・カリブルまたはオニキス8基用の発射管と、オルラン－10ドローン偵察機用の発射クレードルを搭載した準ステルス型の「カラクルト」級などが含まれている。一方、カリーニングラードはロシア軍の前線基地として建設が進んでいることから、BFが強力な防空および沿岸防衛の要素を備えていることは驚くに当たらない。前者は、S－400 SAMの1個師団と、迎撃機と攻撃機の両方を装備した第34混成海軍航空師団が中心である。後者は、バルおよびバスティオン・システムを備えた1個対艦ミサイル旅団、第336独立海軍歩兵旅団、および海軍スペツナズ部隊が含まれる。またカリーニングラードは陸軍の第11軍団の拠点でもあり、第18親衛自動車化狙撃師団、第7独立親衛自動車化狙撃連隊、2個の砲兵旅団が所属している。

「黒海艦隊」(ChF：Chyornomorsky Flot)は、現在もクリミアのセヴァストポリに司令部を置き、南部軍管区の一部で、黒海だけでなく地中海への戦力投射を任務としており、そのために2013年から地中海におけるロシア海軍の常備作戦部隊(一般には単に地中海戦隊として知られている)も含まれている。これは主にChFの艦艇で構成されているが、艦隊の負担を軽減するため、また他の艦隊にさらなる経験を積む機会を与えるために、定期的に他の艦隊の艦艇も加わっている。当初は最大15隻(少なくとも戦闘艦6隻、残りは支援艦)で構成されていたが、シリア内戦を契機に10～20隻に拡大し、同様にシリア沿岸のタルトゥースにある海軍基地施設も大きく拡張された。ChFは、2008年の南オセチア紛争でアブハジア沿岸に艦艇を派遣して部隊を上陸させ、2014年のクリミア併合で重要な役割を果たし、シリア介入を支援するなど、さまざまな任務をこなしている。2022年のウクライナ侵攻にも参加しているが、その旗艦であるミサイル巡洋艦「モスクワ」が撃沈されたことが確認されている。

また南部軍管区に従属するのが「カスピ小艦隊」（KF：Kaspiiskaya Flotilya）である。コルベット艦9隻、砲艦および掃海艇15隻と比較的小規模だが、ロシアがアゼルバイジャン、イラン、カザフスタン、トルクメニスタンと共有するカスピ海で最も強力な海軍部隊で、コルベット艦はシリアに向けてカリブル巡航ミサイルを発射したこともある。対艦ミサイル2個師団も駐屯し、実質的な制海権を握るには充分である。艦隊の全般的なアップグレードの一環として、2020年には司令部がアストラハンからカスピスクに移され、海軍歩兵連隊には新型のT-72B3戦車が配備された。

「太平洋艦隊」（TF：Tikhoökeansky Flot）は、ウラジオストクに司令部を置き、東部軍管区に所属している。1990年代には、戦略的意義が薄いと見なされ、資源不足と注目度の低さから最も厳しい立場を強いられた。艦隊としての運用はほとんどできず、2010年代に入ってようやく新型艦艇が配備されるようになった。旧式艦の多くが更新されないまま放置された結果、近代化改修が不可能となり、皮肉なことに、現在では最も近代的な艦隊として一新されている。ただし、今でも比較的小型の艦艇に依存していることには変わりない。最大の艦は「スラヴァ」級ミサイル巡洋艦の旗艦「ヴァリャーグ」だが、あとは駆逐艦1隻とフリゲート艦3隻、コルベット艦16隻、ミサイル艇32隻、哨戒艦、掃海艇、上陸支援艦が含まれる。またTFには、原子力弾道ミサイル潜水艦4隻、その他の原子力潜水艦5隻、ディーゼル潜水艦8隻が配備されている。作戦海域の広さを考慮し、特にカムチャッカやクリル諸島（千島列島）の海域をパトロールする必要があるため、カムチャッカのイエリゾボ基地からドローンを飛ばし、ドローンによる海上偵察を始めた最初の艦隊となった。

「北方艦隊」（SF:Severny Flot）は、前述の通り、北部軍管区の中核をなす組織である。バレンツ海のセヴェロモルスクを司令部とし、ムルマンスク、アルハンゲリスク地方、コミ共和国、ネネツ自治区を担当するため、第14軍団と第45空軍・防空軍を中心とした陸空軍部門も持っている。しかし、その主な任務は、北方海域でロシアの核ミサイル潜水艦隊を支援し、外国のハンターキラー潜水艦を自国の弾道ミサイル潜水艦の「聖域」から遠ざけることと、より広く北方国境の氷洋海域の安全を守ることである。

SFは、海外への公式訪問の任務にも不釣り合いなほど多く要請される。これは、ロシアが保有する数少ない原子力水上艦が3隻在籍しており、長距離任務を遂行するのに最適だからである。旗艦は「キーロフ」級ミサイル巡洋艦「ピョートル・ヴェリキー」(「ピョートル大帝」)であり、空母「クズネツォフ」と「キーロフ」級「アドミラル・ナヒーモフ」も保有している。SFが攻撃力の真価を発揮するのは水中部隊である。潜水艦は第11、第18、第24、第31の4個師団の28隻で、さらに8隻が建造中である。このうち9隻が原子力戦略ミサイル潜水艦で、巨大な「アクラ」(サメ)級(NATOでは「タイフーン」級と呼ばれる)の主力艦「ドミトリー・ドンスコイ」は、新型弾道ミサイルRSM-56ブラヴァ(「槌矛」)のテストベッドにもなっていた。さらに4隻の原子力巡航ミサイル潜水艦、10隻の原子力ハンターキラー、5隻の静粛だが短距離のディーゼル攻撃型潜水艦がある。これらは強力な攻撃力を持つが、ミサイル艇の多くは老朽化しつつあり、間もなく入れ替えが必要になることは注目に値する。

■海軍の目的とは?

しかし、このように新しい艦船が増え、活動が活発化しても、現在のロシア海軍の限界を認識することが重要である。結局のところ、その公式任務は優先順位が高い順に以下の通りである。

- ロシアに対する軍事力の行使や威嚇を抑止すること。
- 内海および領海における国家主権と、排他的経済水域および公海の自由に対するロシアの権利を主張すること。
- 世界の海における海洋経済活動の安全を確保すること。
- 長距離航海などで軍事能力を示すことにより、世界の海における海軍の存在感を維持すること。
- 国家の利益に合致する国際社会が行なう軍事、平和維持、人道的行為に参加すること。

これらは驚くほど、そして明らかに、防衛的な役割である。もちろん、ロシアの「攻撃的防御」の安全保障態勢は、抑止や祖国防衛の名の下に攻撃的な作戦を展開できることを意味するが、この文言は、新しいロシア海軍でさえ、米海軍が担うような役割を行なう意図も能力も持っていないことを明確にしている。ロシア海軍は、世界の海を舞台に活躍できる本格的な「ブルーウォーター」戦力にはなり得ない。現在のところ、シリアのタルトゥス港に停泊し、他の港で燃料補給の権利を有しているが、戦時中にそれが維持されるかどうかは疑問である。さらに、単独で信頼に足る機動部隊を編成できる近代的な長距離型戦闘艦も不足している。

実際、本格的な紛争になれば、海軍は、少なくとも水上戦闘艦は、ＮＡＴＯの脅威によって缶詰め状態になり、地上配備型ミサイルや航空機の保護下に身を寄せざるを得なくなる可能性が高い。かつて、国防省の海外駐在官として勤務していたロシア海軍将校が、「航空優勢でなければ、イタリア海軍（公平に見て、かなり大規模で熟練している）は我々に地中海へ入る隙を与えてくれない」と嘆いているのを聞いたことがある。せいぜい期待できるのは、バルト海と北海を結ぶ3つのデンマーク海峡など、特定の海上交通の要衝を閉鎖し、NATO（主にアメリカ）軍をロシアの海岸線から遠ざけておくことだ。これは、MRAU（大量ミサイル空中攻撃）の脅威に対する懸念の中でも、特にアメリカの強力なトマホークのような艦対地ミサイル攻撃に対する懸念が大きいからである。アメリカの潜水艦から発射されたミサイルが、ロシアの防空・地上の統合防衛網をうまく避け、市民・軍事インフラを無防備に襲うという悪夢のようなシナリオも考えられる。

このことは、ロシアの優先順位の一端を説明するのに役立つ。例えば、ロシアは大量の機雷を保有しており、うぬぼれた敵から海域を塞ぐのに適している。長距離の超音速ミサイルや極超音速ミサイルは、高価な艦船を沈める可能性があり、少なくとも敵に立ち去るよう促すことができる。潜水艦は、充分な乗組員と高度な技術を持つものがあり、これも敵の艦船に対する直接的な脅威となるだけでなく、その存在そのものが敵の計画や動きに非常な影響を与える可能性を持っている。

その代わり、ロシアは非公式に「グリーンウォーター」海軍というべきものを構築している。浅い沿岸海域に限定した「ブラウンウォーター」ではないが、大洋を横断して力を発揮できるような「ブルーウォーター」艦隊の夢は非現実的である。その代わり、沿岸水域を支配し、近くの外洋で活動することはできるが、そこまで遠くもなく、必ずしも大胆である必要もない。ロシアは、アフリカの角で多国籍の海賊対策作戦に参加し、太平洋と大西洋に顔を見せ、グローバルなシーパワーを装っているかもしれないが、この分野ではNATOに太刀打ちできないことは、もはや隠すことのできない事実である。

第23章　戦力投射：ブラックベレーとブルーベレー

かつて、8月2日は多くのロシア警察が残業をする日だったのは確かだ。おそらく今でもそうだろう。その日とは「デェーニ・ヴォズドシュノ＝デサントニキ・ヴォイスク」、つまり「空挺部隊の日」である。サンクトペテルブルクの宮殿広場、モスクワのゴーリキー公園など、ロシア全土（さらに正確に言えば、ポスト・ソヴィエトの多くの国々でも）の広場や戦争記念館で、空色のベレー帽に青白いストライプのテルニャーシカのベストを着た元空挺隊員たちが、話し込んだり、歌ったり、噴水で水遊びをしたり、思い出話をしたり、もちろん酒を飲んだりしているのを目にする。勇者を称え、戦死者を悼み、青と緑の旗や、時には偽物の大砲を取り付けた車で街中を駆け巡るチャンスだ。

OMONの治安維持警察と乱闘になることもあり、かなり騒々しい行事だったが、国家がこの行事を認め協力するようになってからは、近年ではむしろ落ち着いてきている。彼らの妻や恋人がお揃いのテルニャーシキを着ている姿もよく見かけるようになり、赤ちゃんにはストライプのロンパース、犬にはお揃いのコートを買うこともできる。スイカの配布は、なぜか自治体が無料で配っていることが多く、恒例化している。ほろ酔い加減で筋肉ムキムキの元空挺隊員が、特大の果物を抱えている姿ほど威厳の崩れた光景はない。

ロシアにはあらゆる職業や兵役のための記念日があるが、どれも意義深いもので、ありきたりなグリーティングカードを売るために作られた単なるマーケティングの仕掛けではない。それでも、電車の運転手（8月1日）が公共の噴水でスポーツをしたり、ソーシャルワーカー（6月8日）が機動隊と喧嘩をしたり、税務署員（11月21日）が無料の果物を期待しているのを見かけることはない。潜水艦乗組員（3月19日）、無線電信技師（4月15日）など、軍隊のあらゆる部門にも特別な日がある。しかし、空挺部隊の日は、ロシアの超男性崇拝の表現としてだけでなく、プーチンの主権と国家主義をむき出しにした政治によってさらに深められたものである。空挺部隊のマッチョな集団性と団結心だけでなく、彼ら（および時には国境を越えて活動できる他の戦力投射部隊）が大国の地位を実際に表現しているという実感により、存在感をますます高めている（※原注1）。

プーチンが政権を握った時、最も優先されたことは、ロシアが持っているものを保持し、チェチェンの反乱軍や国境を越えた脅威などから祖国を防衛することだった。核兵器は究極の保証ではあるが、あまりにも粗雑であり、存亡の危機を除いてはあまりにも危険な手段であるため、通常兵力の改革はきわめて重要であった。しかし、プーチンはますます野心的になり、単に国境を守るだけでなく、国境を越えてロシアの利益を主張し、守ることができるようになっていった。2008年の南オセチア紛争、同年から始まったアフリカの角沖での海賊対策、2014年のクリミア併合とドンバスへの介入、2015年のシリア派遣、2022年のウクライナ侵攻と、モスクワは着実にその力を国外に誇示しようとする姿勢を強めてきた。

グローバルパワーとしてのロシアの地位を確立し、ソヴィエト連邦崩壊後のユーラシアの大部分における地域へゲモニーおよび安全保障の保証者となるために、ロシアは実質的な介入部隊を維持している。すなわち空挺軍（VDV：Vozdushno-Desantniye Voiska）、海軍歩兵（MP：Morskaya Pyekhota）、スペツナズ特殊部隊（さらに、最近台頭しつつある謎に包まれた曖昧な半官半民の民間軍事会社）である。軍の中で最も装備の整ったプロフェッショナルな部隊として、主に志願兵によって構成される彼らは、ロシア軍の最先端を行く存在である。かつては練度と闘志が信頼の置ける唯一の部隊という理由だけで、チェチェンやその他の戦場では軽装歩兵として投入され、グロテスクなまでに酷使されていた。しかし他の地上部隊の能力が向上した今では、彼らを本来の任務のため、すなわち戦力投射、迅速な対応、戦線背後での騒乱に行使することができるのだ。

■「我々以外の誰も！」

VDVのスローガンは「ニクト・クロメ・ナス」（「我々以外の誰も」）であり、この兵科としては最高のものと主張するにふさわしい、大げさなものである。ソヴィエトはパラシュート部隊のパイオニアである。ドイツ軍の降下猟兵は1936年に、イギリス軍の落下傘連隊は1940年に創設されたのに対し、ソヴィエトは1930年に最初の実験的ジャンプを行ない、翌年には中隊規模の機械化空挺支隊を創設し、1932年には完全な空挺旅団を編成していたのである。彼らの活動は比較的ラフなものだったようで、当初は飛行機の翼の上からジャンプしなければならなかったが、ミハイル・トゥハチェフスキー元帥のような軍事思想家が開拓した「縦深攻撃」という攻撃的なスタイルにうまく適合していた。空挺部隊は敵の最前線をはるかに越えて攻撃し、補給線の切断や司令部への襲撃を行ない、混乱と狼狽を広げるというものであった。

この任務は戦後も継続され、VDVは海外におけるクレムリンの政治的執行機関となった。1956年のハンガリー反ソ革命の鎮圧である「旋風作戦」、1968年の自由主義的な「プラハの春」を終わらせるためのチェコスロヴァキア侵攻「ドナウ作戦」を主導したのは彼らであった。1979年のアフガニスタン侵攻の際にも、10年にわたる戦争の間、重要な役割を果たした。アフガニスタンでの活躍でソ連邦英雄に選ばれた65名の軍人のうち、3分の1以上がVDV出身者だった。

1990年代、グラチョフ国防相は彼らの仲間だったが、第一次チェチェン紛争やバルカン半島への派兵で、彼らは再び不釣り合いな負担を強いられることになった。そればかりか予算カットまで行なわれ、元空挺隊員で一時は安全保障会議書記を務めたアレクサンドル・レベジが、反乱すれすれの行動を起こす騒ぎとなった。イーゴリ・ロジオノフ上級大将が国防相に就任して間もない頃、軍の合理化を図るため、空挺軍を陸軍に事実上従属させる組織改編を提案した時、レベジは猛然とVDV総司令部に乗り込み、「犯罪にも等しい行為」と非難し、この計画を阻止することを誓った。その場にいたVDVの将校たちは立ち上がり、「軍に栄光あれ！　ロシアに栄光あれ！」と唱えた。その後しばらくは、レベジが軍部との関係を利用して軍事クーデターを起こすのではと警戒された（※原注2）。彼はその後すぐに政治闘争に敗北し追放されたが、空挺隊員たちの団結心の強さを思い知らされることになった。いずれにせよ、ロジオノフも長続きせず、空挺軍は多少の縮小はあったものの、事実上の自治が保たれた。

プーチン政権下となり、彼らは繁栄した。師団から旅団への縮小を伴なう組織改編が相次いでいたにもかかわらず、例えば第104親衛空挺師団は旅団に縮小されたが、再び師団規模に改編された。結局のところ、自立的な兵科としてのいわゆる「翼のある歩兵」は、非常に多義的な役割を担っていたのだ。歴史的に見ると、VDV師団は参謀本部が自由に使える戦略兵力と想定されていた。

これに対し、連隊または旅団規模の空挺部隊は軍管区司令部を支援する作戦兵力であった。ただし、これはあくまでも大規模な正規戦争を対象としている。また、大量の空挺部隊のパラシュート降下という理論には議論の余地も多く、また軍事輸送航空軍（VTA:Voyenno-Transportnaya Aviatsiya）が空挺隊員を一度に輸送できる能力は、2個連隊までがせいぜいである。師団をまるごと降ろすには、VTAの全部隊による2回半の出撃が必要なのだ。さらに、パラシュート降下やヘリコプター降下を可能にしておくためには、BMD（空中投下型軽装甲戦闘車）シリーズから、軽量型の標準ボディアーマーまで、一連の特殊装備も必要なことを意味する。

2009～10年に、セルジュコフ国防相とマカロフ参謀総長が、独立した戦闘部門としてのVDVを完全に解隊し、既存の資産はすべて陸軍に移管することを検討していると報じられた。この危機から救われたのは、セルジュコフとマカロフには別のもっと緊急の課題を抱えていただけではなく、当時のクレムリンが新たに積極的な外交政策を志向し、地域的あるいは遠隔地の紛争に介入するための、戦力投射の予備軍を必要としていた時期だったからだ。これは事実として証明された。彼らは2014年のクリミア併合では最前線に立ち、その後のドンバス戦争でも任務を果たし、2021年にはVDVの最高司令官セルジュコフ上級大将が率いる部隊がカザフスタンに展開し、国際平和維持軍の大部分を占めた。彼らには今後も多忙な日々が続くと予想される。

セルジュコフ司令官（元国防相とは無関係）は、タフで厳しい現場指揮官であるだけでなく、VDVの利益とその将来の役割について有能な擁護者であることが証明されている。ある元部下は、空挺部隊の特徴である青いベレー帽とバッジにちなんで、「彼は青い汗をかく」と評した。彼は生粋の空挺隊員で、士官候補生として入隊、1983年にリャザン高等空挺学校を卒業した。すぐに偵察小隊を任されたのは、教官たちが彼に特別なイニシアチブと決断力があると考えたからだろう。その見込みは正しかった。彼は着実に昇級し、第一次チェチェン紛争で頭角を現わし、1999年にユーゴスラビアの多国籍平和維持軍として派遣されたVDV混成大隊を率い、「プリシュティナ・ダッシュ」でNATO軍に先んじてコソボの空港を占拠する快挙を見せた。2002年、セルジュコフは一時的に陸軍に身を置き、第二次チェチェン紛争で1個旅団を指揮し、2004年には第106親衛空挺師団を指揮した。その後、第5親衛諸兵科連合軍で上級参謀を務め、さらに南部軍管区の参謀長としてクリミア併合では大きな役割を果たし、その後「セドフ」のコードネームでドンバスのロシア軍を指揮したと伝えられている。

2016年にはVDVの総司令官に任命された。2017年、セルジュコフは交通事故に巻き込まれ、頭部を損傷し脊椎を骨折する重傷を負ってしまったが、持ち前の強い意志で現役復帰を果たし、シリア駐留ロシア派遣軍司令官への就任予定には遅れたものの、2019年には半年間の駐留に参加し、その功績によりロシア連邦英雄を受章した。１９９１年以降のすべての主要なロシア軍事作戦（宣戦の申告の有無にかかわらず）に参加した指揮官として、豊富な実務経験だけでなく、ＶＤＶおよび将校団全体に大きな権限を有している。

■飛行機でもトラックでもパラシュート

こうしてＶＤＶは維持され、改善を経て、計画に従って拡大もされつつある。各軍管区に１個旅団が所属しているが、通常は実際に指揮するのはモスクワのＶＤＶ司令部であり、依然として戦略的資産であることに変わりはない。また、軍事諜報機関にも密接に連携しており、特に２０１４年以降のドンバスでは、ウクライナ政府筋により全師団の諜報部隊が存在することが確認されている。ＶＤＶは新たな空挺部隊のベーシックとして活用されているが、パラシュートを捨てたわけではないことは確かである。実際、ロシア軍の大規模降下へのこだわりは相変わらず異彩を放っている。例えば、ロシア極東でのボストーク２０１８演習では、日中に50両の車両を含む大隊全体がＩＬ-76ＭＤ大型輸送機約25機から降下し、最近のロシア西部とベラルーシでのザパド２０２１演習では、ポスト・ソヴィエト時代以後では初めての大隊規模の夜間降下が行なわれている。第76師団第２３４連隊の兵士約６００名とＢＭＤ-２Ｋ-ＡＵおよびＢＭＤ-４Ｍ空挺歩兵戦闘車30両は、仮想された敵の後方に降下し、重装備の援軍が問題なく飛来できるよう、飛行場を奪取するための機動を行なった。

しかし支援のない空挺部隊は、たとえ機械化部隊であっても、迅速な支援がない状態で展開された場合は比較的脆弱であり、SAMが密集する今日の戦場ではこのような作戦はまれとなるだろう。その代わりVDVは、ヘリコプター、航空機、または地上から投入可能なマルチプラットフォームな介入部隊として構成されつつあり、特殊作戦（1992年以来、独自の特殊部隊である第45親衛独立偵察旅団（2015年から連隊）を有している）から大規模な攻勢に至る、戦略的任務を遂行できるようになっている。つまりこの理論は、VDVは陸軍の支援に依存しなくても、介入のための戦力投射を生み出すことができるということだ。2019年、ある空挺隊員の将校は「VDVはロシアにおけるアメリカ海兵隊に相当するものになるだろう。独立した小さな軍隊として、必要な場所に機動できる準備もできている」と語った。ただし両者の類似点はわずかなもので、いささか虚勢を張っているようにしか思えない。VDVは6万人規模に拡大する予定だが、18万人の米海兵隊には匹敵できないだろうし、同様な航空・海上能力を獲得できるわけもないのだ。

しかしこれはプーチンの広大な野望を物語っているとも言える。VDVは、AK-12ライフルからBMD-4Mに至るまで、新しい装備を最初に導入する部隊の一つである。また、サルマート2

バギーやAM-1四輪バイクから、30ミリ2A42砲を搭載した重兵装四輪駆動車のタイフーンVDV兵員輸送車まで、さまざまな新型の高機動車両も装備している（※原注3）。実際、モスクワがVDVを重視していることは、BMD-4Mサドヴニツァ（「庭師」）をはじめとするVDV専用車両の充実ぶりからも伺い知ることができる。この兵員輸送車は装甲が薄いため真っ向勝負はできないものの、「ポケット戦車」と呼ばれるにふさわしい強武装を装備している。VDVそのものと同様、軽量、高速、強い攻撃力を持ち、乗員が乗ったままパラシュートによる空中投下も可能である（この気分は好みによって恐怖か爽快かのどちらかであるらしい）が、通常戦闘に巻き込まれれば非常に脆弱であることは変わらない。VDVは将来、地域を奪取するだけでなく、それを保持する場合も考慮し、T-72B3を装備した戦車部隊も再編成している。これは空から投下するのではなく、陸上から展開するか、飛行場から進出してVDVの展開をサポートする。

一方、ヘリコプターで移動する空挺部隊は、VDVのすべての旅団と師団で編成される予定である。これは、外部資産に依存しない、4個ヘリコプター中隊からなる独自の専門航空旅団を配備するためである。この部隊にはMi-26T2ヘヴィリフター12機、Mi-8AMTSh強襲輸送機24機、Mi-35M全天候ガンシップ12機が配備される予定だ。

2016年、VDVは4個師団、4個旅団、1個特殊部隊旅団で、計4万5000人の空挺部隊で構成されていた。計画では、２０２５年までに、５個師団、２個旅団、１個特殊部隊旅団で、６万人を配備する予定だ。新しい師団は第１０４親衛空挺師団になると見られ、ウリヤノフスクの第31独立親衛空中襲撃旅団をベースに再編成が行なわれるが、これは１９９０年代に解隊された編成を復活させるものである。もちろん、こうした計画は装備品を購入するための資金だけでなく、新しいポストを埋める人材となる男性および女性（ＶＤＶは、前線戦闘ではない任務に女性を採用するようになっている）の確保次第となる。現在、空挺部隊のコントラクトニキの割合は70％だが、セルジュコフ上級大将は、これを80％以上に引き上げたい意向を示している。しかし、適切な体格を持つ意欲的な志願者が不足しており、セルジュコフがブルーベレーの水準を維持しようとする限り、他のすべての兵科でも熟練兵士を求める競争となっている現在、彼が近い将来にこの目標を達成できるかどうかは明らかではない。

■VDVの編制（2025年予定）

第38軍司令部旅団　メドヴェジイ・オジョラ、モスクワ近郊
第７親衛空挺師団　ノボロシスク
　第58親衛空中襲撃連隊　フェオドシア

第１０８親衛空中襲撃連隊　ノボロシスク
第２４７親衛空中襲撃連隊　スタブロポール
第１１４１親衛砲兵連隊　アナパ
第76親衛空挺師団　プスコフ
第１０４親衛空中襲撃連隊　チェレカ
第２３４親衛空中襲撃連隊　プスコフ
第２３７親衛空中襲撃連隊　プスコフ
第１１４０親衛砲兵連隊　プスコフ
第98親衛空挺師団　イワノヴォ
第２１７親衛空中襲撃連隊　イワノヴォ
第３３１親衛空中襲撃連隊　コストロマ
第１０６５親衛砲兵連隊　ヴェセリ・クート
該当なし
第１０４親衛空挺師団　ウリヤノフスク
第１０６親衛空挺師団　トゥーラ

第51親衛空中襲撃連隊　トゥーラ
第137親衛空中襲撃連隊　リャザン
第1182親衛砲兵連隊　ナロ・フォミンスク
第11独立親衛空中襲撃旅団　ウラン＝ウデ
第83独立空中襲撃連隊　ウスリースク

■ブラックベレー

1980年代の終わり頃、「モルスカヤ・ペホータ」（海軍歩兵、MP）の短縮形、いわゆる「モルペック」と呼ばれる兵士に会ったことを思い出す。彼はアフガニスタンに従軍していた。ソ連軍の最高司令部は、平均的な徴兵よりもやる気があり、訓練を済ませ、コンディションが整った兵士を派遣しようと必死になっており、全艦隊からMPをかき集めて、この内陸の国に派遣したのだった。彼は、自分の部隊が「ワシの巣」（山頂の監視所）に配備され、1ヵ月間毎日反乱軍の迫撃砲や狙撃兵に襲われたことや、サラン街道での輸送隊の護衛任務で、次の曲がり角に待ち伏せや地雷があるかどうかもわからないストレスなど、身の毛もよだつような話をしてくれた。それでも、彼は現役時代を明るく振り返り、国内にいるさまざまな幅広い戦友たちと今でも連絡を取り合っていた。「他の海軍歩兵、陸軍、工兵隊、国境警備隊、それにヘリコプターのパイロットとか、いろんな奴らがいるよ」。私はうっかり「空挺隊員は？」と聞いてしまった。彼は顔を曇らせながら、自分の友人であろう人物を思い浮かべて「あの胸くそ悪いチェストリブツィー」と言った。「名誉欲の強い奴ら」と訳せばいいのだろうか。彼の最大の不満は、空挺隊員は激しい戦闘を期待されると同時に特別扱いされるのに、海軍歩兵は他の兵士と同等に扱われてしまうことだったのだ。

■「黒い悪魔」

ロシアにはもう一つの主要な介入部隊がある。つまりそれが海軍歩兵の「ブラックベレー」海兵隊だ。その歴史は18世紀に遡るが、過去の栄光と同じくらい重要なのが、20世紀での活躍である。1917年の革命では、多くの乗組員がボルシェビキの熱烈な支持者となり、その後の内戦では、第1海軍遠征狙撃師団が赤衛兵（後の赤軍）の多くの勝利に貢献し、特にウクライナのピョートル・ヴラーンゲリ将軍率いる「白軍」に対する勝利の一翼を担ってきたのである。内戦終結後、ほとんどの海兵隊は解隊となった。しかし、1939年7月、バルト艦隊内に第1独立特殊狙撃旅団が編成され、後に第1特殊海兵旅団となった。大祖国戦争中にも部隊が追加編成され、枢軸国の進攻を食い止めるため、水兵が歩兵となって必死の戦いを見せた。総じて10個師団・旅団、10個連隊、34

個大隊、計12万人を超える兵力が編成された。その多くは、乗る艦のない艦隊予備役から集められた水兵で、粘り強い戦闘力を証明し、対峙したドイツ軍から「黒い悪魔」というあだ名で呼ばれるようになった。

終戦後、海兵隊は再び解隊された。海軍は当面の優先事項ではなく、この時点では基本的に沿岸防衛のための部隊に過ぎなかった。しかし、ソ連の国力が向上し、野心が高まるにつれて、その価値が再認識されるようになった。１９６３年、最初の海軍歩兵連隊が再びバルト艦隊に編成されると、その後さらに多くの連隊も編成が続いた。ＭＰはＶＤＶと同様に、第二次世界大戦では単に歩兵として運用されていたが、彼らは特殊作戦の先駆者であり、戦後のソ連海軍がより遠方で作戦を行なうようになるにつれ、新しい任務を獲得していった。しかしソ連は、現在のロシアと同様に「ブルーウォーター」海洋大国たる強さを持てず、ＶＤＶのように技術を磨き冷戦下でその名を知らしめる機会は、ＭＰにはもたらされなかった。

人数が多く高い名声を持ち、ロシアが現在主張しているような介入に容易に展開できる空挺部隊に比べて、海軍歩兵は、ある意味影になっているような存在だ（また、空挺部隊の青いストライプのテルニャーシカ・ベストも、自分たちの特徴である黒いストライプのベストを真似たものだと、今でも不満に思っていることだろう）。ＭＰ全体が、ＶＤＶの威光に対して肩身の狭い思いをしているというのは不公平かもしれないが、少なくともクリミアでの作戦とその後のシリアへの介入は、彼らの能力を実地で証明したと言えるだろう。前総司令官アレクサンドル・コルパチェンコ中将は、元空挺隊員でアフガン戦争の経験者でもあり、同じレベルの評価を得るために尽力した。後任のヴィクトル・アスタポフ中将もＶＤＶからの移籍組で、その恩恵に浴している。２０２１年、ＭＰは新しい軍旗とエンブレムを手に入れた。白地に黒と赤の十字架に、燃えさかる金の榴弾とロープがからんだ錨が描かれている。

これは取るに足らないことに聞こえるかもしれないが、ＭＰの地位が高まっていることを反映したものだ。ＭＰは依然として沿岸部隊の一部であり、海軍総司令部の下に置かれているが、それ自体が一つの兵科部門として扱われるようになりつつある。さらに重要なことは、新しい軍旗とともに、戦車やＡＰＣの更新、新世代の揚陸艦などを含むさらなる再装備の一環として、改めて予算が投入されたことである。２０００年代まで唯一のＭＰ師団として存続していたが、２００９年に旅団に縮小された太平洋艦隊の第55師団は、すぐには復活できないが、その他の旅団の実質的な戦力は確実に拡大している。ＶＤＶが拡大しているように、ＭＰも遅かれ早かれ拡大する可能性を持っている。

■「我々のいるところ勝利あり!」

「タム・グジェー・ミー、タム・ポベーダ!」(「我々のいるところ勝利あり!」)が彼らのスローガンであり、ソ連崩壊以降は、大祖国戦争のどの時機よりもはるかに活発な活動を続けている。両次のチェチェン紛争に出動、2008年にアブハジア南部のオカムチレの港湾を占領した。2008年からソマリア沖の対海賊パトロールに従事したが、これが物議を醸すことになる。この時のロシア海軍とMPの行動によって、非常識なやり方の警察行動をしているというロシアへの批判をいっそう高めることになってしまったのである。2010年5月、ソマリアの海賊がリベリア船籍のタンカー「モスクワ大学」を襲撃し、乗組員が甲板下に築いたバリケードの中に閉じこめられると、駆逐艦「マルシャル・シャポシュニコフ」がこれに対応した。武装したKa-27ヘリコプターの支援を受けて、海賊の銃撃に応戦し1人を殺害した。海兵隊が小型ボートに乗ってタンカーを襲撃し、海賊を制圧して乗組員を解放した。海兵隊は生き残った海賊10人の武装解除を行なった後、食料は積んでいるが航行装置のない膨張式ボートに乗せ、沖合から約300カイリ(560キロメートル)離れた海域で漂流させた。彼らの結末はいまだ不明であるが、ほぼ海上で死亡したと思われる。

その後、MPは2014年のクリミア併合をリードし、その後の2022年の侵攻を含むドンバスでの作戦にも一役買った。また、2015年にはシリアに派遣され、アサド政権の崩壊を防ぐためのロシア軍の空爆作戦を支援した。実際、ロシアが少数の犠牲者として認めているのは、2015年にトルコの戦闘機に撃墜されたSu-24の乗員2名を救出する作戦で死亡した海兵隊員である。

海兵隊員は総計1万3000人弱である。彼らはその地位を反映し、陸軍の戦闘服ではなく、黒い海軍のパレード制服を着用し、兵卒は「マトロス」、つまり「水兵」と呼ばれる。ただしMPの多くの組織構成は、陸軍の系統に沿ったものとなっている。各艦隊には少なくとも1個旅団があり、その規模はさまざまだが、通常は2〜4個歩兵大隊、1個戦車大隊、1個偵察大隊、1個狙撃中隊、そして支援部隊など（現在はドローン中隊も含まれる）で編成されている。また、パラシュート降下の訓練を受けた専門の空中襲撃大隊を編入しているものも少なくない。

■海軍歩兵の編制

バルト艦隊
第336独立親衛旅団　バルティスク
黒海艦隊
第810独立親衛旅団　セヴァストポリ
第382独立大隊　テムリウク

カスピ小艦隊
　第１７７連隊　カスピスク
北方艦隊
　第61独立旅団　スプートニク
太平洋艦隊
　第１５５独立旅団　ウラジオストク
　第40独立連隊　ペトロパブロフスク・カムチャツカ

■海中の番兵

ＭＰは、広義的には海軍の沿岸防衛部隊の一部であり、敵の潜水艦破壊工作部隊に対抗するため、「独立対抗水中展開部隊」（OSpN PDSS：Otryad Spetsialnovo Naznacheniya Borby s Podvodnymi Diversionnymi Silami i Sredstvami）という、非常に難解な名前の部隊が存在する。これは、次章で説明する海軍スペッツナズ戦闘潜水士に相当するもので、船舶や沿岸施設に対する敵の破壊工作を撃退するために訓練された部隊である。彼らは主に既存の海軍歩兵の中から採用され、頑健さ、潜水・水泳技術、情緒安定性などを基準に選抜されている。

ＯＳｐＮ　ＰＤＳＳには12個の中隊があるが、現地での脅威の度合いによってその規模は大きく異なる。例えば黒海艦隊は、セヴァストポリ基地でのウクライナ（または西側）の妨害行為を明らかに警戒しており、第１０２ ＯＳｐＮ　ＰＤＳＳは、戦闘水泳兵の２個小隊、潜水士の１個小隊（爆発物処理も訓練）、無線電子小隊（敵通信と起爆信号の探知と妨害が担当）、合計１２０名からなる、最大規模の兵力を擁している。かと思えば、30人程度の小規模なものも存在する。彼らは通常の小火器に加え、ＳＰＰ‐１四連装フレシェットピストルやＤＰ‐64ネプリヤドバ対妨害グレネードランチャー（二重筒の兵器で、水面に浮かび上がり真っ赤に燃えて敵の位置を示すための発煙弾と、より強力な威力を持つ榴弾を1発ずつ装填）など、ロシア独自の水中兵器で武装している。「嘘つきは嘘をつかれると思い込むことが多い」と言われるように、スペツナズの得意分野である妨害工作に対抗するために、ロシアはこれほどまでに入念な準備をしているのである。

第24章　スペツナズ

　ほとんどの国の特殊部隊は、体力、決意、攻撃性を重視している（※原注1）。ロシアの「スペツナズ」も例外ではないが、ＶＤＶほどあからさまなマッチョぶりを見せびらかすわけではない。空挺隊員が頭で木の梁を折ったり、火の輪を飛び越えながら磨いたサピョルカ（ロシア人特有の短柄の塹壕構築用具。スコップ）を投げたりしなければ、一般公開日の出し物は不完全に思えてしまう。あるスペツナズの退役軍人はかつてこう語った。「正確さと沈黙は、いかなる時でも強さと勇気に勝る」。勇気を軽んじているように思えると聞くと、彼は立ち止まり、スペツナズでは決意の方を重視している、と述べた。「勇気とは、目的に到達するために死ぬことをいとわないこと。だが決意とは、死なずにそこに到達する方法を見つけようとする意志なんだ」。

　スペツナズについては、多くのことが書かれ、論じられている。しかし、ロシア語で書かれたスペツナズに関する書籍は、回想録からサバイバル・スキル・ガイドに至るまで、今やかなりの市場となっているにもかかわらず、確かなことはあまり知られていない。それらの多くは歴史書で、一部は純粋に空想的なものだという事実は置いておくとして、スペツナズとは何者なのか、さらに言えば、何をするための組織なのかという点については、しばしば要点を逃した的外れなことが書かれているのである。

従って、スペツナズにまつわる神話は、広範であると同時に、しばしば誤解を招くものが多い。西側では、これらの多くは、ソ連の亡命者ウラジーミル・レズンが「ヴィクトル・スヴォーロフ」というペンネームで書いた一連の暴露記事に端を発している。スペツナズに関しての記述は、一様にNATOに対する容赦のない致命的な脅威として描かれており、彼らの魅力的なディテールにも非常に詳しかった。曰く、有罪判決を受けた犯罪者に対して非武装戦闘技術の殺人訓練を行なっている、足跡が間違った方向に進むように逆足のブーツを持っている、敵に向かって刃を放つ強力なスプリング付きナイフを使う、など。後になって、一部は誤っていたり（例えば、彼らが使用していたNRS-2「偵察射撃ナイフ」は刃を発射するわけではなく、柄の部分に単発の散弾銃が組み込まれたものだった）、完全に間違っているとして否定された。それでも恐ろしくも魅力的な「無慈悲なソ連のターミネーター」というイメージが定着したことには変わりがない。

■特殊任務を負う特殊兵士

ロシアの特殊部隊は集団戦に重点を置き、兵士自身の個人的な技能よりも上層部から下される戦略を優先する形で発展してきた。スペツナズの名称は、「スペツィアリノエ・ナズナチェーニャ」の短縮形であり、「特別な任務」または「特別な目的」という意味である。これは非常に重要な事実である。彼らは、西側が考えるような、隊員自身の「特殊性」が強調された「特殊部隊」ではない。彼らの特徴はむしろ、これらの部隊に割り当てられた特別な任務である。事実、スペツナズの多く、あるいは大部分は最近まで徴兵で構成されており、普通の兵士よりは「特別」だが、空挺軍と同様、イギリスのSAS、アメリカのシールズやグリーンベレーなど、しばしば誤解を招く形で比較される西側のエリート部隊と同じレベルにあるものとは到底言えないのだ。

さらに誤解を招く元となっているのは、あらゆる種類の部隊が公式あるいは非公式に「スペツナズ」と呼ばれていることである。これにはFSBの特殊任務センター（TsSN:Tsentr Spetsialnovo Naznacheniya）の真のエリート対テロ部隊から、連邦森林局のそれほど強力でもない即応部隊までが含まれる。より本格的なものでは、対外情報庁の「ザスロン」（「スクリーン」）は、リスクの高い環境におけるVIPや外交施設の警護を主な任務とし、国外での秘密工作も行なっている。また、軍のスペツナズともっと密接に重なり合う部隊もある。内務省国家親衛隊スペツナズには、モスクワに拠点を置く第33特殊目的分遣隊「ペレスヴェ」のほか、警察の武力対応を主に行なう地方特殊即応分遣隊（SOBR:Spetialny Otryad Bystrovo Reagirovaniya）があるが、内務省国内軍と同様に、チェチェンやウクライナにも展開された。シリアでは、2020年2月にラタキア近郊の待ち伏せ攻撃で地雷により死亡した4人が、FSBのS局（主要対テロ部隊）とK局（北カフカスでの作戦を担当）の出身者であることが判明し、FSBのTsSN隊員が派遣されたことがわかっている。彼らは、トルコとシリアの軍事指導者の会合候補地を偵察していたところだった。国家親衛隊やザスロンの隊員もシリアで活動しており、2020年2月にはウクライナ政府がドンバスでのTsSN隊員のビデオ映像を公開している。

スペツナズの主な役割は偵察や妨害工作であり、戦場の偵察や、指揮系統や補給線、そして何よりもNATOの戦術核兵器に対する敵背での作戦のために使われる。要するに、現代のスペツナズは冷戦の産物なのである。1957年にGRU内で大隊規模の部隊として編成（再編）され、NATOの戦線の後方でマタドール中距離弾道ミサイルのような兵器を発見し、理想的には破壊することが目的とされていた。マタドールの最大射程は700マイルであったが、新しいシステムが導入されると、スペツナズの任務は拡大し、ヨーロッパへの侵入距離の延伸も要求された。1962年、5個大隊が6個旅団に拡大、1968年には独自の特殊訓練施設の設立が始まっている。

モスクワの帝国主義的野心が拡大していくにつれて、世界的に戦力を投射し、また既存の「帝国」内の問題に外科的に対応できる部隊が必要とされるようになった。スペツナズはキューバで精鋭部隊を訓練し、アンゴラでは南アフリカの破壊工作員からソ連の船舶を守り、1956年のハンガリー傀儡政権に対する蜂起、および1968年の自由主義「プラハの春」の鎮圧でも重要な役割を担った。1979年のアフガニスタンでは、当時の指導者ハフィーズッラー・アミーンを排除して新政権を樹立する最初のクーデターを主導しただけでなく、反乱軍の補給キャラバンを襲撃し、アメリカが供給したスティンガーSAMを鹵獲し、訪問中のVIPを護衛し、時には単純に歩兵としての任務に服していたのである（※原注2）。それでも、ソ連軍の情けない不誠実な徴兵部隊の大部分よりは優れているとはいっても、彼らのほとんどは特別な技能を持った特殊部隊ではなかった。KGBの破壊工作専門家（アミン暗殺作戦を指揮したゼニット隊を編成した）を集めた臨時部隊を立ち上げたのは、まさにそうしたエリート工作員の必要性からであった。さらにスペツナズ内にNCO（専門下士官）と将校だけで構成される非公式な部隊を次々と編成し、特に困難な任務を担当させるようになった。

この事例は、1990年代のチェチェンでスペツナズが再び歩兵として（誤って）使用されたときに再び繰り返された。一部の任務では、特定の作戦のために熟練兵士を寄せ集めたチームが編成された。しかしこの時期は、優秀な兵士を採用し維持することは非常に困難になっていた。一部の部隊はかつての高い団結心を保つことができたが、他の部隊では、低賃金、約束違反、腐敗した階級制度が横行し、犯罪と無規律に陥っていた。ジャーナリストのドミトリー・ホロドフは、彼らがマフィアで副業をしているという主題を調査中にその犠牲になった（第3章を参照）。しかし、プーチン政権下で、彼らは比較的早く立ち直り、特にコントラクトニキを採用するための新たな施策の恩恵を得ている。２０２０年現在、徴兵はわずか20％程度であり、この割合は減少し続けているだけでなく、徴兵者も若いアスリートや学齢期の軍事技術訓練プログラムの卒業生（義務期間の終了後も、半数が志願兵として入隊）で、まさに選り抜きの人材となっている。

■槍の先鋒

スペツナズは伝統的に、正規軍の偵察部隊と、諜報機関や治安当局の情報収集部門や部隊との間のギャップを埋める任務を果たしてきた。しかし、彼らの破壊工作の使命は、現代の世界では「積極的手段」と「政治的戦争」に拡大され、クレムリンが選択した政治・軍事的手段として、はるかに幅広い役割を担うようになっている。クレムリンはスペツナズを柔軟な（そして時には否認可能な）兵器と見なしている。この兵器は、ゲリラ戦闘や反乱支援のいずれにも簡単に投入でき、新たな冒険での槍の先鋒となってくれる。彼らはジョージアで戦い、クリミアでは作戦を主導し、ドンバスでは反政府勢力に貴重な特殊作戦能力を提供し、シリアではそれに加えてロシア空軍を目標に到達させる支援を行なった。21世紀の苛烈で混乱した安全保障環境では、よく訓練されたスペッナズ100名は、1個機甲旅団よりも使い勝手がよく、効果的であることが証明されたといえるだろう。

スペツナズは総勢約1万7000人、VDVやMPと同様の任務を、より高い隠密性で実行している（なお特記しておくと、空挺軍には独自のスペツナズ部隊として、第45親衛独立クトゥーゾフ勲章・アレクサンドル・ネフスキー勲章特殊任務連隊が存在する）。これはまだ、全体として「ティア1」特殊部隊と呼べるものではなく、おそらく、アメリカの第75レンジャー連隊、イギリスの第16空襲旅団、あるいはフランスの外人部隊に類似した、先鋒の遠征軽歩兵として理解するのが最も適切だ。ただし2012年に新しい特殊作戦軍コマンド（KSSO：Komandovaniye Sil Spetsialnalnykh Operatsii）が設立され、これが他の「ベスト・オブ・ベスト」に匹敵すると見なすべきだろう。

まさにこの理由のために、彼らは兵科間の対立の間での論争の的であり、ロシア軍にとって特別な問題となっている。GRUは、2008年の南オセチア紛争後に政治的に弱体化し、ロシア軍の戦績不振の責任を（主に不当に）負わされた。そこで2011年、陸軍が買収に乗り出し、ちょうどスペツナズ創設60周年を迎えた2010年10月24日、陸軍の偵察担当副参謀長ウラジーミル・マルドゥシン大佐は、スペツナズをGRU（その後GUに改組）の戦略資産から外し、軍管区へ移管することを発表した。これはGUをスパイ活動に専念させ、スペツナズは戦場での戦力とする、という考えであった。しかし、スパイたちもただでは置かなかった。2011年初め、病弱だった元GUのトップに代わり、より精力的で政治に精通したイーゴリ・セルグン中将が就任すると、彼らは旧態依然の状態を求めるロビー活動を開始した。一方でGUは、名目上はスペツナズの陸軍への移管を進めたが、実際にはあらゆる種類の実務的、手続き上の理由で移管を遅らせるという後方支援策をとった。しかし、ショイグとゲラシモフの就任が決定打となり、政治・軍事作戦に利用できる戦略的資産としてスペツナズの必要性が認識されるようになった。結局2013年、彼らは正式にGUに再移管（もし本当に移管されていたら）された。

■プーチンの元でのスペツナズ

スペツナズは大小7つの正規旅団から構成され、それぞれ約500人の隊員を擁している独立特別指定分遣隊（OOSN:Otdelny Otryad Spetsialnovo Naznacheniya）と呼ばれる大隊規模の部隊が合計19個編成されている。例えば、比較的小規模な第22旅団には第173部隊と第411部隊の二つのOOSNがあるだけだが、東部軍管区全体を担当する大規模な第14旅団には第282、2

９４、３０６、３１４部隊の計４つのＯＯＳＮで構成されている。各ＯＯＳＮは、司令部中隊と各１４０名ほどの中隊3個に分かれており、さらにそれぞれが14名編成の４つのチーム、指揮チーム、医療・技術者を含む広範囲な支援部門に分かれている。４個の独立スペッツナズ海上偵察所（OMRPSN:Otdelny Morskoy Razvedyvatelny Punkt Spetsialnovo Naznacheniya）は、旅団規模に相当する海兵隊だが、軽量ボートから水中ソリまであらゆる形態で展開する関係で、より多くの技術支援を必要とするため、やや大規模な3個中隊（これも14名編成の４チームを含む）を中心に編成されており、一つ目は陸上任務、二つ目が沿岸偵察に最適化され、３つ目が敵船や水中施設への機雷敷設に特化した「戦闘ダイバー」である。

これらの旅団はＧＵの第5局、あるいは作戦偵察総局の管轄だが、現地では作戦司令官に従属する。そのほか、スペッツナズには3つの独立した部隊がある。そのうちの一つ、第１００独立旅団は、新しいアイデアや装備のテストベッドとして運用されることがよくある。他の二つの部隊は、２０１１年から２０１２年にかけて、ロシア南西部のソチ冬季オリンピックの治安準備の一環として新編されている。第25独立連隊は激動の北カフカスでの作戦のために特別な訓練と装備が施され、第３４６旅団はＯＯＳＮに近い規模の真のエリート部隊で、最終的に新しい特殊作戦軍コマンドの主要作戦部門となった。

■スペツナズの編制

特殊作戦軍コマンド（KSSO）

第346旅団（クビンカ-2）

陸軍スペツナズ

第2旅団（プスコフ）

第3親衛旅団（トリヤッティ）

第10旅団（モルキノ）

第14旅団（ウスリースク）

第16旅団（モスクワ）

第22親衛旅団（ステプノワ）

第24旅団（イルクーツク）

第100旅団（モズドク）

第25独立連隊（スタブロポリ）

VDV

第45親衛独立特殊任務旅団（クビンカ-2）

海軍

第42独立海上偵察所（ウラジオストク、太平洋艦隊）

第420独立海上偵察所（セベロモルスク、北方艦隊）

第431独立海上偵察所（セヴァストポリ、黒海艦隊）

第561独立海上偵察所（カリーニングラード、バルト艦隊）

徴兵では、身長160センチ以上、体重75～80キロ程度で、視力、聴力、平衡感覚に優れた健康な人物が採用される。しかし主な基準は、30キロの荷物を担いで30キロメートルの強行軍を行なうなど、一連の過酷な試練を通じてテストされる。特殊な要求に応えなければならない海軍スペツナズでは、魚雷発射管を模した狭い空間を泳ぎ抜られることを証明するとともに、水中に潜って精神の強さを示すだけでなく、マスクを外してヘルメット内部に水を満たした後、水面に戻るまでにマスクを付け替えて特殊なバルブでヘルメットから水を抜く作業を行なう。これは非常に強いストレスがかかるため、候補兵は2回までの挑戦しか許されない。

VDVほど身体能力にこだわってはいないが、それでもスペツナズは過酷な体力管理体制を維持している。フル装備でのルート行進やエクササイズ・セッションに加え、定期的に白兵戦セッションも行っている。特に彼らはロシア独特の武術であるサンボの訓練を行なっている。サンボの名は「武器を使わない自己防衛」を意味する「サモザシチタ・ベズ・オルジヤ」の短縮形だが、その戦闘形態では手や足だけでなく、武器や手に入るものなら何でも使える総合格闘技のようなものに発展している。もちろん、アメリカのM16ライフルなど、潜在的な敵が使用する可能性のある武器でもある程度使いこなせるよう、幅広い武器を使って訓練している。

新しい武器や装備をいち早く手に入れられるだけでなく、装備や軍服のカスタマイズ、新しいアイデアや乗り物の試用など、自由度が高いのもスペッツナズの特徴だ。彼らは通常、陸軍から支給される装甲兵員輸送車や歩兵戦闘車を装備するが、UAZパトリオットジープやその他の軽車両を使用することも増えてきている。例えば、彼らは四輪バイクやバギーを熱心に採用しており、ある情報筋によると「全地形型セグウェイ」と表現されるような個別の戦闘プラットフォームを求めているという、未確認だが根強い噂もある。

スペッツナズは全員がパラシュート訓練を受けているわけではないが、約3分の1は訓練を受講しており、すべてのOOSNには少なくとも一つの完全空中降下可能な中隊がある。ただし彼らは全員がヘリコプターを使った訓練を受けており、ホバリングしているヘリコプターからロープで懸垂降下する訓練も行なっている。海軍スペッツナズは、陸上部隊と同じ任務（海軍砲撃のための索敵、敵沿岸施設の偵察や破壊工作など）を遂行するだけでなく、上陸作戦や機雷敷設作戦の主導も期待されているため、そのための訓練も追加されている。

■特殊作戦軍コマンド

スペツナズの専門化が進むとともに、スペツナズに課される要求任務も専門化してきたため、セルジュコフ／マカロフの「ニュールック」計画の一環として、ついに正式な特殊部隊コマンドを設置する動きが出てきた。GRUは以前から長い間、モスクワ北西部のソルネチノゴルスクに「セネシュ」という訓練基地（近くの湖にちなんで名付けられたが、単に軍事郵便番号のV／chまたは第92154部隊で知られることが多い）を運営していたが、2009年、ここが新たな特殊部隊の拠点となることが決まった。この特殊部隊は、総局と犬猿の仲であった時期でもあり、もはやGRUに従属するのではなく、参謀本部が直接管轄することになった。この部隊の最初の司令官はイーゴリ・メドエフ少将で、すぐにアレクサンドル・ミロシュニチェンコ中将に代わったが、この2人は、敵対省庁であるFSBの対テロ特殊部隊「アルファ」出身のベテランだった。

セネシュの構想は、通常の旅団組織外にあるOOSN（スペツナズ大隊）と、専用の航空装備を中心に構築された、新しい特殊作戦軍コマンド（KSSO:Komanda Sil Spetsialnovo

Naznacheniya）の拠点となるというものであった。その任務は、平時の対テロ作戦（特に2014年に開催されるソチ冬季オリンピックを意識したもの）から、戦時の破壊工作や暗殺まで多岐にわたる。ショイグとゲラシモフが軍の実権を握った時、KSSOプロジェクトが継続されるのか、あるいはFSB出身者の就任によって部隊を移管されるのかという懸念があった。しかし、その心配は無用だった。2013年3月、ゲラシモフは外国軍の駐在武官との会談で、他国の最高の訓練を参考にしたプロジェクトの加速をアピールした（※原注3）。

その年の終わりには、スペツナズの職業軍人の中でも最強の兵士のみを配備するため、第346旅団をベースに、意図的に人員不足（実質的にOOSNのわずか1・5倍）にしたKSSOが立ち上げられた。セネシュは作戦指揮センターとしての性格を強め、KSSOはモスクワ西部のクビンカ-2（VDVの第45旅団もここに拠点を置く）に追加訓練施設を開設した。KSSOはIL-76大型輸送機1個飛行隊、およびトルジョーク航空基地のヘリコプター攻撃・輸送混成飛行隊に対する優先権を持っており、それらの部隊のパイロットの多くも、KSSOの任務以外では実際に第344陸軍航空戦闘訓練センターの教官として活動している。

最初の実戦運用はクリミアで、その後ドンバス、シリア、ウクライナで活躍した。また、当初の500人程度の兵力から2000～2500人にまで拡大したが、これには教官や支援要員も含まれた数で、実際の戦闘要員は1000人程度であろう。司令部（第99450部隊）はセネシュにあり、3つの作戦分遣隊（第01355、第43292、第92154部隊）が主にクビンカ-2から活動し、さらに第561緊急救助センターの支援のもと、セヴァストポリに海軍の分遣隊（第00317部隊）を置き、それぞれ200～300人の隊員で構成されている。KSSOは依然としてGUではなく参謀本部直属の戦略的資産だが、それでも正規のスペッナズと同様、戦場での作戦行動と軍事・政治的な「積極策」の両方を志向している。例えば、KSSOのオペレーターの一部は、GUの暗殺・破壊工作専門部隊である第29155部隊に移籍している。この関係は、他の諜報機関が独自の特殊部隊、FSBの特別任務センターやSVRのザスロン（「スクリーン」）部隊を持っていることを反映して、秘密破壊とサボタージュの部隊としての役割を強調するものである。邪推は誤解を招くこともあるが、これはアメリカ陸軍の統合情報支援部隊、CIA（アメリカ中央情報局）の特殊作戦グループ、イギリス陸軍の特殊空挺部隊（SAS）E中隊に匹敵する部分があることを示唆している。将来のKSSOは間違いなく、闇の中の「グレーゾーン」戦争で重要な役割を果たすことになるだろう。

第25章　核の防波堤

２０１８年3月、再選挙に（再び）立候補する直前、プーチンは毎年恒例の国政演説を行っていた。このタイミングで、いつもは怪しげな公約と事実や数字のうんざりするような連発が目立つ演説の最後に、超愛国的で軍事技術的な大言壮語が飛び出したのは、立候補のに備えたものだったのかもしれない。そして一連の（時には少々無粋な）ビデオプレゼンテーションに合わせ、後に「マジック６」として知られる、６つの新兵器システムを列挙しはじめたのである（※原注1）。アバンガルド極超音速滑空機のように、「隕石や火の玉のように目標に向かう」ミサイル防衛を避けるために、目標に近づくとかわしたりよじったりできる核弾頭は、すでに製図板から離れていた。空中発射式の極超音速ミサイルＫｈ‐47Ｍ2キンジャール（「短剣」）は、２０００キロメートルの距離を移動し、音速の10倍以上の速度を出し、核弾頭または通常弾頭を搭載することが可能であった。また、トラックや鉄道車両に搭載する対ミサイル・対空レーザーシステム「ペレスヴェート」もある。「ポセイドン」無人原子力潜水艦は、基本的に水中ドローンで、空母機動部隊を一掃したり、港を爆撃し放射線にさらすことができる「汚い」核爆弾を搭載したものであった。ブレヴェストニク（「ミズナギドリ」）原子力巡航ミサイルは、放射性排気のプルームを引きずって世界中を飛び回ることができる。プーチンの言葉を借りれば、「既存および将来のあらゆるミサイル防衛・対空システムに対して無敵である」ということだが、おそらく実際に使用されることはないだろうと言われている。

そして、数年後に初飛行を予定している超大型大陸間弾道ミサイル（ＩＣＢＭ）ＳＳ‐28サルマートは、最大15個の独立標的核弾頭アバンガルドやおとり弾頭を搭載できる。プーチンがその能力を自慢している時、アニメーションの映像は、ロシアの草原から発射されたミサイルが弧を描いて世界を一周し、フロリダによく似た場所に核弾頭の一斉発射をする様子を映し出した。まるで、当時の大統領ドナルド・トランプのリゾート「マー・ア・ラゴ」を直接狙っているかのような映像だ。

これは単なる偶然かもしれない。フロリダへの攻撃を示す映像は、その数年前に放映されていたのだ。しかし、そうでなかった可能性も含めて、西側ではコメントの嵐となった。ある意味、これがプーチンの挑戦的なパフォーマンスのポイントだった。ロシアの戦略兵器は、国防の最終的な防波堤であるだけでなく、ロシアの技術力と産業力のショーケースとなることも意図されており、またロシアが有無を言わさぬ大国であり、懸念と利益を真剣に考慮しなければならない国であることを保証するものでもある。「誰もロシアを抑圧することはできない」と彼は言った。さらにプーチンは、過去にそう結論づけたように、「誰も我々と本気で話したがらなかったし、誰も我々の言うことを聞こうとしなかった。だから、今こそ我々の話を聞いてくれ」と締めくくった。

■ポスト・ソヴィエトのアルマゲドン

ロシアは、ソ連から地上・海上・空中の、すべての核トライアドを受け継いだ。ソヴィエトは、戦術ミサイルから最新のトラック型ICBMのRT‐2PMトポール（SS‐25）に至るまで、約4万発あるいはそれ以上の弾頭を保有し、世界を破滅させる核兵器の老朽化した在庫を抱えていた。ソ連が実際に終焉を迎える以前から、核の拡散は深刻な懸念事項であった（このため軍は、すでに解体の1年ほど前から、戦術兵器と一部の指揮系統をロシア国内に静かに戻していた）。他に核兵器を保有していた共和国、つまりベラルーシ、カザフスタン、ウクライナの3ヵ国は、いずれも核兵器を放棄したがっており、少なくともその意向を持っていた。結局のところ、実働的な核戦力の維持は、メンテナンス、セキュリティ、適切な照準および制御システムの面において、非常に高い経費がかかるのだ。加えて西側諸国も、これらの逸脱した核兵器の放棄を促すための費用をかけることをいとわなかった。

1991年7月、ミハイル・ゴルバチョフはアメリカと戦略兵器削減条約（START）に署名した。この条約では、双方が長距離核兵器の弾頭を6000発以下に削減し、それを運搬する爆撃機とICBMを1600機以下に抑えることを想定していた。1992年5月、リスボン議定書と呼ばれる付属文書で、ロシア、ベラルーシ、カザフスタン、ウクライナにソ連時代の協定を尊重することを義務づけた。後者の3ヵ国はロシアに核兵器を引き渡し、ロシアはSTARTの制限を超えた核兵器を廃棄することを約束した。ベラルーシとウクライナの両国は抵抗し、最低限の核抑止力の維持を求める声もあったが、どちらの国も核兵器を維持する余裕はなかったし、いずれにせよ核兵器の発射や準備に必要な電子暗号はモスクワが握り続けていた。

その代償となる見返りとして、両国とも経済的、政治的な補償を受けることを望んでいた。1994年、安全保障に関するブダペスト覚書により、ベラルーシ、カザフスタン、ウクライナは、領土の保全と政治的主権の保証を、アメリカ、イギリス、そしてその後の展開を考えると皮肉なことだがロシア連邦から受けることになった。1996年末には、ソ連の核兵器はすべてロシアの手に渡った。

1990年代を通じて、アメリカとロシアは、(少なくとも資金と専門知識という形でのアメリカの支援のおかげで) STARTの制限を超える核兵器の過剰在庫の安全な廃棄を達成した。「核兵器の流出」や核の専門知識の拡散という悪夢のシナリオは、サスペンス映画やアクション映画の格好のネタにはなったものの、実現することはなかった（第3章を参照）。STARTは2009年12月に正式に失効したが、ロシアとアメリカは新条約が策定されるまでの間も、その条項を遵守し続けることに合意した。大きな争点となったのが、アメリカが中央ヨーロッパに、表向きは（信じられないことだが）ロシアではなくイランのミサイル発射を迎撃するための対ミサイルシステム設置を決定したことだった。

メドヴェージェフ大統領は、通常弾頭または核弾頭を搭載できるイスカンデル戦術ミサイルをカリーニングラード飛び地に配備すると脅し、この計略は何度も繰り返されることになった。しかし交渉の結果、「新START」と豊かな想像力で名付けられた協定が結ばれ、戦略核弾頭の配備上限が1550発に引き下げられた（ただし、爆撃機は数個の弾頭を搭載しても1個と数えるため、実際には数百個多くごまかすことが可能である）。また戦略爆撃機と陸上・海上発射機の総数も800機に制限した。2010年にプラハで署名、2011年に発効し、2021年に延長された。さらにいくら政治的緊張が高まっている時期でも、モスクワもワシントンも命がけの冒険はしたくないので、2026年まで存続することになった。しかし、2009年当時でさえ、ロシアはある一つのことを明確にしていた。核兵器の数は減るかもしれないが、より良い核兵器を確実に保有するために必要な費用は惜しまないということだ。

■鉄道、道路、サイロ

地上配備型ミサイルはしばしば大型になりがちだが、深海に潜る潜水艦や高高度を飛行する爆撃機と比べれば、本質的に脆弱である。このため、ロシアではさまざまなプラットフォームを用意しており、地上の装甲サイロにミサイルを格納したり、新しい発射基地に陸路で移動できる大型輸送トラックを用意している。かつてロシアは特殊な鉄道車両にICBMを搭載していたが、1993年にロシアとアメリカが調印したSTART II核軍縮条約の条項に基づき退役した。ただし現在、後継車両となるBZhRKバルグジンを計画中である。これらはすべて戦略ロケット軍(RVSN:Raketniye Voiska Strategicheskovo Naznacheniya)の管轄であり、参謀本部直属の別働兵科として約6万人の人員が所属する。モスクワの北西にあるヴラシハという閉鎖都市の地下にある深い地下壕にある司令部から、最大1181個の弾頭を搭載できる320発のミサイルを制御する。

■戦略ロケット軍(RVSN)の編制

RVSN中央司令基地 - 第95501部隊(ヴラシハ)

第27親衛ロケット軍(ウラジーミル)

第31ロケット軍（オレンブルク）

第7親衛ロケット師団（オゼルニ）

第14ロケット師団（ヨシュカル・オラ）

第28軍ロケット師団（コジェリスク）

第54親衛ロケット師団（クラースニ・ソセンキ）

第60ロケット師団（スヴェトルイ）

第8ロケット師団（ピェルヴォマイスキー）

第13ロケット師団（ヤスンイ）

第42ロケット師団（スヴォボートヌイ）

第33親衛ロケット軍（オムスク）

第29親衛ロケット師団（イルクーツク）

第35ロケット師団（シビルスキー）

第39親衛ロケット師団（グヴァルデイスキー）

第62ロケット師団（ソルネチヌイ）

ミサイル発射場とコスモドローム

カプースチン・ヤール
サリ・シャガン（カザフスタン）
ヤスンイ・コスモドローム

大部分は大重量のＲＳ‐24ヤール（ＳＳ‐27 Ｍｏｄ２）ＩＣＢＭで、最大４発の複数個別誘導再突入体（ＭＩＲＶ）の５００キロトンまたは１５０キロトンの弾頭を搭載できる。総計１４９機で、ロシア中西部のコゼリスクにあるサイロに14機、道路移動型を１３５機保有する。またＲＴ‐２ＰＭ２トポルＭ（ＳＳ‐27）はサイロ型の60機と道路移動型18機で、比較的正確な照準が可能な８００キロトンの単一弾頭を搭載している。旧式のＲＴ‐２ＰＭトポル道路型ミサイルが45機、最大10発のＭＩＲＶを持つＩＣＢＭ Ｒ‐36Ｍ（ＳＳ‐18）が残り46機だが、これらは新型のサルマートと改変予定となっている。一部の報告によれば、ＲＶＳＮは第13ロケット師団にまだ２機のＲＳ‐18Ａ（ＳＳ‐19）ＩＣＢＭを保有しているが、これらはアバンガルドのテストにのみ使用されているようである。

ロシアは、１９８７年の中距離核戦力（ＩＮＦ）条約に従って、地上配備型の中距離弾道ミサイル（ＩＲＢＭ、射程３０００～５５００キロのもの）および短距離弾道ミサイル（ＭＲＢＭ、射程

1000~3000キロ）をもはや保有していない。アメリカは2018~19年に、条約に違反するミサイル実験をロシアが行なったと主張して条約を脱退したが、モスクワはこれを否定し、さらにワシントンがヨーロッパにミサイル防衛システムの配備を決定したこと自体が違反だと反論している。いずれにせよ、現在のところロシアはそのような地上配備型ミサイルを保有していないが、後述するように、将来的にはこれまでの古いライバルのNATOではなく、地平線を超えてやってくる可能性のあるものを見据えて、配備する可能性はある。中国である。

これらを守るのは、国防省第12総局（12 GUMO）の専門部隊である。これはエリートによる秘密組織で、RVSN核基地の保安部隊だけでなく、弾頭の国内移動と路上型ミサイルの保護を任務とする特殊戦術群も統括している。これらの兵士は独自の特別な記章を持たず（通常は砲兵パッチ着用）、自分たちの仕事を家族にも話さないように指導されている。しかし、彼らはその役割をサポートする独特な車両、すなわちタイフンM対妨害戦闘車両のような。広範な電子光学センサー群、訓練を受けた隊員により人の足音を動物のそれと区別するための盗聴器、さらに小型のエレロン3SVドローンなどを搭載した車両を装備している。

■海の底で

対照的に、ロシアの潜水艦を基盤とする核戦力は海軍の一部となっているが、独自の特別な指揮・通信構造と、厳しい採用基準を有している。その根拠は、伝統は別として、ミサイル艦艇が発射前に追跡され撃沈されるのを防ぐには、ハンターキラーや水上艦艇による護衛が必須となるので、各艦隊の所属艦艇と緊密に連携できるようにしておくためである。すなわち、戦略潜水艦艦隊の最大のアドヴァンテージは、報復と抑止力である。敵は地上配備型ミサイルや爆撃機部隊を破壊する自信はあっても、海底や北極の流氷の下に隠れている潜水艦をすべて撃沈することは難しく、壊滅的な反撃の可能性にさらされることになる。

現在、ロシアは10隻の原子力ミサイル潜水艦を保有しており、北方艦隊に7隻、太平洋に3隻を配備、合計144機のミサイルを発射できる。弾頭は理論的には最大656発を搭載できるはずだが、実際には新STARTの制限に準拠するため搭載数は少なくなる。北方艦隊は、凍結したコラ半島のガジエボにある強化型潜水艦基地から、「デルフィン」級（デルタⅣ）6隻（ただし「エカテリンブルグ」1隻は2022年に退役予定）と、新型の「ボレイ」級2隻を配備している。「デルフィン」（「イルカ」）級は、R-29RM 2・1レイナー（SS-N-23Aの近代化型）ミサイルを搭載し、500キロトン弾頭を最大4発、または小型の100キロトン弾頭を12発搭載できる、堅実な設計の艦である。新型の「ボレイ」は、より大きく、速く、そしてステルス性の高い艦となっている。ミサイルはRSM-56ブラヴァ（「槌矛」）（SS-N-32）を16機発射でき、それぞれのミサイルは100～150キロトンのMIRVを6～10発搭載することができる。ブラヴァ・ミサイルの開発過程は、2009年にノルウェーとスウェーデン北部で観測された、灰色のらせんに変化する青い光線「ノルウェーの異常スパイラル現象」につながる多くの深刻なテスト失敗を含む、長期にわたる、時に厄介なものであったことが広く知られている。クラシェニンニコフ湾を母港とする太平洋艦隊の第25潜水艦師団には、R-29R（SS-N-18）ミサイル16機を搭載した1980年建造の「カルマル」級（デルタIII）潜水艦1隻と、「ボレイ」級潜水艦3隻が配備されている。

■戦略航空軍

核戦力の別の展開として遠距離航空軍（DA:Dalnaya Aviatsiya）があり、独立した司令部を持っているが、航空宇宙軍の所属となっている。おそらく飛行可能な戦略爆撃機が66機配備されているが、古い機体であるTu-95MSの多くは運用寿命が終わりに近づいているようである。特に最近では、モスクワがNATOの鎖を引っ張るために、ヨーロッパ空域の近く（時には一時的に空域内）を徘徊させ、スクランブル発進してきたジェット戦闘機に儀式的な護衛を強制させる習慣があることを考えるとなおさらである（これはいささか無意味で、相互にコストのかかるダンスだ。迎撃がなければこの爆撃機がそのまま開戦するわけではないのだから）。

ＤＡは二つの作戦部隊に加え、主に基地間の人員と補給部品の移動に使用するタンカー飛行隊と混成航空連隊など、さまざまな支援部隊を擁している。Ｔｕ－１６０（ブラックジャック）超音速爆撃機16機（新型のＴｕ－１６０Ｍ仕様は7機）とＴｕ－95ＭＳ（ベア－Ｈ）ターボプロップ機48機を装備している。さらにＴｕ－22Ｍ３（バックファイア－Ｃ）爆撃機52機も保有しているが、これらは基本的に戦術爆撃機であり、戦術核兵器も搭載可能だが、一般的には通常爆弾やミサイルを搭載しているので、戦略的兵力とは見なされていない。

■遠距離航空軍の編制

遠距離航空軍司令部（第４４４０２部隊）（モスクワ）
第63ミタフスキー独立通信センター（スモレンスク）
第22親衛重爆撃機航空師団（エンゲリス）
　第１２１親衛重爆撃機航空連隊（エンゲリス）：Ｔｕ－１６０Ｍ７機、Ｔｕ－１６０９機
　第１８４重爆撃機航空連隊（エンゲリス）：Ｔｕ－95ＭＳ18機

第52親衛重爆撃機航空連隊（シャイコフカ）：Tu-22M3 23
第203独立親衛空中給油機航空連隊（リャザン）：IL-78M 12機、IL-78 6機
第40混成航空連隊（ヴィソーキー）：An-12 2機、Mi-26 3機、Mi-8MT 8機

第326重爆撃機航空師団（ウクラインカ）
第79重爆撃機航空連隊（ウクラインカ）：Tu-95MS 14機
第182親衛重爆撃機航空連隊（ウクラインカ）：Tu-95MS 16機
第200親衛重爆撃機航空連隊（スレドニ）：Tu-22M3 15機
第444重爆撃機航空連隊（スレドニ）：Tu-22M3 14機
第181独立混成航空連隊（スレドニ）：An-12 2機、An-30 3機、An-26 2機

第43親衛飛行要員戦闘訓練・再訓練センター（リャザン）
第49教導重爆撃機航空連隊（リャザン）：Tu-95MS 6機、Tu-22M3 6機、IL-78 1機、Tu-134AK 1機、Mi-8MT 2機
第27混成航空連隊（タンボフ）：An-12 2機、An-26 8機、Tu-134UBL 10機

巨大なTu-95MSはロンドンバス4台分もの翼幅を持ち、アメリカのB-52ストラトフォート

レスと肩を並べる存在の怪物である。1991年まで製造されていたが、設計は1950年代初頭で、4組の二重反転式プロペラの先端が音速の壁を突破する時に発生する独特の耳障りな低周波音で知られている。しかし、基本的には長距離巡航ミサイルのためのプラットフォームに過ぎないので、古さはそれほど問題にはならない。機体内部のドラム式爆弾庫にはKh-55、Kh-101、またはKh-102を6機搭載できる（航続距離と性能がかなり犠牲になるが、さらに翼下に10機搭載できる機体もある）。Kh-101とKh-102はKh-55をステルス化および近代化したもので、前者は通常弾頭、後者は核弾頭を搭載し、射程は4500キロメートルにおよぶ。Tu-95MSの戦闘半径は7500キロメートルだから、ロシア南部のエンゲリスに拠点を置く第184重爆撃機航空連隊の爆撃機は、妨害さえ入らなければ、ワシントンDCを容易に攻撃可能ということになる。

優雅な（かつ巨大な）Tu-160は、超音速可変後退翼ジェット機で、アメリカのB-1Bと形状は類似しているが、こちらはさらに大きい。二つの内部ドラム爆弾庫に12機のKh-55、Kh-101、Kh-102巡航ミサイルを搭載することができる。就役は1987年だが、シリア上空でようやく戦闘出動を果たし、イスラム国の標的に向けて通常弾頭のKh-55およびKh-101ミサイルを発射した。その後、近代化改修型が製造されている。

■宇宙戦力

グローバルな核攻撃能力を持つには、兵器やプラットフォームだけでなく、それらを誘導・指示できる命令、制御、および情報通信ネットワークも必要である。敵の攻撃を探知し、運が良ければ打ち負かせるような大規模なインフラも必要で、これらすべての責任は宇宙軍（KV:Kosmicheskiye Voiska、2015年から航空宇宙軍から分離）が担っている。KVは、軍事用宇宙船の打ち上げ、ロシアの軍事衛星群の運用、そして弾道ミサイルの飛来から衛星に衝突する可能性のあるデブリまでの宇宙空間の脅威に責任を持つことになっている。

その主要な作戦部隊は、モスクワの南西にある閉鎖都市クラスノズナメンスクに司令部を置く第15特別任務航空宇宙軍である。閉鎖都市とは、厳密には「閉鎖行政領域体（ZATO:Zakrytoye Administrativno-Territorialnoye Obrazovaniye）」のことで、ソ連時代から引き継がれている、特に重要な軍事基地、防衛産業、研究センターなどの場所である。かつては、その多くが公式の地図にも載らず、都市名もなく、単に最も近い地名で呼称されていたが、残りの38ヵ所は公開され、名前もつけられている。例えば、マヤーク化学プラントがプルトニウムを生産するオジョルスクは「チェリャビンスク40」、核兵器の設計を行なうザババキン・ロシア総合科学技術物理研究所のあるスネジュンスクは「チェリャビンスク70」であった。また、ヴラシハのRVSN司令部やほとんどの師団の基地はZATOである。これらの場所には、クラスノズナメンスクのようにフェンスで囲まれ、厳重に警備され、立ち入りには特別な証明書が必要なところもある。しかしそれ以外のもっとオープンな場所でも、警察はよそ者を捕まえ、書類の提示を求めることができる。

第15軍が指揮するG・S・ティトフ総合テストセンターは、名前とは裏腹に、無人宇宙船の管制も行なっている。第820ミサイル攻撃総合警戒センターは10台の陸上早期警戒レーダーと人工衛星からの入力を常時監視し発射の可能性を探知、第821総合宇宙監視センターは軌道上の宇宙空間を追跡・スキャンしている。またKVは、アルハンゲリスク州北部にあるプレセック・コスモドローム（宇宙基地）という独自の宇宙港も維持している。さらに、早期警戒、通信、光学・電子スパイプラットフォーム、GLONASS（ロシア版GPSナビゲーションシステムに相当）支援衛星群など、さまざまな軌道上の衛星をロシアが保有している。そのため、KVはロシアの核攻撃能力だけでなく、特別な対弾道ミサイルシステムにも不可欠な存在となっている。

■近代化とマジック

2018年のプーチンの演説で示されたように、彼はロシアを最先端の軍事大国と位置づけたいと考えている。たとえ実用性に疑問のあるプロジェクトがあったとしてもだ。例えば、「ペレスヴエート」レーザー・システムは大いに喧伝され、シリアで実地試験も行なわれたと伝えられているが、予期していたビデオ映像のようなものはほとんどない。防衛専門家のイーゴリ・コロチェンコは、ドローンに対しては有効かもしれないが、「霧や砂嵐、雨がない時、つまり理想的な条件下でなければならない」と、やや辛辣な指摘をしている（※原注2）。国内コンペの結果、ペレスヴェートと名付けられたのは、おそらく適切だったのだろう。中世のウォリアーモンク（僧兵）で、モンゴル＝タタールとの運命的なクリコヴォの戦いの覇者、そして実際には存在しない可能性が高い人物だったのだから。現代も神話にはこと欠かない。

しかし、あまり正確な予測はできないが、重要な近代化も確実に進行中である。オスロ平和研究所のパヴェル・バエフは、これを「軍事戦略文化における官僚制と武力誇示の双方の特質の相互作用による」プロセス、言い換えれば、部門の利己心とクレムリンの演劇的願望の両方による支出が引き起こされているにもかかわらず、現実の戦略思考にも影響を与えている、というのだ（※原注3）。遠慮なく言えば、国防予算の多くを核兵器に費やさなければならないのであれば、それを無駄すべきでない。だからこれらの新兵器を使う方法を考えなければならない、と将軍たちは考えているのである。（プーチンが6つの「魔法の兵器」に固執したために、2027年の国家軍備計画の当初の前提が大きく歪められたとはいえ）。

この結果、「ボレイ」級潜水艦計画は継続され、「デルフィン」と最後の「カルマル」を置き換えるために14隻を製造することになった。本質的に存在しないアメリカからの対ミサイル防衛を貫くことに固執するのは、安易な政治的ポイントを獲得したいという欲求に過ぎないかもしれないが、サルマート・ミサイルは必要性に合致している。「ポセイドン」ドローン原子力潜水艦については、その本質はもう一つの終末兵器そのものであり、単に能力を提供するだけでなく、ある意味では芝居がかかった効果も備えている。

■核兵器が重要である理由

確かにそれは、プーチンが戦略軍を重視する理由の一端を物語っているのかもしれない。戦略軍には、国家の安全を最終的に保証するという実用的な役割があることは確かで、また核の脅迫に直面した場合の事実上の防御という側面もある。以前、非常に国家主義的な思想を持つロシアの防衛学者と長時間にわたって話をした際、充分な核戦力を持たない国は、自国の都市の一つを殲滅させた脅迫に直面すれば、通常戦力の多寡にかかわらず、非軍事化、さらには領土の一部の降伏を強いられる可能性がある、という理論的状況を即座に持ち出したことが非常に印象に残っている。私には、このような状況はまったくもってありえないように思えた。侵略側は国際社会から除け者になることが確実だからだ。しかし、彼がこのようなことをあっさりと主張し、私が異議を唱えると驚いていたことから、少なくとも彼の仲間ではこのような考え方が広まっていることを雄弁に物語っている。また彼は時折、大統領府の相談役をしていたことも特筆される。プーチンが膠着状態を打破するために核兵器に頼るのではないかというウクライナや西側の悲観論は、明らかにモスクワのこうした議論を反映したものである。

結局、ロシアの核兵器は政治的手段の一部であり、国連安全保障理事会の常任理事国としてのモスクワの立場を説明できる。(今のところ)唯一残った超大国であるアメリカに関与を強要し、重大なグローバルプレーヤーとしての一定のステータスを求めている。しかし、それだけではないだろう。もっと小さな核戦力で同様の効果が得られるはずなのに、なぜこれほど多くの費用をかけるのだろうか?

モスクワは、核兵器は防衛的な資産であるという立場だが、核攻撃への報復以外の用途にも使用できるとも考えている。さらにロシアのドクトリンでは、たとえ通常兵器による脅威だったとしても、祖国に対する「存亡の危機」が生じた場合にも使用することを想定している。この脅威はNATOからもたらされる可能性があり、ザパドのような演習で、西側の「青軍」が攻撃作戦を行なうシナリオが定期的に演習化されているのもうなずける。しかし、プーチンとその側近、ソヴィエト治安機関の多くの退役軍人、帝国を失ったトラウマを抱えているすべての人々の妄執と憤怒を過小評価することはできないが、少なくとも軍事専門家は、NATOは自らが主張するような純粋な防衛力ではないと考えているようである。しかしコソボ、リビア、イラク、アフガニスタンを見ても、NATOは当面の間ロシアへの侵攻を開始できる状況にはない。むしろ、そのような将来の唯一の深刻な潜在的脅威は、中国だけがもたらすことを予想すべきであろう。中国は今日、大いに注目されている同盟国だが、第28章で論じるように、ロシアの戦略立案者にとって心配の種となっているのだ。

第五部

ロシアの未来

第26章　政治的戦争

気の利いた言い回しには気をつけよう。自分に戻って取り憑いてくるかもしれない。2013年、ゲラシモフ上級大将が軍事会議で行なった講演が、かなりニッチな雑誌「ヴォエノ・プロミシュリニー・クーリエ」（「軍産新報」）に掲載された（※原注1）。参謀総長は毎年そこで講演を行なうし、どうせ彼の司令部の誰かが下書きしたものだろうから、たいしたものではない。しかし、興味深い点があったので、ラジオ・フリーヨーロッパ／ラジオ・リバティーのロバート・クールソンによる翻訳を、私のブログ「モスクワの影」に私自身の感想と注釈を添えて公開した。それを盛り上げるために、その投稿に「『ゲラシモフ・ドクトリン』とロシアの非線形戦争」という皮肉なタイトルをつけたのである（※原注2）。

大失敗だった。私は化物を解き放ってしまった。本文中では、これはドクトリンではないし、必ずしもゲラシモフの考えでさえないと明言したが、このタイトルは、大ヒット映画や空港の分厚いペーパーバックを意図的に連想させ、それ自体が一人歩きし、至る所で引用され、西側の政治家の演説や軍事マニュアルにまで入り込んでしまったのである。問題は、当時はクリミア併合やドンバス戦争があった時期で、人々はロシアが何か巧妙な「新しい戦争の方法」を持っていると信じるようになっていたことである。本当の皮肉は、ゲラシモフ自身が西側の「新しい戦争の方法」と考えているものについて、彼が正確に話していたことだ。「戦争はもはや宣戦布告されず、始まった後は未知の筋書きに従って進行する」もので、「情報攻撃や特殊部隊の活動なども含む、隠密性の高い軍事手段」で始まり、「繁栄を謳歌していた国家が、数ヵ月、あるいは数日のうちに激しい武力紛争の舞台に姿を変え、外国からの介入の犠牲となり、混乱、人道的大災害、内戦の網の中に沈んでいくこともあり得る」。西側では、これはドンバスに対するロシアの青写真と見ていたが、ゲラシモフが語ったのはアラブの春の蜂起、シリア内戦、さらには他のポスト・ソヴィエト諸国の「色の革命」についてで、彼はこれらが西側が扇動したものと見なしていた（※原注3）。

■スパイの台頭

戦争は変化している。新しいテクノロジーは情報作戦の機会を増加させ、相互依存した経済は制裁をより効果のあるものとし、紛争の代償は、経済と政治的リスクのどちらの観点からも急上昇している。同盟国や保護国がＣＩＡの陰謀によって打倒されたというクレムリンの思い込み（そして公平を期すために言うと、彼らは今でもイギリスが何らかの不吉で狡猾な役目を演じていると考える傾向にある）は、「ゲラシモフ・ドクトリン」と同じくらい空想的なものかもしれないが、この新しい状況は否定しがたい。さらに、ロシアは、西側諸国全体はもとより、アメリカよりも相対的に脆弱な国であるため、「ゲリラ地政学」を採用し、型にはまらない手段を用いて、自国がより有利と思われる領域に誘い込んで紛争を行なおうとするようになっている。

実際の戦闘行為を補うため、破壊工作や偽情報といった非軍事的な手段を用いることへの関心が高まっているのも、ロシアの諜報機関や治安維持機関の力が強化されていることを反映している。プーチンはもちろんソ連時代のKGB将校であり、1998～99年にFSB長官を務めた。プーチンの側近や顧問の多くも、治安維持機関の出身者である。ロシアの政治システムで国家安全保障顧問に最も近いのは安全保障会議書記で、2008年からはプーチンの後を継いだKGB出身のニコライ・パトルシェフが務めている。パトルシェフは、アメリカが「ロシアという国が存在しないことを強く望んでいる」と明言しており（※原注4）、西側との対決路線を推進しただけでなく、プーチンに渡す多くの外部情報も諜報機関から収集していることも確実だ。

プーチンは日々の業務開始とともに、何よりもまず、3冊の報告書を受け取る。1冊は対外情報庁（SVR:Sluzhba Vneshnei Razvedki）のもので、外国の出来事に関するものである。1冊はFSBの国内情勢に関するもの。そして、連邦警護庁（FSO:Federalnaya Sluzhba Okhrany）が

情報および安全保障機構

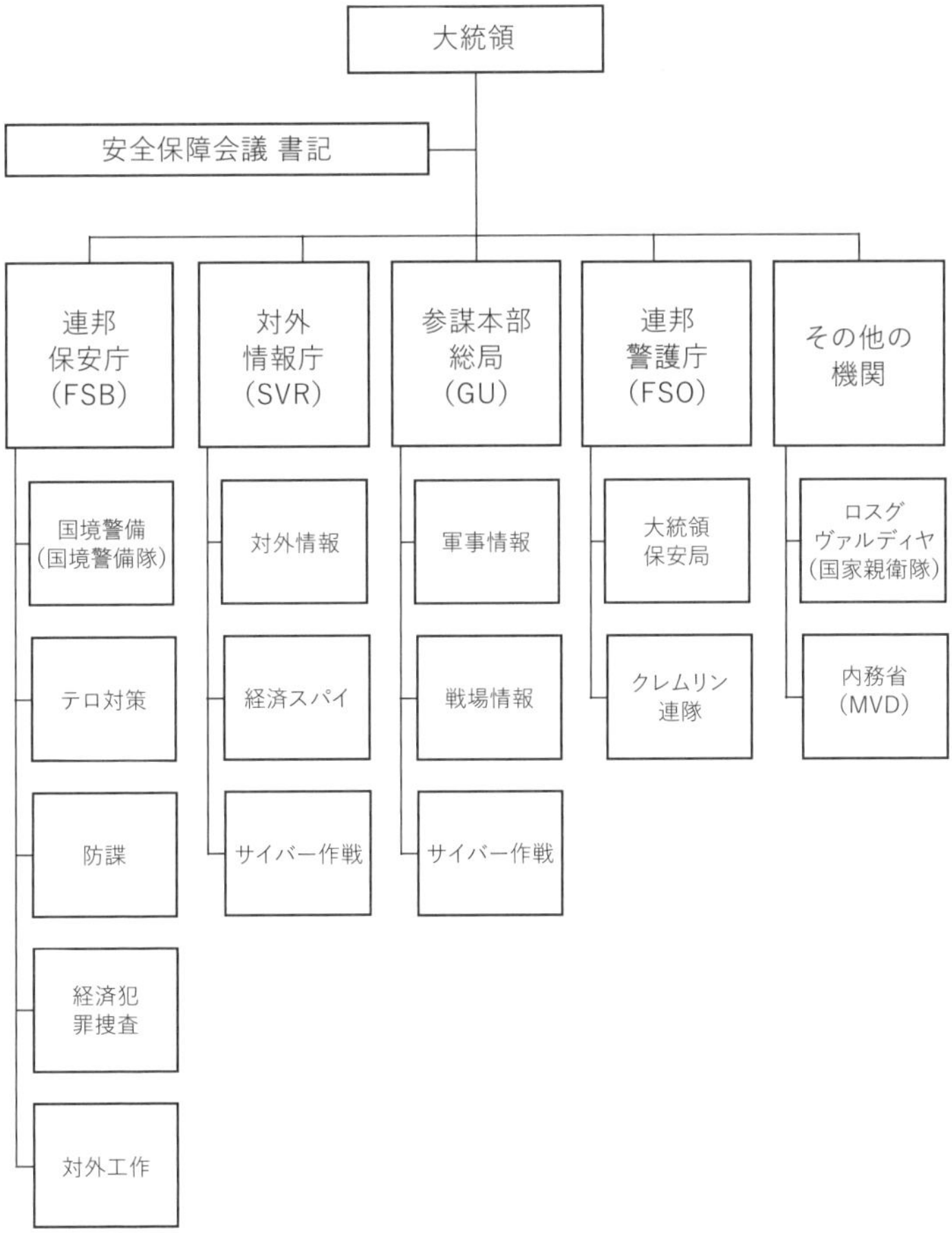

作成した、自国のエリート内で起こっていることについての最新情報を提供するものである。ロシアの外交官から、プーチンは外相よりもスパイからの所見を重視している、という苦言を聞いたことが何度かある。プーチン自身の側近がそうであるように、治安機関は「首脳部」にほとんど比類ないほど接近することができる。ＳＶＲとＦＳＢの長官は毎週一対一の会合を持ち（ＧＵ長官の調査結果はショイグを通じて伝えられる）、プーチンのデスクへの保安関連の報告書や書類の流れを管理をすることが多い安全保障会議の事務局も、諜報機関からの文書を優先しているといわれている。

彼らの予算は国防省以上に確保されており、西側との対立が深まるにつれ、ますますクレムリンの思考と政策の中心を占めるようになっている。そもそも彼らの役割の本質は、西側の機関とは異なり、実用的な情報を収集するだけではない。むしろ、彼らは戦時の機関であり、単なる情報収集に止まらず、独自の結論を導き出し、政策を政府に働きかけ、直接行動まで実行する。人的情報収集に重点を置く部門として、サイバースパイの能力を高めているが、例えばＳＶＲは、ＣＩＡやＳＩＳ（ＭＩ６）とおおまかに比較されることが多い。しかし、このロシアの機関ともっと良く似ているのは、アメリカの戦略事業局（ＯＳＳ）やイギリスの特殊作戦局（ＳＯＥ）のような第二次世界大戦を戦った機関であり、後者は１９４０年に「ヨーロッパに火をつける」という特定の任務で設立されたものである。

ロシアの諜報機関の戦争遂行能力を最もよく表しているのは、GUの29155部隊だろう。1918年にレジストルプルとして設立されて以来、ロシア軍の諜報機関は暗殺や破壊工作、いわゆる「ウェット・ワーク」（血なまぐさいという意味……）を任務とする部隊を保有することになったが、29155部隊は2009～10年にかけて設立され、さまざまな作戦に関係している。2014年にはチェコのヴルビェティツェ兵器庫でウクライナに売却される武器に爆発物を仕掛け、2015年には責任者のブルガリア武器商人を毒殺しようとした。また2016年のモンテネグロでのクーデター未遂、2018年のイギリスのソールズベリーで、ノビチョク神経剤によるセルゲイ・スクリパル（GRU局員からMI6諜報員に転身した人物）の暗殺未遂にも関与していたと報じられている。この舞台は、主にスペツナズから引き抜かれた海外任務の隊員約20名、支援スタッフ約200名のみの所属とされているが、GUの他の部門からの支援を要請することも可能で、モスクワ東部の第161特殊任務専門訓練センターを拠点としている。29155部隊の隊員に対する評価は極端な傾向があり、ロシアのスーパースパイとするか、あるいは殺人的な無能者とするかである。その理由は、彼らの作戦の多くが罪のない犠牲者を出し、その後にロシアの手の内が暴露されたことにある。しかし、実際にはそのどちらでもなく、彼らの高い知名度は、その積極的な任務と

GU自体の文化を反映している。悪評や暴露よりも、目標に向かって突き進む方が重要で、部分的な成功でも無よりもずっとましなのだ。

■ハイブリッド、曖昧、非線形的、政治的

強力で攻撃的、そして秘密活動と政治活動に偏重した組織である諜報機関は、現代の戦争に対するロシアの概念形成にも役立ってきた。それらを要約しようとするあらゆる種類のレッテルが貼られてきたが、まだ不足している。「ハイブリッド戦争」とは、軍事的手段と非軍事的手段が混在しているからだが、現実にはどの戦争もそうではないか？　「曖昧な戦争」とは、戦争と非戦争の間の曖昧な境界線を回避する彼らの秘密戦術と習性のため（最終的な出所を100％証明できないサイバー攻撃は、戦争行為にあたるのか？）だが、ロシア人は曖昧さとはほとんど無縁の存在だ。「非線形の戦争」とは、彼らが非対称的な手段と目標に向かう傾向があるためだが、実際にはこれも明確に直線的な方法をとっていることが多い。

この問題の原因の一つは、モスクワでは実際に働いている二つの派閥があることだ。兵士にとっては、「非キネティック」戦争（敵の士気、指揮系統、結束力、有効性を覆す）という新しい形態は、特に撃ち合いを開始する前の段階で適用され、シンプルな戦力拡大手段となる。これは事実上、西

側でよく言われる「シェーピング作戦」であり、軍事行動を成功させるための条件を確立するものである。一方、パトルシェフ以下、文民の国家安全保障機構では、こうした作戦を単に戦争の前哨戦としてではなく、危険で費用のかかる戦闘行為に頼らずともロシアの意志を押し通せる代替案としてとらえているようである。これはどちらかといえば、アメリカのベテラン学者で外交官のジョージ・ケナンが1948年にまとめた「政治戦争」の概念に最も近いように思われる。

平時におけるクラウゼヴィッツ・ドクトリンの論理的適用。最も広い定義では、政治戦争とは、国家の目的を達成するために、戦争によらず、国家の指揮下にあるすべての手段を用いることである。このような作戦には、公然のものと秘密のものがある。その範囲は、政治同盟、経済対策……などの明確な行動などの表立ったものから、「友好的」な外国勢力への秘密支援を行なう「白」のプロパガンダ、「黒」の心理戦、さらには敵対国の地下抵抗の奨励などの秘密裏に行なわれるものまで、多岐にわたる（※原注5）。

次章で概説するように、スパイが政治戦争を実行する一方で、ロシアの兵士たちはこれまで通り、地域的な介入から本格的な一対一の戦争まで、何よりもまず従来型の軍事衝突のための訓練、装備、演習、計画を基本としている。国営の外国語メディアから秘密政治工作員まで、諜報機関やその他の幅広い政治戦争の手段により、今後も破壊活動は続けられるだろうが、それは別の本で論じる話だ（※原注6）。しかしこのことは、紛争で非キネティック的手段を用いる機会について、またほとんどの分野で西側が技術的優位性をもつこれらの能力への対抗策を見つけ出す重要性を、彼らが非常に強く意識していることを意味している。

■アウトソーシングされた戦闘員

諜報機関は、あらゆる種類の外部委託の資産を活用している。資金調達や暗殺のために強要もしくは雇用されたギャング（例えば、2019年にベルリン市内でチェチェン・ジョージア人の反ロシア闘士ゼリムハン・ハンゴシュヴィリを射殺した男は、FSBが契約した殺し屋であることが発覚した）から、国外の親クレムリン政治家を支援するようそそのかされたビジネスマンまで、その範囲はさまざまである。多くの場合、破壊工作は軍事力では不可能なことをやってのける。しかし、ビジネス、戦争、地政学が融合した特殊な例として、クレムリンが傭兵をますます利用するようになっていることが挙げられる。奇妙なことに、これらの傭兵は大金をせしめる兵士と否認可能な工作員の、非常にロシア的なブレンドと言える。

最も名声（と悪名）が知られた例は、ワグネル（ワグナー）である。この部隊はドンバスに始まり、シリアで活躍し、その後さまざまな紛争に登場し、特にアフリカで勢力を拡大している。クレムリンに関する限り、ワグネルの最大の長所は、否認可能性である。西側諸国はどの紛争に対してもロシアの関心や関与の規模を推測しているものの、直接の影響はないが、ロシア国民にとってはそうではない。クリミア併合を成功させたにもかかわらず、対外戦争は国民に人気がない。例えばシリアでは、ロシアの関与は上空に航空機を飛ばしたり、前線から遠く離れた砲撃の陣地に厳密に限定され、国民には一定の距離を置いたテクノウォーとして宣伝していた。しかし、少なくとも2015～16年は、攻撃の先鋒となってシリアの屋台骨を補強する有能な地上部隊が明らかに必要とされていた。正規軍の派遣は容認されなかったが、多数の兵士が「カーゴ200」で帰還し始め、戦闘で死亡した兵士の存在が知られると、世論は急速に悪化していった。

そこで出た答えがワグネルだった。2013年、モスクワはシリアで傭兵を使う実験を行なった。香港で登録されたフロント企業「スラブ軍団」を設立し、シリアのエネルギー施設を警備する退役軍人を、月5000ドルというロシアの基準では破格の給与で公募したのだ。その年の10月までに、シリアには267人の契約社員が二つの会社に分かれて在籍していた。展開は茶番に終わった。約束されていた高級機材は何一つ渡されず、希望していたT-72ではなく、即席の金属板を取り付けたバスが支給されたのだ。デリゾール製油所に向かう途中では、車列の上空を低空飛行していたシリアのヘリコプターが墜落し被害を受けた。到着すると、警備任務ではなく、シリア軍守備隊の増援を命じられ、大規模なイスラム反乱軍の攻撃を受けたが、偶発的な嵐に見舞われて反乱軍は退却した。彼ら6名が負傷したものの、幸運にも一人も失わなかった。しかし命からがらロシアに帰国すると、ロシアの法律では傭兵として戦闘することは違法であるため、逮捕されてしまったのは不幸なことだった。政府はスラブ軍団の結成を後援していたにもかかわらず、彼らの失敗には関わりたくなかったのである。

しかし、ワグネル・グループの場合はかなり様相が異なっていた。元スペッツナズ中佐ドミトリー・ウトキンが率いる比較的有能なプロ兵士の部隊で、部隊名は彼自身のコールサイン「ワーグナー」から取ったものだ。ウトキンはスラブ軍団の一員だったが、処罰を免れ、2014年にルハーンシクに姿を現し、2015年にはシリアに軸足を移した。この部隊は営利団体であることをより明確に打ち出し、ロシアの法律を回避するためにアルゼンチンで登記された。アメリカ、イギリス、EU当局によれば、「プーチンのシェフ」として知られるエフゲニー・プリゴジンが所有・経営するコンコード・グループの一部であるという。彼は料理人ではなく、政府のケータリング契約を持つ会社の責任者として知られている。クレムリンに富を依存する男であるプリゴジンは、否認可能な代理人の一人として政府に関与し、ソーシャルメディア「トロール牧場」の設置から傭兵の管理まで、必要なことは何でもこなしている。

ワグネルはモルキノにある第10スペツナズ旅団の訓練場の敷地内に基地を構え、特殊部隊、空挺部隊、海兵隊から最新最高の兵士を採用するための資金を集めた。2015年10月には、海軍艦艇でシリアに渡った。ワグネルによって、モスクワは正式に任務を認めることなくエリート兵士を派遣することができた。この傭兵の一人が戦死した時も、公式声明もなければ、軍葬もなかった。正式にはダマスカスで働く「民間請負人」に過ぎなかった。2016年12月、ウトキンはプーチンから個人的に勇敢勲章を授与された

第18章で述べたデリゾールでの失敗で、シリアにおけるワグネルの優位は実質的に終わったが、それ以降も、彼らは他の多くの紛争地に顔を出している。2017年には、スーダンで政府軍の訓練と金鉱の警備を開始した。2018年には、2016年に同国から軍を撤退させたフランスの穴を埋める形で中央アフリカ共和国に展開し、その残酷な内戦に巻き込まれたほか、マダガスカルやリビアにも派遣された。2019年には、ロシアのビジネス施設を保護するためにベネズエラに短期間派遣された。2019年から20年にかけては、モザンビークのカボ・デルガドで戦い、いくつかの逆転やモザンビーク軍との緊張が高まったため撤退したが、2021年には、それまでイスラ

ム教徒との闘いに協力していたフランス軍の撤退後、再び政府支援のためにマリに鞍替えしている。

この部隊は、薄いベールに包まれて否認されているロシアの国家的冒険主義のサンプルなのだろうか？　それとも、プリゴジンが軍事力をマネタイズするための私企業なのか？　どちらかであり、両方である。ロシアはハイブリッド国家であり、公と私の間の境界は非常に透過的であり、ワグネルも両方の領域で活動しているように見える。シリアでは、ワグネルは軍の一部門として始まったが、ロシアから縁切りされた後は、利益追求を目的とした「適切な」傭兵組織へと変貌を遂げた。その後の冒険では、明らかにクレムリンの意向に逆らうことはなかったが、リビアとベネズエラだけは政府の命令で動いていたようである。他の地域では、彼らは傭兵であり、しばしば地元の金やその他の産業で分け前を得るために働く。しかし、クレムリンはいつでも彼らを使役したり買収したりできるというただし書きがついている。シュチット（「シールド」）やパトリオットといった名称の新しい民間軍事会社も登場しており、概して国防省に近い関係であるため、この種の混成型傭兵組織も将来の特徴になると思われる。

■情報戦の展開

２０１７年、ショイグは、特殊な情報作戦部隊（VIO：Voiska Informatsionnykh Operatsii）

を立ち上げたと発表した（※原注7）。多くの人はこれをサイバー攻撃者などを意味すると解釈したが、彼らはプロパガンダや心理戦もメインとする専門家であることが判明した。シリアでは、ビラの投下や拡声器によるメッセージ放送といった伝統的な方法を用いることもあったが、前述のウクライナ兵の携帯電話に不穏当なメッセージを送られた事例（第16章を参照）のように、電子傍受を利用してメッセージを伝える能力も持っている。

これは、現在ロシアが特に関心を寄せる広範囲な分野、すなわち西側諸国の通信、標的および航法信号の妨害やなりすまし（およびその発信源を突き止め、砲撃目標として提供）に統合されている。西側諸国の兵士がGPSナヴィゲーションに、先進通信網を射撃の調整に、ドローンを偵察と攻撃にどれほど依存しているかを考えれば、これは驚くには値しないだろう。ロシアの電子戦（EW）部隊の司令官が述べたように、これらの能力は「敵の高度に洗練されたシステムと武力戦闘手段の利点を無効化する非対称的な手段」である（※原注8）。しかし実際には、ロシアの能力は通常兵器と非正規兵器のどちらの敵にも有効に機能している。例えば、シリアの反政府勢力がフメイミムを攻撃するために武装化した商業用ドローンを準備していた時、ロシアは対空兵器だけでなくEW機材も配備した。2018年1月、13機のドローンが防衛線を破るために使用され、6機がEWシステムによって撃墜された。技術的領域のもうひとつの頂点である巡航ミサイルに使用される

GPSシステムも明らかに脆弱で、2017年の化学兵器攻撃に対する制裁としてシリアに発射された未知数のアメリカ軍のトマホーク(ロシア側は36機としているが、これは異論があり信用しがたい)は、100キロメートル以上離れたフメイミムのロシア製クラスハ4 EWシステムによって撃墜されている。現在、すべての機動旅団にはEW中隊があり、陸海空の主要な部隊にはEW機材があり、各軍管区には1個EW専門旅団(西部軍管区には2個)が存在する。

クレムリンの近くでスマートフォンの地図を見ると、実際には南西に25キロメートル離れたヴヌーコボ空港にいると表示されがちであることを考えると、ロシア軍も同様に、GPSやその他のナヴィゲーション信号の偽装を芸術的なまでに高めていると考えて良いだろう。これはドローンやミサイルの囮や撃墜に使われるが、プロパガンダの目的にも使われることがある。例えば、2021年6月にイギリスの駆逐艦HMS「ディフェンダー」とオランダのフリゲート艦HNLMS「エヴァーツェン」が黒海に展開した時、ロシアは海上自動識別システムの信号を偽装し、ライヴカメラ上ではオデーサ(オデッサ)に停泊している両艦を、明らかに侵略行為としてセヴァストポリ海軍基地に向かって航行しているように見せかけたのである。

多くの点で、これはロシアの伝統的な強みであるマスキロフカ(広義には欺瞞、変装、あるいは単に迷彩と訳される)の単純に拡張したものである。もちろん、ロシアも他の軍隊と同様に、軍服、車両、施設に迷彩を施し、ステルス技術の分野でも追いつこうとしている。ただしこの場合ははるかに広範な概念であり、欺瞞、誤誘導、隠蔽を多用することも含まれている。最近の最も悪名高い例といえば、モスクワが関与を否認しながら「リトル・グリーンメン」がクリミアを併合した手法であろう。そして必要に応じて、ドンバスの民兵からますます増加する傭兵まで、否認可能な代理人を適切に使用している。彼らは戦場ではあまり効果的ではないことも多いが、政治的な隠れ蓑になるだけでなく、部外者にとってはその本来の任務と目的は推測に過ぎないものとなる。またマスキロフカは、戦場から国家戦略に至るまで、ロシアの軍事技術のあらゆる側面に組み込まれている。2022年、ついにウクライナに侵攻した部隊は、1年のほとんどを費やして編成されたが、プーチンの意図を伝える西側諜報機関の報告にもかかわらず、依然としてあいまいなままで、クレムリンが大規模かつ丹念に現実的なはったりをかけているのではないか、と考えられていた。これこそ、戦略的欺瞞の真髄である。

第27章　新世代の戦争

30年ほど前から、ソ連、ロシア、NATO、さまざまな国の軍人たちと交流を持ってきたが、彼らは実際的で現実的である傾向があることにしばしば気づかされた。彼らは戦いに招集されれば、どんな犠牲を払っても戦うだろう。しかし、兵役や戦闘の経験がない文民政治家が時折見せるような、この仕事に対する陽気さや好戦的な熱意はほとんど見せない。数年前、私は2人のロシア人大尉と話したことがある。一人はヘリコプターのパイロット、もう一人は歩兵だったが、西側の人間と話す場合に避けられない警戒心が払拭された後は、彼らはプーチンに対しては敬意をはらいつつも、否定的な態度をとっていることが明らかになった。

彼らは、プーチンを強力で有能な国家指導者であり、ロシアを昏睡と迷走から救った人物であると本気で考えていた。しかし、行動力のある男としてのプーチンのイメージには違和感を持っていた。確かにプーチンは大学時代に必修の軍事訓練を、砲兵中隊で予備役の身分で受けているが、それはかなり形式的なもので、KGBに入ったとたんに予備役としての再教育を受ける義務はなくなった。プーチンがコクピットに座ったり、戦車を運転したりしている写真撮影の様子はまったく気に入らないし、彼が自分たちの世界の現実を理解しているとは思えなかった。最高司令官である彼が、本当に戦争やロシア独自の軍事ドクトリンを理解しているかどうかさえ、彼らには確信が持てなかったのだ。

一人は「結婚式の夜、処女にあれこれ指図されるのはいやだな」と、色っぽい比喩で表現した。最後から2番目の章で論じるように、ウクライナ侵攻がどのように展開されたかを見れば、これは実に先見の明がある考察だった。そして軍事的要請はプーチン自身の直感によって、かなりの程度で都合よく乗っ取られているのだ。総じて、ロシアは軍事技術に対しては非常に知的で慎重なアプローチをとっており、軍隊は今日の専門用語でいうところの「ラーニング・オーガニゼーション」(「学習する組織」)であることは間違いない。その結果、その軍事思想は複雑な進化を遂げている(※原注1)。実際、ロシアの軍事ドクトリンでは、6種類の異なるタイプの戦争や紛争を想定しており、それぞれが独自の特徴を備えている。「軍事的危機」とその後の「軍事的脅威」は、基本的にまだ潜在的な形の課題であり、軍事的手段だけでなく外交的手段によっても回避または無力化できる。次に「武力紛争」であるが、これは国家間または内戦のライバル同士の限定的な衝突である。「局地戦争」とは、特定の軍事的・政治的目標をめぐって戦われるもので、戦争状態にある国家に限定されるものである。二つ以上の国がからむようになると「地域戦争」となり、「大規模戦争」は、国家連合や世界的な大国の間で戦われるもので、「急進的な軍事・政治的目的」を持ち、これに従って「利用可能なすべての物理的資源の動員と、参加国の道徳的強靭性」が要求される（※原注2）。

■小規模戦争

ロシアにおける小規模戦争の概念は、関与する軍隊の数や国の規模によって単純に測定されるものではない。どちらかといえば、抑止、強制、ピンポイント攻撃、代理人の利用によって対処できる可能性がある、より低レベルでの軍事的な危険や脅威のことを指し、不定形の「武力紛争」や局地的な戦争でさえ、依然として小規模な作戦に過ぎない。シリアは、ある状況下においてエスカレートを避け、武力行使とモスクワの足跡を可能な限り、あるいは必要最小限に抑えるという、ロシアが「限定的行動戦略」と呼ぶ方法の、最初の実戦的テストとなった。ゲラシモフはこう言った。

この戦略を実行するための最も重要な条件は、情報の優位性の獲得と維持、指揮統制システムと包括的支援準備の事前予測、そして必要な（兵力）集団を秘密裏に展開することである（※原注3）。

理想的には、脅威は外交的な動きによって対処されるが、より強制的な種類のものであれば、脅威として戦力を動員し、潜在的な攻撃シナリオを臨時演習の流れの中で公然とリハーサルを行なう。戦力の投入が必要な場合は、戦闘管理グループ（GBU:Gruppa Boevovo Upravleniya）と呼ばれるものを、新設された国家防衛管理センター（NTsUO:Natsionalny Tsentr Upravleniya Oboronoi）内に立ち上げることになる。2014年にNTsUOが開設された時、ロシアの指揮統制における大きな前進と賞賛された。フルンゼンスカヤ堤防にある国防省の建物の地下に埋設されたこのセンターでは、1000人以上の軍人と民間人が24時間年中無休の業務を支え、世界で最も強力な軍用スーパーコンピューターの一つを運用している。センター内の指揮官は、サイバー攻撃の展開を具体的な形で見守り、また戦場の兵士からのストリーミングビデオを見ることもできる。NTsUOは単なる司令中枢ではなく、軍事・情報ソースのみならず政府全体からデータや分析を集める統合センターでもあり、広い状況判断室と、潜在的な事態や緊急性の低い事態に対処するためのスイートの両方を備えている。また、複数領域にまたがる「新世代戦争」での複雑な課題に合わせて、警察、国家親衛隊、その他の機関と作戦を調整することも可能だ。

センター内に立ち上げられたGBUは任務に固有のもので、数日間から（シリアのように）7年間以上でも、危機が続く限り継続する。参謀本部作戦総局の将校が指揮を執り、必要とされる人材は、他のNTsUO職員や他の軍部、さらには外部の組織から調達する。例えば、2022年のカザフスタン派遣を調整したGBUは、VDVが部隊を供出したため空挺部隊の将校が多く、また対外情報部や外務省の双方の連絡将校も含まれていた。少なくとも作戦総局内では、割り当てられた部屋の選択によって、任務の規模と優先順位がわかると考えられている。NTsUOの7つのメインホールには、ロシアの有名な司令官にちなんだ名前が付けられているが、その他にも、機能的には申し分ないがそれほど重要でない部屋や小部屋も数多く用意されている。もしGBUが、広く非常に需要の高い状況判断室やスイートを単独で使用するように割り当てられた場合、部屋を競争で予約しなければならない場合と比べて、より重大な任務であると最高司令部が判断しているということである。

いずれにせよ、GBUは作戦指揮機構ではない。その主な役割は、あらゆる任務に必要なタスクフォースを編成し、戦略を設定し、進捗状況を監視し、現場の指揮官が任務に必要なものを確実に確保することであり、「状況データの収集と評価を行ない、グループの指揮官が行なった決定を分析し、さらなる行動の計画を行なう」（※原注4）。国家的活動に至らない場合での実際の作戦指揮は、国境内または国境に隣接する危機については軍管区（統合作戦司令部）または陸軍本部のどちらか、海外派遣については軍集団司令部（KPGV：Komandny Punkt Gruppirovki Voisk）のいずれかに委ねられることになる。例えば、（公式には否認されている）ウクライナのドンバスへの派遣は、南部軍管区の管理を通じて第8軍が作戦監督を担当したが、シリア派遣は明らかにKPGVの例である。

■限定的な派遣

場合によっては、軍事派遣が純粋に政治的な任務のために行なわれることもある。例えば、2022年1月、中央アジアのカザフスタンでは、燃料価格の高騰が、汚職や「エルバシー」（「国家の父」）ヌルスルタン・ナザルバエフの33年間の支配に対する長年の不満に火をつけ、激しい騒乱に発展した。これはナザルバエフ自身が厳選した代理人、カシムジョマルト・トカエフ大統領が、ナザルバエフに対して宮廷クーデターを起こす機会となった。カザフスタンはロシアが主導する集団安全保障条約機構（CSTO）に加盟しており、支援を訴えた。CSTOの憲章は、外部からの侵略の場合のみ支援を想定しているため、トカエフ大統領は、デモが外国のイスラム過激派によって扇動されているという、非常に薄弱な根拠に基づいて主張した。トカエフが本当に特別な支援を必要としていたとは思えない。カザフスタンは10万人以上の軍隊と5万人近い治安維持要員を擁しており、むしろ、警察や陸軍の将軍を含むエリートの忠誠心を揺さぶり、彼の側になびかせるために、81歳のナザルバエフの追放をモスクワが承認するというお墨付きが必要だったのである。

モスクワはこれに同意し、軍隊を迅速に配備する能力をみごとに証明した。24時間以内に、第98師団と第45スペツナズ旅団から空挺隊員約2000名がカザフスタンに空輸されたのだ。カザフスタンではCSTO加盟国のアルメニア、ベラルーシ、キルギスタン、タジキスタンから少人数の派遣部隊も補充され、ロシアのVTA（大部分がAn‐124を中心とした大型輸送機）によって空輸された。派遣部隊は発砲することもなく、1週間後には撤退した。しかし、この部隊は広範囲な政治的役割を果たし、ナザルバエフは安全保障理事会の代表という強力な地位を「自ら辞任」し、トカエフはその地位を固め、モスクワは同盟国のために、いつでも安全保障支援を行なう意思と能力があることを証明したのである。

また別のケースでは、「限定的行動」という概念で、表の重労働には代理人を利用し、戦略や指揮統制、代理人を補完するために必要な特定の軍事能力はロシア軍が提供することになる。ドンバス戦争とシリア内戦は、それぞれの意味で、このアプローチの例である。どちらの場合も、モスクワは直接的な関与を制限する代わりに、戦略レベルで全体的な指揮を執ることにした。代理人（ドンバスでは民兵、シリアでは傭兵、民兵、政府軍）は質的にはしばしば平凡だが、モスクワの立場からすれば、安価で政治的に都合のよいものである。ドンバスでは、キーウが持っている反体制派を鎮圧する兵力の軍事的優位性を制限する介助と同時に、重火器と情報支援も提供した。シリアでは主に航空戦力だったが、自国が介入可能な小規模な憲兵隊も派遣し、停戦と紛争解決線を確保できる中立的な力として利用した。

■大規模戦争

地域戦争や大規模戦争、さらにはより深刻な局地戦争において、ロシアが実際にどのように戦うつもりなのか、実はだいたいの察しはついている。何しろ、彼らは数え切れないほどの技術論文で議論し、大規模な演習でウォーゲームを行ない、兵力配置、訓練、および調達に関する意思決定にそれを織り込んでいるのだから。もちろん、演習は常に防御の観点から組み立てられているが、それでもロシアの軍事思想家は、本質的には攻撃を基盤とする取り組みを行なっている。1812年にナポレオンがモスクワに到達した際のロシア軍の戦術的撤退から、1941年のドイツ軍のバルバロッサ侵攻作戦への初期対応まで、彼らはしばしば縦深防御に頼らざるを得なかったが、遠距離火力と急速展開の今日の世界では、それは彼らの意図でも予想でもないのだ。実際、必要かつ可能であれば、敵が動員している時に最初の一撃を加えるのが目的となるだろう。ゲラシモフの言葉を借りれば、「我々の対応の基本は積極的防衛戦略であり、ロシアの軍事ドクトリンの防衛的性格を考慮しつつ、国家の安全に対する脅威を積極的に無力化するための一連の措置を規定するものである」（※原注5）。

これは必ずしも本格的な軍事作戦を意味するものではないが、外交的イニシアチブ、威嚇的な作戦、決意を示したり能力を低下させたりすることを意図したピンポイント攻撃などが考えられる。これは紛争前の期間の一部であり、破壊工作や心理戦など、敵の弱体化を図るための非軍事的手段とあわせて採用される。しかし、万一それが失敗したとすると、すでに述べたように、西側諸国との戦いで想定される事象は、まずロシアが大規模なミサイルと航空攻撃に直面する。NATOでは、ロシアにダメージを与えて混乱させるため過剰なまでにこの攻撃に依存しており、決定打ともなりうる。従ってロシアの目標は、これを先制し、抑制し、耐え抜くことで、アメリカの早期勝利の望みを打ち砕き、主導権を奪い保ち続けるようにすることであろう。

すなわち、戦略的な作戦によって、予期せぬ結果で敵の戦略レベルに打撃を与え、敵の能力と戦闘継続の意志を低下させるのである。その目的がエスカレーションを抑えるにせよ戦争を終結させるにせよ、本質的には政治的なプロセスであり、軍事的手段によって遂行されるものである。この目的のため、ロシア軍最高司令部は、旧ソ連の「縦深攻撃」の概念を現代に適応させた。特定の海域であれ、軌道近辺であれ、電磁スペクトルであれ、その目的は、特定の領土や領域だけではなく、敵の活動能力全体を打破する協調作戦を通じて戦われるだろう。

しかし、実際にはどういう意味なのだろうか？　ロシア軍では、地上戦の多くは「非接触型」になると考えており、部隊が敵を直接視認することはほとんどなく、代わって砲兵が決定的な役割を果たすことになる（特にロシアにとっては常にそうだった）。統合された情報・監視・偵察機材と自動化された指揮統制システムによる「偵察攻撃」と「偵察射撃」の複合体が戦場を支配する。ドローンから偵察機に至るさまざまな観測機器により、前者の場合は破壊的な精密誘導兵器を、後者の場合は大量の大砲やロケット砲を、迅速かつ正確に目標に照準できるのである。何しろロシアは、多数の重砲とロケットランチャーを保有している。レス・グラウとチャールズ・バートルズの言葉を借りれば、「ロシア軍は多くの戦車を持つ砲兵軍である（※原注6）。さらにこれらの大砲は移動可能で、敵の部隊を破壊する主要兵器であると同時に、敵の作戦の自由を奪い（移動に危険が伴なう領域を作り出すため）、その過程でのロシア軍の自由な行動が可能になる」。

これは、第二次世界大戦のような大規模な陣形と明確な前線で戦争ではない。もっと流動的で動きの速い戦場（地上、空中、海上、宇宙を問わず）であり、地形の確保というより、自軍を維持しながら敵を混乱させ、無力化させることを目的とした戦争である。結局のところ、ロシアの戦略立案者は圧倒的な戦力を持てるとは想定しておらず、西側の精密誘導弾の方が結局は大量で高精度なので、ロシアにとって深刻な脅威となる可能性は高い。「砂漠の嵐」作戦は30年前のことだが、一見強力で有能な機械化部隊であっても、現代の戦争の本質を理解していなければ、技術的により進歩した敵に食い破られてしまうという厳しい事例を提示している。このため、「攻撃的」作戦とは、敵の領土への反撃というより、敵の戦闘能力を低下させるための攻撃を用いるという意味合いの方が強いのである。一方、電磁スペクトルとサイバースペースという目に見えない戦場でも、それぞれ独自の方法で、物理的領域と同様の激しい戦いとなるであろう。

■エスカレーション、デ・エスカレーション、小規模な黙示録

ロシアはNATOよりも戦闘を継続する意志が強いと信じているが、それをあてにはできないだけでなく、より多くの国民、兵士、より大規模な経済を持つ同盟との消耗戦には勝てないという想定で動いている。西側の意志と結束を事前に崩しておき、航空攻撃やミサイルによる電撃戦でもすぐにノックアウトされないことを証明し、迅速で協調的な積極的防衛により大規模戦争をすぐに終結できないとしたら、次にどうなるか？　ここで必然的に、核戦力の問題が大きくクローズアップされる。

モスクワが、攻撃的な「エスカレートからデ・エスカレート」戦略をとっているという作り話が広く信じられている。攻撃を開始し、ある程度の利益を得たら、限定核攻撃を開始あるいは脅迫し

て反撃を抑止し、紛争を優位な地点で効果的に凍結するというのだ。この話には確たる根拠がない。ロシアは核による報復行動の危険性を充分に認識しており、核兵器を本質的に防衛的手段と見なしていることは明らかである。

とはいえロシアは、地域戦争や大規模戦争において、戦術核兵器をエスカレーション管理の手段として用いる余地はあると考えている。ロシアの通常戦力は紛争の収束や敵の進出阻止の任務には充分でないことは証明されているが、カリブル巡航ミサイル、キンジャール空中発射弾道ミサイル、イスカンデル・ミサイルなどの長距離攻撃兵器は、強力な通常弾頭も搭載できるため、サイバー攻撃や電子戦と組み合わせれば、敵の指揮統制や国家の重要インフラを充分に混乱させ、核オプションに頼らなくても同等の効果が得られるとの見方もある。

戦略核戦力に関しては、その役割は敵の核攻撃を抑止し、それに失敗した場合には第二撃の報復を行なうことであり、それ以外は祖国存続の脅威が発生したの場合にのみ使用されるものである。しかしロシアが、本質的な豊かさに安住している民主主義国家の集まりであるNATOではなく、権威主義的で自己主張の強い、これから力をつける中国と全面戦争をすることになったらどうなるのだろうか、と考えてしまう。これは、私が何か知っていそうなロシア軍将兵から一度も話を聞くことができなかった、もどかしい話題の一つである。中国との戦争に対する緊急事態対応計画の存在は当然予想されることであり、直面する可能性のあるあらゆる事態（合理的な範囲内で）に対応できるオプションを準備しておくのが、軍事計画者の役割である。結局のところ、少なくとも西側の用語でいうところのCONPLAN（コンセプト・プラン、概念計画）は、異星人の侵略やシベリアの分離独立のためにあるのだろう。しかし現実的に考えて、シベリア横断鉄道とバイカル・アムール鉄道という、迅速かつ容易に封鎖されてしまう2本の鉄道路線に依存するウラル山脈以東のロシアを、比較的少数の兵力しかないのに正攻法でどうやったら防衛できるのだろうか？　このような紛争は、戦術核、そして戦略核のオプションへと段階的かつ急速にエスカレートしていくのではないかという疑いを抱かざるを得ない。

第28章　将来の課題

中国との戦争は将来あり得るのだろうか？　プーチンと習近平が、両国の友好と、世界における「一極」覇権を維持しようとするアメリカの企てに対する連帯を歓迎している今のところはなさそうだが、国防計画立案者は、明日や明後日のことではなく、数十年後のことを考えなければならない。少なくとも、新しい兵器システムの構想から配備までにかかる時間や、人口動態から指導者の継承に至るまで、あらゆることを考慮しておく必要がある。

1991年当時、私はモスクワで博士論文の最終仕上げをしていたが、クーデターの噂が街中を駆け巡っていた。そのため、私は強硬派による「8月クーデター」の前日の金曜日にロンドンに戻ってしまった。私はそれを見逃したことを今でも後悔しているし、まったく理不尽ながらロシアにはクーデターの「貸し」があると感じている。いずれにせよ、その週の月曜日にイギリス国防省のある人物と事前に会合を取り付けていたので、少なくとも内部事情についての考察を得られるものと思っていた。しかし私が質問すると、彼はきまり悪そうに言った。「チェルトナム（イギリスの電子情報機関GCHQの本拠地）からまだ通信傍受が来ていない。だから、CNNを見ているんだ」。

その瞬間、政府でさえも自分たちに比べてわずかなことしか知らないことに気づき、自信がついたと同時に失望もした（もちろん、彼らはすぐにもっと多くの情報を得るのだが）。また、国防計画立案者が、オリュンポス神の支配する長期的な地政学的動向と、日々深まっていく煩わしい圧制との狭間に置かれていることが浮き彫りにされた。プーチンは弱い手札もうまく使えるので、世界の中でもロシアが強い立場を占めることができるというのが定説である。多くの点でそれは正しいが、クレムリンは長期的な社会的、政治的、経済的、そして人口動態的な課題とも向き合わなければならない。自国の国境に潜在する深刻なリスクも、間違いなく増大しつつある。しかも、それは1991年のように、しばしば予期せぬ方向から、予期せぬ方法でやってくるのだ。このような状況において、ロシアの国防計画立案者の仕事は、決して容易なものではないはずだ。

■西側諸国の側面

ロシアと西側諸国に挟まれたウクライナ、ベラルーシ、モルドヴァにとって、今は決して幸せな時期ではない。この3ヵ国はすべて、モスクワの大国志向、すなわち緩衝国が必要で、勢力範囲となっても当然だという信念の重圧を感じながら、ロシアに対してそれぞれがさまざまに異なった抵抗を示している。

ベラルーシは、長年の統治者アレクサンドル・ルカシェンコの下、ロシアと西側諸国を対立させることで独立を維持してきた。1997年以降は、正式にはベラルーシ・ロシア連合国家の一部となっているが、貿易やビザの調整、ベラルーシにおけるロシアの防空施設（ガンツェヴィチ・レーダー基地、ヴィレイカ海軍通信センター、バラナヴィチ共同空軍防空訓練センター）の存在以外は、ほとんど意味はない。2020年8月、総選挙結果のあからさまな改ざんを受け、大規模な平和的抗議デモの波が全国に波及した。治安部隊は暴力で対応し、西側諸国が抗議する中、ルカシェンコはますますプーチンに政治・経済・軍事的支援を頼らざるを得なくなった。彼は狡猾な策士であり、ある程度の独立性を維持してきたが、ルカシェンコは現在、本質的にはロシアの被保護者となっており、その結果、ベラルーシにおけるロシアの軍事的プレゼンスが高まり、2022年には隣国ウクライナに対して別の離れた側面を突くためにベラルーシの戦力も運用されるようになっている。

とはいえ、この買収行為はロシアにとっても独自の課題をともなうものである。抗議デモは今のところほぼ収束しているが、政権は正当性を失った。治安当局の一部でさえ、この状況に不満を抱いている。大部分はルカシェンコ支持派だが、モスクワがいつか彼に代えてもっと毒気がなく柔和な指導者を押し付ける必要があると感じた時、彼らの抵抗にあうかもしれない。逆に、抗議行動が再び爆発し、暴力的なものになる可能性がある場合、モスクワは、ウクライナで行なわれたように、新たな親欧米の反対勢力が権力を奪取することがないよう、現政権が生き残るために必要なあらゆる支援を、軍隊も含めて提供する以外に選択肢はないと考えるはずだ。

ウクライナに関しては、ロシアの軌道内にとどめようとするプーチン個人の聖戦は、すでに敗北したと考えざるを得ない。ドンバスでの冒険は高価な失敗であり、2014年以降のロシアの脅威により、キーウの軍事改革は驚異的なスピードと効果で進められた。また、かつてはバラバラだったウクライナの地域社会の団結を促し、より多くの西側の支援を獲得できるようになった。2022年までに15万人弱の軍隊を編成したが、その多くはベテランで、装備の多くが時代遅れになっているとはいえ、NATO軍が持っていない、最前線のロシア軍と対峙してきた経験を積んでいる。内務省管轄の4万5000人の国家警備隊に加え、150個の領土防衛大隊に動員可能な大規模な予備役も存在する。キーウのタカ派が、いつか独自の「クロアチア式ドンバス解決策」を実現したいと夢見ているとしても不思議ではない。クロアチアは1992年に、セルビアの関与によって独立を宣言した「クライナ・セルビア人共和国」の地域を失ったが、再編の後、1995年に奪還した経緯に倣おうというのだろう。2022年2月、プーチンは膠着状態に対して独自の軍事的解決を施すことを決定した。彼は2014年と同様に、ウクライナ政府が弱体化し、たやすく崩壊すると判断していたようだ。次章で述べるように、彼は極端で危険なまでに誤っていたのである。

最後に、ウクライナとルーマニアの間にある、見過ごされがちなモルドヴァに思いを馳せてみよう。ヨーロッパ最貧国のモルドヴァは、未承認だがモスクワの支援を受けた疑似国家・沿ドニエストル共和国が国境東側に存在し続けることに耐えなければならないだけでなく、ロシアからのガス供給の依存度が強く、定期的にモスクワからの圧力に直面している。２０２０年の選挙で、改革およびＥＵとの緊密な連携を支持する世界銀行出身の経済学者マイア・サンドゥが選出されると、ロシアは「エネルギー兵器」の行使に向かい、供給を３分の１に減らし、既存契約の延長も拒否した。新たな契約が締結されたものの、地域内の国がＥＵへ接近する試みをすべて阻止するというモスクワの決意は、明らかに新たな紛争への火種となりうる。この場合、将来の引き金となる地域を想定しておくことが、沿ドニエストルでの軍事的プレゼンスを維持し続けている理由となっているのだ。

■激動する北カフカス

課題はロシアの国境内だけには止まらない。チェチェンは公式には平和になった。しかしこれは、常軌を逸した残忍な指導者の下による事実上の自治権を受け入れることによって達成されているに過ぎない。さらに近隣の北オセチア共和国に対する領有権の主張だけでなく、彼個人の軍隊や壮大な威信的プロジェクト、彼とその取り巻きたちのぜいたくなライフスタイルに、モスクワが出費することも受け入れなければならない（カディロフ自身は、かつてのロシア皇帝の冬宮殿よりも大きな宮殿と、20台限定販売のランボルギーニ・レヴェントンの1台を含む自動車コレクションを所有している）。モスクワにいる彼の多くの政敵は、プーチンに彼に関する最新のやっかい事を定期的に持ち込み、彼の自由を制限するか、あるいは失脚させるために何か行動すべきだと促すが、カディロフは大統領に対し定期的に個人的な忠誠を誓っているので、プーチンは行動を起こしたくないか、起こせないと思っているかのどちらかであろう。

結局のところ、現実的にはカディロフがいなければチェチェンは再び暴発する可能性があり、第三次チェチェン紛争への意欲は持っていない。カディロフの酷い治世の下でも、チェチェンでは時折テロ行為が起きている。おそらくもっと深刻な脅威は、さまざまな有力者や軍閥がカディロフの地位を奪い、モスクワからの莫大な収入源を支配しようと競争するため、チェチェンの支配層が行動を開始することである。

チェチェンでのある種の勝利は、この地域を完全に鎮圧したというわけではない。北カフカス全域では、テロと反乱の問題が散発的に続いている。これは地元住民の深刻な貧困とともに、腐敗あるいは無反応な地方行政への怒りを利用する、ジハード主義グループがその主な原因である。低レベルの暴力問題は日常茶飯事であるが、これも組織化された反政府勢力やテロリストのジャマート

（イスラム過激派グループ）として復活する危険性もある。このような背景によって、モスクワがこの地域に大規模な軍事・治安維持部隊を維持し続けなければならない理由が容易に説明できる。

南部軍管区の第58軍は北オセチアのウラジカフカスに拠点を置き、第19自動車化狙撃師団（ウラジカフカス）、第42親衛自動車化狙撃師団（チェチェンのハンカラ）、第136独立自動車化狙撃旅団（ダゲスタンのブイナクスク）、第100スペツナズ旅団（北オセチアのモズドク）など多くの機動部隊を有している。さらに、北カフカス国家警備隊軍管区には、クラスノダールの第2独立内務部隊特別指定師団をはじめ、内務部隊7個旅団、5個連隊、8個大隊、機動警察8個大隊、特殊部隊4隊が含まれている。最近になってウクライナ国境周辺へ移動するまでは、北カフカス地方に最も多くの部隊が密集していたことになる。

■同じく激動の南カフカス

2008年の南オセチア紛争後、南カフカスは長い間、モスクワから見て比較的平穏な地域に見えた。ジョージアは戦後の現状に明らかに不満を抱いていたが、実際にはロシアのあからさまな、あるいは密かな報復を恐れて何もできなかった。例えば、2019年には、ロシアの政治家の訪問に対する抗議を受けて、モスクワは安全保障上の懸念を理由に両国間の直行便を停止し、ジョージアの主な貿易品であるワインとミネラルウォーターの輸入に新たな規制負担を課している。

同様に、アルメニアとアゼルバイジャンの敵対関係も継続していたが、モスクワからすれば悪いことではなく、両国に対して一定の影響力を維持している。平和的な抗議運動によって、アルメニアの長年の指導者だったセルジ・サルキシャン（サルグシャン）政権が崩壊し、中道派のニコル・パシニャン新首相に道が開かれた時も、ロシアは中立的な立場をとった。サルキシャンとの相性は抜群だったが、パシニャンもまた、内政改革は行なうが、ロシアに対するアルメニアの方向性は変更しないことを明言した。

しかし2020年9月、非常に深く広いルーツを持つアゼルバイジャンとアルメニアの長年の激しい対立が、特に係争の中心となっていたナゴルノ・カラバフで再び戦争に発展した。アゼルバイジャンは国土が広く、豊かな国であり、前回の2016年の戦争以来、軍事費を堅実に投資していた。さらにトルコが支援を行ない、バイラクタルTB2ドローン攻撃機を売り込んだだけでなく、シリアから雇用した軍事顧問や傭兵まで提供したのである。戦争は11月9日に停戦が実施されるまでしか続かなかったが、アルメニア軍は砲撃（ドローンが索敵）、徘徊型兵器（実質的には自爆ドローン）、ドローン発射型ミサイルによって各個撃破された。しかし、今やドローンが戦場の王者となったことを証明したという主張は時期尚早であった。アルメニアは充分な準備を怠り、とりわけ適切な統合防空システムの構築に失敗したため、アゼルバイジャンのドローン機に少なからぬ行動の自由を与えてしまったのである。

これは、モスクワが自国の勢力圏と見なす領域に、とりもなおさずトルコが侵入してきたことになるが、クレムリンはアルメニア側に介入する気はなかった。それはかなりの軍事的関与が必要となる上、アゼルバイジャンの指導者イルハム・アリエフを疎外し、トルコと直接対決する危険を冒すことになるからである。その代わりに、ロシアはアゼルバイジャンが領土併合できる停戦を仲介しつつ、当初は第31独立親衛空中襲撃旅団および同数の国境警備隊からなる約2000名のロシア平和維持部隊を、合意した輸送回廊に沿って、ナゴルノ・カラバフと紛争地域を隔離するために配備した。

クレムリンは長い間、南カフカスを「近外国」勢力圏の一部とみなしてきた。帝国そのものではないが、自国が覇権を握ってきた地域である。しかしこの6週間の戦争をコントロールすることができず、またその気もなく、トルコを現地の積極的なプレーヤーとして受け入れざるを得なかったことは、画期的な出来事といえるだろう。アリエフは停戦を歓迎する演説ではプーチンにも言及したが、「私の親愛なる兄、レジェップ・タイイップ・エルドアン」に心からの感謝を捧げた。しかも、アゼルバイジャンにTB2ドローンを供給したトルコのバイラクタル社が、2022年に同じく購入を開始したウクライナに工場を開設すると発表した。モスクワはせいぜい平和維持軍として自らを位置づけることで、南カフカスで失われた影響力と権威をいくらかは回復したが、その代償は大きい。

モスクワがその地位を維持するために関与を強めなければならなかったことは、南側面で支配の維持よりも衰退の管理に従事していることで如実に示されている。中央アジアの方向性の変化を思わせるパターンとして、モスクワが覇権主義の上辺の虚飾を維持する一方で、その舞台裏では北京の経済力がますます支配的になっているが、ロシアはこの南カフカスでも、かつては問題のない裏庭だった場所に新しいプレーヤーを受け入れなければならなくなっているのである。

■中央アジア：不安定とジハード

ロシアの国境を巡っていくと、ソ連崩壊後の中央アジアは、ロシアの実効支配圏内にしっかりと収まっていることに変わりはないが、ここでも不安定なリスクと対立激化の危険性が存在している。帝政時代とソ連時代の経験が色濃く残っており、5ヵ国とも多かれ少なかれ、かなり恣意的な境界線内で民族や言語集団のパッチワークを形作っている。この地域の7500万人ほどの人々のほとんどは、少なくとも概念的にはイスラム教徒であるが、その政府の大部分は世俗的である。このためイスラム原理主義が彼らに対して行動するのではないかという恐怖が常にあり、蔓延する貧困と腐敗が生み出す避けられない緊張と相まって、しばしば下からの反乱と、上からの強権的な支配を引き起こしてきた。

定期的な暴動と抗議の波にもかかわらず、ガタガタの状態でもなんとか民主主義を維持しているキルギス以外のこの地域は、腐敗した個人的権威主義が特徴である。前述したように、カザフスタンでは、トカエフ大統領が長年の支配者であったヌルスルタン・ナザルバエフ（首都の名称を自分の名誉のために改名した男）の権力を奪ったばかりであり、この地位を固めることができるかどうかが見ものである。トルクメニスタンでは、終身大統領のサパルムラト・ニヤゾフが2006年に死去するまで、全体主義的な気まぐれの支配を続けていた（4月を自分の母親の名にちなんで改名し、太陽に面するように回転する自身の巨大な黄金像を建立した）。彼の後継者であるグルバングル・ベルディムハメドフも、立派な後継者としてふさわしいさまざまな兆候を示しており、首都アシガバートで黒い車を「不吉」だからという理由で禁止し、代わりに馬に乗った自身の黄金像を建立している。ウズベキスタンはカザフスタン同様、ソ連時代の遺物であるイスラム・カリモフが2016年に死去するまで統治していた。後任のシャフカト・ミルジヨエフは改革に向けた動きをいくつか見せたが、依然として腐敗し自由のない国であることに変わりはない。最後に、タジキスタンは、エモマリ・ラフモン大統領の下、おそらくこの地域の国の中で最も不安定な国であり、貧困化し、麻薬取引や隣国アフガニスタンからのジハード主義の影響を受けやすくなっている。

以上のことは、モスクワに重要な問題を提示している。これまでロシアの治安機関は、歴史的に北カフカス出身のイスラム過激派に注意を集中してきた。彼らは２００２年にモスクワの劇場で起きた集団人質事件、２０１０年のモスクワ地下鉄および２０１１年のドモジェドヴォ空港での自爆テロなど、深刻なテロ事件の主な発生源となってきた。その多くはイスラム国やアルカイダとゆるやかに結びついているが、治安部隊が強力な弾圧を加えている。しかしクレムリンは、中央アジアのジハード主義の影響が、ロシア国内の推定40万人以上の中央アジアからの移民や臨時労働者（少なくともその半数は不法就労者）の間に広がる可能性を心配し始めている。例えば２０１７年には、キルギス出身のウズベク人がサンクトペテルブルクの地下鉄で自爆テロを起こし、14人が死亡している。

モスクワがこの地域に対してある程度の権威を主張しているのは、歴史的なつながりや自国の主張に完全に基づくものばかりではない。変わらぬ重要な経済パートナー（タジキスタンはロシアに出稼ぎするタジク人の送金に特に頼っている）であり、何よりも安全保障の提供国となっている。西側の国境地域では、ロシアは一般にいじめっ子や邪魔者とみなされているが、中央アジアでは、強引なロシア人に対する不満は避けられないものの（世論調査ではアメリカや中国よりも人気があるが）、モスクワは歓迎すべき庇護者である。アフガニスタンがタリバンに敗れた時、タジキスタンはさらなる支援を求め、ロシアは第201軍事基地を強化し、より近代化されたT-72B3M戦車やS-300 SAMを送り込み、タジキスタンの安全に対する協約の象徴として、地元軍隊と合同演習を行っている。同時にキルギス議会は、ロシアがカント基地にドローンを配備することを認める協定を批准した。カント基地ではオルラン10を受領し、新しいヘリコプターと防空システムを備えた全般的なアップグレードも始まっている。

けっきょくのところ、カザフスタンでキングメーカーとしての役割を果たしたのはモスクワだった。2021年8月のアメリカの無様で不安定なアフガニスタン撤退は、ロシアがこの地域で唯一の信頼できる安全保障の保証者であるという考えが広く支持されることになった。これはモスクワにとって明確な恩恵であり、大国が戦略的近隣地域で行使できると考えるような権限がロシアにもたらされた。しかし、その一方では潜在的課題も明らかに抱えている。

まずこの地域は、民族的、歴史的、氏族的、派閥的な対立が渦巻いており、その不安定さは軽視できない。このため残忍な権威主義が安定をもたらす傾向があることは悲しむべき皮肉である。しかしトカエフやミルジヨエフのような人物に有意義な改革を求めると、少なくとも短期的には不安定になる可能性がある。アフガニスタンからジハード主義者が流出するリスクと合わせると、（過去に起こったように）実際に物理的侵入という形であれ、単に過激思想の伝播であれ、モスクワは白紙の安全保障小切手が必要以上に頻繁に現金化されることに気づくかもしれない（だがモスクワをアフガニスタンに連れ戻すには、並外れた脅威が必要だろう）。

またここは中国との関係も強い。これまで中国は、ロシアに戦略的覇権と安全保障の保証者の役割を担わせる一方で、自らの経済的課題を堅持し、独自の投資を行ない、とりわけヨーロッパ、アフリカ、中東の経済につながる「新シルクロード」の構築を目的とした「一帯一路」インフラプロジェクトを展開してきた。これは、モスクワによる約束の履行が期待されていることを意味し、地域の不安定さが問題になり始めた場合、北京はロシアに行動を迫るか、あるいは、地域の安定にとってはさらに危険なことだが、自らが行動を起こすことを決定するだろう。

このように中国は、あらゆる面でますます自己主張を強めてきている。自国の利益を自ら守らねばならないか、あるいは自国の力を発揮する機会として中央アジアを利用することさえ選択しようと考えているかもしれない。中国はすでにタジキスタン国内のアフガニスタン国境近くに小さな軍事基地を設置し、２０２０年には遠隔地のゴルノ・バダフシャン自治州にタジキスタンの即応グループ（内務省特殊部隊）基地に資金を提供することに同意している。当初、中国軍は駐留しないと言われていたが、これには疑問の声もある。何しろドゥシャンベは北京とは慎重に付き合わなければならないのだ。2011年、パミール高原の中国の領土を割譲する1999年の協定を批准し、130年にわたる論争に終止符を打った。中国は他の領土の領有権を正式に放棄したが、2020年にはこの問題の再開を支持する記事が流布されるようになった。モスクワとドゥシャンベは抗議したが、北京は非公式かつ無許可の憶測に過ぎないと主張した。しかしメディアは広範囲に国家統制されているので、タジキスタンへ影響力の行使が必要な場合、中国は再びこの問題の主張を強める懸念が残っている。

■友か敵か：中国

中国の最新のテロ対策法には、国境を越えて軍隊を展開することを認める条項が含まれており、これは北京が国外にも軍事的影響力を行使しようとしていることのシグナルであると広く解釈された。最近の台湾や南シナ海に対する強度を増した行動もこれを示唆している。中央アジアは、北京がその新たな力を実地にテストしてみる場となるかもしれない。

西側諸国の指導者たちは、急成長しているように見える中露の「ドラゴンベア」軍事同盟を明らかに懸念している。例えば、2021年10月、NATOのイェンス・ストルテンベルグ事務総長は

「中国が我々に迫ってきている」と警告し、「我々がロシアか、中国か、どちらに目を向けるかということの考え自体」を批判した。「……なぜならひとつになっているのだから」（※原注1）。この考え方は、単にNATOが単一のグローバルな安全保障環境で活動すべきということではなく、より具体的には、中国とロシアが協力して行動を調整しているということである。プーチンも習近平も、西側に対する共通の不信感を共有し、またそのような言説が西側の注目を集めることを知っているので、自分たちの統一戦線について喜んで語り合ってきたのは事実である。

しかし、中露の同盟関係が二人三脚で進んでいるという考え方とはまったく対照的なことだが、私は2013年に参謀本部作戦総局の作戦計画担当だった退役ロシア軍人と話したことを思い出す。彼の意見ははっきりしていた。「20年以内に、ロシアは西側の同盟国になっているか、中国の属国になっているかのどちらかだ」。当時、そのような意見を持っていたのは彼だけではなかった。現在の環境下で、ロシアが西側とどのような同盟関係になるかを想像するのは困難だが、彼は現在でも同意見だろう。

西側に対する疑念と憤りと、共通の経済的利益に駆り立てられて、両国の親交が進んでいるのは明らかだ。しかし、それでも関係は明らかに非対称的である。モスクワは、相手とは逆に北京をより必要としているが、中国の側からすれば、ロシアからは石油、ガス、武器など、必要なものは何でも買うことができる。例えば、２０１４年に４０００億ドルのガス取引を締結した時、中国はロシアが政治的、経済的理由で取引を必要としていることを知っており、これを無慈悲に利用した。プーチン自身、「中国の友人は難しく、厳しい交渉相手だ」と当時残念そうに認めている（※原注２）。

ヴォストーク２０１８（東方２０１８）軍事演習についても考えてみよう。これは、公式には30万人の兵士、３万６０００台の戦車などの車両、80隻の艦船、１０００機の航空機が動員され、ロシアの東半分で行なわれた大規模なものだった。これはロシア全軍の約３分の１（30万人という数字は誇張されている可能性があるが）にあたり、あるいはイギリス軍の２倍に相当する。また、前回の同様のイベントであるヴォストーク２０１４の２倍の規模でもあった。しかし、ほとんどの外国からの関心は中国派遣団の参加に集中し、新たな軍事同盟の始まりを意味するとの過熱したメディア報道がなされた。

ただし中国軍の兵力がわずか３２００人、航空機は30機であったのは忘れよう。また彼らは、演習の上位戦略司令部の要素から基本的に除外され、海軍の部分にも関与がなかった。（そこで中国は、招待されていない「東調」級情報収集艦を監視のために同行させた）。一方、パフォーマンスの演出として意図された行動の中、プーチンと習近平はウラジオストクで首脳会談を行ない、より緊密なビジネスと政治協力を約束したが、この軍事協力は提示された額面通りには進展していない。

両国にとってこれらの大部分は、意図的な地政学的駆け引きであり、情報操作であり、西側諸国を不安にさせ、自国の株を上げるため関係性を誇示しようとするものである。しかし、長期的に見れば、事態はむしろ友好的でなくなる可能性があると信じるに足る充分な理由がある。まず第一に、ロシア帝国の膨張期に奪取したロシア極東地域の領土に対し、中国は長年にわたって領有権を主張している。最後の国境紛争は２００８年に正式に解決されたが、ロシアに広い地域を譲渡した１８５８年のアイグン条約と、１８６０年の北京条約に関する大きな問題は、いつでも再開される可能性がある。しかし、ロシア極東地域の部隊は精鋭とは言い難く、どちらかといえば静的なものが多い。全長４０００キロを超える中国との国境沿いには基本的に防御的な部隊が配備され、その目的は、侵入を検知して抑止するための仕掛け線であると同時に、増援が現場に駆けつけるまでの時間を稼ぐための遅滞部隊である。

例えば、第18機関銃・砲兵師団は、ロシアのカムチャッカ半島から日本の北方に広がるクリル諸島（千島列島）の防衛を担当する主要部隊である。第二次世界大戦終結時に併合されたが、日本は現在も、列島最大級の3島のうちの2島、イトゥルップ島（択捉島）とクナシール島（国後島）を含む、最南端4島の領有権を主張している。これは本質的には政治的な紛争であるが、たとえ過剰な反応を引き起こしたとしても、千島列島の安全保障が不釣り合いなほど優先されることを意味している。これは師団の構成にも反映されており、司令部は択捉島だけではなく、国後島にも設置されている。師団は、機関銃・砲兵大隊2個、対戦車大隊、対空ミサイル・砲大隊、対空ミサイル大隊、多連装ロケット砲兵中隊、機動防御のため機動力の高いMT - LB装甲輸送車を装備した自動車化狙撃大隊、そしてT - 72B戦車中隊を擁している。もし日本の本格的な攻撃があった場合は、これにK - 300Pバスチオン - P地対艦ミサイルを追加しても、師団は4日以上は島を保持できないと予測されている。しかしこの期間ならば、外交的手段や日本への別の脅威を与えることによって島を強化したり、圧力を取り除いたりするのには充分だとと考えられている。

東部軍管区第35軍所属の第69独立スクリーニング旅団（ロシア語のprikrytiyaは「カバー」と訳され、より比喩的に「要塞」とも訳される）も同様だ。中国との国境にあるコサックの城塞都市として設置された村、ユダヤ人自治区バブストヴォに司令部を置き、3個の機関銃大隊、152ミリ2S19ムスタS自走砲、高射砲、高射ミサイル各1個大隊、唯一の機動兵力であるT - 80BV戦車大隊から構成されている。だが中国軍の本格的な侵攻があった場合は、戦って敗れる以外にできることはほとんどない。

いずれにせよ、中国の台頭はこの関係を必然的に歪めていく。超国家主義的なロシア自由民主党がロシア極東で強い支持を集める傾向がある理由の一つは、中国からの投資が、経済的のみならず政治的な付帯条件付きで始まっているという感覚があるからであろう。また、治安当局の中にも懸念が広がっている。FSBは中国側の対応機関と協力しながらも、サイバースパイ活動など北京自身のスパイ行為についてより声高に発言するようになり、従来ならひっそりと処理されていた案件を公的に裁くようになってきている。北京がモスクワに圧力をかけて、欲しくもない技術を売りつけられたり、他国に譲りたい契約を中国に与えたりしたら、どうなるのだろう？　恐れているのは、突然の大きな崩壊ではなく、自信を深めた北京がロシアを脇役として扱い始め、小さな苛立ちが積み重なっていくことだ。どうなるだろう？

最も差し迫った問題は、どちらかの国が西側諸国と戦争状態に陥った場合である。北京は、NATOの拡大に対するモスクワの広範な懸念を支持し、クリミアをめぐるモスクワの立場に同調することを示唆する一方で、ウクライナをめぐる紛争に関与するつもりはない（トウモロコシの主要供給国でもある同国への投資を増やしているためではないかと推測する者もいる）。ただし、2014年のクリミア併合は認めていない。モスクワが非公式に、ウクライナでの戦争に対する北京の対応に、明らかに悪い印象を持っているのは当然だろう。一方、中国とアメリカが台湾をめぐって衝突した場合、北京はモスクワに、実質的なものではないにしても、少なくとも政治的および情報的な支援を期待するかもしれない。しかしこれはクレムリンを困難な状況に追い込むため、中国が望むものを提供できない可能性がある。西側との関係を悪化させることは避けられず、強大で急速に武装化している隣国との4000キロにおよぶ国境に、新たな深刻な亀裂を生じさせることになるだろう。これは、ロシアの戦略計画者にとっては面白くない考えである。

第29章　ウクライナ、2022年：プーチンの最終戦争？

2018年、私はキーウで防衛産業関連のイベントに登壇し、それを機会に軍や安全保障関係者とサイドミーティングを行なった。あるとき私は、勲章で飾られた礼装服を着たウクライナ軍特殊部隊の将校に引き止められて長話をした。彼は私より15センチほど背が高く、15センチほど幅広で、私を素手で殺す方法を15通りは知っているに違いない。というわけで、私はどこにも逃げられず、一番近い西側の代表としてお説教されてしまったのだ。なぜ君たちはそんなに否定的で、敗北主義者なのか？　いつかウクライナは奪われたものを取り戻し、ロシアを追い出すと理解できないのか？

1995年にクロアチアで起こったことを見ていなかったか？　クロアチア人は4年の準備期間を経て、セルビア人が占拠していた領土の5分の1を4日足らずで取り戻したのだ。ウクライナができないということはない。それもすぐに。

正直なところ、これは狂気の沙汰だと思った。というより、このコマンドーのような人物が、セルビアよりも明らかに強力な国家に、そして軽蔑を決して忘れず、復讐に喜びを感じる指導者に喧嘩を売るのは危険なことだと思った。私は、キーウが失った領土を取り戻すという主張を絶対的に受け入れてはいたが、一方的な軍事行動による達成を真剣に期待することは、当時はできないと思っていた。

そしてある意味、私は正しかった。ウクライナ一国では無理だった。西側諸国からの多くの援助も必要だったが、もう一人、ある人物の援助が必要だったのだ。2022年、キーウの秘密兵器が何であるかは明らかになった。ウラジーミル・プーチンだ。

■「特別軍事作戦」の夢

2021年春、ロシアはウクライナ国境沿いの軍備を増強し始めた。当初、西側諸国の反応は比較的鈍く、侵略の前哨ではなく、威嚇のための「ヘヴィメタル外交」と見なされていた（※原注1）。しかし冬になると、事態は不穏なものへと変化していった。約14万人もの兵士が集結していたのである。さらに言えば、本格的な軍事介入に必要な「歯」を補う「尾」の要素も、燃料タンクからポンツーン橋に至るまで展開され始めていたのである。ロンドンとワシントンは、諜報報告を引用し、戦争は本当に起こり得ると警告し始めたが、ほとんどのヨーロッパの政府は、モスクワもそれほど無謀なことはしまいと、まだ疑念を持っていた。

実際、常識的に考えれば侵略はないはずだった。プーチンは当時、無血戦争に事実上勝利していたのである。迫り来るロシア軍の存在で投資家が遠ざかり、ウクライナは国際金融市場へのアクセスを失った。クリミアとロシア本土の間のケルチ海峡は、2018年11月にFSB国境警備隊の船がウクライナ海軍の船3隻を迎撃し拿捕した場所だったが、今や無申告の経済戦争の焦点になっていた。2021年4月、ロシアはアゾフ海の港であるマリウポリとベルジャンシクを「ソフト封鎖」し、海峡を通る商船を遅延させたり押収したりして、ウクライナ経済への締め付けをさらに強化していた。

一方、海外の要人たちは、プーチンに会って緊張を和らげようと、続々とモスクワに向かっていた。これらすべてが、プーチンが望んでいた場所、すなわち地政学的な世界の中心に彼を置くことになった。実際、一部の欧州政府は舞台裏で、ウクライナのウォロディミル・ゼレンスキー大統領に、平和の名のためにいくらかの譲歩を迫っていた。12月にプーチンは、ウクライナに中立性と脆弱性を押し付けるだけでなく、NATOに実質的な譲歩を迫り、事実上1997年の東方拡大以前の状況に戻す「安全保障」要求を出した。これらは途方もなく野心的だったが、おそらくは価格交渉の始まりを意図したものだった。乱暴に言えば、モスクワの非情にして効果的な交渉術では、相手のケーキをすべて要求し、その半分を食べることで決着をつけるのが普通である。西側諸国は基本的には要求を拒否したものの、プーチンの空腹を満たすにはどの程度の大きさの分け前が必要なのか、すでに水面下で議論がなされていた。

プーチンは勝っていた。かつて多くの人が主張していたように、プーチンが本当に三次元の地政学的チェスの狡猾な名人だったなら、彼はこの状況から価値があるすべてのものを絞り取れたことだろう。アメリカやイギリスからの警告（常に微妙に言葉が濁されてはいたが）を受けても、プーチンがいつもの慎重なアプローチをやめ、連勝記録を終了する正当な理由はないように思われた。正直なところを言えば、私自身も２０２２年2月初めまでは、戦争の可能性は30〜40％以下に過ぎないと考えていた。

問題は、外部の人間には常識に見えることが、プーチンにとっては明らかにそうでなかったことだ。プーチンは何年も前から、どんどん小さくなっていく情報バブルの中で生きてきた。第26章で述べたように、プーチンは、ニコライ・パトルシェフ安全保障会議書記と諜報機関の責任者の話にますます依存するようになっていた。彼らは、大統領に気に入られるためには、彼が聞くべきことではなく、聞きたいことを伝える必要があることを学んだのだ。

パンデミック発生時のロックダウン中のプーチンの心境については推測するしかないが、異常なまでのバイオセキュリティ体制（パーキンソン病から癌まで、さまざまな証言がある健康問題のためと思われる）により、彼に会おうとするほとんどの人は、警備された政府施設で2週間過ごし、消毒剤を噴霧され、殺菌効果のある紫外線を浴びる通路を通らなければならなかった。彼はぜいたくな孤立の中でウクライナと未来について考え、本当にロシアの一部であったことを証明しようとして、歴史的教養に欠けた奇妙なエッセイを書いた（※原注2）。彼は、ウクライナが敵対するNATOの軍事的前線基地になるのではと憤慨し、一方で取り巻きや飼い馴らされた国防担当者は、ウクライナ人はアメリカ支配の政府の下では反抗的で、解放を歓迎するだろうと彼に請け負った。彼は、自分自身の時間がかつて想定していたよりも早く進んでいて、ロシア国家建設の偉大な英雄の列に自分を加えるという、究極の目標を達成するための時間が少なくなっていると感じたのかもしれない。理由が何であるにせよ、彼は行動することに決めた。

■将軍不在の戦争

皮肉なことに、ロシアが本当に侵攻すると確信していた西側のアナリストたち全員が、ロシアが勝利し、しかも迅速に勝利を収めると確信していた。2週間後にはウクライナ軍は壊滅し、ゲリラによる抵抗は続くかもしれないが、国家は実質的にモスクワの手中に落ちるというのが共通認識だったようだ。だが、そううまくはいかなかった。

これは部分的には、ウクライナ人自身の技量と意志によるものだった。彼らは8年前からこのような事態を想定し、ロシア軍に対抗する方法を正確に考察し、計画し、訓練してきた。意欲に満ちた領土防衛隊による徹底的な防御が行なわれた一方、正規軍の小規模な機動グループは、長くなった侵略者の補給路を狙い、戦闘に必要な食料、燃料、弾薬を奪取した。配管工から大学教授まで、ウクライナ人は武器を取り、多くの民族主義者が「道化師」で「軽薄」と揶揄していたゼレンスキー大統領は、ユーモアと冷静さをもってこの挑戦に立ち向かい、国民の結集点となり、西側の支援のための強力な提唱者となったのである。

しかし、ウクライナ側の努力を矮小化するわけではないが、ロシア側の戦略が最初からいかに奇妙なものに思えたかにも言及したい。第27章で論じたように、人口4400万人以上、兵員20万人以上（国家総動員前）の国家への侵攻のような、本格的な戦争を戦うにあたっては、軍隊が典型的に採用する明確なプロセスや、厳しい地上戦をどのように戦うかについて、はっきりした目的意識があるものだ。戦闘管理グループ（GBU：Gruppa Boyevovo Upravleniya）をかなり前から設置し、準備を調整することになる。理想的には、防御側に対して3対1の局地的軍事的優位を集中できる部隊が、一人の作戦指揮官の下に編成される。戦争は、大規模な「ミサイル・航空攻撃（MRAU：Massirovanny Raketno-Aviatsionny Udar）」で始まり、ウクライナの滑走路をすべて破壊し、防空網を制圧し、通信網を遮断し、破壊的なサイバー攻撃と相まって、部隊を混乱させ士気を低下させる。その後、慎重に調整された諸兵科連合舞台による作戦が、国境を越えて展開されるだろう。

だが、2月24日に何が起こったのか？　準備砲撃は限定的で中途半端なもので、ウクライナには空軍と防空システムが残され、実際に空での戦闘が可能だった。その後、キーウ郊外のホストーメリ空港（アントノフ空港としても知られる）に数百人のロシア空挺部隊が降下するなどの小規模な攻撃が行なわれ、激しい抵抗にもかかわらず空港を確保した。彼らはすぐに包囲され、兵力は強化されたが撤退を余儀なくされた。その後、ロシア軍は空港を一時的に奪還するが、この作戦は全体的に、ウクライナ人がほとんど抵抗せず、空挺部隊の2個中隊がキーウに乗り込んで政府を乗っ取ることができるという、奇妙な仮定に基づいていたようである。

この他にも、参謀本部が行なうような戦争ではないことを示すサインが無数にあった。さまざまな評価から推測すると、戦争開始後の6週間で3人、場合によっては5人の作戦指揮官がそれぞれの前線を担当していたようだ。ロシア軍は動員もされず、平時の戦力で部隊を編成しており、特に歩兵の数が不足していたため、掩護のない戦車がウクライナの待ち伏せで撃破される光景はほとんどありふれたものになっていた。また、長期戦に必要な物資もどこにもなかった。この問題を確実に対処しているはずのGBUは、通常の参謀本部の慣習では数ヵ月前に設置されているはずだったが、侵攻のわずか1日前に設置されたようだった。戦場に増援や新しい物資が到着すると、現場指揮官たちが競って取り合い、作戦全体での優先順位ははっきりしないままであった。

■戦争ではなく警察行動

最初の戦略が、プーチンとその側近たちによって作られたことは明らかである。彼らは誰も実際の軍事的経験を持たず、ウクライナ人は戦いの精神に欠けているという彼の基本的かつ致命的な欠陥のある仮定も、全員がそう信じていたか、あえて反論しなかったのである。彼はこの侵攻を戦争ではなく「特別軍事作戦」と呼んだが、それは単に情報操作という理由だけでなく、彼自身がそう考えていたからである。これは警察行動のようなものだった。ゼレンスキーと彼の「ネオナチ」政府を逮捕し、傀儡政権を樹立し、1、2週間かけて小規模な抵抗勢力を鎮圧し、いくつかの反政府デモを解散させるというものである。おそらくドニエプル川を挟んだ西側の地域は新しい秩序を受け入れようとしないだろうが、ウクライナの大部分はすぐに崩壊するだろうというのが彼のビジョンだった。

ベラルーシは、独裁者アレクサンドル・ルカシェンコが政権への抵抗を残酷に弾圧して以来、すでにロシアの支援に本質的に依存しているため、プーチンが「ロシア世界」と見なす三大民族が再び集結することになるのである。確かにウクライナとベラルーシは自分たちのことをロシアとはいくぶん違うと思っているが、プーチンのようなロシア国家主義者にとっては、これは自分のキャリアの頂点にふさわしいと考えたのである。

何ヵ月も前から侵攻を考えていたのは明らかだが、プーチンが最終的な決断を下したのはかなり遅かったようである。実際、指揮官の多くは数日前になってようやく侵攻を知った。特に、チェチェン共和国の指導者ラムザン・カディロフと、その取り巻きの一人でチェチェン国家警備隊を指揮していたダニイル・マルティノフとの間で盗聴された音声メッセージは決定的であった。マルティノフは明らかに秘密を知っており、仲間の指揮官たちの驚愕と狼狽をうれしそうに語っていた。彼らは侵攻の前週に集められ、これから何が起こるのかを（「目を輝かせて」）知らされた（※原注3）。彼らの心配は正しかった。彼らの率いる国民防衛隊の多くは、ウクライナのデモ隊ではなく最前線の部隊を相手にすれば、大きな損害を受けるだろう。ある者は後に、新旧の国家警備隊員が利用しているソーシャルメディアチャンネルに、「我々は大砲の餌として肉挽き器に放り込まれただけだ」と怒りの言葉を書き込んだ。彼の所属していたＯＭＯＮは、主に群衆統制と小規模な都市作戦のための訓練を受けた状態で、ハルキウ近郊に軽トラックで派遣された。しかしウクライナ軍の１２２ミリ砲の標的となり、ウクライナ軍戦車とは極端な遠距離で交戦した。しかし、彼らが持っていたのはRPG‐29ヴァンピール・ロケットランチャーだけで、射程800メートルでは彼らを苦しめるものには届かなかったのだ。彼が怒るのも無理はない。兵士や治安部隊からも、同様の怒りの声が数多く聞かれた。

■キーウからドンバスへ

当初、ロシア軍は明らかに全戦線での急速な前進を期待していた。ロシアとベラルーシの領土から、軍勢は北部のキーウに向かって移動した。「ドンバス人民共和国」とロシアからは、北東部のウクライナ第2の都市ハルキウへ、また南東部のアゾフ海沿岸に向けて隊列を走らせた。彼らの目的は、ドンバス戦線に陣取るウクライナ軍を包囲することと、クリミアから押し寄せる大隊と接続し、東はマリウポリ、西は主要港オデーサを目指すことにあったようである。一方、海軍は黒海沿岸を封鎖し、オデーサへの攻撃を支援する態勢を整えた。

兵力を集中するどころか、戦争になるとは思ってもみなかった兵士が準備不足のまま実施された作戦で、兵士たちは散り散りになってしまった。キーウへの侵攻は行き詰まり、約1万5000人の部隊からなる全長65キロの輸送部隊は、市外20キロの地点で足止めを食らった。ウクライナのバイラクタルTB2ドローンによるヒット&ラン攻撃、イギリスとアメリカからそれぞれ供給された強力なジャベリンおよびNLAW対戦車ミサイルによるチーム攻撃に加え、混乱、故障、燃料不足が原因だった。3月中旬には輸送部隊は散り散りになり、モスクワが防衛力を高めた首都を奪取する望みを捨てたことがすぐに明らかになった。月末には、ロシア軍はすべてキーウ周辺から撤退した。ロシア軍は撤退する際、民間人に行なった実に恐ろしい残虐行為の証拠を残していった。最も有名なのはブチャの町で、子供を含む400人以上が処刑されたと主張されている（※原注4）。

キーウの突出部を放棄したことで、ロシア軍は東部を強化し、少なくともドンバス地域とクリミアへの「陸橋」を確保することを望んでいるようだった。ハルキウでの戦いは一進一退だったが、5月下旬にはハルキウは政府の手に戻ったようだ。ロシア軍はドネツィクとルハーンシクで勝利を収めたが、執拗な抵抗で侵攻は遅々として進んでいない。ロシア軍はせいぜい2歩前進するごとに1歩後退している程度だ。5月中旬までは、ロシア軍の攻撃は1日に1、2キロずつではあるが、ゆっくりと、しかし実際に前進していた。しかし、これを夏まで継続できる可能性は低いと思われた。その頃には、精密誘導爆弾の供給が不足し、ロシア軍は対艦ミサイルを陸上目標への攻撃に使用するようにさえしていた。新規のコントラクトニキを採用する必死の努力に加え、徴兵期間の終了後から志願兵になる者には多額のボーナスを提供したにもかかわらず、戦闘で傷ついた部隊を補充するのに苦労していた。

唯一の本格的な進展は南部だった。オデーサに向けた初期行動は失敗に終わったが、クリミアからの軍はケルソンと北クリミア運河を素早く占領し、2014年以来遮断されていた半島への水の供給を再開させた。そして東に移動し、港町マリウポリでドンバスからの軍と合流した。マリウポリは黙示録的な包囲戦の現場となり、街は廃墟と化し、比較的少数の守備隊は核シェルターとして建設された巨大なアゾフスタリ製鉄所に立てこもった。数週間はなんとか持ちこたえたが、最終的には5月にようやく降伏させることができた。とはいえ、これによりロシアはついに、アゾフ海の北岸に沿って半島とロシア本土を結ぶ「クリミア回廊」を手に入れたことになった。

4月8日、南部軍管区司令官でシリア派遣の初代責任者であるアレクサンドル・ドヴォルニコフ大将を、侵攻作戦の総指揮官に任命することが発表された（ロシアの慣例なら、作戦開始前に行なわれるはずだった）。この頃には、将軍たちが自分たちのやり方で戦争ができるよう、より多くの余地を与えられていることを示す証拠が確かに増えていた。しかし、その時点ですでに、ロシア軍は激しく消耗し疲弊しており、ロシアに対して前例のない経済戦争を仕掛けていた西側諸国からウクライナに武器が流入していた。侵略者は依然として500キロの前線に沿って戦おうとしていたが、ウクライナ軍の動員により、自分たちと同等かそれ以上の数の兵力に対峙することになっていた。とはいえ、地上戦の現場では、たとえかなり低い基準であっても、より現実的でプロフェッショナルな感覚がはっきりと見られるようになった。戦争はロシアが引き続き優位に立てる砲兵の分野となり（少なくとも西側の砲と対砲撃システムが充分に配備されるまでは）、過度に野心的な策略よりも、ゆっくりと整然に進展していくことになった。

おそらくもっと重要なことは、軍事用語で言うところの「攻撃限界点」、つまり攻勢が切れる前に、防御可能な前線を確保することが目的だったようだ。そしてドヴォルニコフの構想は、ウクライナ軍が自分たちを押し戻すのに任せ、ロシア軍が防御側として有利になるように陣地を築くことのように思われる。これは成功の保証はないにしても、執筆時点ではもっともな戦略だと思われる。しかし、これはウクライナのすべて、あるいは大部分を、しかも2週間で占領するというプーチンの当初の構想とは明らかにかけ離れており、また、実際に長引く可能性をはらむ、結論の出ない戦争へのレシピでもあった。

■驕兵必敗：驕れる平家久しからず

ロシアの軍事機構には、不規律や汚職、基本的な整備を怠り続けるなど、根深い欠陥があったことは明らかである。戦車はウクライナのミサイルに対して脆弱で、戦力不足の部隊は適切な歩兵支援を行なうことができなかった。兵士は明らかに市街戦に向けた訓練を充分に受けておらず、何度も待ち伏せの餌食になった。調達詐欺の一環として、軍用の頑丈なタイヤの代わりに購入された中国製の安いタイヤは、裂けたり破裂したりした。爆弾は作りが悪いのか、老朽化したのか、衝撃を与えても爆発しない。兵士たちは、野戦用食糧パックが期限切れであることに気がつくと、代わりに家や店を略奪するようになり、盗賊の文化を広めた。新しい憲兵隊は、規律と監視に欠けることの多い軍隊に規律をもたらすことを目的としていたが、ブチャでの虐殺を防ぐためにも、ロシア軍に蔓延する略奪を止めるためにも、ほとんど役に立っていなかった。

しかし、将軍たちはこれらの根本的な問題の多くを認識していなかったわけではなく、それらを相殺するための構造と戦略を作り上げていた。ただし、それらを適用する時間と権限がある場合に限られている。適切な準備も充分な兵站もなく、現場の事実よりも政治的偏見に基づいた戦略で、強敵と戦うことを将軍たちに強いることによって、プーチンはこれらのいずれも適用できないようにした。しかも参謀本部は、今回のような大規模な地上戦は、平時の戦力ではなく、少なくとも部分的な動員を伴なう増強した戦力で戦うものと想定していた。

その影響がどれほど壊滅的なものだったのか、言い尽くすことはできない。20年にわたる巨費を投じた軍事改革が、20日間で無駄になったことはほぼ間違いない。正確な数字は不明だが、6月上旬の時点で、ロシア軍は1万5000人以上の「カーゴ200」を被ったことは否定できない。つまり、ソ連軍がアフガニスタンでの10年間の戦闘で失った人数よりも多いのだ。また通常の戦闘比率を適用するならば、少なくとも4万5000人の負傷者が出たことになる。ただ彼らもベストは尽くしていた。侵攻は主にVDVやスペッツナズなどのコントラクトニキによって行なわれた。陸軍はまた、2ヵ月半の戦闘で600両以上の戦車、特に最新のT-90Mプロリフ(「ブレイクスルー」)を含む最新の(そして高価な)装備を大量に失ってしまった。また、伝説のT-14アルマータがまだ投入されていないことも特筆すべき点である。まだ配備数が少なかっただけではなく、モスクワはこの戦車が撃破されるという恥を晒したくなかったのかもしれない。失われた戦車のほぼ半分は放棄または鹵獲され、ウクライナの農民がトラクターでロシア軍戦車を牽引する光景は、この戦争の風物詩となった。放棄された車両は士気や規律が急落した様子を反映しており、現場放棄の様子は、ウクライナ行きを公然と拒否するケース、戦線に行かない口実として車両の燃料タンクを空にする秘密の抵抗などが見られたと報告されている。

空では、ウクライナの防空網を目標にしなかった不可解な失敗により、ロシアはその数的優位の活用に慎重にならざるを得ず、また航空攻撃の同士撃ちも依然として経験していた。最初の3ヵ月で推定200機の航空機が失われた。海上では、黒海艦隊の旗艦「モスクワ」が対艦ミサイルで撃沈されるという屈辱的な事態を招いた。代わりにロシアは、ウクライナの領土、特に同国西部に反撃するためにイスカンデルやカリブルといった長距離ミサイルに頼らざるを得なかった（NATOの国境に航空機を近づけすぎるのは好ましからざることだった）が、在庫はすでに底を尽き始めているようであった。先進的な電子機器の入手に影響する西側の制裁のおかげで、「非接触型戦争」の未来を担うはずだったこれらの精密誘導システムの更新は、これまで以上に困難になるだろう。

確かにロシアには「前線指揮」の伝統があるが、それでも将軍が現地の状況を把握し、個人的に問題解決するために後方の司令部から外に出たというレベルのままでは、彼らは脆弱な存在に過ぎなかった。特に電子傍受のおかげで（彼らの新時代のセキュリティ通信システムは3Gや4Gの電波がないところでは機能しないようであり、安全でない手段の使用を余儀なくされている）、ウクライナ軍はロシアの将軍の暗殺が習慣のようなものになっており、3ヵ月で12人ほどが殺害されたと言われる。ゲラシモフ参謀総長が4月末にハルキウ州のイジュームを訪れて現地の状況を視察した際、負傷したとの噂さえあったほどだ。

■袋小路

この原稿を書いている6月初旬の時点では、プーチンがこの「特別軍事作戦」を本当に戦争だと認め、予備役の一部または全部の動員を命じたとしても、ドンバス全域はもちろん、それ以上の地域を占領して保持できるとは考えにくい。予備役召集は政治的に危険であり、国内ではまだ限定的な紛争だと知らされている国民からの反発は避けられないだろう。すでに何万人ものロシア人が戦争への抗議で逮捕され、地方の徴兵事務所への放火も相次いでいる。さらに、理論的には100万人以上のロシア人が予備役として登録されているが、10〜15万人以上の兵士を招集し、訓練し、武装させ、配属するのは軍にとって大変な労力であり、しかも決定から3ヵ月ほどかかると思われる。彼らの大部分は戦意に乏しく、体力不足で、訓練も不充分で、装備も整っていない（5月にはすでに、1960年代のビンテージ戦車T-62が倉庫から出され、戦場に送られていた）が、これだけの数の新兵なら戦場に変化をもたらすことは間違いない。ただし大きな損害をこうむることも避けられない。それゆえ、プーチンはこの記事を書いている時点では、逡巡を続けている。（※訳注：2022年9月21日、プーチン大統領は「部分動員令」を発令し、30万人の予備役の招集を宣言した）

あのウクライナの特殊部隊将校が夢見たように、ウクライナが軍事的に失地回復を果たす可能性すらある。しかし、現在のロシア軍の人材問題は、フル動員されたウクライナに対して、平時の軍隊を展開していることに起因している。キーウが実質的にフル稼働しているのに対し、ロシアには3倍以上の人口とまだ手を付けていない資源があるため、モスクワはまだ選択肢を持っている。最初に失った勢いを取り戻すのは難しいが、ロシアを見限るのは早計だ。「勝つほど強くないが、負けるほど弱くもない」という、長く醜い膠着状態に陥る可能性が高いと思われる。予測は常に危険であり、無謀でさえあるかもしれないが、ウクライナの戦意が継続し（これは確実なようだ）、キーウを支援する西側の意志（こちらは不明確だが、大筋では可能性が高い）と仮定すると、本当の問題は、どこまで続くかということ、そしてモスクワがこの無益で自滅的な戦役を、どれだけの期間とコストで続けるつもりなのか、ということになる。

プーチンは、敗北を認めることはできないかもしれない。それが指導者としての最後の、そして決定的な行為になってしまうこともあり得るからだ。プーチンは、当初の計画の失敗をＮＡＴＯのせいだと言い張り、５月９日の戦勝記念日の演説では、ウクライナをロシアに対する代理勢力として利用しようとする西側諸国への対応として「侵略に対する先制攻撃」と言い換えた（※原注５）。彼はこの機に、反対運動や独立メディアの最後の名残に対する最終的な弾圧を行っており（この「特別軍事作戦」を「戦争」と呼んだだけでも、おそらく最長で15年間の刑務所行きの可能性がある）、勝利として見せられるものを常に探している。ドネツク人民共和国とルガンスク人民共和国はロシアに併合されるかもしれないし、ジョージアの南オセチアとアブハジアでさえも併合されるかもしれない。征服された南ウクライナに新しい「ケルソン人民共和国」が設立され、これらすべてがモスクワの成功と、これらの対象地域が祖国への組み入れに加わることを熱望していることの証明として宣言されるかもしれない。（※訳注：2022年9月30日、ロシアは強行された住民投票の結果をもとに、ウクライナのドネツィク、ルハーンシク、ザポリージャ、ヘルソンの計4州の併合を宣言した）

しかし、国際的には非合法であることに加え、これらに「勝利」しても、大きな代償を払わなければならない。ロシアが領土を確保すればするほど（場合によってはゲリラの抵抗にあうかもしれない）、すでに手薄になっている軍隊への要求が増えていく。また、これらの地域をロシアの行政システムに組み込まれなければならないだけでなく、戦争で破壊された都市を、すでに戦争と制裁の両方のコストに直面している国庫によって再建しなければならない。正確な予測は誰にもできないが、ロシア経済は2022年だけで4分の1に縮小する可能性がある。マリウポリやヘルソンに費やされた予算は、モスクワやカリーニングラードに使うことはできないし、失業や食料価格の上昇、国際的孤立に直面しているロシア人の支援に使うこともできない。

プーチンは、ピョートル大帝のような歴史上の人物と肩を並べようとしているが、実は最後のツァーリであるニコライ2世に似ている危険性がある。彼は第一次世界大戦を自分と自身の政権を再び合法化させるチャンスだと考え、気がつくと勝ち目のない戦争で国を率いていた。その過程で、彼は自分自身と自己の王朝を破滅させてしまった。この戦争を終わらせるための厳しい決断は、彼の後継者が誰であろうと、いつであろうと、最終的には下されねばならないだろう。

第30章　結論：ユーラシア大陸のスパルタ？

２０１６年、モスクワの西、クビンカにある総合戦車試験場（第1章で取り上げたアーミー・ゲームズの決勝戦が行なわれる場所）の隣に、「パルク・パトリオト」がオープンした。正式名称は「ロシア連邦軍の文化と休息のパトリオト軍事愛国公園」だが、これは19平方キロメートルの広さで、「軍事ディズニーランド」とも呼べるものだ。軍隊をより広く社会と関連づけようとするセルゲイ・ショイグのキャンペーンの一環だが、率直に言って素晴らしいものである。戦車、航空機、あらゆる種類の軍用車両がずらりと並び、ＩＣＢＭや潜水艦を含むその数は６００以上。大祖国戦争のレジスタンスを再現した「パルチザン村」がある。家族全員でゴーグルをつけて、レーザータグによる市街戦を体験できる「ミリタリー・タクティカル・ゲーム・センター」もあり、近々、あたかも１９４５年のベルリンのような国会議事堂のレプリカの襲撃もできるようになる。実弾射撃場、戦車や船のシミュレーター、軍用食の食堂、シリア介入に関する巨大な展示、そして２０２０年からは、高々とそびえ立つ軍隊の大聖堂まである。カーキ色の塔の上には金のドームがあり、丸天井のステンドグラスのモザイクは赤軍の装飾を再現し、２００８年の「ジョージアにもたらした平和」、シリアの「国際テロとの戦い」など、列挙されたロシア兵の偉業を天使が見守っている。床自体は金属製で、大祖国戦争の戦利品であるドイツの兵器や戦車を溶かして作られている。この話題はまだまだ続けられる。

ウクライナまでは、プーチンのロシアを額面通りに気楽に受け入れることができた。自信に満ちた、強硬な世界的戦士を支援する軍国主義社会。戦勝記念日の組織的な、しかし間違いなく人気のある儀式、車には「ベルリンへ！」のステッカーが貼られ、観光客でごった返すモスクワのアルバート通りの途中には、ビルの側面全体を覆う壁画があり、大祖国戦争の英雄ジューコフ元帥が描かれている。ユナルミヤ（「青少年軍」）の真面目な集団は、褐色の制服と真っ赤なベレー帽をかぶった10代の若者たちで、愛国的なイベントには欠かせない。ソ連時代の名残で復活した陸海空ボランティア協会（DOSAAF: Dobrovolnoye Obshchestvo Sodeistviya Armii' Aviatsii i Floty）は、射撃からオリエンテーリング、パラシュートジャンプから無線電子工学まで、兵役で役に立つ幅広い講座と訓練を若い男女向けに提供する。そのため、何万人ものロシア人若者が、すでにいくつかの基礎的な訓練を受けて軍隊に入隊している。国防省のテレビ局「ズベズダ」を見なくても、戦争映画、現代的な武道やスパイ活動の物語、新兵器や最新の演習を称賛するニュースが豊富にあり、真面目な分析というよりは剣闘士によるエンターテインメントのような、ロシア独特の夜の地政学的トークショーでは、専門家が怒鳴り散らし、隣の人よりも手の込んだ西側についての妄想的陰謀論を展開しようと競い合っている。

しかし時として、その大音量は自信ではなく、内面の不安の産物でもある。ウクライナでの精彩を欠くパフォーマンス以前においても、ロシアが本当に21世紀の新しいスパルタなのか、そして軍事力とそれを行使する明白な意志を背景に、大国としての地位の永続的な主張をどこまで押し通していくことができるのか、真剣に疑問を抱くことできた。どちらかといえば、クレムリンはこれまでの戦場すべてで幻惑されてきたが、ウクライナに関しては自己の能力を過大評価しただけでなく、精密兵器、宇宙軍、「モザイク戦争」、量子コンピューティング、人工知能の新しい時代において、戦力の古い測定基準（兵士、戦車、航空機の数、赤の広場をいかにうまく行進したか）がどれほど意味をなさないか、理解することもできなかったのだ。

■軍国主義国家？

ウクライナに対する戦争は、クレムリンの軍事的野心と、容易に動員できる平時の戦力との間にアンバランスがあることを確かに示した。ロシアとその軍隊がまもなく深刻な人口統計学的な問題に直面することを示唆する一連の議論によれば、これは悪化の一途をたどる。簡単に言えば、若い男性が不足している。ソヴィエト連邦崩壊以前でさえ、ロシアは高い死亡率により人口危機に直面していた。これは特に医療水準の低さと深刻なアルコール問題によるもので、１９９０年代に悪化し、その後状況は改善されたものの、影響は長引くだろう。例えば、国連の報告書によると、２０２０年のロシアの20〜34歳の男性は１４２５万人と想定されているが、２０２５年には１１５５万人に減少し、２０３０年代に再び増加に転じると予測されている。つまり、ＣＯＶＩＤ－19が流行する以前の２０２０年代でさえ、適格な徴兵年齢の若い男性の数は20％減少していくのである。頭痛の種はこれだけではなく、ロシア民族は比較的少子なため、人口に占める若者の割合は、文化的にイスラム教徒である南部および北カフカスの出身者が増加しており、潜在的な内部問題の最悪の原因にもなりうるだろう。

クレムリンは、現在の規模の軍隊の維持（すなわち徴兵制が必要）と、コントラクトニキを引きつけておくことの両方に依然として力を入れているが、このことがあらゆる種類の難しい政策のジレンマを引き起こしている。軍隊でのキャリアをより魅力的なものにするために給料をさらに上げれば？　可能だが、コストがかかる。徴兵期間を2年に延長すれば？　軍事的には意味があるが、政治的には非常に不人気である。他にも、女性の採用（現在約４万５０００人が志願している）、腐敗した組織として悪名高く、賄賂で兵役から逃れることができたボイエンコマット（徴兵委員会）

の排除などの動きはあるものの、これらは重箱の隅をつつくだけである。

ただし、これは誇張された話だ。徴兵忌避率は低下しており（ウクライナの戦闘により元に戻る可能性は高いが）、軍は今でも多くのコントラクトニキを獲得するのに苦労しているが、その他の多くの点では驚くほどうまくいっている（もしロシアがドンバス地方を併合するようなことがあれば、人口数を上乗せすることができる）。さらに、長らく荒廃していた予備役制度も、少なくとも戦闘フォームを維持させる定期的な訓練を受けている確認をすることで、かつての徴兵や志願兵を再び徴兵することを可能にし、かなり注目されている。2022年までに、少なくとも10万人の予備役が、前年に設立されたばかりの新しい国家陸軍戦闘予備隊（BARS:Boyevoy Armeysky Rezerv Strany）システムを通じて招集されると推定されており、参加と引き換えに少額の奨学金が提供される。正式な国家動員がなくても、BARSシステムはすでに2022年春に実施され、ウクライナに派遣されて枯渇した大隊戦術群の補充を試みており、その有効性の事例となりうるはずだったが、徴兵を全面的に拒否したという話もすぐに出てきている。

■軍隊の神話？

ロシアの若い男性（および女性）の兵役への意欲は、徴兵忌避者を起訴する当局の意向、コントラクトニキに支給される給与や福利厚生、軍隊での勤務を貴重で名誉ある職業と考える度合いによって左右される。これはソ連時代末期からの大きな課題であったが、汚職やコネで徴兵を逃れることができる者はそれを実行していた。アフガニスタンからの帰還兵の恐怖と苦難の物語は、すでに感じられていた嫌悪感をさらに悪化させ、兵士たちの規律の乱れ、虐待、いじめに対する率直な意見も増加した。

プーチン政権下の今日の兵役でも、まだ暗い部分や不必要な苦労が続いている。ロシア特有の暴力的で虐待的ないじめであるデドフシナは、いまだに広く蔓延している。新聞「ノーバヤ・ガゼータ」によると、2016~20年に軍事法廷で訴追された件数は4000件近くあったという（※原注1）。また、酔った勢いでBMP - 2歩兵戦闘車を借りてタバコを買いに行こうと思った兵士のようなケースも、定期的にメディアで取り上げられている。彼は溝にはまってしまったので、それを牽引するために、訓練場に戻って別のBMP - 2を盗んできた。しかし最初の車両のエンジンをしっかり停止するのを怠っていたので、その間に発火し炎上してしまった。最終的に彼は180万ルーブル以上の損害を与えてしまった（※原注2）。

しかし、特にショイグの下では、軍の評判を高め、軍隊生活の魅力を向上させるキャンペーンが大々的に行なわれてきた。ユナルミヤ青少年軍は公式には25万人で、大祖国戦争記念館の儀礼的な警備からスポーツイベントまで、年間10万人以上が何らかの活動に参加している。さらに印象的なのは、国防省とロシア正教会との連携である。大祖国戦争が新生ロシアのアイデンティティの中核をなす宗教的な出来事となるにつれて、国家、教会、軍もまた絡み合うようになった。一部の宗教学者はこれに不快感を示しているが、ロシア正教会総主教キリルI世をはじめとする上層部は、この提携を純粋に支持しているか、政治的に避けられないものとして受け入れているかのどちらかだ。2009年には軍の従軍神父が復活した（全員が正教会というわけではなく、数人のラビ（訳注：ユダヤ教の祭司）やイマーム（訳注：イスラム教の指導者）もいる）が、教会自体は迷彩柄のカソリック（訳注：聖職者の法衣）とは一線を引いている。神父は戦車やミサイルを祝福する。2020年にキリルI世は核兵器を祝福しないよう指示したが、「ボレイ」級弾道ミサイル潜水艦内には小さな礼拝堂がある（小さなバーニャ（サウナ）もあるが、それは別の話だ）。

これらのことすべてが影響を与えた。セルゲイ・ショイグに対する国民の認知度や信頼度は常にプーチンに次いで高く、軍全体に対する国民の意識も確実に向上し、世論調査では、人気機関として大統領に次ぐ地位を占め、教会をも凌駕した（※原注3）。しかしショイグは国防大臣になる前から人気があり尊敬されていたが、軍に対する意識改善については、率直に言って元が最低レベルだったからである。2020年に実施された世論調査では、モスクワの学生のうち、兵役が「有望」

な分野だと考えているのはわずか18・4％で、ハイテク（49・7％）や法律（29％）を大きく下回ったものの、例えば医療（12・8％）や芸術（8・9％）よりは上回り、中位圏にあるといえる（※原注4）。ただしいずれにせよ、これはウクライナに侵攻する前の話である。侵攻直後の反応は、耳障りな国家プロパガンダによって奨励され、軍旗の元に力を合わせようという予想通りの衝動的なものだったが、戦争の実態やロシア兵による虐待のニュースが広く知られるようになると、ロシア軍の評判は、ソ連軍がアフガニスタン戦争後に経験したのと同じような落ち込みに直面する可能性が高い。「カーゴ200」の死傷者は、世論の雰囲気をあっという間に変えてしまうだろう。

■治安国家？

その上、軍隊への敬意は必ずしも政権への支持につながるわけではない。ましてや軍国主義的な外交政策については言うまでもない。2012年にプーチンが大統領に返り咲いて以来、クリミア併合で一時的に評価が上がったとはいえ、失望のムードは高まり、積極的な抗議活動さえ行なわれるようになり、弾圧と治安機関への依存が強まっている。FSBや独立調査委員会(SK: Sledstvenny Komitet)がより多く用いられるとともに、どちらの組織もロシア人の行動だけでなく、発言や思想まで取り締まろうとしている。これはまた、国境を越えて任務を果たせる準軍事的な国内治安部隊もますます重視される結果となった。

まず第一に、これは「国家親衛隊」を意味し、正式名称である「ロシア連邦国家親衛隊連邦サービス」（FSVNG RF:Federalnaya Sluzhba Voisk Natsionalnoi Gvardi Rossiiskoi Federatsii）の短縮形として「ロスグヴァルディア」とも呼ばれている。これはアメリカのような予備軍ではなく、軍事化された国内治安・公安軍である。この種の部隊の設立構想は１９９０年代から２０００年代にかけてもあったが、実際に創設されたのは２０１６年になってからで、本質的にはに官僚的かつ政治的な動きであった。それまで内務省（MVD:Ministerstvo Vnutrennykh Del）に従属していた既存の部隊はまったく新しい機関に移管され、プーチンの個人警護部隊の元隊長で、残忍な熱意で評判の高い忠実派、ヴィクトル・ゾロトフ上級大将がその長に就任した。ロスグヴァルディアを構成する部隊は、内務部隊、ＯＭＯＮ治安維持部隊、そして警察特別緊急対応分遣隊（SOBR:Spetsialny Otryad Bystrovo Reagirovaniya）で、さらに国内最大の民間警備会社である国営企業ＦＧＵＰオクラナも含まれる。彼らが新組織に再配属された理由は、ＭＶＤを運営する正規の警察が、国家の「ストームトルーパー」的な任務を背負わされるのに嫌気がさしたこと、また、プーチンが大規模な弾圧に頼る必要が出てきた場合、一も二もなく命令に従う（あるいは法律や憲法の細部をあまり気にしない）人物に関連部隊を任せたかったからに他ならない。

内務部隊（VV：Vnutrenniye Voiska）は約17万人で、そのうち約半数は刑務所から閉鎖都市まであらゆる場所を警備する、基本的に固定された警備員だが、残りの半分、いわゆる「作戦任務分遣隊」は、機動性のある軽機械化治安部隊である。そのほとんどは旅団以下の部隊編成だが、表舞台に立つのは、モスクワを拠点とする精鋭の第1独立作戦任務師団（ソ連時代から「ジェルジンスキー師団」として今も広く知られている）である。戦車と砲兵を含む3個機械化連隊の1万5000名の隊員と、2008年に既存の二つのコマンドチーム「ヴィチャズ」と「ルス」を組み合わせて編成した特殊部隊「第604特殊任務センター」を含む。その他、OMON治安部隊約3万2000名、SOBR警官約6000名を配備している。

チェチェンでは、VVは治安維持と最前線の両方で重要な役割を果たし、シリアでは「憲兵」の多くが、実際にはチェチェンや他の北カフカス諸国から特に集められた内務部隊であった。しかしウクライナに投入された彼らは、本格的な機械化戦闘については訓練も装備も整っていなかったため、そこでひどい損害を被った。彼らのソーシャルメディアフォーラムでは、彼らが言うところの「大砲の餌食」として利用されたことへの怒りの高まりが伺える。有名なケースでは、クラスノダール出身の国家親衛隊員12名がウクライナに行くことをきっぱりと拒否したことで解雇された。このようなあまり公になっていない事例がどれほどあるか、また、肉挽き器に放り込まれるよりはと辞職する警官がどれほどか、誰にもわからない。これほどまでにクレムリンの近衛師団を疎外したことは、政治的な失策であったことがいずれ証明されるかもしれない。

■弱い手をうまく使っている？

プーチンの治安機構に対する厳しい個人的統制は、彼が権力を掌握し続けているただ一つの理由だが、重要なものであることは事実だ。今のところ、プーチンは「弱い手をうまく使っている」というのが常識となっている。世界的地位をめぐる従来型のゲームにおいては、ロシアはアメリカに匹敵することなど考えることさえできない。アメリカの海軍力、空軍力、ソフトパワー、経済力はいずれも、特に中国の台頭を前にして、その超独占性を失いつつあるかもしれないが、それでもロシアが対抗できる力量をはるかに超えている。追いつこうとしても旧ソ連でさえ破綻してしまう。しかし、優れた「地政学的ゲリラ」のように、ロシアはその代わりに、争いを新しい領域に移し、新しい手段を開発しようと努めてきた。このような「政治戦争」のスタイルでは、プーチンは新しい世界秩序を定義することはできないが、近隣諸国に対し過剰な影響力を与え、西側諸国に対し、彼が議論したい問題に対処するよう強制できるようになったのである。

しかし、プーチンは、これが特定の瞬間の産物ではなく、ロシアの強さによるものであると誤解していたようだ。２０１０年代後半から２０２０年代初頭にかけては、大西洋とヨーロッパ内の緊張が高まり、ＣＯＶＩＤ危機が新たな経済・社会的圧力を生み出し、アメリカは依然としてアジアへの軸足を模索していた。ウクライナへの侵攻は、西側諸国を（少なくともしばらくの間は）一つにまとめ、ＮＡＴＯを活気づけ（そして新メンバーとしてスウェーデンとフィンランドを獲得）、米国に欧州の重要性を思い出させ、そしてプーチンの「政治戦争」ゲームが依存する行動の自由を損なわせることになった。

さらに、ロシアは極超音速兵器など一部技術で一時的に優位に立つことができたが、技術的優位性は、ライバルが追いついたり、新たな開発がそれを上回ったりすることで縮小していく傾向にある。人工知能（ＡＩ）は、目標の発見から破壊までの「キルチェーン」を劇的に短縮し、はるかに複雑なドローン群を管理できる。量子コンピューターは、通常のパフォーマンスを凌駕し、あらゆる暗号の解読、あらゆる通信の傍受が行なえる可能性がある。３Ｄプリントが可能な付加製造システムは、現場で必要な時にいつでもどこでも弾薬や装備を製造できる。あらゆるＳＦ的なブレイクスルーが待っており、経済制裁以前ですら、ロシアが追いかけることはできても、追いつけるとは考えられない。ロシアはドローンを重視するようになり、兵士が重い荷物を素早く運べるようにする個別の外骨格から、前線の補給、警備、戦闘任務に用いる地上型ドローンや自律型ロボットまで、あらゆる新しいプロジェクトに取り組んでいるが、これらは戦争の形を再び変化させるような根本的なブレイクスルーを意味するものではない。

またロシア軍は、ウクライナ後の欧州でアドヴァンテージとなるものを維持することはできないだろう。彼らは再軍備に多額の予算をするというプーチンの関与と、最高司令部が「大規模戦争」への注力を見失わないようにしたことで恩恵を受けていた。しかしウクライナでの戦争と、それにともなう経済停滞で同様の支出は不可能となり、西側諸国は「大規模戦争」を再認識することになった。西側の指導者たちは、冷戦の終結がもたらした「平和の配当」を手放すことに消極的だった。2021年の時点でさえ、NATO加盟29ヵ国のうち19ヵ国が防衛費の共通最低水準であるGDP比2％を満たさず、軍事的関心も「小規模戦争」に移っていた。中東やアフリカでの介入作戦では、質量よりも機動性、柔軟性、そして人心掌握作戦が重要で、敵も空軍力、機甲戦力、あるいは自軍の装備と対称するあらゆるものが備わっていなかった。

ただし、それはウクライナ以前から変わり始めていた。例えば2011年、コスト削減に取り組んでいたオランダ軍は、戦車を全車退役させた。その後、オランダ軍は自らの過ちに気づいてドイツと契約し、オランダ軍とドイツ軍の乗員が同乗する近代的な18両のレオパルト2A7戦車の部隊を編成することになった。イギリスは、イギリス軍も戦車放棄の可能性（「小規模戦争」には重すぎ扱いづらいが、「大規模戦争」では貴重となる）を何度か議論した後、２０２１年に老朽化したチャレンジャー２戦車１４８両をチャレンジャー３規格にアップグレードすることを決定している。これが少なすぎると言うのは簡単だが、「ヘヴィメタル」流行の復活は、ＮＡＴＯが直面する可能性のある脅威への態度の変化の兆候である。

■プーチンの後は？

ロシアは、正規の戦争を補完するため、非対称的で否認可能な戦争形態の開拓者となってきたが、さらなる非正規型の脅威にどこまで対処できるかという、現実的な問題に直面している。ウクライナは情報戦においてロシアを圧倒しており、治安部隊でさえも国内の反戦破壊活動を阻止することができない。戦争は、ますます多くの兵士が無言で帰宅することを意味し、クレムリンは今や最後の独立系報道機関を締め出してしまったが、特にソーシャルメディアの時代において、これらを永遠に隠すことは不可能だ。また戦争は、西側の制裁でインフレ、失業、物資不足に陥っていることも意味している。この二つの不満の種は、予測不可能な危険な形で結合する可能性をはらんでいる。

この本が出版される頃（※訳注：原書は２０２２年11月8日に出版）には、プーチンは70歳になる。憲法上は２０３６年の83歳まで統治できるが、彼はその地位と負担に飽いており、本当に重病である可能性もある。さらに言えば、彼の周囲の安全保障のエリートたちも老いを見せ始めている。ニコライ・パトルシェフ安全保障会議書記は71歳、ＦＳＢ長官のアレクサンドル・ボートニコフも同い歳だ。対外情報庁長官のセルゲイ・ナルイシキンは68歳。ショイグとゲラシモフはまだ67歳だが、ウクライナでの敗走に次ぐ敗走で、両者ともあまり居心地は良さそうではない。

いずれにせよ、いずれは政治的な移行が行なわれ、新しい世代の政治および軍事指導者が台頭することになるだろう。彼らは必ずしも国家主義的ではないとは限らないが、先輩たちと違って、ソ連の権力崩壊と自国の運命の劇的な逆転によるトラウマで形成されているわけではない。彼らはより現実主義的で、西側に対する態度も感情的なものから離れ、中国の台頭という潜在的な課題をより強く意識しているように見える。また彼らは、クレムリンがやり過ぎたこととの結果や、対立することのアドヴァンテージは多くないことも、身をもって体験したことだろう。さらに、ロシアが真の民主主義国家でなくても、国民の意見や寛容さを考慮しなければならない。

２０１４年以降、プーチンは、血と財産の代償を払ってでも、ロシアの大国としての地位を世界に受け入れさせる必要性を前提とした正当化のシナリオを押し進めてきた。しかし、ロシアで最も権威のある独立系世論調査会社レバダ・センターが２０２１年に実施した世論調査によると、ロシアはどのような国であるべきか、という問いに対して、66％が「世界で最も強い国の一つではないが、高い生活水準を持つ国」と答えた。「他国から尊敬され、恐れられる大国」と答えたのは32％に過ぎない。さらに、国家の地位よりも生活の質を重視する割合は、2015年以降、ずっと増え続けている（※原注5）

もちろん、ウクライナ戦争という目前の状況によって、事態は混迷をきわめている。国を守らなければならないと感じている人もいるが、トラブルに巻き込まれるようなことを言うのを恐れる人もいる。にもかかわらず、この原稿を書いている2022年春時点でさえ、血と銃剣をもって帝国を打ち立て、必要なものを犠牲にしようというような、純粋な国民意識はほとんど感じられない。プーチンは、自分がユーラシア大陸のスパルタを作り上げたと信じていたかもしれない。ロシアの戦略的近隣地域やそれを超えた地域に力を投射できる軍事マシンを構築したことは間違いないだろう。しかしそのマシンは、2022年にウクライナの抵抗と自らの傲慢による鉄槌で打ちのめされてしまい、ロシアに対する彼の夢もまた、現実によって打ち砕かれたことに気づくかもしれない。ロシアはシリアに遠征部隊を維持できるか？　中央アジアの安全保障の保証者を続けられるのか？

ウクライナで浪費した装備をすべて補充する余裕はあるのか？　いずれは将官、あるいはスパイや秘密警察官までもが、キーウを打倒しようとしたことではなく、あまりに酷いやり方だったという理由で、プーチンに反旗を翻すことになるのだろうか？

プーチンの大統領としての物語は、前期と後期に二分できる。2000年代の最初の二期は目覚しい成功を収めたが、2010年代以降、その成果の多くは浪費または着服された。軍事および安全保障の実績も同様だ。ロシア軍は崩壊の危機から救われ、チェチェン共和国は手段は醜くかったが平和にはなり、モスクワは再び世界情勢の中で力を持てるようになった。もし、プーチンが帝国の幻想を追い求めるのではなく、自国の国境の中で強い国家を築くことに満足していたなら、彼は成功した国家建設者として記憶されたことだろう。しかしそれどころか、ロシアは何年も、あるいは何十年もの間、プーチンの後継者の治世となっても、彼の行き過ぎた行動で引き起こされたダメージから立ち直ることができないだろう。軍事力はもちろん、経済や社会も、プーチンの戦争の傷跡を深く、痛く、長く背負っていくことになるだろう。

原注

第1章　序

1 Mark Galeotti, "The International Army Games are Decadent and Depraved", Foreign Policy, 24 August 2018.

2 Mark Galeotti, Kulikovo 1380: The Battle that Made Russia (Osprey, 2019).

3 Todd Fisher, The Napoleonic Wars (2) (Osprey, 2001).

4 John Sweetman, The Crimean War (Osprey, 2001).

5 Geoffrey Jukes, The Russo-Japanese War 1904 - 1905 (Osprey, 2002).

6 Mark Galeotti, Storm-333. KGB and Spetsnaz Seize Kabul, Soviet - Afghan War 1979 (Osprey, 2021).

7 GregoryFremont-Barnes,TheSoviet - AfghanWar1979 - 89 (Osprey,2014).

8 Mark Galeotti, Russia's Wars in Chechnya (Osprey, 2014).

9 Mark Galeotti, Armies of Russia's War in Ukraine (Osprey, 2019).

第2章　カオスからの誕生

1 ソヴィエト連邦の終焉に関する研究としては以下を参照：Archie Brown, The Human Factor: Gorbachev, Reagan, and Thatcher, and the End of the Cold War (OUP, 2020); Mark Galeotti, The Age of Anxiety (Routledge, 1995); Serhii Plokhy, The Last Empire: The Final Days of the Soviet Union (Oneworld, 2015); Vladislav Zubok, Collapse: The Fall of the Soviet Union (Yale, 2021).

2 Yevgenia Albats, The State Within a State (1994), pp 276 - 77.

3 Argumenty i fakty, 5 May 2018.

第3章　危機的状況に陥った軍部

1 Moskovsky Komsomolets, 20 June 1994.

2 Moskovsky Komsomolets, 16 October 2019.

3 Benjamin Lambeth, "Russia's Wounded Military", Foreign Affairs, v. 74, no. 2 (1995).

4 Interfax, 7 September 1995.

5 Trud, 15 March 2001.

6 BBC, 18 October 1999.

7 Patriot, September 2007.

第4章　第一次チェチェン紛争

1 本章の一部は以下から引用：Mark Galeotti, Russia's Wars in Chechnya 1994 - 2009 (Osprey, 2014). 他の優れた研究としては以下を参照：Arkady Babchenko, One Soldier's War (Grove, 2009); Dodge Billingsley, Fangs of the Lone Wolf: Chechen Tactics in the Russian - Chechen Wars 1994 - 2009 (Helion, 2013); Anatol Lieven, Chechnya: Tombstone of Russian Power (Yale, 1998).

2 NTV, 11 August 1994.

3 Svobodnaya Pressa, 29 December 2009.

4 Yevgeny Fedosov, Polveka v Aviatsii: zapiski akademika (Drofa, 2004), p. 387.

5 Andrei Antipov, Lev Rokhlin: Zhizn i smert generala (Eksmo, 1998).

第5章　戦争に固執するロシア

1 Alexander Volkov, Lev Rokhlin. Istoriya odnogo ubiistva (Algorithm, 2012), p. 57.

2 Pavel Felgenhauer, "Russian Military Reform: Ten Years of Failure", Proceedings of a Conference held at the Naval Postgraduate School on 26 - 27 March 1997.

3 "Presidential Address to the Federal Assembly", 25 April 2005.

4 Japan Times, 8 October 2001.

5 'NATO Expansion - The Budapest Blow Up 1994", US National Security Archive, 21 November 2021.

6 BBC, 9 March 2000.

第6章　プーチンの優先順位

1 プーチンに関する研究は以下を参照：Mark Galeotti, We Need to Talk About Putin (Ebury, 2020); Fiona Hill & Clifford Gaddy, Mr. Putin: Operative in the Kremlin (Brookings, 2015); Mikhail Zygar, All the Kremlin's Men: Inside the Court of Vladimir Putin (PublicAffairs, 2017).

2 "Vystuplenie na tseremonii vstupleniya v dolzhnost" Prezidenta Rossii", Kremlin.ru, 7 May 2000, http://kremlin.ru/events/president/transcripts/21399.

3 Interfax, 16 August 1999.

4 "Interview with David Frost", BBC, 5 March 2000.

5 Putin, Russia and the West, episode 1, BBC, 19 January 2012.

6 "Speech and the Following Discussion at the Munich Conference on Security Policy", Kremlin.ru, 10 February 2007.

7 Kommersant-Vlast, 20 October 2008.

第7章　第二次チェチェン紛争

1 本章は以下から引用：Mark Galeotti, Russia's Wars in Chechnya 1994 - 2009 (Osprey, 2014).

2 RIA Novosti, 24 September 1999.

3 Lenta.ru, 4 June 2001.

4 Anna Politkovskaya, A Small Corner of Hell: Dispatches from Chechnya (University of Chicago Press, 2003).

5 'Address by President Vladimir Putin", Kremlin.ru, 4 September 2004.

6 Pavel Felgenhauer, "Degradation of the Russian Military: General Anatoli Kvashnin", Perspective, v. 15, no. 1 (October - November 2005).

7 ロシア軍が戦争の教訓をどのように学んだか（そして時に学べなかったか）についての最も優れた研究を参照：RAND's Russia's Chechen Wars 1994 - 2000: Lessons from Urban Combat (2001).

第8章　発起人イワノフ

1 Condoleezza Rice, No Higher Honour (Simon & Schuster, 2012).

2 Nezavisimaya Gazeta, 26 March 2004.

3 Condoleezza Rice, No Higher Honour (Simon & Schuster, 2012).

4 BBC, 15 November 1999.

5 'Yozh v stanakh amerikantsev", Regnum, 19 October 2017.

6 Lenta, 13 July 2000.

7 Kommersant-vlast, 6 February 2007.

8 Krasnaya Zvezda, 12 February 2007.

9 'Russia Suspends Participation in CFE Treaty", RFE/RL, 12 December 2007.

第9章　執行人セルジュコフ

1 NTV, 15 February 2007.

2 In the documentary Poteryanny den: vsya pravda o Voine 08.08.08g (2012).

3 Kommersant, 4 June 2008.

4 See Steven Zaloga, T-90 Standard Tank (Osprey, 2018).

5 Reuters, 16 December 2008.

第10章　ジョージア、2008年(1):トビリシの動静

1 Mtavari TV, 7 May 2021.

2 この紛争に関する優れた研究として以下を参照：Svante Cornell & S. Frederick Starr, The Guns of August (Routledge, 2009); Ruslan Pukhov (ed.), The Tanks of August (CAST, 2010).

3 Kavkaz Uzel, 2 May 2006.

4 The Guardian, 8 November 2007.

5 Washington Post, 8 August 2018.

第11章　ジョージア、2008年(2):モスクワの対抗策

1 RIA-Novosti, 12 August 2008.

2 Bloomberg, 12 August 2008.

3 Gruzya Online, 28 November 2008.

4 Reuters, 16 December 2008.

5 Krasnaya Zvezda, 1 August 2009.

6 Moskovsky Komsomolets, 28 August 2008.

第12章　「ニュールック」アーミー

第13章　再生人ショイグ

1 The Economist, 7 November 2015.

2 Johan Norberg, Training for War (FOI, 2018).

3 Interfax, 14 January 2013.

4 1812年にナポレオンのロシア侵攻での壮絶な戦いを描いたLermontovの詩"Borodino" (1837)の一節

5 Interfax, 9 November 2012.

6 Interfax, 9 November 2012.

7 Rostec press release, 26 June 2019.

8 Kremlin.ru, 10 May 2011.

9 Mil.ru, 16 October 2014.

第14章　クリミア、2014年

1 本章は以下の文章を引用し発展させた：Mark Galeotti, Armies of Russia's War in Ukraine (Osprey, 2019). 併合に関する優れた研究として以下を参照：Colby Howard & Ruslan Pukhov (eds), Brothers Armed (EastView, 2015) and Michael Kofman et al., Lessons from Russia's Operations in Crimea and Eastern Ukraine (RAND, 2017).

2 ドキュメンタリー番組での発言：The Path to the Motherland, BBC, 9 March 2015.

3 Sputnik, 8 March 2014.

4 Sputnik, 23 December 2021.

第15章　ドンバス、2014年

1 本章は以下の文章を引用し発展させた：Mark Galeotti, Armies of Russia's War in Ukraine (Osprey, 2019). 紛争に関する優れた研究として以下を参照：Anna Arutunyan, Hybrid Warriors. Proxies, Freelancers and Moscow's Struggle for Ukraine (Hurst, 2022) and David Marples (ed.), The War in Ukraine's Donbas: Origins, Contexts, and the Future (Central European University Press, 2022).

2 New York Times, 17 April 2014.

3 Kremlin.ru, 17 December 2015.

第16章　ドンバス戦争の教訓

1 "Tezisy vystupleniya nachal'nika General'nogo shtaba Vooruzhennykh Sil Rossiiskoi Federatsii - pervogo zamestitelya Ministra oborony Rossiiskoi

Federatsii generala armii N.E. Makarova", Vestnik Akademii voennykh nauk, Vol. 1, No. 26 (2009), p. 21.

2 Ukrayinska Pravda, 6 October 2017.

3 International Crisis Group, Conflict in Ukraine's Donbas: A Visual Explainer (2021), https://www.crisisgroup.org/content/conflict-ukraines -donbas-visual-explainer.

第17章　シリア、2015年（1）：予期せぬ介入

1 Komsomolskaya Pravda, 26 December 2017.

2 Komsomolskaya Pravda, 26 December 2017.

3 Times of Israel, 18 September 2018.

第18章　シリア、2015年（2）：シリア作戦の教訓

1 有用な分析として以下を参照：Mason Clark, The Russian Military's Lessons Learned in Syria (ISW, 2021); Robert Hamilton, Chris Miller & Aaron Stein (eds), Russia's War in Syria (FPRI, 2020).

2 複雑な金融取引の概要は以下を参照："Russian mercenary army financier made an oil deal with Syria just before clash with U.S. troops", The Bell, 21 February 2018, https://thebell.io/en/russian -mercenary-army-financier-made-oil-deal-syria-just-clash-u-s-troops/.

3 "The Circle of Hell: Barrel bombs in Aleppo, Syria", Amnesty International, 18 May 2020.

4 CNN, 16 December 2016.

5 Kommersant, 2 July 2018.

6 Pavel Baev, "The Interplay of Bureaucratic, Warfighting, and Arms-Parading Traits in Russian Military-Strategic Culture", Marshall Center Security Insights, April 2019.

第19章　流浪のルーブル

1 TASS, 1 October 2019.

2 UK National Statistics, MOD Departmental Resources 2020, 10 December 2020.

3 Michael Kofman & Richard Connolly, "Why Russian Military Expenditure is

Much Higher than Commonly Understood (As Is China's)", War On The Rocks, 16 December 2019.

4 'Trends in International Arms Transfers, 2020", SIPRI Fact Sheet, March 2021.

5 Riafan.ru, 21 December 2020.

6 Alexander Golts, "Skol'ko stoit khvastovsko Shoigu", Republic.ru, 19 July 2021.

7 'Osnashchenie sovremennymi obraztsami vooruzheniya, voennoi i spetsial'noi tekhniki", Mil.ru, n/d.

8 Voyenno-Promyshlenny Kuryer, 15 March 2017.

第20章　アルミヤ・ロシ：ロシア陸軍

1 Defense News, 7 April 2016.

2 Alex Vershinin, "Feeding the Bear: A Closer Look at Russian Army Logistics and the Fait Accompli", War On The Rocks, 23 November 2021.

3 Beth Connable, et al., Russia's Limit of Advance (RAND, 2020).

4 Mark Galeotti, "Heavy Metal Diplomacy: Russia's Political Use of its Military in Europe Since 2014", ECFR, 19 December 2016.

第21章　空はロシアが制す

1 Moskovsky Komsomolets, 22 September 2019.

2 Michael Kofman, "It's Time to Talk About A2/AD: Rethinking the Russian Military Challenge", War On The Rocks, 5 September 2019.

3 Moskovsky Komsomolets, 22 September 2019.

第22章　海上の覇権

第23章　戦力投射：ブラックベレーとブルーベレー

1 See also David Campbell, Soviet Airborne Forces 1930 - 91 (Osprey, 2020).

2 Moskovsky Komsomolets, 11 July 2021.

3 以下を参照：Mark Galeotti, Combat Vehicles of Russia's Special Forces: Spetsnaz, Airborne, Arctic and Interior Troops (Osprey, 2020).

第24章　スペツナズ

1　本章は以下から引用：Mark Galeotti, Spetsnaz: Russia's Special Forces

(Osprey, 2015).

2　以下を参照：Mark Galeotti, Storm-333: KGB and Spetsnaz Seize Kabul, Soviet - Afghan War 1979 (Osprey, 2021) and Gregory Fremont-Barnes, The Soviet - Afghan War 1979 - 89 (Osprey, 2014).

3　RIA Novosti, 6 March 2013.

第25章　核の防波堤

1　以下から引用："Presidential Address to the Federal Assembly", 1 March 2018, Kremlin.ru.

2　RIA Novosti, 19 October 2018.

3　Pavel Baev, "The Interplay of Bureaucratic, Warfighting, and Arms-Parading Traits in Russian Military-Strategic Culture", George Marshall Center Strategic Insights, April 2019.

第26章　政治的戦争

1　"Tsennost Nauki v Predvidenii: Novyye vyzovy trebuyut pereosmyslit formy i sposoby vedeniya boyevykh deystviy", Voyenno-Promyshlenny Kuryer, no. 8 (2013).

2　"The “Gerasimov Doctrine” and Russian Non-Linear War", In Moscow's Shadows, 6 July 2014, https://inmoscowsshadows .wordpress.com/2014/07/06/the-gerasimov-doctrine-and-russian -non-linear-war/.

3　本章の論点に関するその他の資料としては以下を参照：Mark Galeotti, Russian Political War (Routledge, 2019); Oscar Jonsson, The Russian Understanding of War: Blurring the Lines between War and Peace (Georgetown, 2019); David Kilcullen, The Dragon and the Snakes (Hurst, 2020).

4　Kommersant, 22 June 2015.

5　George Kennan,'The Inauguration of Organized Political Warfare",4 May 1948, in State Department Office of History online collection, https://history.state.gov/historicaldocuments/frus1945-50Intel/d269.

6　以下を参照：Mark Galeotti, The Weaponisation of Everything (Yale, 2022); Seth Jones, Three Dangerous Men (WW Norton, 2021); Carl Miller, The Death of the Gods (Windmill, 2019).

7 Interfax, 22 February 2018.

8 Krasnaya Zvezda, 14 April 2014.

第27章 新世代の戦争

1 優れた研究として以下を参照：Lester Grau & Charles Bartles, The Russian Way of War (FMSO, 2017); Michael Kofman et al., Russian Military Strategy: Core Tenets and Operational Concepts (CNA, 2021).

2 Russian Military Doctrine (2014), paragraph 8.

3 Voyenno-Promyshlenny Kuryer, 11 March 2019.

4 "Na forume "Armiya-2017" obsudili itogi operatsii Vooruzhennykh Sil Rossii v Siriiskoi Arabskoi Respublike", Mil.ru, 25 August 2017.

5 Krasnaya Zvezda, 4 March 2019.

6 Lester W. Grau & Charles K. Bartles, "The Russian Reconnaissance Fire Complex Comes of Age", Oxford Changing Character of War Centre, May 2018.

第28章 将来の課題

1 Financial Times, 18 October 2021.

2 Reuters, 21 May 2014.

第29章 ウクライナ、2022年：プーチンの最終戦争？

1 以下を参照：Mark Galeotti, "Heavy Metal Diplomacy: Russia's Political Use of its Military in Europe since 2014", ECFR Policy Brief, 19 December 2016.

2 "On the Historical Unity of Russians and Ukrainians", Kremlin.ru, 12 July 2021.

3 BBC Russian, 26 February 2022.

4 もちろんロシア側は、街を奪還した際に殺人を犯したのはウクライナ人であるとか、「死者」は実際には演技だったなどと主張し反論している。しかし国際調査団が現場を掘り起こすにつれて、これらの主張はますますありえないものになりつつある。例えば以下を参照："Bucha Killings: Satellite Image of Bodies Site Contradicts Russian Claims", BBC, 11 April 2022; and "Ukraine: Russian Forces" Trail of Death in Bucha", Human Rights Watch, 21 April 2022.

5 "Victory Parade on Red Square", 9 May 2022, Kremlin.ru.

第30章　結論：ユーラシア大陸のスパルタ？

1 Novaya Gazeta, 12 October 2021.

2 RIA Novosti, 13 December 2013.

3 "Institutional Trust", Levada, 10 November 2016, https://www.levada.ru/en/2016/11/10/institutional-trust-2/.

4 Tatiana Litvinova, Olga Vershinina & Gennady Moskvitin, "Socialand Political Attitudes of Moscow Students on the Background of the All-Russia and Regional Youth Studies", Social Sciences, Vol. 9, No. 152 (2020).

5 "Kakoi dolzhna byt Rossiya v predstavlenii rossiyan", Levada, 9 October 2021, https://www.levada.ru/2021/09/10/kakoj-dolzhna-byt-rossiya-v-predstavlenii-rossiyan/.

参考文献

Arutunyan, Anna, Hybrid Warriors. Proxies, Freelancers and Moscow's Struggle for Ukraine (Hurst, 2022)

Cooper, Tom, Moscow's Game of Poker: Russian Military Intervention in Syria, 2015-2017 (Helion, 2018)

Fridman, Ofer (ed.), Strategiya: The Foundations of the Russian Art of Strategy (Hurst, 2021)

Galeotti, Mark, Russian Security and Paramilitary Forces Since 1991 (Osprey, 2013)

Galeotti, Mark, Russia's Wars in Chechnya 1994-2009 (Osprey, 2014) Galeotti, Mark, Spetsnaz. Russia's Special Forces (Osprey, 2015)

Galeotti, Mark, The Modern Russian Army, 1992-2016 (Osprey, 2017) Galeotti, Mark, Armies of Russia's War in Ukraine (Osprey, 2019) Hamilton, Robert, Chris Miller & Aaron Stein (eds), Russia's War in Syria.

Assessing Russian Military Capabilities and Lessons Learned (FPRI, 2020) Harvey, Neil, The Modern Russian Navy, 2nd edition (Neil Harvey, 2018) Herd, Graeme, Understanding Russian Strategic Behavior (Routledge, 2022) Herspring, Dale, The Kremlin and the High Command: Presidential Impact on the Russian Military from Gorbachev to Putin (University Press of Kansas, 2006)

Howard, Colby & Ruslan Pukhov (eds), Brothers Armed. Military Aspects of

the Crisis in Ukraine, 2nd edition (EastView, 2015)

Jonsson, Oscar, The Russian Understanding of War: Blurring the Lines between

War and Peace (Georgetown UP, 2019)

Kanet, Roger (ed.), Routledge Handbook of Russian Security (Routledge, 2021)

Kofman, Michael et al., Lessons from Russia's Operations in Crimea and

Eastern Ukraine (RAND, 2017)

Kofman, Michael et al., Russian Military Strategy: Core Tenets and Operational Concepts (CNA, 2021)

McNab, Chris, The Great Bear at War: The Russian and Soviet Army, 1917-Present (Osprey, 2019)

Pukhov, Ruslan (ed.), The Tanks of August (CAST, 2010)

Renz, Bettina, Russia's Military Revival (Polity, 2017)

Sutyagin, Igor & Justin Bronk, Russia's New Ground Forces (Routledge, 2017)

［訳者］
竹内規矩夫（たけうちきくお）
1966年福岡県北九州市生まれ。立教大学文学部フランス文学科卒。訳書に『スピアヘッド』『LEXINGTON'S FINAL BATTLE日本語版 空母レキシントン最期の戦闘』『戦車模型斬新海外テクニック8選 欧州モデラー4人が見せる“そのとき”と“今”』（ホビージャパン）『AFVモデル塗装ガイド』『ジオラマ・ヴィネット製作ガイド』『ミリタリーフィギュア塗装ガイド』（新紀元社）、著書に『九五式軽戦車 レストアディテール写真集』（共著、イカロス出版）『連合艦隊 1941-1945』『日本海軍戦闘機 Part1／Part2』（コーエー）がある。

HJ軍事選書 009
プーチンの戦争《せんそう》
チェチェンからウクライナへ

マーク・ガレオッティ
竹内規矩夫訳

2023年3月1日　初版発行

編集人　木村学
発行人　松下大介
発行所　株式会社ホビージャパン
〒151-0053　東京都渋谷区代々木2-15-8
Tel.03-5304-7601（編集）
Tel.03-5304-9112（営業）
URL;https://hobbyjapan.co.jp/
印刷所　大日本印刷株式会社

定価はカバーに記載されています。

乱丁・落丁（本のページの順序の間違いや抜け落ち）は
購入された店舗名を明記して当社出版営業課までお送りください。
送料は当社負担でお取り替えいたします。
ただし、古書店で購入したものについてはお取り替えできません。

ISBN978-4-7986-3036-6 C0076

Publisher/Hobby Japan Co., Ltd.
Yoyogi 2-15-8, Shibuya-ku, Tokyo 151-0053 Japan
Phone +81-3-5304-7601　+81-3-5304-9112

PUTIN'S WARS